AF356275

CONFÉDÉRATION GÉNÉRALE DU TRAVAIL

Compte rendu sténographique

DES SÉANCES

DU

XXIIIE CONGRÈS NATIONAL CORPORATIF

(XVIIE DE LA C. G. T.)

TENU A PARIS

du 30 Janvier au 2 Février 1923

VILLENEUVE-SAINT-GEORGES

IMPRIMERIE " L'UNION TYPOGRAPHIQUE "

26, Rue Jules-Guesde, 26

1923

CONGRÈS CONFÉDÉRAL DE PARIS

du 30 Janvier au 2 Février 1923

———o———

Compte rendu sténographique
des Séances

———

PREMIÈRE JOURNÉE

Séance du matin

———

JOUHAUX. — Comme de coutume, la première séance de notre Congrès sera présidée par l'Union des syndicats de la Seine représentée par nos camarades BATTINI, ROLAND (Seine), BAZIRE (Miroitiers-Vitriers, Paris) et Mme MOINE (Sténo-Dactylographes, Paris).

Je donne la parole au camarade Battini.

La bienvenue aux Délégués

BATTINI (*président*). — Au nom de l'Union des syndicats de la Seine, je souhaite la bienvenue à tous les délégués et je crois être votre interprète en adressant également un salut fraternel à tous nos camarades étrangers présents.

Par le nombre des délégués dès maintenant arrivés, nous pouvons constater, avec plaisir, que, malgré les attaques que nous avons subies, malgré les critiques, les violences de toutes sortes, la C. G. T. reste forte.

Il y a un an à peine, des travailleurs parisiens n'avaient pas, ou semblaient ne pas avoir dans leur cœur, notre organisme national.

En effet, il n'y a pas un an que l'on a créé dans la Seine un organisme provisoire qui est devenu définitif, comme il fallait s'y attendre. Mais les « purs » qui ont cru devoir nous quitter ont prouvé qu'ils ne pouvaient rien faire de plus que nous et ils ont continué les luttes fratricides qu'ils avaient instaurées en régime chez nous.

Depuis un an, une nouvelle Union s'est reconstituée dans la Seine, et aujourd'hui, nous sommes heureux de vous apprendre, au nom des 45.000 adhérents qui la composent, que nous sommes de cœur avec la C. G. T., de cœur avec vous.

Pendant ces dernières années, nous avons traversé une période agitée. Le Congrès de Lyon avait démontré notre force, il avait éveillé en nous des espoirs et chez d'autres des craintes. Ces espoirs et ces craintes nous ont fait subir, d'un côté, les assauts des arrivistes, des ambitieux, des mercantis du syndicalisme et, de l'autre, une offensive méthodique, offensive patronale, qui nous a empêchés de réaliser ce que le Congrès de Lyon nous avait fait entrevoir.

Nous avons pu nous rendre compte que la véritable force des individus, comme celle des collectivités organisées, ne réside pas seulement dans le nombre, mais surtout dans les cerveaux, dans les consciences; surtout quand ce nombre est un produit de la guerre, produit qui ne peut être que mauvais pour notre idéal et pour nos réalisations.

Il faudra donc, que, parallèlement à l'œuvre de réorganisation que nous allons essayer de faire dans ce Congrès, nous n'oublions pas que nous devons accomplir une œuvre d'éducation sans laquelle notre programme, nos travaux pourront être diminués.

La guerre ne pouvait que desservir nos idées. Elle développe surtout l'égoïsme; elle déchaîne la folie, elle détruit tout. Tandis que nous cherchons à nous unir, à faire triompher la raison et à créer la vie, la guerre démolit tout ce que nous pouvons essayer de réaliser. Cette guerre aussi nous a donné des hommes fatigués et qui avaient pris l'habitude d'en « mettre un coup », d'aller à l'assaut d'une tranchée, mais avec l'espoir d'en échapper et d'aller se reposer en attendant les résultats.

C'est cette éducation de guerre, cet esprit de guerre mêlé à l'offensive patronale qui a permis de manœuvrer la classe ouvrière et d'affaiblir nos positions.

Nous devons oublier ce passé pour tout ce qu'il a de mauvais, mais en tirer des leçons pour l'avenir, afin que de pareilles manœuvres ne puissent plus se reproduire.

Il faut que, de ce Congrès, sorte un esprit nouveau, un syndicalisme nouveau; nouveau sans renier son idéal et sans dévier de son but. Le but et l'idéal doivent toujours rester les mêmes. Nous resterons toujours contre la force qui opprime les individus et entrave la liberté. Nous resterons toujours contre les guerres qui sèment la misère et le deuil. Nous resterons contre la dictature qui implique la soumission et prépare des esclaves.

Nous rejetons les doctrines que nous avons subies depuis Napoléon; nous rejetons à la fois le sabre et « les purges à l'huile de ricin » !

Mais ce Congrès ne doit pas seulement se borner à faire des critiques et des déclarations théoriques. Avec les nouvelles dispositions de travail, on sent déjà un esprit nouveau et la volonté d'organisation. Nos doctrines doivent sortir agrandies de ce Congrès.

C'est dans cet espoir que j'ouvre le XXIII° Congrès et que je demande aux délégués, animés par un même idéal, de se mettre de suite au travail. (*Applaudissements.*)

Je viens de recevoir un ordre du jour, dont je vais vous donner lecture :

Les représentants des syndicats ouvriers français, à l'ouverture de leur Congrès national, indépendamment des résolutions qu'ils seront appelés à prendre pour s'opposer à la politique réactionnaire des gouvernants de ce pays, élèvent leur protestation indignée contre les mesures de répression, les emprisonnements, les perquisitions arbitrairement appliqués sous le prétexte d'un imaginaire complot dirigé contre la sûreté de l'Etat.

Ils réclament la libération de tous ceux qui, sous ce prétexte, ont été emprisonnés.

Ils s'indignent de ce que la liberté d'opinion et la liberté individuelle se trouvent une fois de plus violées.

Ils approuvent la Confédératon Générale du Travail pour n'avoir jamais cessé de revendiquer la libération de toutes les victimes du pouvoir, de tous les condamnés militaires et des marins de la Mer Noire.

Ils adressent leurs sentiments de sympathie et de solidarité à tous ceux qui, présentement, luttent pour l'amélioration de leurs conditions d'existence ; aux grévistes qui, depuis de longs mois, résistent aux prétentions de leurs employeurs; à leurs camarades cheminots et marins contre lesquels des décrets réactionnaires ont été dictés; à leurs camarades fonctionnaires que l'on veut priver du droit syndical.

Par delà les frontières et les Océans, les délégués des syndicats français saluent leurs frères des autres pays et se déclarent solidaires de leurs souffrances. Aux travailleurs de Hongrie et d'Italie, victimes de la terreur blanche; à ceux de l'Afrique du Sud frappés par les forces au service du capitalisme; aux prolétaires de la Ruhr, contraints au travail par la force militaire; aux ouvriers de Russie et des continents américains, des territoires de l'Asie et de l'Extrême-Orient, ils envoient leurs salutations et l'assurance de leurs sentiments de fraternité.

Cette résolution est adoptée à l'unanimité.

L'ordre des travaux

Jouhaux. — Camarades, sont représentées dès ce matin, à notre Congrès, les organisations syndicales de Hollande, de Belgique, du Luxembourg et d'Espagne. Sont attendus les représentants d'Italie, d'Angleterre et de la Fédération Syndicale Internationale.

Une constatation : non seulement notre Congrès comptera par le nombre de ses délégués, mais il comptera aussi par les délégations des organisations des autres pays qui viennent compléter le caractère national de notre Congrès en lui apportant sa signification internationale. (*Applaudissements.*)

La première chose que nous devons faire pour que notre Congrès soit constitué régulièrement, c'est de nommer une Commission de vérification des mandats. Je pense que cinq membres, nommés par le Congrès, seraient suffisants, puisque trois déjà ont travaillé hier. Par un travail rapide, la Commission pourra rapporter sur la vérification des mandats au début de cet après-midi.

Il convient donc de désigner cinq camarades de bonne volonté pour remplir cette mission.

La Commission est composée des camarades : Vivier, Coupel, Cordier, Michaud, Challeix.

Camarades, vous avez trouvé dans vos dossiers une feuille contenant l'exposé des Commissions à constituer en vue de l'examen des questions portées à l'ordre du jour.

Pour ce Congrès, la Commission administrative de la Confédération Générale du Travail vous propose de constituer un certain nombre de Commissions se rapportant aux questions portées à l'ordre du jour.

Pour la constitution de ces Commissions, il suffira aux délégués d'indiquer sur les feuilles contenues dans leurs dossiers à quelle Commission ils veulent appartenir. Ce travail peut être fait maintenant et dès cet après-midi, nous aurons ainsi la composition des différentes Commissions.

Ce que nous voudrions, et il faut évidemment que le Congrès l'accepte avant que nous l'appliquions, c'est que ces Commissions fonctionnent chaque matin et que les séances générales aient lieu l'après-midi.

Ainsi, il nous sera permis de faire un travail précis et clair. Précis parce que les questions seront examinées au sein des Commissions et qu'au sein de ces Commissions ce seront surtout les arguments techniques qui seront développés. Le Congrès, dans sa séance générale, n'aura en fait à examiner que les résolutions; mais, selon nous, cela peut simplifier et clarifier le travail du Congrès. Je demande au Congrès s'il est d'avis d'appliquer cette méthode de travail.

Le Président. — Que les délégués qui sont partisans d'accepter cette méthode de travail le manifestent en levant la main. (*Adopté à l'unanimité.*)

JOUHAUX. — Vous êtes donc invités à remplir ces feuilles et à les déposer à Lapierre qui indiquera en même temps les salles dans lesquelles les Commissions doivent se réunir.

Je pense que, la séance de cette après-midi étant réservée à la discussion du Rapport moral de la Confédération Générale du Travail, le côté financier du rapport étant renvoyé à l'examen préalable d'une Commission, nous pouvons ce matin laisser la liberté aux délégués pour s'entendre entre eux sur leur répartition dans les Commissions. Nous pouvons décider que la séance commencera à 2 heures, cette après-midi. Est-ce qu'il y a des camarades qui aient un avis contraire à exprimer ?

LIOCHON (*Fédération du Livre*). — Je ne fais d'opposition à la méthode indiquée par notre ami Jouhaux, mais une précision me semble nécessaire. J'avais cru que la Commission serait chargée d'examiner la situation financière de la C. G. T. et de tous les services et qu'elle apporterait des conclusions pour l'avenir, et je supposais que le rapport financier de la gestion passée ferait l'objet d'observations dont la Commission chargée de l'examen de cette situation pour l'avenir paraissait incompétente.

Quels que soient les résultats des recherches et des travaux de la Commission qui sera chargée des modifications aux statuts et, par conséquent, de la cotisation, d'examiner aussi les moyens financiers actuels pour l'avenir, je crois qu'on ne peut pas s'opposer à un examen de la gestion financière passée de la C. G. T. Cela n'empêchera pas la Commission de tirer toutes les conclusions pratiques et utiles qui découleront de l'examen de la situation présente. Il faudrait qu'en dehors des travaux de la Commission qui s'occupera de la question financière et de la situation matérielle de la C. G. T., il soit permis aux congressistes de présenter leurs observations sur le passé, sur la manière dont la question financière a été présentée dans *La Voix du Peuple.*

JOUHAUX. — La question posée par Liochon n'est pas en dehors de la forme de travail que nous proposons au Congrès. Ni le bureau de la Confédération

Générale du Travail, ni la Commission administrative n'entendent exclure d'une discussion générale, à la fois, le rapport moral et le rapport financier.

C'est pour répondre au désir de certains camarades que nous avons indiqué que le rapport financier, en ce qui concerne l'avenir, avec l'examen particulier et précis de la comptabilité confédérale, pourrait être soumis à une Commission. Cette Commission rapporterait après examen de la comptabilité et c'est sur le rapport de cette Commission que la Confédération Générale du Travail s'engagerait.

Je le répète encore une fois, ni sur cette question ni sur les autres questions, il n'entre dans l'esprit de personne d'exclure de la discussion des questions à l'ordre du jour ou du rapport moral et financier, quelque partie que ce soit.

J'ajoute que, si nous entendons demander au Congrès de fixer les règles financières de la Confédération Générale du Travail pour l'avenir, nous entendons que, dans la pleine clarté, le Congrès se prononce sur la gestion financière de la C. G. T. dans le passé. (*Applaudissements.*)

Notre camarade Liochon a donc satisfaction. Le point est de savoir si le rapport financier doit entrer en discussion immédiatement ou bien n'entrer en discussion qu'après le rapport de la Commission nommée sur les questions financières. Je demande au Congrès de se prononcer sur ce point.

La question posée est celle-ci : le rapport financier doit-il être discuté en séance générale, avant que la Commission sur les questions financières n'ait statué ? Le Congrès a à répondre, car c'est lui qui a à déterminer ses méthodes de travail.

Le Président. — Que ceux qui sont partisans que le débat s'engage après l'étude de la Commission le manifestent en levant la main.

JOUHAUX. — La proposition étant de commencer l'examen général de la situation financière de la C. G. T., tant au point de vue du passé qu'au point de vue de l'avenir, après le rapport de la Commission sur les questions financières, je crois qu'il est normal que nous mettions aux voix la proposition du camarade Liochon qui consiste à examiner avant la Commission financière le rapport financier en même temps que le rapport moral.

(Liochon fait un signe de dénégation.)

JOUHAUX. — Je ne comprends plus.

LIOCHON. — Je ne conteste pas que la Commission soit à même d'apporter tous les éclaircissements désirables sur le passé, mais il est bien entendu que le Congrès donnera à cette Commission le double mandat de conclure sur le passé et sur l'avenir, parce qu'il est impossible, quelles que soient les opinions qu'on puisse avoir en ce qui concerne nos moyens d'avenir, que le Congrès et les congressistes ne puissent apporter d'une façon spéciale et séparée l'expression de leur pensée sur la gestion financière passée de la C. G. T., c'est tout ce que je demande. Je ne tiens pas du tout à ce qu'il se produise ici de discussions inutiles; je demande simplement qu'on discute d'une façon très séparée et très spéciale : le passé et l'avenir.

Un délégué. — Une Commission est-elle appelée à juger de la question et serons-nous appelés à juger de ce que la Commission aura examiné ?

CAILLON. — Je félicite la Commission administrative et le Bureau confédéral d'avoir pris l'initiative de faire constituer ces Commissions. Mais pour deux questions particulièrement importantes : la gestion financière du passé et les formules que nous pourrons adopter pour l'avenir et la vie chère, je demande qu'il y ait un débat en séance plénière, afin que les Commissions, lorsqu'elles se réuniront, aient des directives générales sur les conclusions qu'elles devront soumettre ensuite au Congrès confédéral.

Camarades, je vous fais remarquer que, dans certaines Fédérations, nous avons adopté cette méthode de travail, et, loin d'empêcher les débats et que la clarté se produise, nous avons constaté que nous sommes arrivés à de meilleurs résultats.

D'autre part, pour éviter qu'un débat se fasse sur les conclusions des Commissions, je vous demande d'adopter ce point de vue pour les deux questions dont je vous ai parlé.

Je résume : que la discussion ait d'abord lieu en séance plénière sur ces deux questions, et que la Commission, s'inspirant des délibérations qui auront eu lieu, apporte des conclusions devant le Congrès.

BIOT (*Eclairage*). — Camarades, il me semble qu'au sujet de la nouvelle méthode adoptée pour les travaux du Congrès, la confusion se répand dans les esprits.

La question posée par Liochon, nous la comprenons, mais il faudrait que le Congrès dise s'il comprend comme nous la manière dont doit s'accomplir la discussion sur la situation financière passée et sur les répercussions de cette gestion passée sur celle d'avenir.

Nous avons voulu ordonner les travaux du Congrès et apporter devant les congressistes une base de discussion. Où la trouverons-nous cette base, sinon dans le résultat des travaux d'une Commission qui aura examiné les différents points et qui apportera son rapport devant le Congrès, afin qu'il en discute ? (*Très bien ! Applaudissements.*)

Je ne crois pas que, dans la question financière comme dans toutes les autres, il y ait intérêt, pour l'ordre et la méthode du travail du Congrès, à ouvrir une discussion générale préalablement à l'examen des Commissions qui nous apporteront les éléments indispensables pour une discussion ordonnée et fertile en résultats.

Le Président. — Il est donc entendu que les questions seront d'abord examinées par les Commissions qui rapporteront des conclusions devant le Congrès.

JOUHAUX. — Un dernier point : nous proposons que les délégations des organisations syndicales sœurs soient entendues au cour de notre séance de demain après-midi, à partir de 5 heures.

LAVIELLE (*Employés de Bordeaux*). — La discussion du rapport moral peut se terminer aujourd'hui. Evidemment, le Bureau confédéral est mal placé pour situer l'intervention de nos camarades étrangers à la fin de cette soirée. Mais, à mon point de vue, si nous pouvons couper assez court à la discussion sur le rapport moral — et en cela nous romprons avec les habitudes de nos précédents Congrès — nous pourrons faire place, ce soir, à nos camarades étrangers. Il me semble que cela est utile pour gagner du temps et pour laisser plus de place aux questions qui sont à l'ordre du jour et qui, pour nous, ont beaucoup plus d'importance.

Jouhaux. — Il y a d'abord une raison contre l'application de la proposition qui vient de nous être faite : toutes les délégations étrangères ne sont pas arrivées. De plus, nous ne pouvons pas, dès maintenant, déclarer que la discussion sur le rapport moral sera limitée.

Par conséquent, pour la bonne ordonnance de nos travaux, je crois qu'il convient de prendre dès maintenant la décision que j'indiquais tout à l'heure : les délégués prendront la parole dans notre séance de demain, à partir de 5 heures. (*Adopté à l'unanimité.*)

Je crois maintenant pouvoir vous laisser votre liberté pour remplir les formulaires et passer à la constitution, dès cet après-midi, des Commissions.

Séance de l'après-midi

Roland. — Camarades, la séance est ouverte et je donne la parole à Guiraud avant l'ouverture des travaux.

Guiraud (*Seine*). — Camarades, l'Union des syndicats confédérés de la Seine vous doit quelques explications.

Beaucoup de camarades de province, et cela se comprend, ne peuvent s'imaginer que, dans la capitale, on n'ait pas trouvé une salle suffisamment vaste pour contenir aisément tous les délégués. Nous le regrettons; mais je dois vous dire qu'il est plus difficile à Paris que n'importe où ailleurs de trouver une salle appropriée pour organiser un Congrès Confédéral National.

Nous avions trouvé une salle plus vaste qui présentait quelques avantages, où nos camarades congressistes auraient pu se loger, sans être gênés, mais elle présentait aussi des inconvénients.

Quelques camarades parisiens ont trouvé qu'il était inopportun de faire notre Congrès dans une salle à côté de celle de la rue Mathurin-Moreau appartenant à nos adversaires de tendance. A ce moment, quelques camarades pouvaient croire qu'en raison même des tentatives de front unique, ou des demandes d'unité plus ou moins machiavéliques, une manifestation serait organisée devant la salle de Chaumont-Palace, ce qui pourrait donner lieu à des invectives et même des collisions entre les délégués et nos adversaires.

D'autre part, il y avait un autre inconvénient : cette salle, qui est un dancing, n'avait pas de petites salles attenantes pour les Commissions. Nous ne pouvions pas non plus organiser ce que nous pouvons appeler une innovation : notre exposition d'art que vous aurez le plaisir de voir à partir de demain.

Il faut dire aussi que nous ne pensions pas à un tel succès; nous ne nous imaginions pas que la C. G. T., après ses meurtrissures, ses blessures, les calomnies déversées sur ses principaux militants, verrait s'acheminer vers son Congrès six cents délégués pour affirmer la solidarité nationale. (*Applaudissements.*)

Il ne faut pas s'en plaindre. Pour mon compte, je préfère, en me plaçant du point de vue général, que quelques bons camarades soient gênés pendant ces quelques jours... Ce qu'il faut regarder, c'est le résultat. Si nos adversaires croyaient à notre anémie, si le Gouvernement croit à notre impuissance, si toute la coalition de ceux qui désirent nous écraser nous croyait sans forces, ils constateront qu'ils se trompent et que la C. G. T. est debout.

Comptant sur la conscience de chaque camarade, je pense qu'il n'y aura pas de plaintes individuelles et que vous vous en tiendrez simplement au succès de votre C. G. T., espérant qu'elle apportera un souffle nouveau, pour la vitalité et l'honneur de l'Internationale. (*Vifs applaudissements.*)

Camarades, jeudi soir, à la Bourse du Travail, nous avons pensé aussi faire une innovation : faire bénéficier nos camarades d'une soirée, non pas d'une soirée ordinaire comme on a l'habitude d'en faire; nous avons voulu faire quelque chose de nouveau. Par conséquent, jeudi soir, à la Bourse du Travail, un concert par téléphonie sans fil sera organisé ainsi qu'une séance cinématographique où nous verrons des projections du Congrès de Lille. Vous viendrez donc jeudi, à la Bourse; la salle sera peut-être trop petite, mais chacun pourra en tirer des enseignements. Si les militants et surtout les syndiqués comprenaient que, dans les manifestations puissantes, on est obligé d'aller demander aux bourgeois leurs salles, ils comprendraient qu'il nous faudra au plus vite une Maison du Peuple où nos Congrès et nos représentations théâtrales se teindraient. En cela, nous ne ferions qu'imiter nos camarades étrangers et surtout nos camarades belges.

Camarades, je termine en vous demandant à tous de la tolérance.

Roland (*Seine*). — Camarades, de façon à permettre la continuité des travaux, il est opportun de demander à la Commission de vérification des mandats à quel point en sont ses travaux.

Giudicelli (*Serv. gén. à bord, Marseille*). — Il y a quelque chose d'indispensable à faire pour la bonne marche des Commissions et surtout des votes :

Dans cette salle, chaque délégué s'est installé là où il a pu, et je fais la proposition suivante : calculer le nombre des Fédérations qui appartiennent statutairement au Congrès et faire des pancartes où seront inscrits les noms de chaque Fédération, afin que chacun aille s'asseoir près de la pancarte correspondant à son organisation.

Je ne vous demande pas de faire cela immédiatement, mais, dès demain, ce travail peut être fait par *Le Peuple*. Des camarades peuvent appartenir à des Commissions, et il sera possible, ainsi, aux délégués qui n'auront pas de chaises de s'asseoir à leur place sans déranger personne. D'autre part, pour le vote, les membres appartenant à la même Fédération auront ainsi la possibilité de se concerter pour déterminer leur vote.

Ce sont les raisons pour lesquelles je fais ma proposition.

Le Président. — Il n'appartient pas au Congrès de changer la façon de voter des camarades congressistes.

Pour l'emplacement des Fédérations, les organisateurs du Congrès en prennent note et, si c'est possible, ce sera fait demain.

Filliol (*Marseille*). — Nous n'avons pas la facilité de circuler librement dans la salle; d'autre part, lorsque quelqu'un lève la main pour demander la parole, le président, malgré toutes les connaissances qu'il peut avoir, ne connaît pas le nom de tous les délégués et ne peut inscrire de nom.

Je propose donc, pour la bonne marche du Congrès, que le camarade qui aura à demander la parole, en même temps qu'il lève la main fasse connaître son nom et l'organisation qu'il représente. Cette proposition est de toute logique, il me semble.

Il en est une autre sur laquelle je veux m'appesantir : nous sommes plus heureux de nous trouver en trop grand nombre et de dire que la salle est trop petite que si, au contraire, nous avions eu à constater qu'elle était trop grande. Mais je demande que tous les délégués soient présents à l'ouverture des séances, à l'heure fixée. Ainsi, on ne dérangera personne.

D'autre part, je réponds au camarade Giudicelli en lui disant qu'ici il n'est nullement question de Fédérations : il n'y a que des organisations syndicales et chacun à la faculté et la liberté de se mettre là où bon lui semble.

Tenant compte des difficultés auxquelles se sont heurtés nos camarades organisateurs et par esprit de sagesse, que chacun arrive à l'heure.

J'ajoute qu'il est plus facile de critiquer que d'agir, et vraisemblablement ceux qui disent qu'on aurait pu mieux organiser auraient moins bien fait s'ils avaient été à la tâche. (*Applaudissements.*)

L'action passée de la C. G. T.

DUMOULIN. — Le président de ce Congrès a fait appel à la Commission de vérification des mandats; il a demandé au rapporteur de cette Commission de venir fournir aux délégués ici présents, le nombre des délégués d'abord et la représentation ensuite.

Cette Commission n'a pas terminé ses travaux, nous vous demandons de surseoir à cette vérification jusqu'à ce qu'on puisse vous donner des chiffres exacts.

Cela n'interdit pas d'aborder l'ordre du jour tel qu'il vous est soumis et cela veut dire que vous allez immédiatement commencer l'examen du rapport moral avec cette indication que vous avez fait votre : que le rapport moral serait rapidement examiné pour confier à des Commissions le soin d'éclairer par des rapports, des résolutions, chacune des questions inscrites à l'ordre du jour.

Ne nous trompons pas; n'essayons pas de nous dissimuler à nous-mêmes les difficultés d'une innovation semblable; ne nous dissimulons pas que nous sommes le syndicalisme d'un pays qui a son originalité, qui a ses traditions et, si je puis me permettre de formuler une opinion en la nuançant d'une couleur, je dirai : Il n'est pas facile de passer de la chaleur, du caractère volcanique de nos anciens Congrès à une méthode frigorifique comme celle que nous voudrions aujourd'hui.

Vous êtes des congressistes animés par les passions traditionnelles et vous êtes dans un état d'esprit en provenance des difficultés actuelles. Vous êtes préoccupés par les périls et les dangers communs que nous courons dans nos organisations nationales et dans l'Internationale ouvrière. Malgré tout, cela ne veut pas dire que vous n'allez pas tout de suite vous mettre au travail; cela ne veut pas dire que nous n'allons pas donner à notre méthode de travail une consécration par la vérité.

Et, sans perdre de temps dans des préambules inutiles, abordons tout de suite la discussion du rapport moral.

Il a été admis ce matin que la question de la partie financière serait confiée à une Commission, à la fois en ce qui regarde le passé et l'avenir. Du point de vue administratif et financier, les congressistes auront à déterminer leur opinion et leur attitude sur les rapports et les renseignements qui leur seront fournis. Ils pourront dire si la gestion administrative de la C. G. T. a été *conduite* et dirigée dans le sens de l'intérêt de la classe ouvrière et de son organisme national. Ils pourront dire si les suggestions, les propositions qui leur seront faites sont inspirées par le souci de donner davantage de force, d'activité au même organisme national.

Par conséquent, la discussion qui s'ouvre présentement ne regarde pas le côté administratif et financier. L'examen qui s'élabore immédiatement et pour lequel vous allez avoir la parole porte sur l'activité déployée par le Bureau confédéral, la Commission administrative et les Comités Nationaux qui se sont tenus depuis le Congrès confédéral de Lille.

Et pour ouvrir l'horizon, pour faciliter la tâche, pour donner matière à votre examen, je rappelle brièvement ce qui est contenu dans la documentation qui vous est parvenue depuis le Congrès de Lille.

La Voix du Peuple, organe documentaire de la C. G. T., vous a informés, mois par mois, de ce qui a été décidé, mis en œuvre et en pratique par la C. G. T. depuis le Congrès de Lille, et ceci sous des aspects différents dans le domaine général de l'activité confédérale.

Et, vos souvenirs sont assez précis pour qu'il soit simplement utile de vous rappeler qu'au lendemain même du Congrès de la C. G. T. qui s'est tenu à Lille, nous avons eu à vivre la grève mémorable de nos camarades du textile de la région du Nord. Il suffit de vous rappeler qu'à ce propos, la C. G. T. a cru devoir faire tout son devoir en aidant nos camarades du textile de Roubaix-Tourcoing, des autres régions, qui avaient à organiser la résistance opiniâtre contre leurs employeurs coalisés.

A ce sujet, nous devons noter que la solidarité du prolétariat français a été totale.

Pour nos camarades de Roubaix-Tourcoing, de tous les coins du pays, la solidarité s'est affirmée entière. La Commission administrative, le Bureau confédéral ont mis à la disposition des grévistes de la région du Nord la totalité de leurs moyens. A cet égard, les uns et les autres, nous n'avons rien à nous reprocher. Je me borne simplement à rappeler le souvenir de cette bataille mémorable qui s'est étendue dpuis la frontière belge à la ligne des Vosges. Car, nous ne nous sommes pas bornés à apporter le secours de notre solidarité morale et matérielle aux camarades en lutte à Roubaix et à Tourcoing. Nous sommes allés à Troyes, comme à Epinal, comme dans toutes les localités vosgiennes, soutenir ceux qui ouvraient la résistance à la diminution des salaires.

Cette lutte s'est produite au lendemain même du Congrès confédéral et, pour la soutenir comme nous devons le faire, nous ne nous sommes pas laissés détourner de notre devoir par les critiques et les luttes qui étaient organisées contre la C. G. T. par les éléments dissidents.

Nous sommes allés à Roubaix et à Tourcoing, comme à Epinal ou ailleurs, sans souci de la coalition dirigée contre la C. G. T. Et les délégués présents au Comité National de septembre ont encore, dans leur pensée, le souvenir des explications qui leur ont été fournies.

De bataille en bataille, de lutte en lutte, nous sommes arrivés au point où nous en sommes aujourd'hui. Rien dans l'activité déployée par la C. G. T. ne doit être caché. S'il vous est apparu que nous ne sommes pas présentés dans les mêmes conditions pour la grève du Havre, c'est parce que les organisations havraises, en lutte contre la coalition du Comité des Forges, ayant déserté la Confédération Générale du Travail, n'ont pas cru devoir faire appel à elle.

A ce propos de la grève du Havre, la C. G. T. s'est bornée tout simplement à lui apporter le concours de sa solidarité matérielle. Les grévistes eux-mêmes, les groupements qui ont prétendu diriger les destinées des grévistes du Havre ont pensé qu'ils ne devaient pas faire appel au concours effectif de la C. G. T.

Nous ne lui en avons pas moins apporté l'appui de la solidarité de la classe ouvrière et notre appui a été, au lendemain des assassinats des grévistes, suivi par une manœuvre policière que vous connaissez. L'appui de la C. G. T. n'en a pas moins été aussi spontané que l'appui des organisations rivales et les chiffres auront beaucoup plus d'éloquence que l'exposé que nous pourrions faire aujourd'hui.

Pour nos camarades du Nord en grève, la C. G. T., en tant que telle, a rassemblé plus de 600.000 francs de secours de solidarité. Pour les grévistes du Havre, malgré l'abstention des groupements qui, au Havre, étaient sortis de leur organisation nationale, la C. G. T. n'en a pas moins apporté plus de 300.000 francs de secours.

Sur ce chapitre, jamais la Confédération Générale du Travail n'a été trouvée en défaut : 600.000 francs et plus pour les grèves du textile; plus de 300.000 fr, pour la grève du Havre; plus de 600.000 francs pour nos camarades autrichiens; plus de 700.000 francs pour le peuple russe affamé. Et c'est ici un titre de gloire d'avoir su affirmer dans les faits cette solidarité effective et d'avoir su, en même temps, endurer, en retour, les calomnies et les injures que l'on a déversées sur nous. (*Applaudissements.*)

C'est une partie du rapport moral d'un organisme en faillite : deux millions de solidarité réelle pour des grèves, pour nos frères de l'Internationale en souffrance... Et cette faillite, cette accusation portée contre nous par ceux qui ne savent plus affirmer leur existence, dans le rapport moral de la C. G. T., s'affiche, non pas comme une gloriole ou comme une vantardise, mais comme la preuve de notre existence. (*Applaudissements.*)

Rapport moral qui n'est pas sans difficulté... Ce que nous avons pu faire pour nos camarades du Nord en grève, pour nos camarades du Havre, pour les petits mouvements dont il n'est pas utile d'établir la nomenclature, nous n'avons pas pu le faire, avouons-le, pour nos camarades cheminots et pour nos camarades marins. Nous ne voulons pas exclure les difficultés du contenu de notre rapport moral. Il est tel que vous avez pu, vous-mêmes, en apprécier la valeur et les difficultés. Nous avons eu la douleur de constater, en France, non pas le réveil de la réaction sur le seul terrain politique, mais nous nous sommes rendu compte que la réaction française s'affirmait surtout sur le terrain économique. Les décrets Rio et Le Trocquer illustrent ces explications en s'attaquant à la journée de huit heures. La réaction capitaliste de notre pays a cherché, et vous le savez, un dérivatif à ses propres responsabilités. Elle s'est dit : Il n'est pas possible d'apparaître aux yeux du pays comme étant coupable de l'effondrement économique et financier du pays; il faut inculper la classe ouvrière et tenter de la faire apparaître comme coupable sur le terrain économique; accréditer dans l'esprit public que cheminots, marins, mineurs, fonctionnaires, postiers, sont les véritables éléments d'affaiblissement de la situation économique du pays. De là les deux décrets Rio et Le Trocquer; de là la lutte et les manœuvres dirigées contre nos camarades marins, contre nos camarades cheminots, et notre Congrès est témoin de notre activité, de notre action.

C'est pourquoi il n'a pas été possible d'organiser autrement la résistance parmi nos camarades des chemins de fer. Le Congrès est témoin qu'à cause des divisions et de l'état d'impuissance dans lequel les unitaires, les communistes (il faut appeler ici les gens par leurs noms) ont placé la classe ouvrière, ne permettait pas à nos camarades cheminots d'offrir d'autres moyens de résistance que ceux qu'ils ont offerts, par des ordres du jour, par des manifestations publiques, par des séries de meetings et de réunions corporatives. Ils ont protesté contre le décret Le Trocquer. Par un certain nombre de conseils techniques, que les militants ont donnés aux cheminots, ils ont tenté de mettre en échec le décret Le Trocquer. Mais très humblement et avec beaucoup de modestie avouons que, en ce qui concerne les cheminots, nous n'avons pas été en état de développer la résistance et la désapprobation du décret de mutilation des huit heures comme nous l'aurions voulu.

Les marins ont donné une autre exemple : ils ont organisé la lutte. Cette bataille, livrée par nos camarades marins, a été un exemple de courage comme, jusqu'à présent, ils nous ont habitués à en voir. (*Applaudissements.*)

Mais quand nous examinerons, tout à l'heure, notre rapport moral de leur point de vue, nous leur demanderons d'examiner notre attitude avec le même esprit de justice que nous examinons nous-mêmes la valeur et le courage de leur résistance. Courageux, ils l'ont été : à Dunkerque comme à Saint-Nazaire, à Bordeaux comme à Marseille. Dans tous les ports de France, nos camarades marins ont su faire leur devoir. Ils ont poussé ce devoir, à Marseille, jusqu'à l'héroïsme, jusqu'au développement sublime qui caractérise leur conscience professionnelle. Ils ont été à la hauteur de cette résistance, mais ils ont été obligés de reconnaître que, sur le terrain légal, que du côté juridique, du côté parlementaire et politique, la réaction était maîtresse; que le ministre ou sous-ministre Rio, que le Conseil des ministres, inspirés par le bloc réactionnaire, n'étaient pas décidés à la reculade sur le terrain politique.

C'est là une constatation que les uns et les autres nous avons pu faire. Puis, sur le terrain propre de la bataille corporative, les uns et les autres, nous avons regretté que le port du Havre fut un centre de faiblesse corporative; que nos camarades marins de Bretagne du littoral de l'Atlantique, que les pêcheurs retour d'Islande ou de Terre-Neuve n'aient pas été avertis à temps de leur devoir corporatif. Cela n'exclut en aucune manière l'hommage que nous devons rendre à ceux qui ont été les derniers des résistants. Mais la Confédération Générale du Travail, affirmons-le à cette tribune, a été, pour nos camarades marins, ce qu'elle a été pour nos camarades tisseurs du Nord et des Vosges, ce qu'elle a été pour l'ensemble de ceux qui luttent et qui bataillent contre la réaction capitaliste.

J'ouvre simplement le terrain des explications et des observations.

J'en arrive maintenant, dans cet exposé rapide, à vous dire que dans un autre ordre d'idées, le Comité National Confédéral ne pouvait pas faire autre chose que ce qu'il a fait au lendemain du Congrès de Lille.

Rappelez vos souvenirs. Il y a ici un certain nombre de jeunes militants qui, pour la première fois, viennent puiser, à la source de la vie confédérale, l'énergie qu'ils déploieront dans l'avenir. La meilleure source d'énergie, c'est la vérité! (*Applaudissements.*)

Or, la vérité, c'est qu'au lendemain du Congrès de Lille, au Comité National de septembre, nous avons offert à nos adversaires de tendance leur place, la totalité de leurs places et de leurs droits au sein de la Commission administrative de la C. G. T.: 19 membres de la majorité, 16 membres de la minorité et les déclarations de Jouhaux conservent encore aujourd'hui toute la fraîcheur de leur virilité : « Le Bureau confédéral est prêt à disparaître pour faire place au souci d'unité du prolétariat français. » (*Très bien !*) Telles sont les paroles puissantes, les paroles réelles qui ont été prononcées au lendemain du Congrès de Lille, au Comité National de septembre. Et, en opposition à ces déclarations, on a su dire, à l'Union des Syndicats de la Seine : « Etre discipliné dans la C. G. T., c'est être indiscipliné à l'Union des Syndicats de la Seine. » De sorte que l'Union des Syndicats de la Seine était déjà, au lendemain du Congrès de Lille, la C. G. T. dissidente en gestation et en opposition à la C. G. T. que vous représentez aujourd'hui. (*Applaudissements.*)

Camarades, c'est l'histoire seule qui parle. Ce n'est pas le représentant du Bureau confédéral, passionné par les avanies de cinq années de propagande; ce n'est pas le délégué de la Commission administrative de la C. G. T., aigri par les douleurs de la lutte qu'il a fallu soutenir : c'est l'histoire qui parle pour éclairer votre examen.

Au lendemain du Congrès de Lille, Comité National de septembre pour offrir aux dissidents les moyens de ne pas rompre avec leur organisme central. Ils ont préféré le contraire et la C. G. T. a poursuivi sa route. Elle l'a poursuivie avec les difficultés, les obstacles inhérents à sa charge. Elle a poursui la bataille avec ses forces et ses effectifs diminués; elle a étendu ses moyens d'action aux questions internationales; elle n'a éludé aucun des problèmes de l'heure; elle a passé à travers tous les obstacles et toutes les embûches dressés sur sa route; elle ne se flatte d'avoir pu toujours trancher ces difficultés. Et le Bureau confédéral et la Commission administrative vous font humblement cet aveu. Il nous a fallu trancher le conflit intérieur de la Fédération des tabacs. Il nous a fallu mettre d'accord nos camarades des syndicats parisiens des tabacs avec leur Fédération nationale; il nous a fallu faire agir notre Commission des conflits à ce sujet. Il nous a fallu examiner ce qui sépare encore présentement nos camarades d'Albi de leur Conseil d'administration, et nous ne nous flattons pas, à ce propos, d'avoir trouvé les solutions définitives. C'est au Congrès, c'est aux intéressés eux-mêmes de nous adresser à la fois leurs reproches et leurs observations et de chercher en eux-mêmes les solutions les plus souhaitables.

C'est cela le rôle d'un Bureau, d'une Commission administrative, d'essayer de trancher juridiquement les conflits ouvriers, non pas par la violence brutale ou par la force, mais par des tentatives susceptibles de conciliation, et j'adresse, aux uns et aux autres, des appels à la conciliation.

Je voudrais que les uns et les autres, en apportant leur acrimonie, leurs regrets, leurs observations, leurs reproches, imprègnent leur esprit de conciliation. C'est la somme de périls qui pèse sur nos épaules qui doit nous incliner vers l'unanimité organique pour aboutir à l'unanimité dans l'action.

C'est cet appel, qu'au seuil même de vos assises, je me permets de vous adresser, pour que vous abordiez, en toute souveraineté, l'examen du rapport moral.

Telles sont les seules paroles que je veux prononcer. Nous ne plaidons ici aucune cause personnelle. La Commission administrative, le Bureau confédéral, tous ceux qui ont concouru à donner cette forme d'activité à la C. G. T., le Comité National sont d'accord pour reconnaître qu'il n'était pas possible de faire mieux et de faire plus. Nous avons fait autant qu'il nous a été possible; nous sommes allés partout où il nous a été possible de nous rendre. Nous avons ici des camarades qui sont allés jusqu'à préjuger de leur état de santé au bénéfice de la propagande. Nous avons eu notre vieux camarade Lefèvre qui, s'il n'est pas là, n'en mérite pas moins le témoignage unanime de notre Congrès pour la somme de travail qu'il a fournie. (*Vifs applaudissements.*)

Nous avons dans l'esprit la mémoire de notre pauvre camarade Dumercq, tombé à la peine. (*Applaudissements.*)

Nous avons la certitude d'avoir rempli notre tâche et nous avons aussi la sensation que nous sommes au seuil d'une tâche nouvelle. Cette tâche nouvelle, c'est le Congrès qui doit la fixer et la déterminer. Il ne pourra mieux le faire qu'en consacrant le moins de temps possible à l'examen du rapport moral. (*Applaudissements.*)

Le Président. — Camarades, les paroles de Dumoulin ayant suffisamment ouvert la porte au débat, nous ouvrons la discussion sur le rapport moral.

Je vous indique tout de suite qu'il ne sera donné la parole qu'aux camarades qui auront fait parvenir au bureau leurs noms avec les organisations qu'ils représentent.

La parole est au camarade Jarrigion.

Jarrigion. — Camarades, je ne veux pas critiquer ici l'action qui a été menée par la C. G. T. Au nom des syndicats que je représente, je me plais, au contraire, à rendre hommage à l'effort de propagande qui a été fait. Ce n'est donc pas une critique à proprement parler que je veux apporter. Je veux seulement donner quelques suggestions sur le passé pour que les mêmes errements puissent être évités dans l'avenir, si c'est possible.

Ce que je voudrais voir, au nom des syndicats que je représente, c'est le côté administratif dans la C. G. T.

Nous constatons présentement que quelques syndicats n'ont pas reçu les mandats; que *La Voix du Peuple* n'arrive pas toujours très régulièrement à l'adresse des secrétaires de syndicats, et nous voudrions demander — c'est l'objet de mon intervention — que dans la C. G. T., au sein du Bureau confédéral et de la Commission administrative, on tienne plus régulièrement, si c'est possible et si les finances de la C. G. T. le permettent, un résumé ou plutôt un répertoire bien à jour des adresses des organisations adhérentes à la C. G. T., c'est-à-dire à leur Union départementale et à leur Fédération; qu'en outre, on forme, au sein de la C. G. T., un bureau de documentation pour les organisations syndicales et Unions de syndicats.

Je ne veux pas prolonger davantage mon intervention. Je voudrais que le Congrès examine tout simplement cette question : 1° tenue à jour régulière d'un répertoire des organisations adhérentes à l'organisation central; 2° constitution d'un bureau d'études, d'informations économiques nécessaires, à l'heure présente, pour les Fédérations et pour les organisations syndicales.

À propos de la Verrerie ouvrière

Le Président. — La parole au camarade Tantot, des Verriers d'Albi.

Tantot. — Camarades, pour ne pas perdre de temps, je vais immédiatement vous donner connaissance d'une lettre que le syndicat des verriers et similaires d'Albi a envoyée au Bureau confédéral, il y a quelque temps. Cette lettre va éclairer immédiatement notre situation.

En somme, ce que nous demandons au Bureau confédéral et ce que nous demandons au Congrès, c'est d'apporter son opinion sur notre conflit. Nous sommes membres de la Confédération Générale du Travail et, à ce titre, nous avons droit que l'on nous dise l'opinion qu'on a sur notre conflit.

Albi, le 7 janvier 1923.

Aux camarades secrétaires de la C. G. T., aux membres de la C. A. et de la C. G. T.

Camarades,

Le syndicat des ouvriers verriers et similaires de la Verrerie ouvrière d'Albi, réuni en Assemblée générale le 7 janvier 1923, est unanime à vous écrire ce qui suit :

« Le syndicat a décidé qu'au prochain Congrès de la C. G. T. son délégué aurait mandat d'approuver les rapports de la C. G. T. tout en faisant des réserves sur l'attitude de la C. A. de la C. G. T. sur le conflit d'Albi.

« Nous avons, en effet, la tristesse de constater qu'il est impossible d'affirmer publiquement que la C. G. T., actionnaire de la V. O., a telle ou telle opinion sur le conflit de la V. O. d'Albi.

Tandis que la Fédération nationale des Coopératives a pris parti sans réserves pour le Conseil d'administration, par les votes de son délégué à l'Assemblée des actionnaires, la C. A. de la C. G. T. n'a eu ni une opinion en tant qu'actionnaire ni une opinion en tant que C. G. T. tout court.

« Qu'il s'agisse du conflit en général ou du projet de retraites antistatutaire du Conseil d'administration ou de l'attitude de ceux qui, d'accord avec le Conseil, ont fondé un syndicat autonome plutôt que de se conformer aux décisions de la majorité, la C. A. de la C. G. T. tait, en tous points, soigneusement son opinion.

« Elle croit, ce faisant, rester neutre. Elle ne l'est pas en fait, et elle nous porte un préjudice considérable.

« Nos adversaires disent de nous que la C. A. de la C. G. T. nous prend pour des coupables auxquels elle fait l'aumône de taire leur culpabilité. Nous sommes dignes d'un autre sort et capables de supporter la désapprobation générale, tant est grande, au fond de nos consciences, la conviction qu'en combattant pour le départ du Conseil d'administration actuel et pour l'application des statuts de la V. O. nous travaillons à écarter à l'avenir de l'œuvre ouvrière tout minimum d'improbité, si petit soit-il. C'est de l'improbité, en effet, que de ne pas avoir respecté les statuts, et de cela nous ne nous accommoderons jamais.

« A l'heure présente, les camarades qui, atteints par la limite d'âge doivent quitter la V. O. se voient refuser leur retraite parce que non signataires du projet de retraites antistatutaire du Conseil. En ce qui concerne l'embauchage, tous les bons militants qui, se conformant aux décisions de notre syndicat, refusent de signer le projet de retraites du Conseil, sont refusés impitoyablement; de la sorte, les non-syndiqués seuls pénètrent dans l'usine depuis plus d'un an, pour aller grossir le syndicat autonome qui n'adhère ni à la C. G. T. ni à la C. G. T. U. Le censeur Chevalier devient directeur avant même d'avoir rendu compte de son mandat de censeur et cela, à nos yeux, est un scandale de plus.

« Le Conseil ne cache pas son intention de faire appel, s'il perd le procès que nous lui avons intenté. De telle sorte que, d'une part, l'inertie des Conseils d'administration des organisations ouvrières actionnaires qui, comme Ponce-Pilate, se lavent les mains de notre conflit, de l'autre, l'utilisation par le Conseil de tous les maquis de la procédure ouvrière et bourgeoise, de toutes les camaraderies, pour durer, risque de nous placer devant la dure nécessité d'user de la force afin que force reste droit. Nous ne voulons pas y avoir recours avant d'avoir tout fait pour l'éviter, mais nous serons inexorables si on nous accule à cette extrémité.

« Tout cela, nous le dirons au Congrès de la C. G. T. Nous vous demanderons de dire votre opinion sur notre conflit. Notre syndicat n'a jamais fui une responsabilité; à chaque fois que la C. A. de la C. G. T. nous a demandé d'avoir une opinion sur sa gestion, sur ses actes, nous l'avons eue nette et sans ambiguïté. A chaque fois qu'on a fait appel à notre solidarité, soit pour les Russes, soit pour les grèves du Nord et du Havre, nous avons été des premiers à répondre présent.

« Forts de nos devoirs accomplis, nous sommes en droit de vous demander de remplir le vôtre en ayant une opinion sur notre conflit.

« Vous direz au Congrès de la C. G. T. que vous êtes avec nous ou contre nous, ou ni pour ni contre, ou neutre, ou vous refuserez de nous répondre. Cela vous regarde. Quant à nous, nous avons le devoir impérieux de poser la question, ce que nous faisons par la présente que nous vous envoyons et que nous lirons au Congrès, à moins que d'ici là des événements imprévus rendent cette lecture sans objet, ce que nous ne croyons pas. »

Agréez nos meilleurs salutations syndicalistes.

Pour le syndicat et par ordre :

Le Secrétaire, TANTOT (Charles).

Voici, camarades, ce que j'avais mission de vous lire tout d'abord. Et, à ce moment, je me tourne vers le Bureau confédéral, et je lui demande s'il a une réponse à faire à la lettre que je viens de lui lire ?

Camarades, je vous demande un peu d'attention puisque le Bureau confédéral n'a pas de réponse à faire immédiatement...

JOUHAUX. — Le Bureau confédéral ne dit pas qu'il n'a pas de réponse à donner. Le Bureau confédéral dit qu'il veut connaître la totalité des questions que le Syndicat des verriers d'Albi veut poser à la C. G. T. Pourquoi? Parce que la première question posée ne s'adresse pas au Bureau de la C. G. T., mais à la Commission des conflits de la C. G. T., qui a été régulièrement saisie de l'instance et qui a rapporté sur cette question. C'est à elle qu'il appartient de répondre au premier point posé, puisque c'est elle qui a connu des incidents et qui a été appelée à formuler un jugement sur ces incidents.

TANTOT. — Vous me permettrez de vous dire que, puisque le jugement a été rendu par la Commission d'arbitrage, il faudrait préciser s'il a été rendu au nom de la C. G. T. ou en dehors d'elle. C'est le premier point. Ensuite, je ferai observer que la C. G. T. a pu avoir une opinion, mais, en réalité, cette opinion n'existe pas. Tous les camarades ici présents ont le devoir de dire leur opinion, parce que la C. G. T. est actionnaire de la verrerie; à ce titre, elle se doit de dire ce qu'elle pense de notre conflit.

Je m'adresse à la C. G. T. sous deux formes : C. G. T., groupement moral; C. G. T., actionnaire, et je tente d'obtenir par tous les moyens une approbation ou une désapprobation de notre attitude. Nous préférons être fixés.

Notre situation est terrible. Nous avons trois organisations syndicales : une à la C. G. T. U., une autonome et qui a l'appui du Conseil d'administration, et le syndicat adhérent à la C. G. T., qui ne peut aboutir à sortir des organisations ouvrières un mot d'approbation en faveur de notre attitude.

Camarades, lorsque l'on me répond que la C. G. T. est intervenue dans le conflit de la Verrerie ouvrière d'Albi, ce qui veut dire, en substance, que l'opinion de la C. G. T. est l'opinion qu'ont donnée les arbitres, je dis que nous ne sommes pas fixés; en réalité, la Commission arbitrale n'a pas eu d'opinion sur notre conflit et elle a trouvé le moyen, par sa sentence, de donner satisfaction aux deux parties.

Un délégué. — Vous l'avez acceptée, Tantot.

TANTOT. — Oui, mais du fait même qu'une des parties ne l'a pas acceptée, nous avons été dégagés de son application. Une sentence arbitrale n'est pas une sentence qui lie constamment.

Nous nous sommes inclinés devant la sentence. Nous soumettons la question et la sentence au Congrès confédéral puisqu'il a lieu.

LENOIR. — Je ne pense pas qu'il faille entretenir une telle confusion.

Il y avait un conflit à la Verrerie ouvrière qui durait depuis très longtemps. Il fut décidé, d'accord avec la C. G. T., de nommer une Commission d'arbitrage. Le syndicat des verriers a désigné ses arbitres; le Conseil d'administration a désigné les siens. Le camarade qui fut chargé d'établir le rapport, c'est-à-dire la sentence, fut l'arbitre désigné par le syndicat ouvrier. Le syndicat, aussitôt l'arbitrage rendu, l'a approuvé. Il l'a publié en brochure et s'est mis en action pour son application. Et je ne suis pas aussi généreux que vous, qui disiez que la sentence donnait satisfaction aux deux parties; car le conflit qui ressuscite actuellement vient justement parce que le Conseil d'administration n'a pas voulu appliquer dans son intégralité la sentence du Comité d'arbitrage, et je crois que nous sommes d'accord sur ce point.

Nous avons rendu une sentence purement syndicale, qui fut acceptée à la C. A. Je considère donc qu'il faudrait retourner vos griefs contre le Conseil d'administration qui n'a pas fait preuve de conciliation en l'occurence, et qui a dénaturé la sentence en en publiant que des fragments d'une manière tendancieuse.

Je pense que la sentence rendue par la Commission d'arbitrage peut être appliquée et qu'elle est susceptible de faire tout rentrer dans l'ordre en donnant satisfaction à nos camarades d'Albi.

TANTOT. — Nous sommes d'accord lorsque vous dites que l'autre partie n'a pas respecté la sentence comme nous l'avons acceptée; mais il n'en reste pas moins vrai que la Commission d'arbitrage, qui avait mission d'examiner le conflit, a déclaré, au sujet de l'application de l'article 33 des statuts, qu'elle n'avait pas qualité pour le changer et qu'il doit s'appliquer.

LENOIR. — Je soutiens cette thèse, qu'une caisse de retraites ne doit pas être basée sur des bénéfices. Vous insistez, pour qu'il en soit ainsi parce que la V. O. a fait des bénéfices exagérés pendant la guerre. Vous dites qu'elle doit être basée sur les bénéfices; nous disons, nous, qu'elle doit être basée sur le travail accompli. Nous disons que les travailleurs ont droit à leur retraite, quels que soient les bénéfices, quand ils ont atteint 60 ou 65 ans. Vous, camarade, vous acceptez un système qui ne vous donne aucune certitude d'avoir votre retraite. Vous avez été grisés par les grosses sommes qui étaient disponibles et vous avez considéré que les retraites basées en vertu de l'article 33 seraient supérieures à celles qu'on peut établir en toute sécurité. Au point de vue des avantages immédiats, c'est peut-être votre conception qui tient, mais au point de vue syndical, c'est la nôtre.

TANTOT. — Voulez-vous me permettre de lire les documents envoyés à la Commission d'arbitrage ? (*Protestations.*)

Le Président. — Je donne la parole au camarade Michaud, au nom de la Commission de vérification des mandats.

Michaud. — Camarades, au nom de la Commission de vérification des mandats, nous demandons aux camarades secrétaires des organisations suivantes de se rendre dans la salle de vérification des mandats, avec leur cachet, pour nous dire s'ils reconnaissent les mandats qui nous sont présentés sans cachet ou s'ils les refusent.

Voici les noms des Unions :

Haute-Saône, Saône-et-Loire, Savoie, Seine, Seine-et-Marne, Somme, Seine-Inférieure, Tarn-et-Garonne, Tarn, Tunis, Var, Vaucluse, Vienne, Finistère, Gard, Gironde, Hérault, Indre-et-Loire, Isère, Jura, Landes, Loire, Loire-Inférieure, Puy-de-Dôme, Allier, Ariège, Aisne, Ardennes, Doubs, Basses-Pyrénées, Bouches-du-Rhône, Corse, Creuse, Constantine, Côtes-du-Nord, Corrèze, Drôme, Dordogne, Eure, Nord, Moselle, Pas-de-Calais, Maine-et-Loire, Meurthe-et-Moselle, Nièvre, Oise.

Voici les noms des Fédérations :

Finances, Ports et Docks, Métaux, Bâtiment, Postale, Agriculture, Habillement, Bijouterie, Spectacle, Livre, Chemins de Fer.

Le Président. — La parole est à Mailly, des Mineurs, pour une motion préjudicielle.

Mailly. — Camarades, je ne crois pas que nous devions continuer nos travaux au sein de ce Congrès en examinant le conflit qui nous est apporté par nos camarades verriers d'Albi.

Puisque, dit-on, une Commission arbitrale a déjà été constituée, il me semble qu'au sein de ce Congrès une Commission pourrait être nommée, à laquelle nos camarades verriers donneraient tous les renseignements nécessaires, et qui pourrait rapporter une résolution invitant le Conseil d'administration à faire sienne la sentence sortie de la Commission.

Je propose que l'on vote ensuite le rapport moral sans discussion.

Jouhaux. — Je demande, en tenant compte de la proposition qui vient d'être faite par notre camarade Mailly, que notre camarade Tantot soit le plus bref possible dans l'exposé des faits qu'il a à apporter devant le Congrès et que, ensuite, le Congrès puisse prendre une décision sur le conflit lui-même.

Buisson. — Croyez-en quelqu'un qui a eu la lourde tâche, pendant presque un mois, d'avoir à connaître du douloureux conflit de la Verrerie ouvrière d'Albi : Si le Congrès a l'intention d'examiner le détail de ce conflit, il n'en sortira pas. Aussi, je voudrais que cette question fût renvoyée à l'examen d'une Commission, la Commission d'ailleurs créée pour cela, celle des questions diverses.

Lorsque nous avons préparé les Commissions, nous avons envisagé que l'on ne pourrait pas encombrer le Congrès par toutes les questions, si importantes fussent-elles, qui sont un peu en dehors de l'ordre du jour, et c'est pour cela que nous avons créé la Commission des vœux ou questions diverses.

Je demande donc que le Congrès renvoie l'examen de cette question à cette dernière Commission. (*La mise aux voix est demandée par plusieurs délégués.*)

Le Président. — Le camarade Tantot a posé une question au Bureau confédéral; le Bureau confédéral a dit : Nous répondrons quand nous connaîtrons la question dans son entier. Par conséquent, je laisse Tantot faire son exposé, en lui demandant d'être bref. Le Bureau confédéral répondra et, ensuite, nous verrons pour le renvoi de la question à la Commission des questions diverses.

HAMELIN (*Livre*). — Le Conseil d'administration aura bien la parole?

DUMOULIN. — Camarades, voulez-vous me prêter cinq minutes d'attention?

Il n'est pas possible que la parole soit refusée à nos camarades du syndicat des verriers d'Albi, voici pourquoi :

Le syndicat des verriers d'Albi, partie intégrante de la C. G. T., a à demander à celle-ci des explications sur des décisions qui ont été prises à son égard. C'est le droit strict du syndicat des verriers d'Albi d'intervenir au moment du rapport moral. Je ne crois pas, camarade Hamelin, que ce soit là un débat entre le syndicat des verriers et le Conseil d'administration de la Verrerie ouvrière.

La motion préjudicielle, déposée par Mailly et reprise par Buisson, peut clôturer la demande d'explication du représentant des verriers d'Albi. Il faut lui laisser son droit de demander des explications, quitte à clore sa demande d'explications par la mise aux voix de la motion préjudicielle.

TANTOT. — Le camarade Dumoulin a très bien posé la question.

Le syndicat des verriers d'Albi ne peut accepter le renvoi de son conflit à une Commission, pour la raison suivante :

Les événements sont, là-bas, plus avancés que vous ne le croyez. Il y a eu une grève qui a duré cinq mois; prise d'usine violente, et, maintenant, nous sommes devant la justice bourgeoise, en procès, pour faire respecter les statuts. Et quelle que soit la volonté du Congrès, il peut examiner la question au point de vue syndical, à savoir s'il doit nous donner raison ou tort, mais il ne peut pas trancher la question du fait même qu'un Conseil d'administration qui ne respecte pas ses statuts ne doit pas diriger une verrerie ouvrière. Voilà la question, et je vous mets en face de toutes ces difficultés. Nous avons toujours été respectueux de la discipline. Nous sommes restés fidèles à la C. G. T., nous lui resterons encore fidèles, mais ne nous demandez pas de renoncer à ce droit imprescriptible de ne pas obéir à un Conseil d'administration qui ne respecte pas ses statuts, lesquels constituent la charte constitutionnelle du travail.

Voilà pourquoi la justice bourgeoise est saisie et, quelle que soit la solution que vous apportiez, approbation, désapprobation, le procès suivra son cours. Nous irons devant la justice bourgeoise quelle que soit votre décision.

JOUHAUX. — Camarades, je veux répondre en quelques mots au camarade Tantot, non pas pour entrer dans le fond du débat, qui regarde l'Assemblée des actionnaires de la Verrerie ouvrière (*très bien!*), mais pour examiner comment la question se pose à nous.

Je veux d'abord dire à notre camarade Tantot qu'il a lancé contre la Confédération Générale du Travail une accusation gratuite, en disant que celle-ci n'avait pas d'opinion sur le conflit.

Son opinion, la Confédération Générale du Travail l'a affirmée; elle a même manifesté d'une façon plus active, puisqu'elle a pris la responsabilité de la constitution de la Commission d'arbitrage. La Confédération Générale du Travail a accepté la sentence arbitrale rendue; elle l'a faite sienne et, tout à l'heure Lenoir disait avec raison : « Cette sentence doit s'appliquer. » C'est notre opinion. Comment peut-elle s'appliquer ? Je veux ici être très franc :

Il y a, de l'un et de l'autre côtés, des résistances qui ne s'expliquent pas du point de vue syndical et du point de vue social. Ces résistances doivent être vaincues; elles doivent être brisées. Comment peuvent-elles l'être? Est-ce en allant devant un tribunal ? Je réponds non. Elles doivent être brisées par l'Assemblée générale des actionnaires. Et alors, je me tourne vers les organisations syndicales, membres de la Confédération Générale du Travail, actionnaires de la Verrerie ouvrière, et je leur dis : La question que vous pose Tantot est en réalité celle-ci : « Vous, actionnaires de la Verrerie ouvrière, vous n'avez pas le droit de faire votre sentiment sur son conflit, qui menace de faire sombrer la Verrerie elle-même, il faut vous affirmer, et vous affirmer dans une Assemblée générale régulière. » Je suis certain, pour ma part, que si les organisations actionnaires, si les syndicats actionnaires participaient à l'Assemblée générale des actionnaires, qu'ils y formulent leur opinion, la sentence rendue par la Commission arbitrale serait acceptée, son application décidée. L'Assemblée pourrait alors, camarade Tantot, en raison des principes syndicalistes affirmés par vous, en raison de votre conception de l'organisation et de la direction du travail, dire sur quel mode et sur quels principes la Verrerie ouvrière doit désormais fonctionner. Le Conseil d'administration n'aurait qu'à s'incliner purement et simplement devant la décision de l'Assemblée des actionnaires.

Voilà comment, pour ma part, je comprends le conflit de la Verrerie ouvrière et comment, à mon sens, il est possible d'aboutir à un résultat définitif.

J'ai voulu répondre au camarade Tantot sur le point qu'il reprochait à la C. G. T. de n'avoir pas d'opinion; j'ai voulu en même temps indiquer que nous nous étions préoccupés à nouveau de la question sans l'avoir déclaré publiquement, parce que nous estimons que les journaux ont beaucoup trop parlé de cette affaire, souvent dans un sens qui n'était pas favorable à l'affaire elle-même. Nous nous sommes préoccupés de la nouvelle situation et nous pensons que les actionnaires de la Verrerie ouvrière ont pour devoir d'accepter la décision de la Commission arbitrale, d'en réclamer l'application et de décider également sur la nouvelle organisation et la nouvelle direction de la Verrerie ouvrière. (*Applaudissements.*)

Le Président. — Après la réponse donnée par le Bureau confédéral à la question posée par Tantot, je mets aux voix la motion préjudicielle, demandant le renvoi de la question à une Commission.

La motion est adoptée à l'unanimité moins trois voix.

L'examen du Rapport Moral

La discussion continue sur le rapport moral. La parole est au camarade Filliol.

FILLIOL. — Camarades, j'estime, comme on nous l'a indiqué ici, qu'il y aurait lieu de ne pas éterniser le débat sur le rapport moral. Si chaque organisation vient formuler à la tribune ses petites histoires locales, nous n'en finirons pas. Nous avons adopté un système de travail et nous recommençons à discuter dans le domaine stérile, comme nous le faisions autrefois.

Je propose, et cela pour démontrer que notre vieille C. G. T. existe plus que jamais, en un mot que le « mort se porte très bien », et aussi pour donner une réponse à nos adversaires de tendance en même temps qu'aux capitalistes, sans pour cela qu'on puisse suspecter le Bureau confédéral ou la Commission administrative d'escamotage, que le rapport moral soit adopté sans discussion et par acclamations. (*Applaudissements.*)

Camarades, vous aurez, dans les Commissions, suffisamment de temps pour faire prévaloir votre pensée. Aussi j'espère que les délégués comprendront l'importance qu'il y aurait d'accepter ma proposition.

D'autre part, je veux indiquer que pour venir à cette tribune, il a fallu que je fasse de la gymnastique; je me demande si chaque camarade qui désirera prendre la parole devra en faire autant. On demande que chaque camarade qui désire la parole fasse parvenir son nom au bureau. Pour ceux qui se trouvent au fond de la salle, c'est excessivement difficile. Il serait préférable de profiter d'une interruption pour demander la parole de vive voix. Ou bien que chacun y mette de la bonne volonté et fasse passer les petits bouts de papier pour éviter les déplacements. Peut-être pourrait-on prendre la parole de sa place, comme l'a fait Lenoir qui vient de créer un précédent que nous pourrions accepter ?

Avant de descendre de la tribune, je renouvelle ma proposition qui consiste à demander aux congressistes, après toutes les explications fournies, de voter par acclamations le rapport moral.

Huygme (*U. D. du Nord*). — Camarades, nous avons écouté attentivement le camarade Dumoulin dans son résumé succinct du travail fourni par la C. G. T. depuis le Congrès de Lille.

A notre avis, et c'est sans doute l'avis de tout le Congrès, nous n'avons qu'à nous réjouir de la façon dont, depuis le Congrès confédéral de Lille, le travail a été conduit. Rien que les attaques dont ont été abreuvés nos camarades du Bureau confédéral, de la part des politiciens, démontrent que nous sommes dans le bon chemin et que le travail accompli ne leur a pas plu.

Puisque des méthodes nouvelles de travail sont instaurées, puisque des Commissions vont traiter des problèmes ardus, complexes, délicats, je demande que l'on ne passe pas des jours et des jours, comme dans le passé, à discuter et à discourir sur le rapport moral

Dans le département du Nord, où actuellement encore nous livrons des batailles, des petites grèves qui durent longtemps, après en avoir vécu de grandes comme celles de Roubaix, Tourcoing, Caudry, nous n'avons eu qu'à nous féliciter de l'appui que nous a apporté la C. G. T. dans ces douloureuses circonstances.

Je peux certifier, au nom des syndicats que je représente, à tout le Congrès confédéral que la C. G. T. a été avec nous contre les exploiteurs et je demande que le Congrès fasse table rase de toutes les méthodes anciennes et que nous prenions comme mesure générale celle instaurée par le Bureau de la C. G. T.

Par conséquent, ainsi que l'a proposé le camarade Filliol, que l'on adopte le rapport moral et ce sera la preuve devant le pays que nous sommes unis sur le travail fourni par la C. G. T. depuis le Congrès de Lille.

Le Président. — La clôture est demandée. Je la mets aux voix.

Elle est adoptée.

La parole est au camarade Siette.

SABTTE. — Camarades, si, au nom de la Fédération des Tabacs, j'ai le mandat d'adopter le rapport moral, il n'en est pas moins vrai que j'ai là deux mandats de sections nettement hostiles au rapport moral. Si le rapport moral est voté par acclamation, comment voulez-vous que je remplisse les mandats qui m'ont été confiés ? Je demande qu'on nous permette de remplir notre mandat en procédant au vote par mandat.

Si le Congrès maintient sa décision de voter par acclamations, mon intervention aura suffi pour que mes camarades voient que j'ai rempli mon mandat.

Le Président. — Ceci dit, je mets aux voix la partie du rapport moral qui concerne l'action nationale.

Le rapport moral est adopté moins sept voix.

Les camarades qui ont voté contre voudront bien déposer leurs noms au Bureau confédéral afin qu'ils soient mentionnés dans le procès-verbal.

CHEVALME. — Je ne proteste pas contre le vote par acclamations, je suis un de ceux qui ont pour mandat de voter le rapport moral; mais je considère qu'il est très délicat de faire voter par acclamations parce qu'il y a des camarades délégués qui ont plusieurs mandats et qui peuvent en avoir pour voter contre.

On peut voter par mandat et je considère que le Congrès n'en affirmerait qu'une force plus grande auprès de l'opinion publique, puisque ce sera la grosse majorité qui se prononcera en faveur du rapport moral.

Je demande donc que l'on vote par mandat.

VIVIER. — La Commission de vérification des mandats n'a pas fini ses travaux, par conséquent, vous ne savez pas combien il y a de mandats validés.

JOUHAUX. — Camarades, nous avions pensé aller plus rapidement en divisant notre rapport moral en deux parties : action nationale et action internationale, et en faisant voter sur ces deux parties successivement.

On demande maintenant que les votes soient faits par mandats. Le vote par mandats ne peut être fait qu'autant que la Commission de vérification des mandats aura rapporté sur la question.

Par conséquent, je propose de ne pas voter sur la partie nationale qui vient d'être exposée, de faire le rapport sur la partie internationale et de voter ensuite sur l'ensemble. Peut-être, à ce moment, la Commission des mandats aura-t-elle terminé.

Le Président. — Il n'y a pas d'objection ?

(Aucune objection n'est présentée.)

Discours de Jouhaux sur l'Action internationale

Camarades, je ne veux pas revenir longuement sur l'action internationale accomplie par la Confédération Générale du Travail au sein de la Fédération Syndicale Internationale d'Amsterdam. Je veux simplement montrer quel a été l'esprit qui a animé cette action, les buts que nous nous sommes donnés, les résultats que nous croyons avoir atteints et la situation devant laquelle il convient qu'un Congrès comme le nôtre, aussi représentatif des travailleurs organisés, prenne position avec netteté.

Tant dans les Congrès antérieurs que dans les Comités confédéraux nationaux, nous avons mis les représentants des organisations ouvrières au courant de notre action et des résultats que nous cherchions.

La pensée dominante qui animait et qui anime encore la Fédération Syndicale Internationale, c'est de s'opposer à toute guerre et de combattre énergiquement tout danger de guerre.

Dans ce champ général, il y avait pour nous — et pour l'ensemble des peuples, — un problème d'une importance capitale : le problème des réparations.

Nous estimions qu'il devait recevoir une solution afin que fût permise la reconstitution économique de l'Europe; pour nous, il était une partie du problème général de la reconstitution européenne.

Dès le début même, nous avons appelé l'attention des organisations ouvrières et des masses populaires de ce pays sur la gravité de ce problème, les dangers qu'il comportait selon que telle ou telle évolution lui serait donnée.

A ce moment il y eut une certaine partie de l'opinion organisée, tant sur le terrain politique que sur le terrain économique, qui considérait que cette question n'était pas importante, qu'elle pouvait être laissée de côté, que d'autres étaient plus sérieuses, plus urgentes et qu'elles devaient avoir le pas sur les réparations.

Cette même partie de l'opinion déclarait que vouloir s'occuper des réparations, c'était faire le jeu de la bourgeoisie et de la réaction, consolider l'ordre bourgeois, et qu'il valait mieux penser à organiser la révolution — la Révolution avec un grand R — puisque celle-ci devait, par elle-même, donner satisfaction à l'ensemble des problèmes qui se posaient !

En face de cette opinion de la classe ouvrière organisée, la grande opinion publique de ce pays demeurait muette. Le problème des réparations lui était indifférent; il n'appelait pas son attention et l'on considérait, d'une façon générale, que c'était là une question dont seuls les gouvernants avaient à connaître. Elle abdiquait ainsi sa part de contrôle sur les affaires publiques, sa part d'intervention dans la politique générale et internationale et l'on rejoignait ceux qui, pour des satisfactions d'amour-propre ou des satisfactions purement théoriques, laissaient s'organiser les dangers au seuil desquels nous sommes à l'heure actuelle. (*Applaudissements.*)

La Fédération Syndicale Internationale n'a pas songé à souscrire, pour sa part, à une telle renonciation. Elle a pensé qu'il convenait de poursuivre l'action engagée par elle en vue d'aboutir à des résultats pratiques.

Déjà, dans ses Congrès antérieurs, elle avait indiqué les principes généraux grâce auxquels le problème des réparations pouvait trouver son règlement.

Nous n'avons jamais eu et nous n'avons pas encore la présomption de prétendre apporter sur ce problème des solutions définitives et absolues; plus modestes, nous nous contentons d'indiquer les principes sur lesquels l'examen peut être basé et par lesquels les solutions peuvent être trouvées.

A ce sujet, il est bon de rappeler quelles ont été les indications précises fournies par la Fédération Syndicale Internationale et par la Confédération Générale du Travail sur le problème des réparations.

Première affirmation : Le problème des réparations est un problème d'ordre international; il ne peut donc recevoir de solution que par des moyens d'ordre international; s'il reste, en quelque sorte, la propriété des pays intéressés, il risque de rouvrir à nouveau la guerre.

Cela, nous l'avons indiqué au début même de notre action, c'est-à-dire au sortir même de l'armistice. Nous n'avons cessé de le répéter parce que nous sentions, parce que nous voyions s'aggraver de jour en jour la situation, se préciser les oppositions, se réveiller les égoïsmes nationaux et s'affirmer les dangers du recours à la politique de force.

Mais notre action ne s'est pas bornée à dire d'une façon générale que le problème des réparations était un problème d'ordre international. Nous avons indiqué qu'un des moyens de le résoudre était de gager un emprunt international permettant à chacun des pays intéressés de reconstruire ses ruines, d'assainir sa situation financière et de rechercher ainsi l'équilibre financier et économique européen, sans lequel une paix stable et durable ne saurait exister.

Certes ! On n'a pas pu dire que les principes que nous formulions étaient faux; on n'a pas pu les tourner en ridicule, les combattre ouvertement, puisque chaque fois que des techniciens se sont réunis pour examiner la question, ces techniciens sont tombés d'accord sur la valeur des principes que nous formulions. (*Applaudissements.*)

‥ Mais si, techniquement, logiquement, la voie dans laquelle nous demandions que l'on s'engageât était la seule effective et réelle, des raisons politiques et économiques s'opposaient à ce qu'il en fût ainsi; les groupements économiques, comme les groupements politiques qui les représentent, pesaient sur l'action de gouvernants pour les entraîner dans une voie de laquelle ils espéraient voir sortir le triomphe de leurs intérêts particuliers.

J'accuse le Comité des Forges d'avoir été l'instigateur de la politique stupide, de la politique de faillite que nous pratiquons actuellement. (*Applaudissements.*)

Qu'on ne croie pas, s'il ne nous apparaît point possible présentement, ou si nous estimons que le moment n'est pas venu encore de manifester notre opposition à cette action, que la classe ouvrière l'accepte ! Elle continuera son effort; elle éveillera la conscience populaire et les responsables s'apercevront du fardeau formidable qu'ils se sont mis sur les épaules.

On a prétendu avoir recouru à la politique de force en raison des « manquements » de l'Allemagne. C'est exact en apparence, vrai dans une certaine mesure... Mais qu'a-t-on fait pour essayer d'obtenir satisfaction par les voies qui avaient été indiquées et qui ne sont pas seulement celles des organisations ouvrières mais qui, je le rappelle, furent également celles de la Conférence de Bruxelles, émanation d'organisations officielles, émanation des gouvernements?

Ces indications n'ont pas été suivies pour des raisons dans les détails desquels il serait peut-être trop long de se lancer à l'heure actuelle. Et pourtant, lorsqu'on affirme aujourd'hui que la classe ouvrière de ce pays, que l'Internationale ouvrière nient les réparations, qu'elles défendent le point de vue des intérêts allemands, j'ai le droit de me retourner vers les auteurs de ce mensonge et de dire : « La classe ouvrière de ce pays, la Fédération Syndicale Internationale ont défendu les réparations ! Elles ont voulu ces réparations parce qu'elles les considéraient comme une des bases de la reconstitution de l'Europe, par la collaboration et la réconciliation de tous les peuples ! » (*Vifs applaudissements.*)

On n'a pas accepté, et je vais démontrer au Congrès que ce refus a été donné sciemment.

La question des réparations supposait une politique internationale qui rencontre des sympathies, au delà des océans comme du côté des pays appelés à réparer.

Il fallait avoir une politique nette et précise; il ne fallait pas, d'une façon indirecte, seconder les efforts des Stinnes et de tous les pangermanistes de l'Allemagne. (*Très bien !*)

Ah ! l'on parle aujourd'hui d'une action dirigée contre les ploutocrates de la finance internationale ! Est-ce que l'on n'a pas, volontairement ou involontairement, soutenu cette action des ploutocrates ?

Je ne veux citer qu'un seul exemple, mais il est significatif :

L'Allemagne ouvrière, socialiste et démocrate qui a toujours affirmé le devoir pour son pays de réparer, cette Allemagne qui menait sa bataille contre les magnats de la haute finance, contre les grands capitaines d'industrie, contre toutes les forces de réaction économique et politique, cette Allemagne qui défendait sa jeune République, avait réussi à imposer au Reichstag une loi visant à la constitution de commissions à l'effet de rechercher les moyens de socialiser une partie de la grande industrie et des services publics. En face d'elle, Stinnes et tous ceux qui ne veulent pas réparer, qui déclarent que l'Allemagne doit se refuser à payer quoi que ce soit des réparations, se dressaient en un faisceau compact contre les organisations allemandes pour faire échec au projet de nationalisation.

Je n'insisterai pas sur l'attitude du gouvernement qui se lavait les mains et se désintéressait de ce qui pouvait suivre en déclarant : « Nous n'avons pas à nous immiscer dans les affaires d'autrui. »

Mais quelle fut l'attitude de la presse française en ces circonstances ?

On put lire, dans *le Temps*, deux ou trois articles où il était déclaré qu'il était indispensable et d'un devoir impérieux de lutter contre la mainmise des socialistes allemands sur les industries allemandes et sur le gouvernement allemand; que c'étaient les socialistes qui étaient responsables de la situation en Russie, en Autriche et que si on les laissait réaliser leurs conceptions, c'en serait fait de l'Allemagne, et en même temps de la question des réparations.

Ces articles rejoignaient d'autres articles écrits dans *l'Action Française* qui, ceux-là, étaient beaucoup plus caractéristiques et catégoriques, car on y déclarait :

« Il n'y a qu'un moyen d'assainir l'Europe, c'est de rétablir les régimes déchus. »

Voilà la position prise à ce moment.

Et cependant, raisonnons un peu, du point de vue de notre intérêt particulier, non pas même du point de vue des intérêts internationaux, car, dans cette question, qui est celle de la guerre ou de la paix, il convient de toucher l'opinion publique en lui faisant comprendre, toucher les dangers devant lesquels elle se trouve, et les résultats négatifs vers lesquels nous allons...

Cette opinion, il faut la réveiller de l'espèce de torpeur dans laquelle elle se trouve et qui fait dire à l'homme de la rue : « Allons dans la Ruhr ! Nous n'obtiendrons peut-être rien, mais pour défendre notre dignité de Français, il faut y aller ! »

C'est le sentiment de la foule. Pourquoi ?

Parce que le problème des réparations n'est pas connu de la masse; parce qu'elle ne l'a pas vu avec l'importance qu'elle revêt, parce qu'elle commence seulement à se rendre compte des difficultés effrayantes au-devant desquelles nous allons. Et c'est pour cela qu'il ne convient pas seulement de dire aux masses : « Vous devez être contre la guerre, pour la paix », mais de leur montrer que l'intérêt français — j'emploie à dessein ce mot — concorde avec l'action des réparations que nous avons indiquée, qu'agir autrement, c'est trahir l'intérêt français. (*Très bien! Très bien! Applaudissements.*)

Au moment même où se posait la question de nationalisation des grandes industries et services publics d'Allemagne, au moment où les capitalistes d'Outre-Rhin menaient la campagne que j'indiquais tout à l'heure, et où une partie de la presse française prenait l'attitude que j'évoquais, on ne comprenait pas que la réalisation même des réparations voulait que le responsable de celles-ci, c'est-à-dire le gouvernement du Reich, représentant la collectivité allemande, ait en sa possession, sous son contrôle, les gages qu'on n'allait pas manquer de lui demander, qu'il était indispensable de lui demander pour gager l'emprunt international. (*Applaudissements.*)

Et les mêmes qui déclarent aujourd'hui qu'il faut saisir des gages, approuvaient alors l'attitude des capitalistes qui refusaient de laisser le gouvernement allemand, la collectivité allemande posséder et contrôler des gages indispensables au rétablissement d'une situation normale en Europe!

Aujourd'hui, il faut s'emparer de ces gages; hier, il fallait les laisser entre les mains des capitalistes, et cela, pour défendre le droit de propriété individuelle (*Applaudissements*), pour s'élever contre la conception de nationalisation et de socialisation des services publics. (*Applaudissements.*)

Pour la défense d'intérêts particuliers et d'une conception économique périmée, on s'est dressé à ce moment-là contre les réparations.

Est-ce que ceux-là sont autorisés aujourd'hui à accuser la classe ouvrière à raison de l'attitude qu'elle a eue, qu'elle a, qu'elle maintiendra?

Ce n'est pas seulement cet exemple que je pourrais citer à l'heure que nous traversons. Mais il est bon de rappeler quelle fut l'action positive des organisations ouvrières non seulement au point de vue national, mais au point de vue international.

L'idée des réparations en nature fut lancée par les organisations ouvrières sous ces deux formes : prestations en matières premières et en matériaux, utilisation de la main-d'œuvre allemande. Avant même que les accords de Wiesbaden fussent venus affirmer la valeur de notre action, nous nous étions prononcés pour cette solution des réparations.

Comme la conférence financière de Bruxelles, les accords de Wiesbaden ont confirmé la valeur de notre point de vue; mais aussi bien que les conclusions de la première, ces accords sont demeurés lettre morte. Le Gouvernement qui les avait signés a été impuissant à les réaliser, parce que contre cette possibilité de réalisation se dressaient la politique aveugle du Bloc National, la protestation intéressée des réactionnaires et des groupements économiques.

Vous vous rappelez la déclaration faite à la tribune du Parlement, par un représentant des régions dévastées — la même qui, d'ailleurs, déclare s'opposer à l'impôt sur les salaires pour une même manœuvre de réaction sociale... Ce parlementaire déclarait « qu'il aimait mieux voir les moignons sanglants des régions dévastées continuer à se dresser lamentablement vers le ciel, plutôt que de voir les ouvriers allemands venir effectuer les travaux de réparation dans les régions dévastées. »

Le gouvernement s'inclinait devant cette opinion et n'osait pas appliquer des moyens dont il avait pourtant dû reconnaître la valeur exacte, et qui étaient capables d'apporter, sinon une solution totale, tout au moins une solution partielle mais effective du problème.

Aux offres de reconstruction, faites par nous avec la collaboration du travail allemand et français, on répondait par une fin de non-recevoir, polie c'est vrai, mais une fin de non-recevoir quand même.

Je me rappelle qu'un jour, le président du Conseil actuel nous déclarait : « Vous avez raison, cette solution doit être envisagée et réalisée... » Et ce n'est pas au seul délégué de la Confédération Générale du Travail que cette déclaration a été faite, mais aussi au secrétaire de la Fédération Syndicale Internationale, qui venait affirmer l'union avec les organisations ouvrières françaises.

Dans la conversation particulière, il n'est pas un homme politique qui n'ait reconnu le bien-fondé de notre méthode. Seulement, il n'est pas un homme d'Etat qui ait osé en accepter la responsabilité. Pourquoi ? Par ce que derrière cette question des réparations s'agitaient des intérêts particuliers.

La main-d'œuvre allemande devait être proscrite lorsqu'il s'agissait de l'action des organisations syndicales françaises et allemandes; mais elle devait être acceptée quelques mois plus tard, lorsqu'il s'agissait de l'application du contrat passé entre M. de Lubersac et Stinnes !

Contre nous, les forces politiques étaient déchaînées : l'Allemand ne devait pas pénétrer, même pour réparer, dans les régions dévastées. Mais lorsqu'un représentant de la réaction sociale arrivait avec un contrat signé par le plus endurci des pangermanistes, par le plus réactionnaire des impérialistes, tous les journaux entonnaient un hosanna. Dans *le Temps*, le grave *Temps* qui protestait, la veille encore, on put lire les louanges étalées en longues colonnes...

Pourquoi donc cette métamorphose ?

Je n'ai jamais eu l'habitude de lancer des déclarations graves sans bien peser ce que je voulais dire, et ce n'est pas de ma bouche que sortiront des accusations téméraires sur des questions aussi graves que celle-ci. Je dis aujourd'hui que si l'on approuvait le contrat de Lubersac-Stinnes, c'est parce que derrière ce contrat il y avait ou pouvait y avoir des accords entre le Comité des Forges et l'industrie lourde allemande, représentée par Stinnes. (*Applaudissements.*)

Un jour, quelle ne fut pas ma stupéfaction d'entendre dire à Berlin, par une personne autorisée et qui ne peut être suspecte, que les métallurgistes français avaient déclaré vouloir l'accord entre les groupements de l'industrie lourde allemande et les leurs, et que s'il fallait aller jusqu'à l'occupation de la Ruhr pour l'imposer, on irait.

Je ne dis point qu'à ce moment-là, celui ou ceux qui tenaient ces propos avaient la volonté très ferme de les réaliser; je crois bien plutôt qu'ils supposaient possible d'aboutir à des accords avec les industriels d'outre-Rhin et que, s'ils posaient ainsi la question, c'était pour amener les Allemands à accepter plus facilement.

D'ailleurs, n'avez-vous pas lu dans les journaux une campagne particulière, qui tendait à laisser croire à l'opinion publique française qu'un gouvernement représentatif de la grande industrie allemande offrirait plus de sécurité, de garanties au point de vue des réparations que tout autre gouvernement ? On a écrit cela; mais cela on ne l'a pas écrit sans raisons, ni sans pourparlers préalables, ni sans indications : c'était l'affirmation d'une politique de réparations basée, par une incroyable gageure, sur la bonne volonté de ceux dont l'action, en Allemagne, était constamment dirigée contre les réparations elles-mêmes !

Là encore, les responsabilités ne sont pas du côté des organisations ouvrières qui les ont dénoncées à cette époque, qui ont montré tout ce qu'un tel projet recélait de dangers réactionnaires au point de vue national comme au point de vue international.

Reprenons ensemble un point d'histoire antérieur à la guerre. Souvenons-nous de quelques articles écrits par notre camarade Merrheim, et nous aurons la signification de la politique que menaient, déjà à cette époque, les industriels français et plus particulièrement le Comité des Forges : politique de rapprochement avec l'industrie lourde allemande parce qu'on voulait créer ou essayer de créer des barrières défensives entre producteurs contre les consommateurs, nationalement et internationalement.

Ces mêmes idées ont été reprises après la guerre, et les mêmes gens qui prétendent nous faire grief de parler avec nos camarades allemands, entretenaient et entretiennent officieusement ou officiellement des rapports constants avec les ennemis du peuple français. (*Applaudissements.*)

Toute voie effective ouverte aux réparations ne pouvait pas aboutir parce qu'en face d'elle se dressait cette politique particulière.

On a cru à cet accord, on a agi pour cet accord, et quand les possibilités de réalisation se sont trouvées reculées, on a pensé qu'un commencement d'occupation de la Ruhr ferait capituler les industriels allemands et qu'ainsi, par la mise en marche d'une politique de force, on aboutirait aux résultats souhaités.

On s'est trompé, mais on n'en persiste pas moins dans l'erreur.

Est-ce qu'on ne parlait pas, il y a quelques jours, de la nomination d'un certain M. Pinot, comme haut-commissaire du gouvernement français dans la Ruhr. Qui est donc ce M. Pinot ? C'est le vice-président du Comité des Forges, responsable de l'occupation militaire du bassin de la Ruhr.

Il faut, à l'heure où nous engageons le combat suprême, pour essayer de sauver ce pays et la civilisation même de la catastrophe à laquelle on nous conduit, il faut que les intérêts particuliers soient mis dans l'obligation de disparaître ! (*Applaudissements.*) Il faut que l'intérêt général seul commande et dirige l'action des hommes politiques, comme l'action des masses.

Chaque jour on ment sur la situation, chaque jour on raconte des balivernes à dormir debout. Malheureusement, ces sottises s'adressent à un public ignorant de la question, qui les accepte, hausse parfois les épaules, ou parfois y croit... Ces renseignements erronés n'ont malheureusement pas seulement pour but d'induire en erreur une partie de la population; ils ont aussi pour conséquence d'aggraver une situation qui n'est déjà que trop grave en elle-même, de compliquer les problèmes, et peut-être de nous mettre demain en présence du fait accompli, de l'incident sanglant.

C'est cela qu'il faut avoir le courage de dénoncer, pour maintenir une politique internationale honnête et humaine; c'est cela, l'action contre la guerre, non pas même théoriquement, mais transportée dans l'examen des faits.

Je voudrais vous citer ces profondes paroles de Jaurès :

« La conscience du prolétariat international ne doit pas être un vain mot qui se répète à distance dans les congrès nationaux ou internationaux, mais une pensée effective surveillant et contrôlant les événements et permettant de prendre contre ces événements et leur évolution redoutable, les garanties qu'appelle l'humanité. »

A l'heure actuelle, nous devons suivre les événements qui se déroulent; il nous faut être d'une vigilance qui ne se démente pas; il nous faut agir, agir par les moyens d'influence, agir par la pression exercée sur nos gouvernants, agir par tous les moyens qui nous sont offerts pour éviter que de la Ruhr occupée ne sorte à nouveau la guerre. (Applaudissements.)

Je ne voudrais pas dramatiser. Ce n'est pas nous qui porterons jamais la responsabilité d'avoir, par notre propagande, essayé de déterminer les incidents sanglants qui peuvent se dérouler. Cette responsabilité, nous la laissons au gouvernement et aux militaires, mais nous devons quand même surveiller ces événements, car, dans huit jours, quinze jours, un mois, deux mois peut-être, peuvent se dérouler des incidents redoutables.

Quand la faim prendra les ouvriers aux entrailles, quand les douleurs matérielles viendront s'ajouter à la douleur morale, alors, peut-être, les événements surgiront tragiques et pourront nous placer en face d'un conflit.

Cela, nous devons chercher à l'éviter et à l'empêcher. Répétons-le : les travailleurs ont le droit et le devoir de défendre la dignité de leur travail et de leur personne; ils n'ont pas à se courber sous la contrainte des baïonnettes dans quelque situation qu'ils se trouvent ! (Applaudissements). Oui ! Répétons-le et clamons-le, car si des baïonnettes étrangères étaient venues, en période de paix, monter la garde autour de nos puits, autour de nos usines pour nous commander le travail, notre devoir de Français eût été de résister et de résister ouvertement. (Applaudissements). Sur ce terrain, qu'on le sache, on ne saurait établir de différences suivant les positions que peuvent occuper les nationalités.

Mais c'est parce que nous pensons ainsi, parce que nous sommes des ouvriers, parce que nous connaissons la psychologie ouvrière, que nous craignons les événements que nous dénonçons.

Reportons-nous à quelques années en arrière, à la Conférence de Spa. Parmi les délégués de l'Allemagne, il y avait un ouvrier, mort aujourd'hui, notre camarade Hue, secrétaire de la Fédération des Mineurs. Les représentants des industriels allemands résistaient, ne voulaient pas fournir les réparations. Un homme parla, Hue : « Donnez-nous à manger, dit-il, et le charbon dont vous avez besoin, nous vous le fournirons. » Cet homme-là était le représentant des mineurs de la Ruhr, mineurs qui ont accepté de faire une heure supplémentaire et quelquefois deux, pour fournir le charbon demandé par les alliés, car il est bon de dire que trente à trente-cinq mille tonnes de charbon allemand venaient quotidiennement en France. Depuis l'occupation de la Ruhr, qu'avons-nous recueilli ?

Je ne voudrais pas jeter de chiffres dans ce débat, mais il est certain qu'à l'heure actuelle nous n'avons pas obtenu une quantité égale à celle que nous recevions journellement avant l'occupation. Ah ! il nous revient cher le charbon de l'occupation militaire ! Et l'on peut bien affirmer que tout marche presque normalement, qu'on réorganise administrativement et industriellement; pour diriger une production aussi compliquée que celle du bassin de la Ruhr, il ne suffît pas d'avoir des militaires qui disent à Essen ; « Ce train et ce bateau vont être dirigés sur la France », car une organisation industrielle, ce n'est pas une série d'ordres donnés, c'est un mécanisme technique : on pourrait prendre la totalité des ingénieurs des mines françaises qu'on n'arriverait pas encore à organiser la production normale des mines de la Ruhr.

Savez-vous ce que c'est que le bassin de la Ruhr, et à quoi il peut être comparé ? C'est le centre industriel le plus important de l'Europe, le plus complexe aussi; il n'y a qu'un centre au monde qui puisse lui être comparé, c'est Pittsburg, en Amérique, et encore ne se trouve-t-il pas placé dans les mêmes conditions de répartition des matières premières, de consommation et de transport que la Ruhr.

Or, l'organisation industrielle allemande n'est en rien comparable à l'organisation industrielle française; elle est calquée sur le tempérament et la psychologie de l'ouvrier allemand; elle comporte nécessairement un nombre de techniciens plus considérable que partout ailleurs par rapport à celui des ouvriers. Avons-nous en France, quelque chose de comparable à cela ? Il suffit d'avoir passé quelques journées dans la Ruhr pour se rendre compte des difficultés de diriger des opérations industrielles et des transports d'un tel ordre de grandeur.

Et puis, pour produire, il faut la collaboration des ouvriers et non pas seulement la collaboration froide, mais la collaboration sympathique, en face des difficultés que rencontrent ceux qui ne parlent pas la langue de ces ouvriers, pour diriger la production.

Est-ce qu'on l'a voulue cette collaboration sympathique ? Est-ce qu'on l'a recherchée ?

Souvenez-vous, camarades, que les ouvriers du bassin de la Ruhr étaient ceux qui au lendemain du « kapputsch » résistaient, armes au poing, à la Reichswehr. (*Applaudissements.*)

Les ouvriers de la Ruhr étaient ceux qui avaient une sympathie profonde pour la France; ils ont accepté sympathiquement, à Dusseldorf, les armées françaises pendant la première occupation.

Allez voir quel est maintenant l'état d'esprit qui anime ces travailleurs !

Dès le début de l'occupation, on n'a pas tenu compte de cela; on a reçu les ouvriers comme des inférieurs, comme des esclaves auxquels on donne des ordres, que l'on admet pas à la discussion et auxquels on dit : « Circulez. »

Ah ! l'on se plaint que les travailleurs allemands répondent aussi disciplinairement aux ordres de leur gouvernement ! Mais l'on n'a rien fait pour leur donner les garanties d'indépendance indispensables pour leur faire comprendre que l'action était dirigée contre les seuls capitalistes. Et puis, l'on oublie une chose : c'est que cette action a réveillé le sentiment national, et c'est bien là le plus angoissant côté de la question : il y a en Allemagne, à l'heure actuelle, des courants nationaux profonds auxquels nos camarades socialistes et syndicalistes résistent encore, — mais qui sait s'ils pourront encore résister demain ?

Est-ce que ces fautes-là ne sont pas assez lourdes ?

Je sais bien qu'il est difficile de revenir sur une attitude prise, que l'honneur commande de persévérer dans l'erreur, mais avant l'honneur il y a la vie même du pays.

La politique d'occupation ne paie pas et ne paiera pas. Quand on dit que dans deux mois l'Allemagne sera arrivée à résipiscence, on se ment à soi-même. On sait très bien — je parle du gouvernement français, — on sait très

bien que cela n'est pas exact, que la résistance peut durer plus de deux mois
et qu'il y a par conséquent des dangers graves, insoupçonnés, des éventualités
de guerre, et que l'effondrement financier de l'Allemagne et de l'Europe
centrale (si elle n'amène pas l'effondrement financier de la France) créera
une situation qui nous amènera pour le moins, non pas à recevoir des réparations, mais à dépenser de l'argent, si nous en avons, pour relever l'Allemagne
comme nous essayons de relever l'Autriche.

Voilà la situation vers laquelle on va. Et c'est nous, en définitive, qui
paierons !

Le coût de la vie augmentera peut-être, le franc diminuera et les réparations
resteront toujours inscrites à notre budget. Nous paierons l'occupation militaire, et nous la paierons seuls, car si l'Angleterre ne veut pas intervenir, c'est
parce qu'elle entend bien ne pas payer. (*Rires.*)

La Fédération Syndicale Internationale, réunie à La Haye, ayant convoqué
un Congrès mondial et pressentant les opérations de la Ruhr, votait un ordre
du jour indiquant le recours à la Société des Nations. Sa voix n'a pas été
entendue. Devant l'acte, la F. S. I. s'est réunie à nouveau. Vendredi, nous étions
à Amsterdam et nous confirmions le point de vue de La Haye et réclamions
le recours à la Société des Nations.

A l'heure actuelle, il n'y a plus que cette voie pour sortir de la situation
tragique dans laquelle nous sommes. L'intervention américaine ? Je n'y crois
plus, je ne veux plus y croire. Seule la Société des Nations peut encore offrir
la voie de salut. Le voudra-t-on ? Voudra-t-on accepter qu'elle se saisisse du
problème des réparations et lui donner les solutions internationales qu'il
comporte ? Cela dépend de la pression que la masse populaire saura exercer,
de l'attitude que le peuple observera au cours des événements qui vont se
dérouler.

Ce que nous demandons est possible, parce que c'est l'expression de tous
ceux qui, consciemment, logiquement, humainement, ont examiné ce problème,
et puis, parce que l'Assemblée générale de la Société des Nations, elle-même,
a indiqué cette procédure l'année dernière; parce que, organisme international,
elle peut sans recours militaire se saisir des gages pour l'emprunt international, parce qu'elle peut répartir cet emprunt sans empiéter sur les attributions
particulières de chaque pays, parce qu'elle peut intervenir sans subordonner,
ni militairement, ni économiquement, aucun pays.

Est-ce que l'on comprendra cela ? Est-ce que l'on voudra entrer dans cette
voie ? Ou bien continuera-t-on à suivre aveuglément les chacals qui hurlent
après de nouveaux champs de bataille, et ceux qui veulent, économiquement,
construire dans le sang les fondations d'une réaction internationale dans
laquelle sombrerait ce qui reste de nos libertés. (*Applaudissements.*)

Eh bien ! camarades, sans vaine forfanterie, mais avec conscience, comprenant l'heure des difficultés, je ne vous demande pas seulement d'accepter la
politique de la Fédération Syndicale Internationale et notre action internationale, mais de déclarer en même temps que nous lutterons de toutes nos forces
contre ces dangers, contre ces stupidités, que nous défendrons l'intérêt général
contre les intérêts particuliers, que nous réclamerons le recours à la Société
des Nations, que nous irons jusqu'au bout de nos forces pour empêcher la
guerre. (*Longs applaudissements.*)

Le Congrès chante « l'Internationale ».

Roland. — Camarades, avant de lever la séance, je vous demande d'accorder cinq minutes à notre camarade Michaud.

Michaud. — Nous avons reçu quelques mandats nouveaux et, pour qu'ils soient validés, je demande aux secrétaires des Unions départementales suivantes de bien vouloir passer signer ces mandats :

Ain, Ardèche-Drôme, Constantine, Creuse, Dordogne, Drôme, Doubs, Moselle, Puy-de-Dôme, Savoie, Seine-et-Marne, Seine-et-Oise, Vaucluse, Vendée, Isère, Jura, Finistère et Tunisie.

Les secrétaires des Fédérations de la Finance et du Spectacle voudront bien venir signer également leurs mandats.

Le Président. — Demain après-midi, séance plénière du Congrès. Il nous faut désigner le Bureau pour cette séance. Il me semble que nous devons mettre à l'honneur nos camarades marins et désigner parmi eux le président. Comme assesseurs, il y aura le camarade Digat, de la Fédération postale, et le camarade Le Guen, de la Fédération des Cheminots.

Il en est ainsi décidé.

Dumoulin. — Je demande au Congrès, avant de se séparer, de donner à l'exposé qui vient d'être fait par notre camarade Jouhaux une conclusion raisonnable. Il n'est pas douteux que le Congrès, dans sa quasi unanimité, adoptera demain matin, par mandats ou par acclamations, le rapport moral national; il n'est pas douteux également qu'il adoptera la partie internationale du rapport par les mêmes moyens, avec la même unanimité.

Voila des indications pour votre vote qui aura lieu. Mais, pour donner une consécration pratique à cet exposé, il faut faire fonctionner une Commission qui étudiera plus particulièrement les périls en provenance de l'occupation militaire de la Ruhr, condensera, dans une résolution d'action, l'opinion de notre Congrès.

Il faut donc tout de suite, indépendamment des huit Commissions nommées pour l'ordre du jour, désigner sept ou huit camarades qui apprécieront à la fois l'exposé de Jouhaux et les différentes résolutions adoptées par l'Internationale Syndicale et qui condenseront, à l'usage du Congrès, les moyens de déterminer notre activité commune.

Pour terminer notre journée, envoyez huit noms que le Bureau enregistrera immédiatement.

Sont désignés :

Merrheim, Perrot, Digat, Guillez, Huyghe, Cappocci, Lenoir, Bartuel et J. Chevenard.

DEUXIÈME JOURNÉE

Après-midi [1]

Président : EHLERS (Inscrits, Cherbourg)

Assesseurs : VIGNAUD (Ports et Docks); LE GUEN (Cheminots)

EHLERS (*Président*). — Camarades, permettez-moi, tout d'abord, de vous remercier, au nom des marins, de l'honneur qui vient de leur être fait. Cette présidence aurait dû être assurée par Rivelli, mais seule sa grande fatigue l'a empêché d'être parmi nous. Contrairement à ce qu'on a pu penser, il ne reste pas d'amertume dans le cœur des marins au sujet du dernier mouvement de grève; ils ont conservé, à la C. G. T., toute leur fidélité et tout leur dévouement. (*Applaudissements.*)

La parole est au camarade Michaud.

MICHAUD (*Services publics*). — Camarades, pour permettre à la Commission de vérification des mandats de faire son rapport, nous demandons aux secrétaires des Unions départementales suivantes de venir à la Commission pour signer les mandats des syndicats de leur Union : Finistère, Vienne, Seine-et-Oise, Drôme, Ardèche, Charente-Inférieure, Dordogne.

Le Président. — Il est parvenu deux motions au bureau, dont je vais vous donner lecture :

Le Congrès donne mandat au Bureau confédéral de faire éditer en brochure, le plus rapidement possible, le discours de Jouhaux sur la situation internationale et concernant les réparations.

ROLAND (*Seine*), CHALLEIX.

Que ceux qui sont partisans d'adopter cette motion le manifestent en levant la main.

(*La motion est adoptée.*)

Voici maintenant la deuxième motion :

Le Congrès enregistre la façon dont certains journalistes font le compte rendu des travaux dans une presse qui se dit ouvrière. Il fut un temps où la presse bourgeoise était rappelée au principe de la vérité. Le Congrès est indigné de l'attitude du correspondant et déclare que les congressistes ne sont ni des enfants ni des figurants.

---

(1) La matinée a été consacrée aux travaux des Commissions dont on trouvera la liste d'autre part.

La parole est au camarade Capocci.

CAPOCCI (*Employés, Seine*). — Camarades, je demande qu'on ne vote pas d'ordre du jour. Nous n'avons pas à nous indigner, nous n'avons qu'à mépriser une pareille presse et répondre par le silence. (*Applaudissements.*)

DUMOULIN. — Camarades, le Congrès, comme à l'origine de ses travaux d'hier, doit conserver toute sa sérénité et ne doit pas se laisser séduire par aucune manifestation extérieure, soit-elle extrémiste de droite ou de gauche. Il doit conserver tout son sang-froid en raison de la gravité des questions qu'il examine.

Tout d'abord, il convient que les congressistes sachent que la Commission de vérification des mandats n'ayant pas terminé ses travaux, nous ne procéderons pas maintenant au vote par mandat sur le rapport moral, partie nationale et partie internationale. Ce vote aura lieu tout à l'heure, quand la Commission de vérification des mandats aura fixé, pour le Congrès lui-même, le nombre de syndicats représentés et de délégués régulièrement mandatés.

Nous pensons que quelques Commissions ont déjà pu terminer leurs travaux, et nous invitons leurs rapporteurs à déposer sur le bureau du Congrès leurs rapports et résolutions dès que ceux-ci seront prêts. Je veux dire que les questions inscrites à l'ordre du jour ne suivront pas le développement indiqué dans l'ordre du jour lui-même, mais suivront le développement des travaux du Congrès. Lorsqu'une Commission aura terminé ses travaux, le Congrès examinera la résolution et le rapport sans considération de numérotage. Cette invitation s'adresse aux rapporteurs de chaque Commission. Maintenant que nous nous sommes entendus et que chacun remplira sa tâche, nous allons demander au camarade président de lire la lettre adressée à la fois au président du Congrès et au Bureau confédéral en ce qui concerne un certain nombre de propositions ayant trait à l'établissement de l'unité syndicale.

Une lettre de la C. G. T. U. ouvrira pour quelques instants la discussion sur des propositions d'unité syndicale. Ceux qui, dans ce Congrès, ont mandat de faire des propositions devront demander la parole à ce propos. Cette après-midi sera consacrée à l'examen de ces propositions, ce qui veut dire que le Congrès n'obéit pas seulement à des suggestions extérieures, desquelles il n'aurait à tenir compte, mais qu'il obéit à des suggestions intérieures (*applaudissements*), aux mandats qu'ont reçus un certain nombre de délégués, et qu'ils doivent remplir ici en toute liberté et en toute souveraineté leur devoir. C'est à cet égard, pour rendre justice à la clarté et à la vérité que notre camarade président est invité à lire la lettre de la C. G. T. U.

La parole est à Savoie, pour une motion d'ordre.

SAVOIE. — Camarades, avant un débat aussi délicat que celui qui va s'ouvrir à la suite de la lecture de cette lettre, je tiens à ce que la Commission de vérification des mandats fasse connaître immédiatement la quantité de mandats validés qui sont parvenus jusqu'à ce jour entre ses mains. Il n'est pas admissible que, le deuxième jour du Congrès, on n'ait pas encore fourni ce rapport. Les mandats qui ne sont pas encore complètement validés, qui ne peuvent pas être acceptés pour une cause quelconque doivent être réservés; mais l'on doit, surtout avant d'ouvrir un débat de cette sorte, connaître exactement les mandats validés et, par la suite, ce que représente ce Congrès. (*Très bien !*)

Que le rapporteur nous fasse connaître où en sont ses travaux et combien il y a de mandats validés, il n'est pas possible que, pour une dizaine de mandats. on renvoie peut-être à demain, troisième jour du Congrès, l'examen du nombre de syndicats et de délégués. (*Très bien !*)

MICHAUD. — Camarades, ce n'est pas le rapport définitif de la Commission de vérification des mandats que je viens vous donner. Je viens simplement répondre aux désirs de notre camarade Savoie.

A l'heure présente, il y a 1.361 mandats validés par la Commission de vérification des mandats, 1.361 syndicats représentés ici ; il y a également les mandats réguliers de 23 Fédérations et de 74 Unions départementales. Il n'y a que 3 mandats de contestés. Ce sont les chiffres que nous pouvons vous donner maintenant ; d'ici quelques instants, nous allons vous donner le rapport définitif de la Commission de vérification des mandats.

La question de l'Unité syndicale

Le Président. — Camarades, nous allons passer à la lecture d'une lettre de la Confédération Générale Unitaire.

Au camarade président de la séance d'ouverture du Congrès de la C. G. T., à Paris:

L'UNITÉ SYNDICALE

DÉCLARATION DE LA C. G. T. U. AUX DÉLÉGUÉS OUVRIERS RÉUNIS EN CONGRÈS A PARIS

Camarades,

A diverses reprises, la C. E. de la C. G. T. U. a fait connaître aux syndicats français ses désirs d'unité syndicale.

A l'heure où, profitant de la dispersion des forces ouvrières, le péril réactionnaire s'accentue, au moment où l'impérialisme français entraîne le monde ouvrier dans une nouvelle entreprise guerrière et vers de nouveaux sacrifices, la question de la solidarité nationale et internationale de classe doit être à l'ordre du jour de toutes les discussions prolétariennes.

La C. E. de la C. G. T. U. met à profit la convocation du Congrès confédéral de la vieille C. G. T. pour renouveler publiquement ses propositions d'unité syndicale et d'unité d'action.

Elle estime que l'intérêt de la classe ouvrière doit dominer les considérations d'amour-propre, et que tous les militants ont le devoir de tenter l'impossible pour que l'unité organique du syndicalisme, ardemment souhaitée par tous les travailleurs, soit au plus tôt réalisée.

Mais elle ne croit pas que cette unité puisse se reconstituer au sein de l'une ou de l'autre C. G. T. ; cette formule simpliste ne peut que masquer le désir de voir se prolonger un état de scission sévèrement jugé par le prolétariat tout entier.

La C. E. de la C. G. T. U., croit l'unité possible par l'entente de tous les syndicats, sans exception, au sein d'un Congrès confédéral unitaire, spécialement convoqué par les deux organismes confédéraux, sur des bases à déterminer.

Le rétablissement de l'unité ne doit pas être un jeu de dupe ni de diplomatie entre les diverses tendances ou groupements du mouvement syndical, mais il doit s'effectuer, au contraire, sur des bases loyales et concrètes, préalablement déterminées.

La C. E. de la C. G. T. U. n'hésite pas à rappeler ses dernières propositions d'unité syndicale; elle les soumet à nouveau à tous les syndicats français en général et, en particulier, aux dirigeants de la vieille C. G. T. et aux syndicats groupés dans son sein et actuellement réunis en Congrès :

1° Les syndicats appartenant à l'une ou à l'autre C. G. T. au 31 décembre 1922, seront convoqués en Congrès;

2° L'ordre du jour du Congrès portera exclusivement sur le programme d'action et d'orientation nationales et internationales;

3° Les votes se feront par appel nominal, basé sur le nombre moyen des timbres pris par chaque syndicat du 1ᵉʳ janvier au 31 décembre 1922;

4° Une Commission mixte de contrôle, composée par moitié des délégués des deux organisations dans les syndicats, dans les Unions départementales, les Fédérations et les C. G. T., sera chargée de la vérification des effectifs, et ses rapports seront adressés à la Commission d'organisation du Congrès;

5° Elle examinera la situation des syndicats adhérents à la C. G. T. au moment du Congrès de Lille, qui, réfugiés dans l'autonomie, manifesteraient le désir de participer au Congrès des deux C. G. T.;

6° Toute irrégularité ou rectification injustifiée, constatée sur les livres, entraînera l'abstention de droit dans la discussion et les votes;

7° Les programmes d'orientation et d'action syndicales seront fixés par la majorité du Congrès;

8° La C. E. et le Bureau confédéral, issus du Congrès, devront être en accord avec la ligne de conduite tracée par celle-ci;

9° Les minorités devront s'incliner devant la majorité (exclamations et rires), mais conserveront leur droit d'opinion, de critique et d'opposition au sein de la C. G. T.;

10° Aucune exclusion ne pourra être, dans l'avenir, prononcée contre un syndiqué, un syndicat ou une organisation, sous le prétexte de discipline syndicale; la discipline syndicale ne pourra s'appliquer qu'aux décisions d'action régulièrement prises.

En portant à la connaissance du Congrès réuni ses propositions, la C. E. de la C. G. T. U. espère qu'elles serviront de base à une discussion loyale et qu'elles ouvriront aux syndicats français les meilleures perspectives sur l'avenir du mouvement révolutionnaire.

La Commission Exécutive et le Bureau de la C. G. T. U.

L'Unité de front

En attendant que les forces syndicales se retrouvent coordonnées au sein d'un organisme unique, la C. E. de la C. G. T. U. estime que les circonstances actuelles doivent dicter à toutes les organisations syndicales, se réclamant de la lutte de classes, une action commune contre les menaces de guerres en général, et contre l'impérialisme français en particulier.

L'occupation de la Ruhr, par ses conséquences économiques et politiques, a fait l'objet de discussions au sein de toutes les organisations nationales et internationales. Elle a motivé, de part et d'autre, des décisions d'action qui ne peuvent être mises en application avec efficacité qu'à l'aide de la plus grande concentration des efforts sur un objectif commun.

Prenant note que la Conférence de La Haye a voté le principe de la grève générale pour protester contre l'occupation de la Ruhr par les armées françaises, l'Internationale Syndicale de Moscou a proposé, à l'Internationale Syndicale d'Amsterdam, un accord circonstanciel, afin de pouvoir rendre effectives, le cas échéant, les décisions d'action préconisées par l'une et par l'autre Internationales.

Depuis ce jour, les événements se sont singulièrement aggravés, le militarisme français a virtuellement créé l'état de guerre entre la France et l'Allemagne, sous prétexte d'appliquer le Traité de Versailles.

Le prolétariat allemand, réduit à la misère, contraint par la violence à payer les conséquences de la guerre de 1914, est exposé à toutes les provocations, il est menacé chaque jour des pires répressions par les autorités militaires; à l'extérieur, comme à l'intérieur, le militarisme français exerce la loi du talion et conduit le prolétaire aux pires extrémités.

La C. E. de la C. G. T. U. estime que, dans les circonstances actuelles, le principe de la grève générale doit être examiné avec sincérité, avec la plus grande attention et la plus grande célérité; elle estime que la solidarité internationale doit se manifester virtuellement. Enregistrant les décisions de la Conférence de La Haye, adoptées par les délégués français de la vieille C. G. T., elle propose le principe d'une Commission mixte chargée d'établir, par des pourparlers préalables, un accord provisoire entre les deux organisations pour l'examen d'une action commune contre la guerre.

LA COMMISSION EXÉCUTIVE ET LE BUREAU DE LA C. G. T. U.

Le Président. — Camarades, je crois que nous pourrions, en attendant le rapport définitif de la Commission de vérification des mandats, procéder à une discussion générale sur cette proposition. Quelques camarades se sont déjà fait inscrire.

Je donne la parole au camarade Biot, au nom de différents syndicats de la Fédération de l'éclairage.

BIOT. — Camarades, hier, notre camarade Dumoulin — dans une question délicate puisqu'elle visait à indiquer dans l'ensemble du rapport moral de la C. G. T. les différentes étapes que nous avions franchies, les quelques victoires que nous avions obtenues et les quelques échecs que nous devions enregistrer — indiquait certains points. Je ne parle pas en tant que Dumoulin, je me refuse à parler avec le tempérament de l'individu, je dois parler en recherchant surtout les exemples de l'histoire et faire parler l'histoire elle-même. Eh bien ! dans la question qui nous est posée, je sais qu'il y a différentes organisations qui ont ébauché des propositions se rapprochant des points de vue indiqués dans la lettre de la C. G. T. U., c'est aux camarades de ces organisations que je veux demander de ne pas laisser l'histoire comme lettre morte dans notre enseignement et de nous rappeler en commun les différentes étapes franchies pour en arriver à l'état de division syndicale.

On nous demande de revenir à l'état normal des choses, on nous demande de nous replacer dans la situation que nous occupions à la veille et pendant le Congrès de Lille; on indique qu'il faudra préciser, et que ce sera une fois pour toutes, que les minorités devront s'incliner devant les décisions de la majorité. Mais, camarades, si l'on s'était inspiré de ce principe, sans lequel il n'est point d'organisation possible, nous n'aurions pas à enregistrer aujourd'hui et à discuter les termes des lettres qui nous sont adressées. (*Applaudissements.*)

A différentes reprises, nous avons demandé ce que l'on entendait exactement par discipline syndicale; avant que le mouvement ouvrier soit brisé, nous sentions les dangers que comportait la brisure et nous avons demandé humblement que l'on veuille bien nous fixer sur ce que l'on entendait par discipline syndicale. A ce moment, on nous a répondu : « Discipline dans l'action, parce que c'est indispensable. » Mais on nous a ajouté : « Nous sommes partisans et défenseurs de l'indiscipline dans la préparation de l'action. » Nous sommes

de ceux qui prétendions hier, et qui persistons à prétendre, animés que nous
sommes du souci de posséder un mouvement ouvrier capable d'accomplir autre
chose que des résolutions perpétuelles; nous sommes de ceux qui prétendons
qu'une action ne peut avoir de valeur que lorsqu'elle s'accomplit dans une discipline qui aura été déterminée elle-même par le respect de la discipline qui
déterminera l'action. (*Applaudissements.*)

Camarades, dans ce domaine, il est bon de signaler, comme l'indiquait
Dumoulin, que si nous abordons cette question ce n'est pas seulement parce
que nous sommes saisis d'une sollicitation visant l'unité et venant de la part
de ceux qui se sont tant dépensés pour la briser, c'est parce que nous savons
que cette lettre et les termes dans lesquels elle a été rédigée est encore une
manifestation beaucoup plus politique qu'elle n'est syndicale; c'est parce que
nous savons que, des deux côtés, on se rend très bien compte que le confusion-
nisme qu'on s'est tant efforcé de retenir dans les esprits a permis à la masse
de ne pas comprendre exactement les raisons véritables de la scission. Et l'on
déguise dans des missives la possibilité de démontrer demain que, ce sera
encore une fois de plus cette vieille C. G. T. — puisque vous ne l'appelez plus
dans vos lettres la C. G. T. dissidente — qui refusera de faire l'unité ouvrière.

Camarades, nous l'avons déclaré, il n'est pas dans l'intention de ceux que
vous cataloguez réformistes, qui accomplissent tous les jours des actes plus
révolutionnaires que ceux que vous accomplissez, de ne pas vouloir l'unité.
Ah ! je sais bien que, dans la collaboration dont nous nous rendons journellement coupables, nous n'en sommes pas encore à aller solliciter le curé de la
paroisse d'Audincourt (*applaudissements*), nous n'en sommes pas encore à
pousser notre collaboration révolutionnaire jusqu'à prier le curé influent de la
commune d'Audincourt de solutionner nos conflits révolutionnaires avec
M. Peugeot.

Un délégué. — Citez les noms !

Biot. — Il n'est pas besoin, camarades, de citer les noms, car j'estime que,
dans un Congrès, tous les militants qui prétendent y apporter une contribution
de quelque valeur, ont eu le souci, avant d'assister à ses assises, de se renseigner, en suivant pas à pas et jour par jour les différentes manifestations.
(*Applaudissements.*)

Camarades, l'on nous demande de refaire l'unité et j'ai indiqué au début que
c'était dans l'histoire que nous puiserions les responsabilités réelles de la scission ouvrière.

Au Congrès de Lille, une fois de plus et cela pour confirmer la coutume, les
syndicats sont venus au Congrès exposer des points de vue différents et confirmer, par conséquent, le droit des minorités d'être en opposition dans les Congrès sur les questions de tactique ou de méthode à employer. Dans ce Congrès,
comme dans tous nos Congrès, une majorité s'est manifestée et au lendemain
qu'avons-nous vu ? Une minorité qui refusait de s'incliner devant les décisions
prises.

Le motif, qui n'était certainement pas le motif réel, était qu'il y avait eu au
Congrès de Lille, et cela changeait un peu des autres Congrès, une minorité
importante qui s'était manifestée et de là il découlait de source logique que la
majorité devait compter avec la minorité qui s'était affirmée à Lille et, par
conséquent, lui offrir une place dans la gestion confédérale. Nous sommes arrivés au Comité National qui suivit le Congrès de Lille, la question se posait et

puisque c'est nous-mêmes qui avions rédigé cette résolution, naïfs que nous étions, pensant qu'il y avait des désirs sincères de maintenir l'unité ouvrière, nous nous sommes tournés vers les camarades de la minorité, alors présents dans la maison commune et nous leur avons dit : « Vous avez une minorité importante, il n'est pas dans notre esprit de ne vouloir discuter qu'avec des cerveaux qui pensent à l'unisson, au contraire, nous voulons qu'il y ait un rassemblement des différentes pensées au sein de la Commission administrative, parce que c'est de l'expression de chacun de ces cerveaux que peut sortir la synthèse bienfaitrice pour le mouvement ouvrier; renoncez donc, camarades, à faire des petites C. G. T. sous forme de C. S. R. et nous vous ouvrons toutes grandes les portes de la Commission administrative de la C. G. T. » C'était là les termes de notre proposition, et ces termes voulaient dire qu'ils plaçaient au-dessus de tout le maintien de l'unité ouvrière.

C'est un camarade autorisé de la minorité qui répondit à cette proposition, complétée, je dois le dire, par Jouhaux qui indiquait à la minorité : « Si vous n'êtes pas capables de faire cette concession au mouvement ouvrier de notre pays, nous sommes capables d'une autre concession, et je vous indique ceci : il pourrait y avoir un homme sur lequel vous feriez peser les responsabilités, rendant le recrutement syndical impossible, cet homme, c'est Jouhaux, et si vous faites, vous, minoritaires, la concession que l'on vous réclame, Jouhaux disparaîtra et ne sera pas l'obstacle au recrutement. » (*Applaudissements.*)

Pouvions-nous aller plus loin dans le domaine des concessions ? Je ne le crois pas, c'est à ce moment-là que le membre autorisé de la minorité déclara: « Vous nous offrez des places dans la Commission administrative, inutile de perdre le temps de ce Comité; je vous réponds tout de suite que nous n'acceptons pas. Parce qu'il ne peut pas s'agir dans l'état de choses qui nous divisent de question de personnalité; il y a entre vous et nous un fossé énorme que nous ne pouvons pas franchir par des délégués à la Commission administrative, ce fossé, c'est la différence des doctrines qui nous séparent. »

Eh bien ! camarades, si l'unité ouvrière est souhaitable, nous devons la réaliser, nous ne pouvons la réaliser d'un commun accord qu'avec des gens qui ne s'inspirent pas d'une doctrine tellement différente de la nôtre. Dans ce cas, je dis que nous ferions fausse route et ceux qui ont une doctrine qui est à l'extrême de la nôtre n'ont intérêt à se rassembler avec ceux qui ont une doctrine opposée qui est nôtre. Il faut que l'on précise. Nous sommes, vous dites, des réformistes et nous vous répondons : « Vous êtes des révolutionnaires », ou alors dites-nous que vous pensez comme nous, quant aux méthodes, quant aux moyens, quant aux buts, et que vous êtes, par conséquent, aussi réformistes que nous, c'est là où l'unité sera possible. (*Applaudissements.*)

LAVIELLE. — Camarades, notre camarade Dumoulin disait hier qu'il était difficile au syndicalisme du pays de passer de la température volcanique à cette température frigorifique, et quelques bons journalistes de renchérir, de dire : « Voilà le rendez-vous des vieux. » Evidemment, le Congrès vient de se réveiller, et cela paraissait nettement lorsque le président lisait la lettre de la C. G. T. unitaire. Est-ce que ce Congrès ne va se réveiller qu'à la lecture d'une lettre de ce genre ? Je connais un certain nombre de militants des organisations ouvrières qui pensent que cela ne peut être suffisant pour signaler le réveil des organisations ouvrières. Non, je ne pense pas qu'il faudra encore discuter longtemps et de l'orientation syndicale nationale et internationale et de l'unité organique et de l'unité de front. Nos camarades du Bureau confédéral, de la

Commission administrative désirent sans doute être couverts par une décision
de Congrès et faire approuver les réponses qui ont été données précédemment
à la Confédération générale unitaire. La réponse sera donnée, elle n'est pas
douteuse; mais faut-il la donner dans les termes de la passion ? Non, ce n'est
pas indispensable.

Unité dans l'action, unité organique, cela se fera, travaillons pour notre part
et je vous prédis, camarades, que l'on s'apercevra qu'il y a encore dans la
vieille C. G. T. des choses qui sont excellentes. Evidemment, la situation est
difficile, on a prôné les vertus des minorités agissantes; aujourd'hui, on nous
invite à prendre les responsabilités derrière les minorités impuissantes.
(*Applaudissements.*)

Camarades, nous prendrons sans doute nos responsabilités, j'imagine qu'il
y a encore assez de vigueur pour savoir les prendre ici, et j'imagine que lorsque
le mouvement confédéral prendra ses responsabilités, il aura le souci de se
rendre compte de ce qui est à sa gauche et de ce qui est à sa droite. J'imagine
qu'il voudra mesurer le degré de puissance et de résistance de l'adversaire
commun, le capitalisme; j'imagine qu'il voudra s'attacher à éviter les aven-
tures de côté-là et qu'il saura mesurer sa force en opposition à celle des autres;
j'imagine aussi qu'il apportera tellement de clarté dans ses positions que ceux
qui voudront se livrer à la démagogie ne pourront se livrer à cette démagogie
qu'en nous combattant, c'est ce qu'il y aura de charmant. Au fond, ce que nous
pouvons dire à la C. G. T. unitaire, c'est qu'elle a une action propre à faire. Il
ne manque pas d'énergie à la C. G. T. U., il ne manque pas non plus de valeurs,
il y a des cerveaux qui agissent auprès de ceux qui ont des tempéraments pour
les combattre. Qu'ils fassent ce qu'ils peuvent faire pour ramener les gens
vigoureux, puisqu''ils doivent si bien réunir cette sélection des gens décidés à
l'action.

Pour notre part, essayons de tenir des langages de raison qui nous attirent
les sympathies de gens qui, malgré tout, ont toujours essayé d'examiner les
événements en se plaçant à un point de vue objectif. Il y a une place pour
notre action que certains appellent réformiste; je ne sais pas si elle est réformiste, parce que l'action réformiste est révolutionnaire dans la mesure où elle
avance, dans la mesure où les résultats sont obtenus. Nous jugerons les
méthodes, mais laissez-nous tranquilles quelque temps. C'est entendu, nous
allons couvrir le Bureau confédéral et la Commission administrative; le Congrès va se prononcer en disant qu'il entend suivre sa route, que les organisations ouvrières éprouvent le besoin de réfléchir sur les problèmes qui les solli-
citent chaque jour. Oui, les organisations ouvrières ont peut-être adressé une
opinion qui n'a jamais été préparée comme elle aurait dû l'être, parce que je
crois que l'on a laissé trop prendre place à la démagogie, et il y a une position
vers la démagogie, quelle que soit la pureté de vos intentions, camarades. C'est
peut-être là l'erreur du syndicalisme passé. Beaucoup plus de réalité, beaucoup
plus de sympathie et restez donc là, je vous prie. Restez dans cette situation
solide et vous verrez que, par la suite, on éprouvera toujours plus que jamais
le besoin d'unité. Chaque fois l'on dira : « Voyez-vous, ils sont timides ceux-là,
si nous étions avec eux, quels services nous leur rendrions; nous apporterions
ce sang nécessaire, cette vigueur, cet élan. » Eh bien ! vous essaierez de les
apporter extérieurement à notre action, parce que nous ne voulons pas recommencer ces histoires de minorités à respecter. Il y a place dans la Confédération Générale du Travail, vous ne l'oublierez pas, pour les travailleurs, quelles
que soient leurs conceptions politiques ou confessionnelles; il y a place à la

C. G. T. pour tous les travailleurs, y compris les travailleurs communistes, et nous entendons que la C. G. T. ne soit pas la C. G. T. d'un parti; nous entendons que vous n'ayez pas le droit de vous concerter derrière un parti et de constituer des minorités politiques dans un groupement essentiellement économique. Nous entendons pour tous les travailleurs, sans exception, le droit de penser extérieurement au syndicalisme sur tel ou tel candidat, ce qu'il voudra, sur tel ou tel parti, sur telle ou telle religion. Fichez-nous la paix, c'est tout ce que nous vous demandons; continuons à travailler, pour notre part, nous nous emploierons à cela. Et comme, hier, Dumoulin le rappelait, il était à souhaiter que la discussion sur le rapport moral soit brève, il est à souhaiter que cette discussion nécessaire sur l'unité syndicale se termine ce soir, afin que, demain et après-demain, nous puissions donner au Congrès confédéral une couleur qu'il n'a jamais eue ou qu'il n'a pas eue depuis longtemps.

Nous avons fait, en la discutant, la place qui était nécessaire à la motion d'unité; j'espère, camarades, que cette discussion sera brève et qu'après avoir donné à une Commission le soin de rédiger une réponse convenable, nous aurons assez de temps pour continuer à faire notre travail. (*Très bien! Applaudissements.*)

Le Président. — La parole est au camarade Humbert.

Humbert. — Camarades, l'Union des syndicats de Meurthe-et-Moselle est l'auteur d'une proposition tendant à examiner le problème d'unité. Notre proposition ne doit surprendre personne. A différentes reprises, dans les Comités confédéraux nationaux, nous avons fait connaître notre point de vue, il n'a pas varié, nous sommes et nous restons partisans absolus de la réalisation de l'unité syndicale. Nous sommes partisans de la discussion avec les organisations appartenant à la C. G. T. U.

Nous ne nous dissimulons pas, camarades, que notre tâche est extrêmement difficile, nous savons que beaucoup de camarades ont encore gardé l'amertume des discussions passées; eh bien, pourtant, il faut qu'une fois pour toutes on puisse s'expliquer sur cette question d'unité; il faut penser qu'au-dessus des questions de personnalités, quelles qu'elles soient, il y a quelque chose qui nous intéresse tous, c'est la vie même du mouvement ouvrier français.

Comme je vous le disais au début, la Meurthe-et-Moselle a fait une proposition, nous ne sommes pas des gens de parti pris, à tel point que les organisations que nous représentons ont toutes décidé de voter le rapport moral. Cependant, sur cette question d'unité, nous avons un mandat précis et c'est notre devoir de venir ici faire entendre notre conception.

Notre camarade Dumoulin disait hier que les organisations syndicales de ce pays étaient réduites à un état voisin de l'impuissance. Le camarade qui m'a précédé à la tribune a déclaré que les minorités étaient réduites à l'état d'impuissance et nous constatons que la majorité est réduite à cet état d'impuissance. C'est ce qui nous fait réfléchir, ce n'est pas la question de savoir si, au fond de nos discordes, il y a des amour-propres à sauvegarder, il y a quelque chose de plus haut que cela, nous pensons que le mouvement syndical n'est pas seulement reflété par quelques-uns. Nous pensons qu'on ne vit pas continuellement avec cet état d'esprit qu'on a subi des injures, de la calomnie et qu'on doit continuellement se bouder. Nous pensons, au contraire, qu'il a fallu déjà, dans le temps passé, qu'une quantité de militants fassent abstraction de leur amour-propre, et c'est dans l'intérêt du mouvement syndical lui-même qu'ils ont fait abstraction des quelques injures qu'on leur avait faites.

Eh bien ! camarades, aujourd'hui nous nous trouvons à peu près encore dans la même situation. La classe ouvrière est divisée; est-ce que ce sont les travailleurs qui sont divisés ? Non, ce sont les chefs qui sont divisés. (*Protestations.*)

J'ai la certitude que les travailleurs, qu'ils soient rattachés à la C. G. T. ou à la C. G. T. U., trouveront le moyen de s'entendre, mais je reconnais que les militants de l'une ou de l'autre organisation ont bien du mal à s'entendre. Ce n'est pas de ma faute. Je voudrais que les uns comme les autres arrivent à s'entendre.

Nous sommes saisis aujourd'hui d'une proposition. Cette proposition diffère sensiblement de celle que la Meurthe-et-Moselle voulait faire. La Meurthe-et-Moselle avait préparé une résolution; nous n'en faisons pas une question absolue, mais nous demandons qu'on ne rejette pas *a priori* les propositions faites par la C. G. T. U. Nous demandons qu'on examine sérieusement cette question de la réalisation de l'unité. Vous ne pouvez pas prétendre, camarades, que demain vous n'aurez pas besoin de toutes les forces organisées du prolétariat. Vous connaissez la situation d'aujourd'hui, l'occupation de la Ruhr et la réaction à l'intérieur du pays, réaction nationale et internationale. Nous pensons que la classe ouvrière a besoin de toutes ses forces pour lutter contre cette réaction. Mais, quoi que vous en disiez et que vous en pensiez, il y a tout de même de l'autre côté, dans la C. G. T. unitaire, des syndicats qui représentent quelque chose. Il y a des syndicats qui sont réfugiés dans l'autonomie, qui attendent le moment pour revenir à l'organisation centrale; ils voudraient bien qu'on arrive une fois pour toutes à réaliser l'unité du mouvement syndical français.

Tout à l'heure j'entendais dire : « Il y a Berlin, il y a Moscou. » C'est entendu; mais cette question pourrait être discutée dans un prochain Congrès. (*Protestations.*) Nous sommes partisans de la tenue d'un Congrès extraordinaire dans les conditions contenues dans notre résolution, c'est notre droit; nous pensons qu'à ce Congrès on pourrait examiner la position à tenir au point de vue international; mais qu'est-ce que vous avez à craindre ? Vous disiez tout à l'heure : « La C. G. T. a conservé presque toutes les forces du syndicalisme en France. » Par conséquent, vous ne devez pas craindre la proposition que nous vous faisons, au contraire, vous êtes presque sûrs d'avoir la majorité. (*Bruit.*)

Camarades, je ne crois pas qu'il est nécessaire de m'étendre plus longtemps. Je pense et j'espère qu'il y aura quand même une certaine quantité d'organisations syndicales qui nous appuieront. Je demande que le Congrès se prononce sur la question d'unité. Il nous semble qu'il est absolument nécessaire qu'un vote se fasse par organisation; nous tenons essentiellement à savoir si les organisations syndicales appartenant à la C. G. T. sont partisans du rapprochement avec les organisations syndicales appartenant à la C. G. T. U. ou avec celles qui sont encore autonomes.

Un délégué. — Les conditions ?

HUMBERT. — Les conditions ? Pour nous, il n'y a pas deux façons de comprendre l'unité. Ou nous reconnaissons que nous ne serons pas capables de faire quoi que ce soit tant que nous n'aurons pas réalisé l'unité du mouvement syndical, ou alors nous persistons dans notre intention, nous continuons à avoir dans ce pays deux organisations centrales, deux Fédérations d'industrie, deux Unions et deux Syndicats dans chaque localité, et alors il se produit ce qui arrive actuellement, c'est que nous continuons à vivre dans l'impuissance dans laquelle nous nous trouvons.

Eh bien, camarades, il ne faut pas prolonger cet état d'impuissance. Il faut redonner à la C. G. T. la possibilité de faire de l'action. Et tant qu'il y aura cette dualité des organisations syndicales, la C. G. T. sera gênée dans son action, cela vous ne pouvez pas l'éviter. (*Applaudissements.*)

Pour me résumer, je demande aux camarades d'examiner la question sérieusement, surtout de ne pas être animés de parti pris, parce que, malheureusement, nous sommes obligés de constater que, d'un côté comme de l'autre, il y a eu beaucoup de parti pris. (*Protestations.*)

Nous vous demandons de vous prononcer sur notre résolution, parce qu'il est nécessaire que nous connaissions les sentiments des organisations syndicales. Réfléchissez bien surtout qu'en face du danger qui menace la classe ouvrière, en face de la réaction internationale, il est plus que jamais nécessaire de réaliser l'unité de toutes les organisations syndicales françaises. Camarades, c'est à cela que je vous invite; je vous demande de laisser de côté les questions de personnalité, les questions d'amour-propre, pour ne penser qu'à une seule chose, à l'intérêt du mouvement syndical et du mouvement ouvrier de notre pays. (*Applaudissements.*)

Vasseur (*Métaux d'Isbergues*). — Camarades, je n'éprouve pas non plus le besoin de me produire et tout de suite, je déclare que, si hier on a prononcé à cette même tribune qu'il ne faut pas passer d'une situation volcanique à une situation frigorifique, je suis bien d'accord avec cette formule.

C'est pourquoi dans le court exposé que j'ai a faire ici, bien qu'ayant voté le rapport moral comme représentant de plusieurs organisations, j'aurai quelques réserves à formuler sur ce magnifique exposé fait par notre camarade Dumoulin et celui fait par notre camarade Jouhaux au point de vue international.

Le camarade qui vient de me précéder déclare qu'il y a division, non dans la masse des organisations syndicales, mais parmi les chefs, parmi les représentants des organisations syndicales. Pour ma part, je dis : « Oui, tu as raison, avec cette différence que de notre côté il y a de la bonne foi, tandis que de votre côté, il n'y a dans votre pensée que de la duperie. » Car, nous nous souvenons de votre action, à partir du Congrès de Lyon, contre la loi de 8 heures qui, à ce moment-là était l'objet de l'action de toutes les Fédérations d'industrie et de la Confédération Générale du Travail; nous nous rappelons de l'opposition que vous avez menée sur les accords passés par les Fédérations d'industrie, notamment par celle des métaux; utilisant tous les arguments, aussi bas, aussi calomnieux fussent-ils. Systématiquement, vous vous êtes dressés contre la discipline due à la majorité. Nous nous rappelons également que, dans divers Congrès, notamment après celui d'Orléans, les militants de la Confédération Générale du Travail, représentant la majorité syndicale, ont offert, à cette époque, la représentation de la minorité au sein de la Commission administrative confédérale. Là, encore une fois, vous avez accepté, mais pour le lendemain, de faire un coup d'Etat. Vous avez dit : « Nous ne prenons pas nos responsabilités à côté de ceux qui détiennent le pouvoir de la majorité des organisations. » Nous avons tenté plusieurs fois dans les Congrès confédéraux de sauvegarder l'unité, et le seul reproche qu'on pourrait faire aujourd'hui aux militants de la Commission administrative et à ceux qui détenaient un mandat au Comité National, ce serait de n'avoir pas usé des droits et des pouvoirs définis dans les statuts confédéraux contre ceux qui sont responsables d'avoir brisé en deux le mouvement de la classe ouvrière.

Notre camarade Dumoulin, hier, remémorait également que, à la suite du Congrès de Lille, on avait offert une place à la minorité au sein de la Commission administrative, et on a refusé, préférant réunir un Congrès antistatutaire et lancer un ultimatum à la majorité confédérale, ce fut le préliminaire de la scission syndicale du mouvement français. Ce n'est pas nous qui, dans le passé, avons créé les sous-comités fédéraux; ce n'est pas nous qui avons créé les C. S. R.

C'est pourquoi le Congrès confédéral, sans passion, doit examiner la proposition qui est faite par la C. G. T. unitaire en faveur de l'unité. Mais, cette unité est-elle possible selon les principes émis dans cette lettre? Je dis non, car on sent encore une fois l'intention de duper la majorité confédérale, à la façon de la « volaille à plumer ». (*Applaudissements.*) Que se produirait-il si, demain, par exemple, en admettant que la majorité dans ce Congrès approuve la réunion d'un Congrès extraordinaire des deux Confédérations Générales du Travail ? Est-ce que la minorité s'inclinerait, comme elle l'indique dans sa lettre? Mais les militants de la C. G. T. U. ont constamment tenu ce langage au mouvement ouvrier français avant la scission, et, maintenant, nous ne pouvons plus les croire. J'en atteste à leur texte lui-même. Que disent-ils dans l'article 9 de leur lettre? Ils disent ceci : « Les minorités devront s'incliner devant la majorité, mais conserveront leurs droits d'opinion, de critique et d'opposition dans le sein de l'organisation syndicale. »

Eh bien ! pour préparer une action, si une minorité se trouve dans une organisation syndicale, et qu'elle soit contre la méthode préconisée par la majorité, elle a pour devoir de s'incliner dans la préparation de l'action. Cette lettre dément cette méthode.

Ensuite, camarades, dans un organe bien connu, que vous pourrez retrouver à la date du 25 janvier 1922, vous découvrirez de nombreux renseignements. Il marque d'une façon saisissante la duperie qui n'a jamais cessé d'exister dans le cerveau des militants de la C. G. T. U. A la première page, on lance une dépêche à la Fédération syndicale internationale, et on dit :

« La C. G. T. U. appuie proposition internationale rouge en vue action commune pour prévenir danger conflagration. »

Dernièrement, lors de son ordre de grève générale, la C. G. T. unitaire a prouvé son impuissance pour n'importe quel mouvement. A la façon du citoyen Treint, elle veut se remplumer. Avant de nous causer d'unité, tâchez donc de faire l'unité chez vous ! Nous vous avons offert de reconstituer l'unité par la résolution prise au dernier Comité Confédéral National, disant : « La porte est ouverte à tous les travailleurs. » Voilà où sera la véritable unité, la véritable discipline syndicale pour renforcer le mouvement ouvrier et marcher à son émancipation.

Je disais au commencement de mon exposé : « Je ne veux pas que l'on passe d'une situation volcanique à une situation frigorifique », et je voudrais, ou plutôt j'aurais voulu que, dans l'exposé d'hier, nos camarades secrétaires confédéraux disent : « En vertu de la décision prise au Congrès de Rome et au Congrès de La Haye, devant le danger de guerre qui menace par suite de l'envahissement de la Ruhr... » Peut-être bien que la formule du jusqu'au bout représente ma pensée, mais j'aurais voulu que l'on dise : « Si la mobilisation se fait, en vertu de cette décision, pour prouver que la C. G. T., contrairement à ce que l'on dit, n'est pas impuissante, elle lancera l'ordre de grève générale pour s'opposer à la boucherie qui vient. »

Le Président. — Camarades, nous sommes saisis de différentes demandes de clôture après les orateurs inscrits. Il en reste treize. Je demande aux orateurs d'être aussi brefs que possible. On demande de n'accorder que cinq minutes par orateur.

Plusieurs délégués. — La clôture !

Le Président. — La parole est à Digat.

DIGAT. — Camarades, personnellement, j'aurais préféré que le problème de l'unité syndicale soit traité après l'épuisement des questions portées à l'ordre du jour. Nous aurions prouvé par là que nous n'obéissions à aucune influence extérieure. Mais nous avons souscrit à la proposition de nos camarades de la C. G. T. U. Treize orateurs sont, paraît-il, inscrits ; je fais partie de ces treize orateurs ; je demanderai que ces camarades se réunissent pendant cinq minutes et qu'ils veuillent bien désigner deux orateurs. (*Applaudissements.*)

Cette proposition est acceptée.

DUMOULIN. — Camarades, les instants du Congrès sont précieux ; il ne convient pas que les camarades du bureau vous laissent perdre le moindre de ces instants. Le débat qui vient de s'ouvrir, très intéressant, constitue, paraît-il, la pièce de résistance de notre Congrès ; tel n'est pas l'avis des délégués eux-mêmes, par conséquent laissons à cette discussion le soin de se terminer elle-même et d'aboutir à une solution raisonnable. Le Congrès doit continuer ses travaux. Notre camarade Michaud, qui doit être présent dans cette salle, va vous fournir les chiffres exacts de la représentation du Congrès. En attendant, prêtez attention à ces conseils, qui ne vous sont prodigués que dans votre intérêt commun ; en attendant que les treize orateurs inscrits aient choisi leur mandataire, vous émetterz votre vote sur le rapport moral.

Le rapport moral, national et international, ne saurait être influencé en aucune manière par le débat qui vient de s'ouvrir et qui trouvera sa solution dans votre souveraineté. Votez donc d'abord sur la représentation qui va vous être produite, puis sur le rapport moral, côté national et international, vous aurez ainsi rempli une partie de votre tâche. Puis les treize orateurs donneront mandat à deux des leurs de venir exprimer leur opinion. Vous permettrez à la Commission administrative de la C. G. T., au Bureau confédéral de faire à cette occasion une brève réponse, sous forme d'indication, pour formuler son point de vue ; nous nommerons alors une Commission qui sera chargée de rédiger une résolution sur les propositions d'unité qui sont présentées au Congrès. Nos camarades de la Meurthe-et-Moselle ont pour devoir et pour mandat de maintenir leur proposition, c'est, j'imagine, leur avis.

HUMBERT. — Absolument.

DUMOULIN. — En opposition à leur point de vue, le Congrès aura à déterminer son attitude. Je redemande donc que l'on suive l'ordre chronologique que je viens d'indiquer ; que tout d'abord notre camarade Michaud nous fasse connaître la représentation du Congrès; ensuite je demanderai aux camarades qui s'occupent de l'administration du Congrès de vous munir de carte de délégué pour exprimer votre vote. Ces obligations remplies, le Congrès se déroulera dans son ordre normal et il n'y aura aucune perte de temps inutile.

MICHAUD. — Camarades, la Commission de vérification des mandats vous présente le résultat du travail qu'elle a accompli jusqu'à l'heure actuelle.

La lenteur avec laquelle son mandat s'est effectué est due à plusieurs raisons: d'abord, un nombre considérable de mandats, 400, sont parvenus pendant la tenue du Congrès; en ce moment il en rentre toujours, qui sont encore à examiner; ensuite, plus de la moitié n'étaient pas réguliers, c'est-à-dire qu'il y manquait, soit le timbre de l'Union départementale, soit le timbre de la Fédération, et, à la plupart, les deux timbres. A l'heure présente il y a 1.423 mandats réguliers de Syndicats, 25 mandats de Fédérations, 34 mandats d'Unions départementales. Sont contestés et nécessitent une décision du Congrès le mandat d'Albi, pour lequel la Fédération des mineurs ne veut pas apposer son timbre pour les raisons indiquées dans une lettre jointe au mandat. Le camarade de la Fédération des mineurs vient de nous déclarer qu'il ne s'oppose plus à l'apposition du timbre de la Fédération sur le mandat des mineurs d'Albi, à condition que soit donnée, à la tribune, lecture de la lettre suivante, envoyée par le syndicat des mineurs :

Le Syndicat des Ouvriers mineurs et similaires d'Albi, représenté au Congrès. Le délégué de ce syndicat après s'être vu refuser la validité de ce mandat par la Commission de vérification des mandats, pour ne pas encore avoir pris de cartes 1923, porte à la connaissance du Congrès, c'est qu'il avait cru voir un fléchissement sur ce qui avait trait à l'augmentation du timbre qui devait être discutée à ce Congrès; croyant être couvert par les statuts, article 28, qui dit : « que tout syndicat qui n'aura pas pris les cartes avant le 1er mars sera rayé de la Confédération ».
Nous basant sur cet article, le syndicat pensait avoir pleinement le droit de ne prendre des cartes qu'après le Congrès, tout cela pour garder ses forces syndicales. Il ne comprend pas moins de 95 p. 100 des travailleurs de cette région, mais jamais son but n'a été de quitter la Fédération ou la Confédération, et il veut bien espérer que le Congrès lui validera son mandat.

MICHAUD. — Je crois que nous sommes d'accord pour accepter ce mandat?

Plusieurs délégués. — Oui, oui.

MICHAUD. — Il y a plusieurs contestations : le syndicat de la Typographie havraise, contesté par l'Union départementale de la Seine-Inférieure, et le syndicat de la Typographie des Landes, contesté par l'Union départementale des syndicats des Landes.

En concluant, la Commission regrette que les indications données par la C. G. T. n'aient pas été suivies, et espère qu'à l'avenir les syndicats manifesteront un peu plus d'organisation et moins de négligence administrative, ce qui permettra à la Commission de vérification des mandats d'exécuter ses travaux avec plus de diligence.

Le Président. — Je mets aux voix le rapport de la Commission de vérification des mandats. (*Adopté.*)

Michaud. — A titre d'indication, nous demandons aux représentants des Fédérations suivantes de déposer leur mandat de Fédération au sein de la Commission : Chapellerie, Travailleurs de l'Etat, Bois, Papier, Bijouterie, Syndicats maritimes, Fédération postale et Fédération des cheminots.

Dumoulin. — Camarades, un de nos camarades délégués m'a fait la suggestion suivante : Il lui paraît inutile que ceux qui sont favorables à l'adoption du rapport moral national et international l'expriment sur une carte; les délégués des organisations qui ne seront pas d'accord avec le rapport moral à son double point de vue réclameront des cartes pour exprimer leur vote. Si vous avez bonne souvenance, le vote était acquis hier par acclamations, mais, cependant, pour satisfaire à la nécessité de ceux qui ont une mission à remplir, nous procédons au vote. Il faudra prendre une carte pour exprimer le vote contre ou pour s'abstenir de manière à ce que le compte rendu du Congrès contienne l'expression exacte des votes émis. Ainsi, nous gagnerons du temps en ne mettant pas en circulation la totalité des cartes correspondantes à l'ensemble des délégués. Le Congrès est-il d'accord avec cette manière de voir?

Plusieurs délégués. — Oui, oui.

Dumoulin. — Cela veut dire que, ces réserves régulières faites, le rapport moral, partie nationale et internationale, est adopté sur les effectifs représentatifs qui viennent de vous être communiqués par le rapporteur de la Commission de vérification des mandats. Nous sommes toujours d'accord ?

Plusieurs voix. — Oui, oui.

Dumoulin. — Si les treize orateurs n'ont pas encore terminé, ne conviendrait-il pas d'inviter notre camarade président à donner la parole aux délégués étrangers?

Plusieurs voix. — Oui, oui.

Dumoulin. — Si c'est l'avis unanime du Congrès, je cède la parole au camarade président de séance.

Le Président. — Camarades, si vous avez bien compris, le rapport moral est adopté, sauf par ceux qui viendront poser une carte contre. En attendant que les treize camarades se soient mis d'accord, il conviendrait de donner la parole aux camarades étrangers. La parole est à Fimmen, de l'Internationale Syndicale. (*Applaudissements.*)

Le salut de l'Internationale Syndicale

Fimmen. — Camarades, c'est au nom de la Fédération Syndicale Internationale d'Amsterdam que je vous apporte les salutations fraternelles et les meilleurs souhaits, non seulement pour le Congrès, mais pour le développement du mouvement syndical français.

En ce moment, je ne puis pas, et je ne veux pas prononcer un discours enthousiaste sur le mouvement syndical international, ce serait une hypocrisie, car, en ce moment, non seulement le monde entier, mais j'ose dire, le mouvement syndical de tous les pays se trouve dans une situation difficile. Il y a cinq ou six semaines, à La Haye, les militants syndicalistes de presque tous les pays d'Europe, les représentants politiques de presque tous les pays d'Europe se sont réunis pour confirmer une fois de plus les décisions prises par les Congrès de Londres et de Rome. Ces décisions disaient : « Si une guerre menaçait d'éclater, le mouvement ouvrier résisterait avec tous les moyens, ferait une grève générale pour éviter une nouvelle boucherie. »

Moi-même, à ce Congrès, j'ai prononcé un discours en ce sens, on était d'accord, on a applaudi; on a présenté des résolutions, à l'unanimité elles ont été acceptées, et quand j'ai dit qu'il fallait mieux descendre dans la rue et être tués par notre propre bourgeoisie que de se battre, encore une fois de plus, prolétaires d'un pays contre prolétaires d'un autre pays, encore une fois on était d'accord.

Je ne crois pas exagérer en disant qu'il y a danger de guerre en ce moment; je ne crois pas exagérer en disant que l'occupation du bassin de la Ruhr peut être le commencement d'une nouvelle guerre mondiale. Nous constatons que partout, dans tous les pays, sans aucune exception, le mouvement ouvrier est impuissant à réaliser ce que les militants avaient résolu, ce que les militants avaient promis. Je crois que c'est inutile non seulement de dissimuler la vérité, mais je crois que c'est un crime de ne pas dire la vérité. La vérité est qu'au moment où il aurait fallu l'action nous n'avons pas pu la faire. Quand les camarades ont proposé la résolution sur la question de la Ruhr et que le camarade Vandervelde a dit qu'en France et en Belgique on voulait les réparations, mais que si on allait occuper le bassin de la Ruhr par force militaire on résisterait et qu'on ne serait jamais d'accord, quand il a exprimé son : « Non ! », cela ne voulait pas seulement dire qu'il fallait passer une résolution et s'adresser à la Société des Nations, tous, nous aurions voulu autre chose que cela.

Il est nécessaire à la Fédération Syndicale Internationale et à tous les pays de reconnaître la vérité, de reconnaître que nous n'avons pas été dans la possibilité de faire tout ce que nous aurions voulu, parce que le mouvement ouvrier de tous les pays dort et ne pense pas à ses intérêts particuliers. (*Applaudissements.*)

Camarades, si une nouvelle guerre vient à éclater et si dans tous les pays les militants syndicalistes et socialistes ne sont pas prêts à des sacrifices pour l'éviter, cette nouvelle guerre éclatera et les masses ouvrières iront de nouveau à la boucherie, et de nouveau l'Internationale sera perdue comme elle a été perdue en 1914.

Camarades, ce n'est pas à moi de vous dire ce qu'il faut faire en France, ce n'est pas à moi de donner une direction au mouvement français, j'espère que chaque militant, en France et dans les autres pays, fera son devoir pour faire en sorte que les masses se réveillent et comprennent dans quel danger elles se trouvent en ce moment.

L'occupation du bassin de la Ruhr n'est qu'un symptôme de la réaction mondiale ; c'est tellement vrai, que votre Gouvernement essaie d'entraîner la Tchéco-Slovaquie et la Pologne dans cette affaire; il cherche à ce que le Gouvernement polonais occupe le territoire allemand à l'est, et si le Gouvernement polonais accepte cette proposition, c'est la guerre, parce que les Allemands n'accepteront pas d'une armée polonaise ce qu'ils acceptent d'une armée frano-belge dans le bassin de la Ruhr. En Allemagne, il y a encore des milieux réactionnaires qui ont leurs fusils, tandis que le prolétariat est désarmé, et qui

résisteront à côté de l'armée régulière. Il n'y a aucun doute, au moment même
où les troupes polonaises passeront la frontière polonaise-allemande, il y aura
une autre armée qui viendra de l'Est et qui franchira la frontière polonaise-
russe, et ce sera de nouveau la guerre mondiale. Dans tous les pays nous
sommes devant cette menace, devant ce danger.

Je constate que dans les pays le mouvement ouvrier n'est pas prêt à résister;
dans tous les pays on ne fait pas l'impossible pour que la résistance soit organisée parmi les masses ouvrières. J'espère que chaque militant comprendra son
devoir envers le prolétariat de son propre pays et son devoir envers l'Internationale, que chaque militant se donnera avec toute sa personne pour faire en
sorte que cette guerre menaçante soit évitée et qu'enfin le mouvement ouvrier
révolutionnaire sera capable de changer cette société qui, non seulement,
entraîne les prolétaires d'un pays contre les prolétaires d'un autre pays, mais
qui, par ses procédures, fait en sorte que l'unité prolétaire d'un pays ne se
fasse pas. C'est dans ce sens que je vous apporte les salutations des prolétaires
des autres pays, et mes meilleurs vœux pour le développement du mouvement
syndical français. (*Applaudissements.*)

Le Président. — La parole est au camarade De Wlaemynck (Belgique).

De Wlaemynck. — Camarades du Congrès confédéral, je vous apporte le
salut de l'organisation ouvrière de Belgique et un problème qui, certainement,
est une de vos plus sérieuses préoccupations et qui également se pose devant
nous.

Il y a actuellement entre nos deux gouvernements une communauté d'action
que vous connaissez et qui nous attriste tous. Cette communauté d'action a
d'abord été faite pendant quatre années de guerre. On a pu prétendre alors, sur
une très vaste échelle, qu'il s'agissait d'une bonne chose. Or, la guerre finie,
l'armistice signé, le traité de paix accompli, cette communauté d'action continue. Il serait pourtant une contre-vérité de dire que ceux qui sont à la tête du
Gouvernement belge n'ont pas, pendant les quelques années qui nous séparent
de l'armistice, essayé de travailler pour aboutir à des résolutions au point de
vue international, mais les choses allant de mal en pis on est arrivé aux con-
jonctures actuelles. Et alors, le Gouvernement français, dont toute la politique
a été exposée hier par notre ami Jouhaux dans son magistral discours, a pris
l'attitude que vous connaissez et malheureusement nous avons vu que notre
Gouvernement a cru nécessaire de suivre cette néfaste politique. Nous tournons
dans le sens de cette politique à tel point qu'on a pu clamer presque officiellement, dans notre pays, que nous allions devenir les vassaux de la France.

Camarades, soyez certains que si ceux qui sont maîtres chez nous ont cru
devoir s'engager dans une telle politique ce n'est pas avec grand enthousiasme
et si même l'homme de la rue, chez nous, la bourgeoisie, suivent cette politique
c'est avec un grand scepticisme, et nous pouvons ajouter une chose effroyable,
c'est que si, par exemple, chez vous, officiellement, on n'a pas encore déclaré
que la politique de la Ruhr est une politique ruineuse, démoralisante et désas-
treuse, vous pouvez lire entre les lignes, toujours nos mêmes réactionnaires,
ceux qui chez nous se trouvent à la tête du Gouvernement, ont déclaré que si la
France marchait on ne pouvait pas faire autrement que de la suivre et que si,
d'un autre côté, une intervention salutaire m'arrivait pas, nous étions fichus.

Voilà, camarades, l'état d'esprit de ceux qui nous ont engagés dans cette politique. Qu'allons-nous faire? Nous entendons notre camarade Fimmen, secré-

taire de l'Internationale, malheureusement il n'a pas encore les pouvoirs dictatoriaux d'un Poincaré, il ne peut pas encore commander les masses syndicales de tous les pays, il en aurait été autrement évidemment. Il se tourne vers les pays affiliés à l'Internationale et il ne peut que leur demander de faire ce qui est humainement possible pour suivre la ligne de conduite que nous nous sommes tracé aussi bien au Congrès de Rome qu'au Congrès de La Haye. Et alors, la question s'est posée aussi chez nous : « Qu'allons-nous faire? » La révolte? Camarades, il faut le dire aussi, nous aurions peut-être été capables de faire un mouvement très sérieux chez nous. Notre armée syndicale est presque restée intacte, malgré les deux années de crise que nous venons de passer, mais si un grand nombre de nos hommes sont fidèles, s'ils ont confiance, il y a encore, chez nous comme chez vous, la peste de la presse réactionnaire et bourgeoise qui empoisonne encore trop de cerveaux et qui empêche beaucoup de travailleurs de voir clair.

Ensuite, de très graves responsabilités pesaient sur nous; nous pouvions déclancher le mouvement, subir un échec, voir poindre avec beaucoup plus de force la réaction, d'autant plus que si nous avions agi nous ne pouvions pas voir les camarades des pays du Sud marcher avec nous. Donc, camarades, ce n'est pas la révolte qui s'est faite jour, et aussi, nous devons le dire en toute sincérité, c'est que le problème nous a amené des réflexions. D'une façon logique, nous pouvions nous dire: « Si, en réalité, la politique franco-belge gouvernementale n'allait pas précisément amener la chute de cette politique, parce que nous avons la conviction qu'elle va à la déroute, qu'elle va au désastre et qu'alors le réveil sera terrible le lendemain pour ceux qui doivent porter la responsabilité dés actes présents, ces lendemains sont peut-être plus proches qu'on ne le pense, nous sommes tentés de dire aux camarades de l'autre côté : « Résistez. » Non seulement parce qu'ils doivent subir une politique inique, mais en même temps pour faire échec à cette politique de force et de violence. D'autre part, on sent déjà que non seulement les camarades de la Ruhr et de l'Allemagne ont à souffrir davantage, mais que demain, chez nous, des problèmes terribles vont se poser au point de vue de la question du travail et du chômage.

Le camarade du Luxembourg était hier ici parmi nous, je ne le vois pas aujourd'hui, il était un peu malade et il a dû retourner chez lui. Le Grand-Duché du Luxembourg, grand comme une province, a, pour conséquence de la Ruhr, 2.500 chômeurs; demain, en Belgique, nous aurons peut-être la même calamité. En France, vous avez l'augmentation des impôts. Et alors, nous pensons que l'homme verra quand même clair un jour ou l'autre et peut-être assez tôt, et que si nous n'avons pas pu dire à cette politique : « Cela ne se fera pas », peut-être d'ici peu de temps, toutes les opinions publiques, quelque peu saines, seront à côté de nous et derrière nous pour appuyer le programme que développait Jouhaux hier, et alors des comptes seront demandés aussi bien à votre Gouvernement qu'au nôtre.

Camarades, voilà un travail que nous nous sommes imposé chez nous ; en dépit de toutes les presses, en dépit de toutes les influences extérieures, nous avons décidé à chaque réunion, à chaque meeting, à chaque assemblée que la question de la politique de violence doit être portée devant les masses, devant le public pour accélérer dans l'opinion publique la connaissance des choses qui, peut-être, nous donnera une situation complètement renversée dans quelques semaines.

C'est à ce travail que nous nous attelons en Belgique et c'est à ce travail que nous voyons que votre C. G. T. s'est attachée depuis quelque temps. Dans notre presse réactionnaire et bourgeoise on parle assez couramment de l'esprit francophile du peuple belge. Ici, au nom de la classe ouvrière de Belgique, nous venons déclarer que nous ne sommes pas plus francophiles que germanophiles ou anglophiles, nous sommes internationalistes. (*Applaudissements.*)

Nous ne sommes pas francophiles autant que les gens de la presse bourgeoise le prétendent, car nous sommes absolument hostiles à ce sujet et peut-être que demain, dans toute la Belgique, ce sera la réprobation solennelle de l'action de la France. (*Applaudissements.*) Voilà ce qu'aura gagné la politique de violence du Gouvernement français, il se sera isolé des grands pays et de ce petit pays qui, au fond, l'aimait.

Si nos Gouvernements prétendent, et dans les faits c'est exact, qu'il y a une communauté d'action qui les tient et qui les lie, il y a dans les prolétariats français, belges et de tous les autres pays également une communauté d'action qui nous est chère et que nous continuerons et que nous consoliderons, car ce n'est pas seulement sur le terrain international de la guerre que nous avons à faire face, la réaction se dresse sur le terrain économique. Chez nous, nous avons à mener une rude bataille pour défendre la loi de huit heures, et ici encore le patronat belge prétend devoir suivre une communauté d'action avec le patronat français pour nous démontrer que nous devons lâcher et démordre de notre loi des huit heures. Nous résisterons, camarades, et dans votre pays vous devez faire aussi des efforts considérables pour que cette conquête, depuis 30 ans à l'ordre du jour de notre mouvement syndical, reste saine et sauve. Voilà pourquoi notre communauté d'action doit être ferme.

Nos camarades d'Allemagne, nos camarades d'Autriche, de Tchéco-Slovaquie ont pu inscrire dans leurs cahiers des lois le contrôle ouvrier, il est chez nous à l'ordre du jour, nous avons élaboré dans notre C. G. T. un projet de loi sur le contrôle ouvrier dans toutes les usines. Nous allons commencer à travers le pays une campagne pour que, dans peu de temps, nous ayons les mêmes droits de contrôle que les camarades des pays que je viens de citer, et là encore, notre patronat, qui suit le vôtre dans toutes choses, va encore tâcher de s'appuyer sur ce qui est fait en France. C'est pourquoi cette question qui se trouve à votre ordre du jour du Congrès, le contrôle ouvrier, doit être pour vous une des plus grosses préoccupations, pour que vous commenciez à conquérir ce droit que nous avons essayé de conquérir chez nous.

Camarades, on a parlé d'unité; la question ne se pose pas chez nous. Notre « panier à crabes » n'a pas d'importance, la division syndicale ne s'est pas faite. Nous sommes restés un bloc intact, à peine la crise de ces deux dernières années, les attaques contre la journée de huit heures vont peut-être nous enlever quelques milliers d'éléments sur 700.000 que nous étions à la fin de 1921. Notre unité syndicale est restée intacte, ce qui est pour nous une force. Il est incontestable que lorsque nous avons de tels problèmes, nous ne pouvons pas faire autre chose que de souhaiter que le syndicalisme français ait une puissance aussi forte.

Il faut, camarades, que cette action ne fasse pas pénétrer le venin de la discorde dans vos rangs, mais, au contraire, vous amène à faire, avec toute la force dont vous disposez, le travail de recrutement que vous avez déjà commencé et qui a donné, dans ces derniers mois, des résultats appréciables, comme le montre l'aspect de votre Congrès.

Les quelques camarades qui se trouvent chez nous dans le « panier aux crabes » nous ont demandé un jour si nous étions disposés à accepter l'unité. Nous avions à répondre que la question ne se posait pas chez nous; alors les crabes dirent : « Ce n'est pas pour nous, c'est pour les autres pays. » Vous comprenez, camarades, que nous n'avons à nous immiscer directement dans vos questions intérieures d'organisation de propagande, tout ce que nous pouvons dire, c'est que vous devez être sur vos gardes et d'empêcher que le virus de la division reste chez vous. (*Applaudissements.*)

Fimmen vient de le dire, les moments sont graves, les situations sont troubles, les responsabilités sont grandes; or, si en réalité, comme le disait Fimmen, nous n'avons pas pu répondre aux vœux du Congrès de La Haye, nous faisons tous nos efforts et nous pensons que, par notre action commune, l'entente, l'unité et la concorde de nos deux organismes syndicaux belges et français, nous réussirons. Vous savez, camarades, que ce n'est pas du bout des lèvres que cette communauté d'action se fait entre nous ; les camarades de notre pays sont venus apporter leur concours financier et moral à certaines organisations françaises. (*Applaudissements.*) On peut dire que nous sommes à côté de vous, avec vous; les plus grands espoirs sont devant nous, parce que la politique de ceux qui nous gouvernent va les porter à la ruine et que notre programme, notre idéal et notre action vont nous porter quand même à la victoire. (*Applaudissements.*)

Le Président. — La parole est au camarade Caballero, de la Confédération espagnole.

Caballero. — Je ne veux pas vous entretenir longuement, car je regrette de ne pouvoir m'exprimer en français. Le mouvement ouvrier d'Espagne a un but, une tactique identique à celle du mouvement ouvrier français; il lutte contre le capitalisme et il est heureux de montrer que, dans la bataille, il est tout à fait solidaire du mouvement français. Là-bas, comme ici, il y a eu les divisionnistes, il y a eu aussi les auxiliaires de la réaction et ils se servent des mêmes moyens qu'ils employaient en France, c'est-à-dire la calomnie, l'infamie et même ils arrivent à des voies de fait contre les militants qui ne sont coupables que de défendre les intérêts du prolétariat. Quand ils ont quitté les organisations syndicales, ils devaient savoir qu'il y avait une réaction menaçante, qu'il y avait des dangers pour la classe ouvrière et ce n'est pas parce qu'ils s'en aperçoivent aujourd'hui qu'ils doivent dire qu'ils le regrettent; ils devaient le savoir au moment où ils ont agi et ils auraient dû rester dans la maison pour collaborer avec les autres camarades.

L'Union Générale des Travailleurs a une grande puissance, mais elle n'est pas bien nombreuse. Néanmoins elle a voulu, dès que l'occupation de la Ruhr a été un fait, montrer sa solidarité au mouvement français et elle est tout à fait d'accord avec la C. G. T.; à cet effet, elle s'est adressée au mouvement espagnol en lui demandant que, par son représentant au sein de la Société des Nations, il provoque une discussion de cette question afin que les conflits qui séparent la France et l'Allemagne soient soumis à l'arbitrage de la Société des Nations. Étant donné que le Gouvernement espagnol est en quelque sorte très influent, ils craignent qu'ils séparent le Gouvernement français aussi bien pour les questions du Maroc que pour les questions internationales. Ils craignent que la démarche qu'entreprend l'Union des Travailleurs n'ait pas tout le résultat désiré; mais il est quand même heureux d'avoir accompli ce geste en faveur de la paix et de la justice internationale.

Les idées ont toujours été identiques entre le prolétariat français et le prolétariat espagnol; ce dernier est toujours d'accord avec votre prolétariat et il est heureux de pouvoir dire qu'il marche avec vous d'une façon décisive et déterminée.

Les prolétaires espagnols ont conscience de leur faiblesse au point de vue numérique, mais au sein de la Fédération Syndicale Internationale, ils contribueront toujours avec enthousiasme au rétablissement d'un régime de justice, de paix et de fraternité entre les peuples. (*Applaudissements.*)

Le Président. — La parole est au camarade Moltmaker, représentant de la C. G. T. hollandaise.

Moltmaker. — Mes chers camarades, il ne m'est pas facile de parler dans la langue française, mais je veux essayer de le faire. Au nom de l'organisation syndicale nationale hollandaise, je vous apporte les salutations fraternelles et les meilleurs souhaits pour le succès de votre Congrès. Le moment actuel est très sérieux pour la classe ouvrière internationale et spécialement pour la classe ouvrière française. Il y a une réaction mondiale, elle existe chez vous, elle existe chez nous. Les travailleurs organisés dans nos syndicats ne sont pas responsables; si nous avions la majorité et la puissance, le monde aurait un autre aspect. Si nous avions la puissance, il n'y aurait pas eu de guerre, ni de danger pour une nouvelle guerre. Je suis heureux de pouvoir communiquer que les ouvriers des transports et les cheminots de la Hollande ont décidé, à la demande de l'I. T. F., de ne pas transporter le charbon de la Ruhr par la Hollande. Déjà les Hollandais employés sur les bateaux qui transportent le charbon sur le Rhin ont refusé le travail et ont accepté les conséquences de leur acte.

Certainement l'Allemagne devra payer pour les réparations, mais nous ne croyons pas que le moyen employé par le Gouvernement français est très bien. L'occupation fait la vie plus chère pour les Français, les Belges et pour toutes les autres nations, et elle apporte les périls imminents d'une guerre plus misérable que celle de 1914. En Hollande, nous avons mis à la disposition de la Fédération Syndicale Internationale une forte somme pour les travailleurs allemands. Les journaux chauvinistes disent que nous sommes « pro-boches »; non, nous sommes en premier lieu internationalistes. (*Applaudissements.*) Nous avons également donné de l'argent pour les grévistes des travailleurs des ports de France. Les travailleurs de tous les pays sont nos compagnons contre le capitalisme. (*Applaudissements.*)

C'est pour cette raison, mes chers camarades, que je vous demande d'accepter, au nom des 200.000 travailleurs hollandais, toute l'amitié que vous nous inspirez. Un jour viendra où les travailleurs internationaux seront libres, et je termine aux cris de : « Vive la Confédération Générale du Travail française ! Vive l'Internationale ! (*Applaudissements.*)

Le Président. — La parole est au camarade Jouhaux, pour répondre à nos camarades étrangers.

Jouhaux. — Je dois d'abord excuser notre camarade Krier, du Luxembourg, obligé de retourner chez lui, pris par la maladie, et d'excuser également nos camarades d'Aragona, pour l'Italie, et notre camarade Thomas, pour l'Angleterre, qui sont, à l'heure actuelle, retenus dans leurs propres milieux par des occupations diverses et qui ne pourront arriver ici que demain ou après-demain.

Je voudrais répondre quelques mots aux camarades des organisations qui sont venus ici apporter au prolétariat français réuni l'expression de leur sympathie et de leur solidarité. Laissez-moi vous dire qu'une telle manifestation a, dans les temps actuels, une importance capitale au moment où, par une polilitique imbécile, stupide et dangereuse, le renom de la France révolutionnaire et républicaine, à laquelle les travailleurs de tous les pays, de l'Europe en particulier, étaient profondément attachés, sombre dans le ridicule d'un réveil militariste qui ne pourra pas aboutir. Il est réconfortant de voir ici la pensée française, secondée, amplifiée par la pensée des prolétariats des autres pays et par l'affirmation de la Fédération Syndicale Internationale. (*Applaudissements.*)

Oui, la pensée française à laquelle nous sommes profondément attachés ne sombrera pas, elle dominera l'obscurité des temps troubles que nous vivons, elle s'affirmera, se rattachant de plus en plus à la pensée première de ceux qui l'ont créée par leurs sacrifices et dans leur sang, à la pensée internationale qui dominait la Révolution française. (*Applaudissements.*)

Jaurès, dont il est bon de rappeler le souvenir dans des périodes comme celles-ci, disait : « Aimer son pays, c'est aussi aimer les autres pays, l'internationalisme est fait de la conjugaison des patriotismes raisonnés. » Nous restons sur cette affirmation, ce que nous voulons, ce que nous défendons, ce qui nous rallie à la pensée internationale, c'est que la pensée française, celle qui va s'affirmer en faveur de la libération des peuples, se continue, qu'elle soit plus vraie aujourd'hui qu'elle n'était hier, représentée par nous, minorité, elle n'en a pas moins de force et cette force lui permettra de traverser les heures dangereuses que nous vivons et de s'affirmer demain plus réelle, plus belle qu'elle n'était hier. (*Applaudissements.*)

Il n'est de solution possible aux problèmes qui sont posés séparément à chacun des pays que dans les solutions internationales. Même peut-être sommes-nous actuellement en état d'impuissance momentanée, mais il n'est pas d'exemple dans l'histoire que les pensées vraies aient jamais succombé. (*Applaudissements.*) La nôtre, qui est l'expression de la vérité, sera la réalité de demain et voilà pourquoi je déclare qu'il n'est pas de réponse plus significative à faire à nos camarades des délégations étrangères que d'entonner avec eux le chant de l'Internationale. (*Applaudissements. Chant de l'Internationale.*).

Un débat sur l'Unité

Le Président. — Une confusion s'est produite dans l'esprit de nombreux d'entre vous concernant le vote sur le rapport moral national et international. Des camarades persistent à croire que c'est un vote comme nous avions l'habitude de le faire. Je répète que, seuls, les camarades ayant mandat de voter contre auront à prendre une carte et à la faire parvenir au bureau, également ceux qui désirent s'abstenir. Tous ceux qui doivent voter pour seront considérés comme tels du moment qu'ils ne donnent pas de cartes.

Camarades, je crois qu'il conviendrait de demander aux treize orateurs s'ils se sont mis d'accord pour désigner un orateur.

Roux. — Les camarades se sont réunis et il y a différents points de vue exprimés sur la façon de reconstituer l'unité. C'est parce que les treize orateurs sont partisans de l'unité, mais envisagent les modalités de réalisation de l'unité d'une façon différente, qu'il n'y a pas de conclusions apportées. Il y a dans l'ensemble des treize orateurs cinq ou six camarades qui renonceront à leur tour de parole, ceux qui le maintiennent pourront, en 5 ou 10 minutes, exprimer leur opinion. (*Applaudissements.*)

Capocci. — Camarades, on nous a apporté différentes propositions d'unité. Pour ma part, je ne tiens pas compte de la proposition qui vient de la C.G.T.U., ce n'est qu'une habile manœuvre politique et pas autre chose. (*Très bien !*) C'est une habile manœuvre politique parce qu'au moment même où dans la Seine, où ils ont fait le plus de mal au mouvement syndical, nous pouvons constater qu'ils commencent à s'effondrer, qu'ils sont en train de s'entre-dévorer, que déjà des coups sont échangés, qu'on vient nous proposer de faire l'unité. L'unité, avec quoi ? Nous étions morts, nous n'existions plus, paraît-il ? En réalité, c'est nous qui repoussons le mariage avec un cadavre. Mais il y a une chose dont nous devons tenir compte, c'est la quantité de syndicalistes révolutionnaires qui les ont suivis, abusés par leurs calomnies et leurs injures. Nous sommes obligés de tenir compte de ceux-là. Et comme notre camarade Biot, nous disons : « Ils ont connu la porte pour sortir, c'est la même pour rentrer. » (*Applaudissements.*)

Qu'on ne vienne pas nous parler de Congrès confédéraux, ni même de deux syndicats se réunissant, car là encore ce serait ramener dans notre sein les anciennes disputes dont nous avons soupé. (*Applaudissements.*)

Nous ne voulons pas les recommencer. Camarades de Meurthe-et-Moselle, vous dites que vous avez en vue le développement syndical, c'est justement parce que nous l'avons en vue également et que nous voyons que la masse est abusée, grisée par les démagogues qui, aujourd'hui, se retirent de leur groupe et sont dans l'état de types qui ont encore la gueule de bois et n'ont pas encore repris leurs sens. Il en est parmi eux qui regrettent leur geste de scission et qui ne demanderaient pas mieux que de revenir chez nous.

Amour-propre de notre part, dites-vous ? Non, amour-propre de la part de ceux qui ont quittés et qui ne savent pas comment faire pour rentrer dans la vieille maison. (*Applaudissements.*) Eh bien, camarades, c'est parce que nous sentons que la confiance de la classe ouvrière nous revient que nous ne voulons plus de ces vieilles querelles et de ces vieilles discussions. Nous allons établir un programme d'action, des règles nouvelles dans notre organisation, l'unité ne peut se faire que sur cette base et pas sur d'autres. Lorsque nous aurons tracé notre ligne de conduite, lorsque nous aurons tracé notre programme économique dans le pays, à ce moment-là nous dirons que ceux qui sont d'accord avec le programme de la C. G. T. viennent à nous pour réaliser ce programme et, camarades, l'unité ne peut pas se faire autrement; certains vous demanderaient d'aller à Moscou, d'autres à Berlin, car eux-mêmes ne sont plus d'accord; il nous faudrait rediscuter encore la fidélité à la véritable Internationale Syndicale ouvrière d'Amsterdam, nous ne pouvons plus recommencer ces discussions. Il plaît au Gouvernement de regonfler la baudruche communiste, il fait leur jeu, qu'il continue; quant à nous, nous n'avons pas à les compter; la véritable classe ouvrière indépendante des partis politiques, c'est nous qui la représentons. Ceux qui ne veulent pas subir le knout, qui ne veu-

lent pas voter des ordres du jour sous la menace des chantages s'en iront et
n'auront qu'un chemin, celui de la porte ouverte de la C. G. T. (*Applaudissements.*)

Roux. — Camarades, puisque les instants sont comptés, nous n'examinerons
pas la situation rétrospective, pas plus que les Comités confédéraux qui ont
suivi le Congrès de Lille où nous avons connu les fameuses motions d'unité et
de discipline, quand seulement on essayait d'obtenir la majorité. Aujourd'hui
les questions sont plus nettes et une grosse difficulté surgit pour la réalisation
d'une unité, c'est depuis l'adhésion — ne l'oublions pas — de la C. G. T. dissidente, je ne dis pas unitaire, à l'Internationale de Moscou. (*Applaudissements.*)

L'unité qui se fera en dehors d'un programme d'action sera une unité de
façade. Il faut trouver d'autres combinaisons que celles qui ont échoué dans le
passé, Moscou leur a dit : « Vous êtes des imbéciles, vous n'auriez pas dû faire
la scission. » Déjà pour la question des salaires, lorsque nous parlions d'améliorer les conditions d'existence, on nous a dit : « Nous sommes en désaccord
complet avec vous sur la question des salaires, car plus il y aura de misère,
plus les gens sont susceptibles de se révolter. » Au Congrès de Lyon, on nous
a dit : « Les huit heures, c'est une foutaise, c'est un os à ronger que la bourgeoisie à donné à la C. G. T. en raison de son attitude au cours de la guerre »,
et comme dans les Assemblées syndicales on fait le nettoyage par le vide, on a
repris ces deux principales questions comme un programme de propagande.

Le système d'opposition à l'impôt sur les salaires que nous préconisons ne
nous lie pas, ne nous attache pas à l'opinion réactionnaire des Chambres de
commerce, du Comité des forges et à tout le patronal français. Ce sont eux
qui, par leur système d'opposition, se rapprochent des éléments réactionnaires
du pays. Sommes-nous d'accord sur ce point ? Non.

Pour les assurances sociales, on nous a dit que la C. G. T. voulait replâtrer
la société bourgeoise, lui donner davantage de quiétude, en assurant les travailleurs pour leurs vieux jours, en assurant les femmes, les enfants, etc. On
nous a dit : « Nous sommes contre les assurances sociales, parce qu'il y a le
versement ouvrier. » Or, s'il fallait encore examiner la position de tous ceux
qui passent à la caisse en versant leur part contributive, les instituteurs, les
cheminots, les postiers soi-disant révolutionnaires, sommes-nous encore d'accord sur ce point ?

Enfin, il y a l'adhésion à Moscou. Il y a des thèses nouvelles, un militarisme
qui a peut-être changé de couleur, mais qui, pour moi, reste un militarisme
tout court. Il y a les thèses de Boukarine qui veut faire la guerre de pénétration
révolutionnaire, l'alliance avec l'Allemagne contre la France et même l'alliance avec Poincaré contre la République naissante d'Allemagne. Les organisations que je représente ont toujours repoussé tout système de militarisme,
qu'il soit vert, tricolore, ou orné de l'étoile des soviets. Congrès commun, nous
disent nos camarades. Non, c'est pour donner un peu de souffle aux moribonds
qui attendent les croque-morts en face du passage de la rue Grange-aux-
Belles. (*Applaudissements.*)

Capocci a indiqué l'action à faire : les portes sont ouvertes; le Congrès ne
pourra pas prendre de meilleure résolution dans le programme d'action, dans
le programme de revendications qu'il établira à l'issue de ses assises. Et ceux
qui ne désirent pas l'unité du bout des lèvres, ceux qui désirent l'unité, les travailleurs essaieront de regrouper leurs forces pour venir au sein de la seule

organisation qui compte, c'est-à-dire de la C. G. T., aider ceux qui lui sont restés fidèles et, travaillant en commun, en collaboration étroite, permettront aux travailleurs de ce pays de conquérir leurs revendications les plus pratiques et à l'Internationale Syndicale de poursuivre les buts qui sont contenus dans son programme, en dehors de toute tutelle, en dehors de toute action que nous ne pourrions faire au seul bénéfice des partis politiques. (*Applaudissements.*)

Inutile d'insister. Il y en a qui reconnaissent qu'ils ont fait une blague en quittant la C. G. T. régulière, soyons bons princes, ne leur demandons pas qu'ils viennent nous retrouver avec la corde au cou, ou qu'ils viennent nous retrouver en chemise rouge, nous ne leur demandons ni *mea culpa*, ni regrets, mais il y a des statuts à la C. G. T. qui doivent être respectés. Pendant les Congrès, les camarades expriment leur opinion et la tactique qu'ils croient la meilleure pour réaliser l'idéal qui nous est commun; en dehors des Congrès, lorsqu'une majorité se sera exprimée, il faut que tout le monde s'incline et que tout le monde travaille pour la conquête des aspirations ouvrières, voilà l'unité possible. (*Applaudissements.*)

Le Président. — La parole est au camarade Labe.

LABE. — Mon intervention n'a pas pour but de présenter un discours, car j'estime que les camarades qui sont ici ont puisé dans l'enseignement des faits la ligne directrice qu'ils entendent suivre ici. Pour ma part, s'il n'y avait eu comme proposition que celle de la soi-disant C. G. T. U., je ne serais pas intervenu, laissant aux membres du Bureau confédéral le soin d'exposer la situation. Mais, dans ce pays où les questions de sentiment jouent un rôle important, on a exploité assez habilement cette question de sentiment, et à côté de la proposition de la C. G. T. dissidente, il y a là proposition d'une organisation régulière adhérente à la C. G. T., c'est celle de nos camarades de Meurthe-et-Moselle qui, très bien intentionnés sans doute, reprennent sous une forme différente les arguments présentés par la C. G. T. dissidente. Actuellement, il est très habile d'essayer de déplacer la question des responsabilités et de situer la scission derrière des personnalités. J'estime qu'il ne faut pas exploiter la classe ouvrière de ce pays, qui nous regarde et nous écoute, avec cette question de personnalité, qui a toujours été exploitée dans le passé. Car il est très habile à la presse réactionnaire de montrer que les militants qui sont à la tête des organisations syndicales sont des gens vivant des cotisations et empêchant souvent les travailleurs de manifester leurs aspirations. Aujourd'hui, la question se repose à nouveau, et l'on dit de se débarrasser des personnalités. Pour ma part, je tiens à dire que, quelles que soient les sympathies que je puisse avoir pour les personnalités qui sont à la tête de la C. G. T., ces personnalités ne valent pour moi qu'autant que les conceptions qu'elles représentent. (*Très bien !*) Et lorsqu'on veut déplacer le débat en disant : « Ce sont les personnalités », je déclare que nous ne pouvons pas accepter ce point de vue. De même que la question de sentiment que l'on essaie encore d'agiter, lorsqu'on veut placer l'impuissance du mouvement syndical dans la scission.

Je dis qu'il faut se souvenir, puisqu'ici on a permis de rappeler des points d'histoire, il est un point d'histoire qui ne s'effacera pas du mouvement syndical, c'est la puissance que nous possédions au Premier Mai 1921; je dis que la décroissance et l'impuissance du mouvement syndical proviennent des erreurs commises en 1920 par nos adversaires de tendance d'aujourd'hui. (*Applaudissements.*) C'est là que réside l'impuissance actuelle. Certes, les divisions ne sont pas venues fortifier la situation, mais il n'est pas moins vrai qu'il faut remonter à l'origine de toutes choses, et si nous n'avons pas l'intention de faire un grief éternel à ceux qui ont pu se tromper, qui ont pu, à un moment donné, surestimer la puissance de résistance et la puissance révolutionnaire des forces de ce pays, si nous n'avons pas à leur faire un grief éternel de s'être trompés, nous ne pouvons pas accepter que ce soient ceux qui ont vu clair qui viennent être accusés par ceux qui n'ont pas su voir clair. Eh bien, camarades, aujourd'hui on vient, par une question de sentiment, exploiter la classe ouvrière, et je comprends que la position prise par la C. G. T. dissidente est très habile. On va nous représenter comme les adversaires de l'unité. Or, dans un Comité national, nous avons situé notre position, nous avons dit que les portes de la C. G. T. restaient ouvertes à tout le monde, on nous a dit : « Impossibilité de réaliser l'unité sur ce terrain. » Mais, camarades, il ne peut pas y avoir d'impossibilité parce que la motion du Comité National ne prévoyait pas de restrictions. Si l'on avait prétendu que les syndicats, après avoir constitué un bureau unique, reconstituaient un seul syndicat dans une localité, si la motion du Comité National avait prétendu ensuite faire un choix de personnalités, faire une sélection, il aurait été possible de prétendre que l'unité ne pouvait pas se réaliser par la base, comme nous le préconisions. Or, la motion du Comité National, qui, pour moi, reste la seule forme sous laquelle l'unité peut se faire, ne prévoyait aucune sélection. Les syndicats qui, dans une localité, se réuniront, rentreront dans la Confédération Générale du Travail avec tous leurs effectifs et leurs pleins droits. Puisque l'on parle de personnalités, puisque l'on dit que l'unité ne pourra se faire que si les personnalités disparaissent, je dis que, si l'unité se fait sous la forme préconisée par la motion du Comité National, la question de personnalités ne se pose même plus.

Pour les camarades à qui l'on demande de disparaître, il ne pourra plus être question de faire le geste magnifique, de faire abnégation de leur personnalité, l'élimination se fera par le jeu régulier des organisations syndicales. Si, dans deux syndicats réunis, le bureau est l'émanation d'une conception différente à celle que nous représentons, il va de soi que cette conception nommera des camarades répondant à la sienne et, se répercutant de la base au sommet, les syndicats rentrés dans la Confédération Générale du Travail pourront demander la réunion d'un Congrès, non pas de deux C. G. T., mais d'une C. G. T. unique, la seule que nous connaissions. Si à ce Congrès confédéral la conception qui est nôtre ne triomphe pa, c'est là où ceux qui nous accusent d'être des fonctionnaires s'apercevront de la différence qu'il y a entre la conception de militant et la conception de fonctionnaire. Pour ma part, je considérerais être un fonctionnaire ou un employé si j'étais chargé d'exécuter au sein de l'organisation que je représente une conception qui n'est pas mienne. Par conséquent, si, demain, par le jeu d'une consultation régulière, comme celle que je viens d'exposer, une conception différente de celle que je viens d'exposer, une conception différente de celle que nous représentons aujourd'hui venait à se manifester, il va de soi que ceux qui seraient chargés d'administrer la C. G. T. devraient être l'émanation de la conception qui se serait dégagée. Par conséquent, pas de subterfuge. Personne n'a l'intention de se dérober. Nous offrons la possibilité à tout le monde de rentrer dans la C. G. T. par le système que nous préconisons, c'est-à-dire par l'application de la motion du Comité National.

Lorsque nous examinons les propositions qui nous sont faites, lorsque l'on pense que l'on demande de convoquer un Congrès des deux C. G. T. actuelles, dont l'une est l'émanation même du principe d'organisation, il faut se souvenir comment on a réussi à exploiter auprès des travailleurs, qui certainement sont de bonne foi, et qui, aujourd'hui, sont porteurs de la carte rouge, on a réussi à les amener à la C. G. T. dissidente en exploitant les prétendues exclusions qui n'étaient que l'application des statuts des organisations. Lorsque nous démontrions que la Confédération Générale du Travail, en tant qu'organisme central du mouvement ouvrier, n'avait pas à s'immiscer dans les statuts des organisations adhérentes, que chaque Fédération, chaque Syndicat devait faire respecter ses statuts, on nous a répondu : « Exclusions. » Or, que voyons-nous se produire aujourd'hui dans la C. G. T. dissidente où justement diverses tendances se font jour à propos d'Internationales que l'on évoquait ici tout à l'heure ? Adhésion à Moscou d'une majorité relative et, d'une autre côté, adhésion à une nouvelle Internationale d'une minorité représentée par le Comité de défense syndicaliste. Les événements se précipitant, le Comité de défense syndicaliste demande de participer à l'action, il demande sa part de responsabilité. Et ceux qui nous ont fait un grief d'avoir appliqué les statuts des organisations, ceux qui nous ont dit : « Vous pratiquez les exclusions » quelle réponse font-ils au Comité de défense syndicaliste leur demandant de participer au partage des responsabilités ? Voici la réponse :

Désireuse de s'entourer de tous les concours utiles, la Commission exécutive décide d'élargir provisoirement et exceptionnellement sa représentation des forces syndicales à toutes les Fédérations.

Leurs délégués, dûment investis d'un mandat, pourront apporter toutes suggestions et indications utiles en prenant une part active aux délibérations, où ils seront admis à titre consultatif.

La C. E. ne saurait, par contre, étendre cette mesure à des personnalités ne relevant d'aucun mandat des organisations régulières composant la C. G. T. U.: Syndicats, Unions et Fédérations.

C'est par l'intermédiaire des organismes réguliers adhérents à la C. G. T. U. et par leurs délégués que tous les militants et syndiqués, sans exception, pourront participer à toutes les actions entreprises par la C. G. T. U.

La C. E. Confédérale.

Or, nous n'avons jamais dit autre chose et pour avoir appliqué ce qui est le principe fondamental de toute organisation, on nous a parlé d'exclusions et on a exploité auprès des travailleurs ces soi-disant exclusions, qui, je le répète, n'étaient que l'application de principes que nos adversaires de tendances, aujourd'hui dans un groupement dissident, se trouvent obligés d'appliquer devant les nouveaux dissidents de leur organisation.

On parle également, il ne faut pas l'oublier, de réunir dans un Congrès les organisations autonomes. Or, je pose la question à tous les militants qui sont ici, qui ont bataillé pour maintenir l'organisation ouvrière, à tous ceux qui ont supporté les injures et la calomnie, voire même les coups. Il était facile de se réfugier dans l'autonomie, il était facile de se réfugier dans la tranquillité et de venir aujourd'hui prétendre avoir le droit de participer à des délibérations; je dis que, si tout le monde s'était réfugié dans l'autonomie, vous ne seriez pas réunis ici aujourd'hui, car il n'y aurait plus de C. G. T. (*Applaudissements.*)

C'est pour ces différents raisons que nous maintenons le point de vue émis par le Comité National dernier, c'est-à-dire que les syndicats seront libres, dans une même localité, de se constituer en un seul syndicat réintégré à la

C. G. T. régulière et avec leurs pleins droits, s'ils sont la majorité, de demander un Congrès et, par le libre jeu du mouvement syndical, de la base au faîte, obtenir la majorité, non pas par des subterfuges, mais par l'application des décisions régulières du mouvement syndical. Voici pourquoi nous maintenons, en ce qui nous concerne, la motion du Comité National. (*Applaudissements.*)

Le Président. — La parole est au camarade David.

DAVID. — Je reste convaincu des responsabilités qui incombent à ceux qui ont provoqué à la scission, je n'ai pas l'idée de retirer une parcelle de confiance aux hommes qui représentent la C. G. T.; mais tout de même, il semble qu'en raison de la situation actuelle, en raison de l'atmosphère empoisonnée dans laquelle nous vivons, et tenant compte des milliers de travailleurs qui sont en dehors de nos organisations et qui considèrent que les chefs doivent se mettre d'accord, je dis que l'on peut, sans faire abandon d'amour-propre, sans changer son esprit de tendance, tout en conservant intégralement son point de vue, faire un pas et un geste de bonne volonté vers ceux qui sont disposés à réintégrer notre mouvement.

En toute indépendance d'esprit, je remplis le mandat des organisations que je représente et je demande qu'une Commission soit nommée pour se mettre en rapport avec la C. G. T. U. (*Protestations*) afin de déterminer les conditions dans lesquelles on pourra faire l'unité.

Il est certain qu'il faut obtenir des garanties, mais je dis qu'un geste de bonne volonté doit être fait de notre part.

DIGAT (*P. T. T.*). — Hier, un publiciste syndicalo-bolcheviste, qui occupe dans le mouvement syndical une attitude bien singulière, écrivait que la C. G. T. U. représentait la puissance et la force. J'ajoute que sa situation est d'autant plus singulière qu'il cotise régulièrement à la vieille Fédération du Livre. Il indiquait, il traçait au préalable quelles seraient les préoccupations des congressistes, il ridiculisait nos effectifs, il s'efforçait d'atténuer la force de la C. G. T. Votre présence ici indique tout simplement que la C. G. T. des béquillards, des réformistes est encore quelque chose, et là j'indique tout de suite que la lettre adressée par la C. G. T. U. est très habile et qu'au fond ce n'est pas une préoccupation unitaire qui les guide, c'est de respecter les mots d'ordre d'une Internationale qui se confond avec un Gouvernement qui obéit lui aussi à la fameuse raison d'Etat, qui emprisonne les militants, qui les persécute, qui les condamne à mort comme les Gouvernements bourgeois. (*Applaudissements.*)

On a parlé du passé et des raisons qui motivent notre position, de notre syndicalisme que l'on ose faire ressembler avec les formules à consonnances révolutionnaires, à notre syndicalisme d'avant-guerre. On a parlé des oppositions doctrinales, camarades. Oui, rien de commun avec ceux qui ont oublié le principe essentiel du syndicalisme d'avant-guerre, principe visant l'action directe, parce que nous soutenions avant-guerre que l'action n'était directe que lorsqu'elle était déterminée par les organisations syndicales elles-mêmes. Rien de commun avec ceux qui, sous prétexte de pénétration révolutionnaire, consentent bénévolement à quitter toute dignité, parce que nous considérons que le militarisme, que ce soit celui de M. Poincaré ou celui des dirigeants de Moscou, avilit l'individu, ruine les peuples et engendre les conflits; rien de commun avec eux. Rien de commun avec ceux qui ont dit que l'armée rouge était le rempart du prolétariat, rien de commun avec ceux qui, demain, défendront peut-être la tchéka russe, qui n'est qu'une survivance de la tchéka tsariste.

Mais, camarades, que vous le vouliez ou que vous ne le vouliez point, vous n'empêcherez point que les ouvriers de ce pays enregistrent l'offensive patronale, qu'ils enregistrent les échecs successifs et que la proposition d'unité soit exploitée contre nous. Et, incontestablement, nous qui sommes des unitaires, nous qui avons demandé qu'on respecte les principes particuliers à tous les groupements, nous qui sommes unitaires et ne sommes pas responsables de la scission, il n'est pas possible que nous ne prenions pas dans l'opinion ouvrière une position nette en ce qui concerne l'unité syndicale. On a dit tout à l'heure que prendre contact avec la C. G. T. U., c'était la reconnaître, que c'était en quelque sorte la consacrer, que cela était impossible à envisager. Je demande à nos camarades de se rappeler que, pour la prise de contact entre organisations adverses, c'est une organisation confédérée qui, la première, nous a donné l'exemple. Nous avons assisté à une prise de contact entre deux organisations, l'une adhérente à la C. G. T. U., l'autre adhérente à la C. G. T. régulière, pour défendre des intérêts corporatifs infiniment respectables. A ce moment-là, au Comité National, je me suis élevé contre le nouveau fait accompli; par conséquent, il ne conviendrait pas, lorsque nos camarades de la Meurthe-et-Moselle nous demandent d'entrer en contact avec la C. G. T. U., de prendre une attitude indignée. Il y a des camarades qui ont précédé nos camarades de Meurthe-et-Moselle.

Moi, je ne veux pas entrer en contact avec les dirigeants de la C. G. T. U.; je considère, en effet, que la Commission exécutive de la C. G. T. U. ne présente rien, au sens confédéral du mot, que personne n'a chassé les militants qui constituaient la Commission exécutive de la C. G. T. Mais, camarades, j'examine, en dehors de toutes préoccupations, et n'ai pas le souci de symboliser ici une tendance; j'examine quelle est la situation ouvrière de ce pays et je constate que la scission qui m'angoisse, qui m'étreint, en face des redoutables problèmes qui sont posés, ce n'est pas la division du mouvement ouvrier de ce pays en C. G. T. régulière et en C. G. T. U., ce qui m'angoisse et qui m'étreint, c'est la scission de la classe ouvrière avec les organisations syndicales. (*Applaudissements.*)

J'ai l'impression que les ouvriers ont quitté les syndicats parce qu'ils se sont rendus compte que ces cotisations payées ne servaient en réalité qu'aux dirigents du mouvement syndical pour disserter à l'infini sur telle ou telle thèse philosophique. Eh bien, tenant compte de cette idée-force des ouvriers qui ont bien le droit de dire que leurs syndicats sont les organisations qui doivent systématiquement défendre leurs intérêts, je dis que le Congrès ne peut pas répondre à la proposition adressée par la C. G. T. U. par une fin de non-recevoir, comme l'indiquait tout à l'heure Labe.

Je précise, Je me refuse, pour ma part, à ce que la Commission administrative entre en contact avec la Commission exécutive de la C. G. T. U., parce que l'on nous parle des militants qui doivent disparaître. Est-ce que vous ne sentez pas combien cette condition est immorale, surtout lorsqu'elle émane d'hommes qui, lorsqu'ils n'étaient pas encore éduqués, n'ont pas eu cet instinct de révolte qui habite tout organisme vraiment syndicaliste, qui ont trahi en 1910 et qui ont desservi les intérêts ouvriers. Ils ont continuellement compromis ces intérêts. Ne sentez-vous pas combien c'est immoral, lorsque ces hommes viennent nous dire : «L'unité ouvrière pourra être constituée, à la condition que tel ou tel militant de la C. G. T. disparaisse. » La vérité, c'est que cette condition est inadmissible, parce que les membres du Bureau confédéral et de la Commission administrative ne représentent pas de conceptions personnelles, ils ne font que traduire les sentiments de la majorité de nos Congrès, et en face du désir de quelques-uns et en face de la volonté exprimée par nos syndicats, il n'y a aucune concession à faire.

Mais, comment reconstituer l'unité ? Comment répondre aux préoccupations de la masse ? Comment répondre aux préoccupations, j'ose dire légitimes, des ouvriers sans tenir compte de l'état d'esprit de leurs mauvais bergers ? Il faut que le Congrès donne cette indication précise que les événements, tant au point de vue national qu'international, commandent l'union des forces ouvrières, non pas sous le drapeau de cette caricature d'unité que l'on appelle le front unique et qu'un dirigeant de la C. G. T. U. déclarait qu'il acceptait la formule du front unique pour, en principe, lutter contre le décret Le Trocquer, mais, en fait, pour développer leur influence, c'est-à-dire pour venir dans les réunions des majoritaires critiquer leur réformisme, dénoncer ce qu'ils appellent notre trahison et notre collaborationnisme.

Il faut dire aux ouvriers : « Front unique, qui suppose simplement un accord entre les chefs, c'est insuffisant, mais entre le camarade qui, dans le même atelier, sur le même chantier, a dans sa poche une carte rouge et le camarade qui a une carte verte, il n'y a pas des oppositions telles que vous ne puissiez trouver un terrain d'entente » ; et au lieu de préconiser ce qu'indiquait tout à l'heure Labe, je demanderais que le Congrès confédéral, s'adressant à tous les ouvriers, leur dise : « Reconstituez un syndicat unique, c'est-à-dire vous, secrétaire du syndicat unitaire, et vous secrétaire de l'autre syndicat, arrangez-vous. » J'en ai rencontré en province qui avaient l'air de gens de bonne foi, ils m'apparaissent comme des gens qui ont été trompés. Je considère que le Congrès peut leur dire d'une façon très nette et très claire : « Camarades unitaires, qui avez été trompés, qui constatez que la scission vous affaiblit et affaiblit l'ensemble de la classe ouvrière, rencontrez-vous avec le secrétaire d'un syndicat majoritaire, reconnaissez tous les deux que la scission syndicale vous est préjudiciable, reconstituez votre syndicat. Lorsque vous aurez réalisé l'unité à la base, vous prendrez telles décisions qu'il vous plaira pour établir une fois de plus l'unité à tous les degrés de l'organisation syndicale. Si vous estimez qu'un Congrès confédéral doit, une fois de plus, être réuni pour discuter de l'orientation et de l'adhésion à l'Internationale, c'est vous-mêmes, les travailleurs, qui en prendrez l'initiative, parce que vous êtes seuls qualifiés pour prendre cette initiative. »

Je préconise l'unité, au préalable, à la base. Je considère qu'il est possible que les militants unitaires et majoritaires de province se rencontrent et réalisent l'unité dans la première cellule syndicale. Voilà quelle est ma conclusion et je n'insiste pas davantage. (*Applaudissements.*)

Le Président. — La parole est à Loze.

Loze. — Je vais répondre et à l'Union départementale de Meurthe-et-Moselle et à notre camarade Digat, parce que tout à l'heure nous avons discuté et nous n'étions pas tout à fait d'accord. Je ne réponds pas, quant à la C. G. T. U., car j'estime qu'elle n'existe pas, c'est quatre lettres à côté les unes des autres ; quant au point de vue confédéral, il n'existe pas et on ne discute pas avec quelque chose qui n'existe pas.

Je disais tout à l'heure à Jacquemin : « En Meurthe-et-Moselle, vous avez une situation merveilleuse, parce que, dans votre département, vous avez pris la position que vous avez cru devoir prendre, sans calcul, c'est vrai, au nom d'une unité; mais vous avez pris la position la moins dangereuse, en ce sens, c'est que vous avez envoyé des sourires à droite, des sourires à gauche et il est certain que vous n'êtes pas dans la situation des militants qui ont pris position. Nous, dans le département de la Seine, nous avons pris position. »

Camarades, il est certain que, dans ce département, nous avons été en but à toutes les avanies possibles; on nous dit maintenant : « Oubliez. » Je suis un de ceux qui ont l'esprit assez large pour oublier les injures, mais, d'organisation à organisation, c'est beaucoup plus dur.

Lorsqu'on a été à la tête d'une organisation puissante et que, malgré les efforts qu'on a faits, on a vu cette organisation tuée par les divisionnistes, ces derniers sont mal placés pour vouloir l'unité. Je leur demanderai : « Pourquoi avez-vous fait la scission ? »

Je suis tout à fait de l'avis de Capocci : « La porte est ouverte. » Du reste, c'est une décision de notre dernier Comité National Confédéral. Les camarades qui sont partis peuvent rentrer; mais nous aurons soin de mettre à la porte un verrou qui empêchera les intrusions politiques, et vous nous permettrez, camarades minoritaires, de conserver la clef de ce verrou.

Voilà ce qu'il faudra faire si nous voulons l'unité durable.

DUMOULIN. — Camarades, la séance n'est pas terminée. Nos camarades auraient pu prêter encore quelques minutes d'attention pour attendre la conclusion de cette discussion. Il restait encore un orateur inscrit, si vous aviez eu la patience de l'entendre et, à la suite de son audition, le Congrès aurait confié à quelques camarades le soin de rédiger un texte en réponse à la proposition de la C. G. T. U. et en opposition, puis-je dire, à la proposition de nos camarades de Meurthe-et-Moselle.

Nous ne pouvons pas admettre que le Congrès émette un vote dans le vide, c'est une thèse claire et précise qu'il faut voter. Notre camarade Jacquemin pourrait informer le Congrès s'il en a pour longtemps à s'expliquer.

JACQUEMIN. — J'ai laissé mon tour de parole à Digat, parce que je considère que la proposition de la Meurthe-et-Moselle n'avait aucune chance d'être votée dans le Congrès. Elle était posée simplement pour qu'on étudie les moyens possibles de réaliser l'unité; mais devant l'attitude du Congrès, j'estime que le chemin n'a pas été assez parcouru pour faire adopter cette unité syndicale. Aussi, j'adopte la proposition du camarade Digat, parce qu'elle permet le rapprochement des forces ouvrières.

DUMOULIN. — Je demande au Congrès d'enregistrer les déclarations du camarade Jacquemin. Je lui demande également de désigner quatre ou cinq camarades, y compris nos amis de la Meurthe-et-Moselle, pour rédiger un texte, autour duquel le Congrès tentera de réaliser l'unanimité, si possible, en réponse aux aspirations diverses qui se sont manifestées dans ce Congrès, pour que le public ouvrier de ce pays sache que la proposition de la C. G. T. U. a reçu une réponse claire. Si nous sommes d'accord, il resterait à vous demander de désigner cinq camarades. Il faudrait que cette désignation ne se fasse pas dans le bruit et dans la confusion.

Ensuite, il conviendrait d'inviter les Commissions qui ont terminé leurs travaux à faire connaître au Congrès le résultat de leurs études, pour que le Bureau puisse établir à votre usage un ordre de discussion. Il faut rappeler aussi à la Commission qui a été désignée pour élaborer un texte sur l'action à déterminer contre l'occupation de la Ruhr qu'elle aura à continuer ses travaux demain matin comme les autres Commissions.

Voici les noms lancés pour la constitution de la Commission : DIGAT, ROUX, LABE, JACQUEMIN, LE GUEN, BIOT. .

DIGAT. — Je m'aperçois que le Congrès désigne Digat à toutes les Commissions; la Commission peut très bien fonctionner sans la présence de Digat.

BIOT. — Je demande que tu acceptes de faire partie de cette Commission, même au détriment d'une autre Commission.

DUMOULIN. — Le Congrès est informé que le vote du rapport moral s'exprime par la quasi-unanimité du Congrès. Vingt cartes contre sont parvenues au Bureau. S'il y en avait d'autres, elles devraient être dirigées immédiatement entre les mains du collecteur. Les avis contre portent sur quelques points de détail qui seront donnés.

TROISIÈME JOURNÉE

Après-midi

Président : BLANCHARD (Métaux).

Assesseurs : JEANNE CHEVENARD (Habillement, Lyon); MAILLY
(Mineurs, Pas-de-Calais).

JOUHAUX. — Camarades, je voudrais vous faire une simple communication.
Nous avons reçu de nos camarades de Carmaux et du Tarn une demande
concernant la participation de la Confédération Générale du Travail à l'érection d'un monument à la mémoire de Jaurès. La Commission administrative
de la C. G. T. a donné son adhésion de principe à cette proposition, mais elle a
pensé qu'il convenait de communiquer au Congrès la proposition faite par nos
camarades, de façon à ce que, le Congrès l'ayant acceptée, les organisations
syndicales ici représentées s'engagent à participer à la souscription en faveur
de ce monument.

Je pense que le Congrès acceptera unanimement la proposition qui lui est
faite; les organisations syndicales pourront souscrire dans la mesure de leurs
possibilités financières. Nous ne devons pas souscrire une part inférieure à
5 francs, mais les organisations pourront toutes participer à l'érection de ce
monument. Il y aura dans l'adhésion du Congrès une participation plus effective de notre côté, Confédération Générale du Travail, et une manifestation à
la mémoire de celui qui, jusqu'à la mort, fut dévoué à la classe ouvrière.
(*Applaudissements.*)

TRUEL (*Carmaux*). — Camarades, je tiens à préciser ici que le monument que
nous allons inaugurer le 20 mai prochain est prêt, il n'y a qu'à le mettre en
place. Nous avons recueilli à peu près les fonds qui nous sont nécessaires,
mais nous avons estimé, nous, organisations syndicales du Tarn, que nous
devions inviter toute la classe ouvrière organisée à participer à la souscription
qui a été lancée en vue de l'érection du monument, pour indiquer que ce monument rend hommage à celui qui s'est tant dévoué pour la classe ouvrière. Ce
que nous demandons, ce ne sont pas de grosses sommes, mais simplement un
geste d'approbation à l'initiative que nous avons prise.

Le *Président.* — Je crois que toutes les organisations seront unanimes à faire
le nécessaire.

Nous avons reçu des lettres de nos camarades étrangers. Voici un télégramme de Suède :

En raison même de ce fait, que les patrons suédois ont proclamé le lock-out général dans les cinq plus grandes industries, il nous est impossible d'envoyer des représentants à votre Congrès. Nous vous envoyons nos salutations en espérant que le travail du Congrès sera prospère pour le mouvement syndical français.

THORBERG.

Voici une lettre de l'Autriche :

Camarades, nous vous remercions de votre obligeante invitation au Congrès, que nous regrettons de ne pouvoir accepter en considération de notre grande détresse économique. C'est pour cela que nous ne sommes pas en état d'envoyer un représentant de notre organisation au Congrès.

Camarades, nous sommes persuadés que vous approuverez cette raison; soyez assurés que nous suivons vos combats avec un grand zèle et que nous souhaitons que les discussions soient couronnée d'un grand succès.

Agréez, camarades, nos salutations affectueuses et fraternelles.

HUEBER.

Lettre de la Lettonie :

Chers camarades, le Bureau central des syndicats ouvriers lettons regrette beaucoup de ne pouvoir envoyer un délégué à votre Congrès.

Nous suivons avec un vif intérêt les événements du mouvement syndical français et nous y retrouvons maintes ressemblances avec l'état de choses de notre pays.

Nous avons un véritable plaisir à saluer la renaissance du mouvement syndical français, déjà commencée, et nous espérons qu'elle sera aidée par votre Congrès et, en général, très favorable à la lutte du prolétariat international.

Nous vous prions, chers camarades, de transmettre au Congrès le salut fraternel des ouvriers lettons.

Salut international.

Le secrétaire général, MORICS.

Lettre de la Tchéco-Slovaquie :

Chers camarades, nous ne pouvons, malheureusement, que par lettre vous souhaiter une pleine réussite à votre Congrès.

Des circonstances inattendues, dues aux conditions économiques, nous ont rendu impossible l'envoi d'un délégué à votre Congrès. Ce sont surtout les événements de la Ruhr qui exigent notre présence dans notre pays. Nous espérons donc que vous aurez l'amabilité d'excuser notre absence et de croire au vif intérêt avec lequel nous suivrons, quoique absents, vos délibérations, qui marqueront certainement un progrès considérable et un renforcement du mouvement syndicaliste, non seulement français, mais aussi international.

Nous voyons que vous avez vaincu les plus grands obstacles et difficultés qu'on vous a opposés, par méprise ou par malveillance. Mais ce sont les événements qui démontrent la vérité de votre point de vue, et le développement de votre organisation prouve la bonne confiance dont jouit le mouvement syndical à cause de sa politique sérieuse et raisonnable. Les divergences d'opinions, qui sont nées dans le mouvement du travail de tous les pays, se sont présentées aussi chez nous; mais, avec joie, nous pouvons dire que nous sommes sortis vainqueurs de cette lutte douloureuse. Les syndicats ouvriers tchéco-slovaques ont proclamé, par une majorité absolue, les méthodes sûres du mouvement syndical, son union et son indépendance.

Nous luttons toujours contre la crise économique et les conséquences du chaos d'après guerre, mais nous regardons avec une foi inébranlable l'avenir. C'est le fait que nous sommes membres d'une grande armée internationale du prolétariat organisé, où nous sommes dans la même phalange que vous, qui nous rend des forces. Ce n'est pas seulement le sentiment qui lie les ouvriers tchéco-slovaques à leurs camarades de France, mais ce sont aussi des raisons réelles. La devise internationale de la fraternité et de la libération des peuples, d'après les idées socialistes, forment un lien mutuel; c'est en vertu de ce lien que nous vous adressons des saluts amicaux et souhaitons cordialement pleine réussite à votre Congrès.

TAYERLE,
Secrétaire de la Confédération des syndicats tchéco-slovaques.

'Voici maintenant les résultats du vote sur le rapport moral :

Pour le rapport moral	1.395
Pour, avec réserves	2
Contre	20
Abstentions	6

Les Statuts de la C. G. T.

L'ordre du jour appelle la discussion des statuts confédéraux. La parole est à Beylot, rapporteur.

BEYLOT. — Camarades, la Commission des statuts a très longuement examiné le projet qui lui était soumis par la Commission administrative de la C. G. T. En plus de ce projet de statuts, elle a examiné un certain nombre de projets tendant à la réorganisation des services de propagande et à la réorganisation de l'administration de la C. G. T.

Ces rapports témoignent d'un effort nouveau, d'un désir nouveau des organisations adhérentes à la C. G. T. de voir s'intensifier la propagande confédérale. Ils touchaient à un certain nombre de points : Unions départementales, timbres confédéraux, qui étaient de nature à apporter des transformations profondes dans l'administration de la C. G. T.

La Commission des statuts a décidé de renvoyer ces projets à la Commission administrative qui les examinera et qui rapportera au Congrès prochain. Nous avons pensé qu'il n'était pas possible dans ce Congrès de transformer de fond en comble l'organisation de la C. G. T., et nous avons simplement poursuivi un effort de réforme qui est marqué par le projet de statuts que nous vous présentons. Au prochain Congrès confédéral, nous aurons à examiner les initiatives louables qui nous ont été soumises par l'Union du Rhône et par la Fédération postale.

Je vais vous donner lecture du projet de statuts tel qu'il est issu des travaux de la Commission. Je demanderai aux camarades de n'intervenir que sur des questions d'ordre général et de ne pas encombrer la tribune avec des questions de détail. Je leur demande de limiter leurs explications, afin de nous permettre de faire notre travail assez rapidement.

CHAPITRE PREMIER

But et Constitution

ARTICLE PREMIER. — La Confédération Générale du Travail, régie par les présents statuts, a pour but :

1° Le groupement des organisations de salariés pour la défense de leurs intérêts moraux et matériels, économiques et professionnels.

Sont considérés comme salariés tous ceux qui vivent de leur travail sans exploiter autrui et, en particulier, les membres des coopératives de production et de consommation poursuivant un but de transformation sociale, quelle que soit la fonction qu'occupent ces salariés;

2° Elle groupe, en dehors de toute école politique, philosophique ou religieuse, toutes les organisations de travailleurs conscients de la lutte à mener pour la disparition du salariat et du patronat.

Nul ne peut se servir de son titre de confédéré ou d'une fonction de la Confédération dans un acte politique ou électoral quelconque. (*Adopté.*)

ART. 2. — La Confédération Générale du Travail, basée sur le principe du fédéralisme et de la liberté, assure et respecte la complète autonomie des organisations qui se conformeront aux présents statuts.

ART. 3. — La Confédération Générale du Travail est constituée par :
1° Les Fédérations nationales d'industrie;
2° Les Unions départementales ou interdépartementales de syndicats divers.

La C. G. T. est adhérente à la Fédération Syndicale Internationale d'Amsterdam. (*Adopté.*)

MERRHEIM. — Je voudrais qu'on relise le passage indiquant qu'il y aura des Unions interdépartementales.

BEYLOT. — Aux articles qui ont trait aux Unions départementales, vous verrez la façon dont nous les concevons.

MERRHEIM (*Métaux*). — Je voudrais que l'on indique que le mot interdépartemental n'est dans les statuts que provisoirement parce que j'estime qu'à l'avenir, dès qu'un département aura repris une certaine force, il devra reprendre sa place dans la C. G. T.

ART. 4. — Nul syndicat ne peut faire partie de la Confédération Générale du Travail s'il n'est fédéré nationalement et adhérent à son Union départementale ou interdépartementale.

Les Fédérations ou les Unions ne pourront admettre ou conserver dans leur sein les syndicats ne remplissant pas cette double obligation. (*Adopté.*)

CHAPITRE II

Administration. — Comité Confédéral National

ART. 5. — La C. G. T. est administrée par un Comité National. Ce Comité est constitué par un délégué de chaque Fédération nationale et chaque Union adhérentes. Il se réunit obligatoirement chaque année dans le cours des 2ᵉ et 4ᵉ trimestres et, extraordinairement, sur convocation de la C. A.

Ces réunions extraordinaires ne pourront être convoquées que pour des motifs revêtant un caractère d'extrême urgence.

Le C. C. N. établit les projets de budget, contrôle les recettes et dépenses.

Les rapports financiers lui seront soumis et publiés dans *La Voix du Peuple*. *(Adopté.)*

ART. 6. — Les membres du C. C. N. devront être nommés pour deux ans, d'un Congrès confédéral à l'autre, et être, dans la mesure du possible, les secrétaires des Fédérations et Unions ou, à leur défaut, membres des bureaux. Ces délégués pourront être relevés de leur mandat sur décision de l'organisation qu'ils représentent.

Ils devront être confédérés depuis au moins trois ans, sauf dans les cas d'adhésion récente du groupement qu'ils représentent à la C. G. T.

Les délégués des Unions devront toujours résider dans les départements qu'ils représentent.

BURNOUF *(Manche)*. — Je voudrais demander la possibilité d'adjoindre au délégué titulaire un délégué adjoint.

HUYGHE. — Il me semble que, dans un Comité Confédéral National, il avait été question de limiter à cinq ans le temps de présence pour un délégué.

BEYLOT. — C'est trois ans et cinq ans pour les secrétaires. Un délai de trois ans me paraît constituer un stage assez long.

MERMA. — J'attire l'attention sur ce point. L'article semble vouloir fixer ce que nous avons toujours reproché dans le passé, c'est-à-dire qu'à la veille des Congrès confédéraux naissent des poussières de syndicats; or, il m'apparaît que votre article perpétue ce qui existait avant.

BEYLOT. — Non, il s'agit des Fédérations. *(Adopté.)*

Commission administrative

ART. 7. — Après chaque Congrès confédéral ordinaire, le Comité National nomme une Commission administrative de trente-cinq membres, choisis parmi les militants de la région parisienne (Seine, Seine-et-Oise, Seine-et-Marne), auxquels seront adjoints les délégués visés à l'article 48.

Les candidats devront être présentés par la Fédération ou l'Union à laquelle ils adhèrent.

La Commission administrative assure, avec le Bureau confédéral, la gestion de la Confédération Générale du Travail, sous le contrôle du Comité National et dans l'intervalle de ses réunions.

Les membres de la Commission administrative assistent aux réunions du Comité National, mais seuls y ont droit de vote ceux qui sont également membres de ce Comité. *(Adopté.)*

ART. 8. — Etant donné que toutes les organisations qui constituent la Confédération doivent se tenir en dehors de toute école politique; les discussions, les conférences, causeries organisées, par le Comité, ne peuvent porter que sur des points d'ordre économique ou d'éducation syndicale et scientifique. *(Adopté.)*

Bureau

ART. 9. — Le Bureau de la Confédération, nommé par le Comité Confédéral National, et après chaque Congrès confédéral ordinaire, est composé d'un secrétaire général, de trois secrétaires adjoints, d'un trésorier.

Des délégués permanents pourront être adjoints au Bureau confédéral par décision du C. C. N.

Un règlement intérieur, joint aux présents statuts, définit les attributions de ces fonctionnaires.

BEYLOT. — A la Commission, nous avions pensé remplacer cet article par un règlement intérieur, mais l'article ne disparaît pas, il est complété par un règlement intérieur.

GAUTIER (*Livre*). — Il est dit que le Bureau de la Confédération Générale du Travail est nommé par le Comité Confédéral National; je reprends une proposition qui a déjà été faite ce matin par un de mes collègues et je demande au Congrès que ce ne soit pas le Comité National qui nomme le Bureau, mais la Commission administrative. Je sais que ce changement doit amener une discussion assez longue, aussi je demande, si le Congrès ne partage pas mon avis, que cette question soit discutée à la fin des statuts.

BEYLOT. — La Commission a examiné les arguments apportés par nos camarades du Livre et elle a repoussé les suggestions qui ont été faites; je crois que la Commission représentant l'idée générale du Congrès, nous pouvons immédiatement passer à un vote. (*Adopté, moins huit voix.*)

ART. 10. — Les membres du Bureau sont élus et révocables par le Comité Confédéral National. Ils peuvent être réélus.

S'ils sont membres du C. C. N., ils ne peuvent conserver leur mandat, et ils doivent être remplacés à cette délégation par l'organisation qu'ils représentent.

Les fonctionnaires confédéraux ne pourront faire acte de candidat à une fonction politique. Leur acte de candidature impliquera leur démission du Bureau confédéral.

Le Bureau confédéral avisera les organisations adhérentes au moins un mois avant ce renouvellement, afin qu'elles puissent se réunir et désigner les candidats, pour que les noms de ceux-ci puissent être publiés quinze jours avant l'élection.

Les candidats au Bureau confédéral devront avoir cinq ans de présence ininterrompue à l'organisation syndicale et devront être présentés par une Fédération ou une Union. (*Adopté.*)

ART. 11. — Les appointements des membres du Bureau sont fixés par le Comité Confédéral National.

Ceux des employés et les frais de délégation des délégués confédéraux en province seront fixés par la Commission administrative. (*Adopté.*)

Commission de contrôle

ART. 12. — La Commission de contrôle est de six membres, désignés par le Comité Confédéral National.

Elle nomme son secrétaire, chargé de la convoquer et de rédiger les procès-verbaux. (*Adopté.*)

ART. 13. — La Commission de contrôle a pour objet de veiller à la bonne gestion financière des divers services de la Confédération.

Les résultats de ces opérations sont consignés dans un rapport d'ensemble, qui est soumis au Comité Confédéral et adressé à chaque syndicat confédéré un mois avant le Congrès confédéral. (*Adopté.*)

Commission des conflits

ART. 14. — Tout différend ou conflit qui s'élèverait :
1° Entre syndicats ou entre syndicats et une ou plusieurs Fédérations ou Unions;
2° Entre Fédérations et Unions;
3° Entre diverses Fédérations ou Unions, sera examiné et tranché par voie d'arbitrage!

A cet effet, au sein de la Commission administrative, une Sous-Commission de dix membres sera désignée, permettant aux parties en conflit de choisir chacune deux représentants arbitres respectifs.

La Commission administrative choisira un tiers arbitre pour connaître et rapporter le conflit.

Les conclusions établies pour chacun des différends seront soumises à l'approbation de la Commission administrative qui, ainsi adoptées, deviendraient la règle pour les parties intéressées.

Si l'une ou les parties intéressées n'acceptaient pas ces conclusions, elles pourraient faire appel à leur cas devant le Comité Confédéral National.

Le Président. — Y a-t-il opposition à cet article ?

VIVIER. — Comme membre de la Commission, je dis que les textes ont été envoyés à tous les syndicats et chacun pouvait apporter des observations.

MERMA. — Je demande une précision. Lorsqu'il y a conflit, en dernier ressort, est-ce que le Comité National juge ou si les deux parties doivent faire appel devant le Comité National ?

BEYLOT. — Le Comité National ne tranche que s'il y a appel de l'une des parties intéressées.

MERMA. — Si l'une des deux parties ne s'incline pas devant la décision, peut-il y avoir appel devant le Congrès ?

BEYLOT. — La Commission a estimé que, si l'on transportait devant le Congrès tous les conflits qui surgissent entre les organisations, le Congrès passerait ses quatre jours à trancher les conflits. (*Très bien !*) Nous pensons que le C. C. N. doit juger en dernier ressort de ces conflits, après que la Commission des conflits, comme elle en a donné l'exemple, a fait toutes les tentatives de conciliation.

MERMA. — Ces explications me suffisent.

HUYGHE. — La question de discipline doit nous intéresser tous. L'Union départementale du Nord, après le Congrès de Lille, a pris une mesure de discipline au sujet du Syndicat textile de Tourcoing. L'Union départementale prenant une mesure et la Fédération prenant une autre mesure, il me semble qu'il y a là un cas très délicat à faire examiner très vite par la Commission de la C. G. T. Vous comprenez tous dans quelle situation nous étions dans le Nord quand nous avons voulu appliquer les décisions du Congrès de Lille et qu'un syndicat était réfractaire à l'application de ces décisions. Est-ce qu'une Fédération peut statutairement dire le contraire de l'Union départementale ? Il est évident que c'est là un droit qu'a une Fédération, mais il est essentiel que, dans une mesure de ce genre, nous sachions la règle à suivre. Vous comprenez très bien que c'est une affaire délicate entre l'Union départementale du Nord et la Fédération du textile, il me semble qu'il y a là quelque chose à trancher vite.

Dans le Nord, nous sommes partisans de la méthode de la Fédération du textile et nous voudrions de tout cœur éviter des conflits avec une Fédération de ce genre. Si nous sommes d'accord pour la bataille, il faut également que nous soyons d'accord pour l'application de la discipline.

VANDEPUTTE. — Je voudrais qu'il n'y ait pas confusion. Permettez-moi de vous dire, camarades, et je m'adresse tout de suite à Huyghe, ancien secrétaire de la Fédération du textile, qui fait erreur. Lorsque l'Union départementale du Nord a pris une décision de discipline vis-à-vis du Syndicat textile de Tourcoing ou d'autres syndicats qui relevaient de l'Union départementale, la Fédération du textile, contrairement à ce que tu déclares ici, n'avait pas pris de mesure. Notre décision consistait simplement à inviter la C. G. T. à solutionner le différend de Tourcoing par la Commission des conflits. Or, j'estime que, par l'article qui vient dêtre lu, toutes les difficultés disparaîtraient.

Nous avons, à la Fédération du textile, des lettres et des documents qui pourraient prouver que notre attitude et nos décisions ont été conformes aux statuts. Nous avons toujours déclaré que, lorsqu'un conflit se produisait dans une localité vis-à-vis de l'Union départementale, il ne pouvait y avoir de sanction qu'autant que la Commission des conflits se serait prononcée définitivement. Or, cette méthode semble indiquée dans l'article qui vient d'être lu, nous nous inclinons.

CAILLON. — Camarades, je vous demande de ne pas réduire une partie des droits qui sont réservés à un Congrès quel qu'il soit. Je vous demande d'examiner en toute liberté, soit à la Commission des conflits, soit à la Commission administrative, soit même au Comité Confédéral National, les conflits qui pourraient surgir entre différentes organisations ouvrières, mais je vous demande d'être libéraux et de permettre aux organisations ouvrières, lorsqu'elles estiment qu'elles ont été lésées, de faire appel au Congrès en dernière limite, de permettre au Congrès de juger si on a été équitable et de régler définitivement le conflit.

Le Président. — A la Commission des statuts, nous avons justement discuté cette question et nous avons jugé que les instants du Congrès étaient précieux et qu'il ne fallait pas apporter de dissentiments devant lui.

BOURDERON. — Il n'est pas permis qu'il y ait deux Chambres d'appel. Il y a la conciliation entre les parties devant la Commission des conflits, il y a la décision de la Commission administrative en première instance, et il y a le Comité Confédéral National qui sert d'appel; cela doit suffire.

Le Président. — Après les explications qui ont été données de part et d'autre, je mets aux voix cet article. (*Adopté, moins six voix.*)

CHAPITRE III

Cotisations

ART. 15. — Pour permettre à la Confédération Générale du Travail d'assurer ces divers services, les Fédérations et les Unions sont tenues de verser une cotisation mensuelle, représentée par des timbres mobiles, dont le taux sera fixé par le Congrès.

Sans cotisation supplémentaire, tous les syndicats, Fédérations et Unions auront droit au service gratuit de la revue confédérale, *La Voix du Peuple*. (*Adopté*.)

ART. 16. — Dans le but de faciliter le contrôle des cotisations payées par chaque organisation, les Fédérations et les Unions devront adresser, tous les ans, au 31 janvier, leurs rapports financiers de l'année, arrêtés au 31 décembre, au Bureau confédéral.

BEYLOT. — Je me permettrai d'ajouter un bref commentaire : il est indispensable que les Unions départementales et les Fédérations s'adressent mutuellement un état de leurs syndiqués, des cotisations qu'elles reçoivent, afin que les Unions et les Fédérations exercent l'une sur l'autre un contrôle mutuel. Il y a trop d'Unions et trop de Fédérations qui se soustraient à la double obligation du timbre confédéral. (*Applaudissements.*)

MERMA. — Je suis entièrement d'accord quant à la nécessité, pour les Fédérations et les Unions, d'échanger leur bilan financier; mais il y a un point sur lequel je ne partage pas l'opinion de la Commission. J'en appelle aux secrétaires d'Unions départementales. Tous les six mois, nous envoyons nos bilans, et j'estime que, pour une Fédération, un an est de trop, il est nécessaire, dans le courant de l'année, de connaître la situation financière. Sur toutes les Unions, il n'y en a pas cinq qui répondent aux questions. Je demande que ce soit tous les six mois au lieu de tous les ans.

ARRIVIELLO. — Je propose que l'on ajoute à cet article l'obligation de payer la différence que l'on trouverait dans la confrontation des cotisations à l'Union départementale et à la Fédération. (*Très bien !*)

HUYGHE. — Camarades, sur cette question, il n'est pas seulement nécessaire de faire des commentaires, comme le camarade en a fait, il faut indiquer dans les statuts que c'est une obligation.

Nous-mêmes, nous avons adressé à toutes les Fédérations une circulaire demandant qu'on nous adresse le nombre de timbres de l'année qui vient de s'écouler, le nombre de cartes et la prise de timbres pour le mois en cours. Je vais vous citer un seul exemple. Avec notre camarade Michaud, nous faisions, la semaine passée, une série de meetings contre la guerre; nous eûmes l'occasion de causer des syndicats des services municipaux dans le département, et nous nous sommes aperçus qu'à Fourmies il y avait un syndicat des services municipaux adhérent à l'Union et non à la Fédération. Il y a une circulaire qui devait paraître dans *Le Peuple*, elle indiquait qu'il était nécessaire qu'il y ait des indications données entre les Unions et les Fédérations.

VIVIER. — Le vote des statuts a son importance. On vient de vous lire un article disant que les bilans financiers devront être adressés aux organisations; mais je demande au Bureau de la C. G. T. de faire connaître aux Unions et aux Fédérations où il y aurait un manque d'honnêteté de la part des organisations. On va peut-être augmenter la cotisation confédérale; il serait nécessaire que l'on sache ce qui en est. Je demande au Bureau de prendre ce que je dis en considération et de faire le nécessaire auprès des organisations.

GALANTUS. — Je crois qu'on aurait dû simplement accepter le texte de la Commission, car il ne s'agit pas de venir dire ici que quatre ou cinq Unions ont répondu seulement à telle ou telle Fédération; en tant qu'Unions, nous pourrions répondre qu'il n'y a que quelques Fédérations qui nous ont envoyé leur bilan. Il faut tenir compte de la difficulté de pouvoir connaître les bilans financiers. Il y a un répertoire confédéral qui est incomplet et complètement inexact. Pour preuve, j'ai eu l'occasion d'adresser au Bureau confédéral une liste de syndicats confédérés ne recevant pas *La Voix du Peuple*, par contre, cinq ou six syndicats n'existant plus ou étant passé aux dissidents recevaient *La Voix du Peuple.* Je crois que c'est à nous d'apporter, avec nos possibilités, l'application de cette décision.

MOLARD (*Tramways, Roubaix*). — Tout à l'heure, nous allons être appelés à discuter sur l'augmentation de la cotisation confédérale, puisque nous avons l'idée d'insérer dans les statuts cette obligation, je demanderai qu'il soit pris des dispositions pour que les Fédérations et les Unions prennent régulièrement des timbres et des cartes en proportion directe de leurs membres.

Un délégué. — Pratiquement, c'est impossible.

MOLARD. — C'est possible. Il suffirait que chaque syndicat distribue régulièrement et à tous ses syndiqués, non pas une carte particulière quelconque, mais la carte confédérale que, dans les moments que nous traversons, nous devrions être fiers d'avoir tous en poche.

Je demande que l'on fasse obligation aux syndicats de distribuer la carte confédérale à tous les syndiqués, et de donner comme reçu, à la perception de leurs cotisations, le double timbre de la Fédération et de l'Union départementale. Si on n'a pas le courage de prendre cette décision, qu'arrivera-t-il ? C'est qu'on aura beau augmenter la cotisation confédérale, on n'augmentera pas les ressources de la C. G. T. (*Applaudissements.*) C'est une question de vitalité pour l'organisation centrale; si on ne sait pas prendre cette décision, il est inutile de voter l'augmentation de la cotisation.

BEYLOT. — La question qui a été soulevée par le camarade Molard n'a pas échappé à l'attention de la Commission. Nous avons été saisis de réclamations très vives d'Unions départementales qui soutiennent que des syndicats adhérents ne prennent pas le nombre de timbres correspondants à leurs effectifs; mais l'obligation pour les Fédérations à prendre le nombre de timbres correspondants à leurs adhérents n'a pas à être inscrite dans les statuts, elle y est depuis longtemps. Quant à la façon d'exercer une contrainte sur les organisations, vous comprenez bien que ce n'est pas en notre pouvoir; nous n'avons qu'à essayer de faire fonctionner ce qui ne fonctionne pas. Il y a un moyen qui est dans les statuts depuis longtemps et qui serait excellent, c'est le contrôle réciproque exercé par les Fédérations et les Unions sur les bilans. Les statuts indiquent depuis longtemps que les Fédérations et les Unions départementales ont le devoir d'adresser tous les ans à la C. G. T. leur état financier. Si cet état financier était régulièrement adressé, le contrôle réciproque pourrait être effectué par les Unions et les Fédérations. Nous demandons que ce qui était hier dans les statuts y reste, mais que ce soit appliqué, puisque nous ne disposons pas de moyens de contrainte. Avec cette disposition réglementaire, nous faisons appel à la loyauté des représentants de syndicats pour qu'ils comprennent qu'en frustrant les Fédérations d'une partie des cotisations, c'est la Confédération Générale du Travail, c'est l'action sociale de notre organisation qu'ils frustrent. Par conséquent, leur déloyauté se retourne contre eux-mêmes. (*Applaudissements.*)

Le Président. — Après les explications données, on peut mettre aux voix cet article. (*Adopté.*)

Art. 17. — Un prélèvement de tant pour cent sera opéré sur les cotisations confédérales, et suivant les indications du Comité Confédéral National, pour assurer le fonctionnement du viaticum, régi par règlement spécial. (*Adopté.*)

Art. 18. — Ne peuvent être admises au sein de la Confédération Générale du Travail que les Fédérations d'industrie constituées en conformité avec les résolutions des Congrès confédéraux et des présents statuts. (*Adopté.*)

CHAPITRE IV

Action confédérale. — Fédérations d'industrie

Art. 19. — Les Fédérations d'industrie ont leur pleine autonomie administrative. Elles fixent leurs cotisations selon les services (caisse de chômage, de grève, sou du soldat, etc., etc.) qu'elles auront constitués dans leur sein par décision de leurs Congrès. (*Adopté.*)

Art. 20. — Ces Fédérations conservent au sein de la C. G. T. leur complète indépendance d'action; elles peuvent, sans l'autorisation de cette denière, décider toute action corporative qu'elles jugeront utile.

Unions départementales et interdépartementales

Art. 21. — S'inspirant des indications données par le Congrès du Havre (1912), la C. G. T. n'admettra dans son sein qu'une Union de syndicats divers par département.

Ces Unions devront limiter leur champ de recrutement aux limites des départements et ne pourront, sans l'assentiment du Comité confédéral, se grouper entre elles.

Les Unions départementales dont l'effectif est inférieur à 1.200 membres pourront être rattachées aux Unions voisines.

Halgrain (*Eure-et-Loir*). — J'estime qu'il y a là un gros danger pour les organisations syndicales. Est-ce que vous avez bien examiné la situation particulière de chaque département au point de vue géographique, au point de vue de son économie, au point de vue de ses communications, pour aller faire obligation à un département de moins de 1.200 membres de se relier aux départements voisins qui n'ont rien à faire avec eux ? Si c'est une raison financière qui vous oblige à faire disparaître les Unions de moins de 1.200 membres, vous n'avez qu'à décider que les Unions départementales n'alimentant pas suffisamment la caisse fédérale doivent subvenir elles-mêmes aux frais de représentation au Comité Confédéral. Vous n'avez pas le droit de faire disparaître des syndicats et de les relier à une Union avec laquelle ils n'ont rien à faire. Je m'étonne que la Commission n'ait pas songé à cette question. Je propose qu'on laisse la liberté aux Unions d'aller à côté si cela leur plaît, mais il ne faut pas leur en faire une obligation.

Beylot. — Les préoccupations financières sont évidemment les plus importantes parmi celles qui nous ont guidés dans cette modification aux statuts. Il nous a semblé qu'il n'était possible qu'à la C. G. T. figurent des Unions départementales qui, pour le Comité Confédéral, coûtent plus qu'elles ne rapportent. Il nous a semblé que cette obligation d'être rattachées aux Unions voisines les inciterait à développer leur propagande et leur action pour acquérir le chiffre de cotisants nécessaires pour faire figure dans la C. G. T. Ensuite, d'après l'esprit de la Commission, nous avons pensé que ce rattachement correspondrait au commencement d'une évolution des Unions départementales anémiées, qui ont des cotisations insuffisantes, qui ne peuvent pas arriver à vivre et qui absorbent toute leur activité dans l'entretien d'un permanent et d'un journal. Elles arriveraient à avoir des Unions régionales qui pourraient effectivement mener la propagande sociale de la C. G. T.

Je ne vous cache pas qu'en adoptant cette disposition, nous avons pensé à préparer cette transformation. Le Congrès doit dire si nous avons eu raison ou bien s'il entend maintenir d'une façon rigide les Unions départementales telles qu'elles existaient autrefois.

MERRHEIM. — Le camarade d'Eure-et-Loir a raison, le raisonnement de la Commission serait la négation de la solidarité que nous nous devons dans la Confédération Générale du Travail. Comment ? Il y a des Unions départementales qui ne peuvent pas vivre mais qui ont l'espoir de se développer, vous allez refuser à ces organisations l'appui financier de la Confédération pour les aider à ce développement ! Mais ce serait nier la solidarité syndicale et ce serait donner le droit aux non-syndiqués de venir à l'organisation quand ils ont besoin d'elle et de ne plus y revenir quand leurs besoins sont satisfaits ! La Fédération des métaux a toujours défendu cette thèse à la Commission administrative : si une Union ne peut pas vivre, la Confédération Générale du Travail lui doit solidarité.

Le camarade d'Eure-et-Loir a raison de dire qu'il ne faut pas en faire une obligation. On n'a pas le droit de forcer une Union à s'allier avec celle d'à côté, ce serait nier la solidarité confédérale. (*Applaudissements.*)

REY. — Je voudrais poser une question au rapporteur. Il y a un projet de modifications aux statuts qui contient un article 5 parlant du Comité Confédéral National. Ce Comité est constitué par un délégué de chaque Fédération et de chaque Union départementale adhérente.

BEYLOT. — Il est bien entendu que, dans tout le projet, le terme Union signifie aussi bien Union départementale qu'Union interdépartementale.

REY. — Dans ces conditions, l'Union interdépartementale deviendrait, en quelque sorte, un organisme statutaire. Je considère qu'une Union interdépartementale ne peut être qu'un organisme provisoire. Elle est un organisme provisoire parce qu'elle ne correspond à aucune délimitation, ni administrative, ni économique. Si la Commission des statuts avait décidé de travailler à une réorganisation confédérale, à ce moment-là, nous aurions pu être d'accord avec le rapporteur pour dire que nous nous engagions dans la voie d'une délimitation économique. Mais, pour l'instant, du moment que la Commission des statuts s'est bornée à un travail de renforcement de la discipline confédérale, il s'agit d'en rester là et de conserver aux Unions interdépartementales leur caractère purement provisoire, laissant le soin à l'avenir de réorganiser la Confédération.

LAFAYE (*Bordeaux*). — Je suis en opposition avec la thèse que vous venez d'entendre. J'affirme que ce serait, pour le Comité Confédéral National, un danger que de permettre à des Unions départementales de 500 membres de venir balancer dans un vote au Comité National la place d'une Fédération comme celle des mineurs.

Camarades, vous avez entendu une thèse opposée, accordez-moi quelques minutes pour soutenir la thèse que je crois la meilleure. D'ailleurs l'observation de Merrheim aurait pu être faite à la Commission administrative de la C. G. T., au moment où celle-ci a demandé au C. C. N. de fusionner certaines Fédérations. A ce moment, la solidarité n'a pas joué; il y avait des Fédérations qui étaient squelettiques, vous les avez fusionnées. La même opération doit s'effectuer pour les Unions. Notre camarade du Livre a fait observer que, dans un Comité National, il y avait 40 Fédérations ayant 40 voix et 86 Unions ayant 86 voix, la balance n'est pas établie; eh bien, camarades, il y a là un danger sur lequel il est nécessaire d'appeler l'attention du Congrès. Pour ma part, j'estime que dans un département où il est possible, à mesure que les effectifs augmentent, de reconstituer l'Union, il faut le faire, mais jusqu'au chiffre de 1.200, j'estime qu'une Union départementale ne peut pas avoir les mêmes droits qu'une Union départementale plus forte. Il y a là un effort de propagande à faire; en attendant que cet effort porte ses fruits, il est nécessaire de rattacher cette Union. C'est, que vous le vouliez ou non, une thèse de justice. A mon sens, avec la thèse de Merrheim, vous courez les mêmes dangers que vous courriez au temps où les minoritaires s'emparaient des petites Fédérations et venaient faire œuvre de division au C. C. N.

GALANTUS. — Il faudrait, avec sang-froid, examiner cette question. Si je prends la parole, c'est parce que, dans notre région, nous avons constitué une Union interdépartementale avec les départements du Doubs, de l'Ain et du Jura. Nous avons toujours considéré que la constitution de cette Union n'était que provisoire, et si dans le Jura nous avons eu cette pensée, ce n'était pas parce que nous étions gênés par une situation financière, puisqu'au mois de mars, à notre Congrès, nous avons pris des dispositions en tenant compte des conséquences de la division pour assurer notre fonctionnement normal, mais c'est parce que nous avons compris que, dans les départements d'à côté, nos camarades seraient dans l'impossibilité d'assurer leur propagande.

D'un autre côté, à la C. G. T., il y aurait également des difficultés à surmonter et ce n'est qu'à titre provisoire, nous l'avons imprimé et rendu public, que nous avons constitué cette Union interdépartementale. Je dis qu'une Union départementale qui n'aurait, à l'heure actuelle, que 300 cotisants, s'il plaît à ces 300 cotisants de verser chacun 2 francs de cotisation pour payer un permanent à la tête de leur Union départementale, elle aurait autant de droit de représentation au Conseil National que l'Union départementale plus forte.

Je fais cette observation parce qu'il faut que vous soyez logiques avec vous-mêmes; si vous refusez ce droit aux Unions départementales, vous allez décider qu'une Fédération nationale qui a 100.000 membres et une autre Fédération qui n'a que 900 membres n'auront pas les mêmes droits de représentation, vous ne pouvez pas le faire. Il faut surtout marcher avec la pratique, il ne suffit pas, dans un Congrès, de faire des affirmations, il faut voir si, dans la pratique, il y aura possibilité de faire face aux difficultés. Nous avons constitué une Union interdépartementale, j'ai été dans l'obligation, depuis le mois d'août, de faire face aux nécessités dans trois départements, non seulement pour la propagande, mais pour l'administration. Pendant trois mois et demi, je n'ai pas été présent quinze jours chez moi ; je mets au défi un camarade de pouvoir assurer pour tout le temps une situation semblable ; on l'assure momentanément, mais on ne peut pas en faire une règle générale. Nous nous efforcerons de donner aux départements du Doubs et de l'Ain la puissance nécessaire afin qu'ils puissent vivre par eux-mêmes ; immédiatement ils se détacheront de nous pour rester dans la C. G. T. (*Applaudissements.*)

DRET. — Camarades, je crois qu'un seul mot dans l'article proposé occasionne cette discussion. Nous avons vécu cette année sur le provisoire ; la solidarité, quoiqu'en dise Merrheim, s'est tout aussi bien manifestée, comme l'indiquait Galantus, lorsque les Unions départementales, ayant une certaine vitalité, ont apporté leur concours aux Unions départementales voisines, qu'elle se manifeste lorsque nous permettons à des représentants d'Unions départementales très faibles de pouvoir assister aux Comités Confédéraux Nationaux. En face aussi des difficultés que signalait Galantus, des impossibilités qu'ont quelquefois les secrétaires d'Unions départementales à pouvoir assurer les services dans les départements qui auront fusionné avec le sien. Je crois qu'il faut que nous continuions la solidarité comme nous avons fait jusqu'à présent, en invitant les Unions à continuer les efforts que vous avez faits, vous, Lafaye, dans la Gironde, Galantus, dans l'Ain, et au lieu de mettre : *devront*, nous pourrions mettre : *pourront* constituer des Unions interdépartementales. C'est le provisoire, et n'oubliez pas que c'est en agissant ainsi que vous préparerez, plutôt peut-être, la transformation administrative que vous prévoyez sous la nouvelle forme d'organisation, soit interdépartementale, soit régionale, des organisations ouvrières en France. Je demande simplement que l'on s'en tienne à cela et que l'on mette dans les statuts confédéraux le mot : pourront au lieu de devront.

Le Président. — Je crois que nous pouvons adopter la modification proposée par Dret.

BEYLOT. — Cette modification donne satisfaction à la fois aux partisans de la réforme, aux adversaires et aux nécessités financières de la C. G. T. (*Adopté.*)

ART. 22. — La plus large autonomie administrative est laissée aux Unions comme aux Fédérations nationales. Leurs statuts et les décisions de leurs Congrès doivent être appliqués par tous les syndicats adhérents. Ils ne peuvent contenir aucune disposition contraire aux statuts confédéraux. (*Adopté.*)

ART. 23. — Les Unions ont le devoir de constituer partout où il leur sera possible des Unions locales, auxquelles les syndicats devront obligatoirement adhérer, à moins que le siège du syndicat ne soit trop éloigné de l'Union locale la plus voisine. (*Adopté.*)

ART. 24. — Les Unions sont des filiales de la C. G. T. Leur secrétaire, délégué au Comité Confédéral National, est le représentant officiel de la C. G. T. dans le département.

REY. — Puisque vous admettez que les Unions interdépartementales peuvent être représentées, c'est que vous prévoyez qu'il peut y avoir une représentation unique pour plusieurs départements.

BEYLOT. — Union départementale signifie Union départementale ou Union interdépartementale. Je m'excuse de n'avoir pas rectifié. (*Adopté.*)

ART. 25. — Les Unions sont chargées d'appliquer les décisions des Congrès confédéraux dans leur département.

Vis-à-vis de la C. G. T., leur rôle est essentiellement administratif, et leurs fonctions sont déterminées par leurs propres statuts construits sur un type unique, s'appliquant à toutes les Unions.

ART. 26. — Le représentant de l'Union au Comité Confédéral National est un administrateur de la C. G. T. Comme tel, avec ses collègues des autres Unions et des Fédérations nationales, il administre l'organisme central de la classe ouvrière. Il recherche avec eux les moyens les meilleurs de mettre en application les décisions prises par la majorité dans les Congrès confédéraux. Il rend compte au Comité Confédéral de l'accomplissement de son mandat dans son Union.

GALANTUS. — Dans cet article on précise le rôle des membres du C. C. N. Dans le passé le Comité Confédéral les réunissait tous les trois mois. En dehors des affaires courantes normales, il arrivait quelquefois que les membres du C. C. N. étaient saisis de questions dont ils n'avaient pas les éléments d'appréciation sous les yeux. J'avais formulé, dans un C. C. N., une proposition qui tendait à faire un compte rendu, le plus complet possible, des séances des Commissions administratives pour des cas tout à fait graves, et que ces comptes rendus soient adressés aux Unions départementales et aux Fédérations, à seule fin que les administrateurs de la C. G. T. dans le Comité Confédéral soient à même de donner leur opinion sur la position prise par la Commission administrative.

Il y a trop de difficultés, même matérielles, pour que cette proposition soit mise en application, mais dans l'avenir, vous venez de décider que le Comité National Condédéral ne se réunira que deux fois par an, même si cela rencontre une difficulté matérielle pour le travail, la Commission du budget aura à examiner ce complément de dépenses. Je demande que, dans l'avenir, la proposition qui a été faite au C. C. N. soit adoptée par le Congrès, à seule fin que les administrateurs, dans les cas difficiles, soient à même de juger et ne soient pas devant le fait accompli. (*L'article est adopté.*)

Grèves

ART. 27. — Le syndicat local a la direction de la grève corporative, dès qu'elle est limitée à son industrie particulière.

Le syndicat informe sa Fédération nationale, son Union locale et son Union départementale ou interdépartementale des pourparlers préliminaires au combat et de la cessation du travail.

Si la grève doit être étendue à d'autres localités et dans la même industrie, cette décision sera prise en accord avec la Fédération intéressée. (*Adopté.*)

ART. 28. — Le concours des délégués de la C. G. T. ne pourra être apporté qu'à la demande des Fédérations engagées dans les conflits corporatifs. (*Adopté.*)

ART. 29. — En aucun cas la grève corporative ne pourra être détournée de son but, c'est-à-dire des revendications posées par l'intervention des organisations appelées à la diriger et à la soutenir.

Les mouvements de soutien et de solidarité destinés à donner plus de force et d'éclat à la grève corporative ne pourront pas modifier l'objectif à atteindre.

Art. 30. — La Fédération nationale a la direction de la grève générale corporative étendue à l'ensemble de son industrie. En cas de conflit de cette importance, elle doit obligatoirement en informer la Commission administrative et, autant que possible, avant l'abandon du travail.

Art. 31. — Si la Commission administrative de la C. G. T., après examen, considère qu'une grève générale d'une seule industrie peut entraîner d'autres corporations et créer une situation grave dans le pays, elle décide de consulter immédiatement les Fédérations nationales intéressées; elle invite lesdites Fédérations à réunir d'urgence leurs Comités fédéraux nationaux; elle décide également la convocation du Comité Confédéral National.

Art. 32. — A l'effet d'appuyer leur mouvement de grève générale corporative étendue à l'ensemble d'une industrie, les Fédérations nationales pourront saisir la Commission administrative de la C. G. T. de toute proposition de grève généralisée à plusieurs ou à l'ensemble des industries.

Mais, à l'appui de leur proposition, elles auront à faire la preuve du caractère effectif de leur propre mouvement. (*Adopté.*)

Art. 33. — Seul le Comité Confédéral National a pouvoir d'examiner et de décider sur toute proposition de grève générale englobant toutes les industries.

Pour qu'une décision de grève générale de toutes les industries soit effective, elle doit réunir, au sein du Comité Confédéral National, les deux tiers des voix des Fédérations représentées, en se basant sur leur importance numérique et le caractère de leur industrie.

Dans cette majorité devront figurer les industries qui, par leur influence dans l'activité nationale, sont susceptibles de rendre la grève générale effective. (*Adopté.*)

CHAPITRE V

Dispositions administratives

Art. 34. — Seules les organisations remplissant les conditions prescrites à l'article 3 des présents statuts auront droit à la marque distinctive appelée Label confédéral. (*Adopté.*)

Art. 35. — Toute organisation, Union ou Fédération, qui, au 1ᵉʳ février de chaque année, n'aurait pas demandé de timbres au Bureau confédéral, sera considérée comme démissionnaire, après lettre-avis restée sans effet et décision prise par le Comité Confédéral National.

La carte confédérale et le double timbre sont obligatoires et doivent être délivrés par tous les syndicats confédérés à leurs adhérents. (*Adopté.*)

Art. 36. — Se placeront en dehors de la C. G. T. les organisations qui donneront leur adhésion à des groupements fonctionnant en opposition avec les statuts confédéraux et avec les organismes réguliers de la C. G. T.

A l'effet de reconstituer l'Union ou la Fédération démissionnaire, le Comité Confédéral National pourra convoquer un Congrès des syndicats désireux de rester confédérés. (*Adopté.*)

Art. 37. — Pour tous les cas non prévus aux présents statuts, la radiation ne pourra être prononcée que par un Congrès. Toutefois, dans une circonstance grave, le Comité Confédéral National peut prononcer la suspension de l'organisation incriminée jusqu'au Congrès suivant, qui prononcera définitivement. Les cotisations versées par les organisations démissionnaires ou radiées resteront acquises à la Confédération. (*Adopté.*)

Art. 38. — Les délégués au Comité National sont tenus d'assister régulièrement aux séances pour lesquelles ils sont convoqués, dans l'intérêt même des organisations qu'ils représentent.

Lorsqu'un délégué aura manqué à une réunion du Comité National sans excuse, le Bureau s'informera des raisons de cette absence auprès de l'organisation intéressée.

Les procès-verbaux de chacune des séances du Comité National donneront les noms des organisations représentées, excusées ou absentes.

La revue *La Voix du Peuple* donnera un compte rendu analytique de ces réunions. (*Adopté.*)

CHAPITRE VI

Congrès divers

Art. 39. — La Confédération organise tous les deux ans, vers le mois de septembre, un Congrès national du travail, auquel sont invitées à prendre part les organisations adhérentes à la Confédération.

L'ordre du jour de ces Congrès sera établi par les soins du Comité Confédéral et adressé, au moins deux mois à l'avance, aux organisations confédérées, après les avoir consultées.

Le Comité Confédéral National peut déléguer partie de ses pouvoirs aux organisations confédérées ayant leur siège dans la ville où se tiendra le Congrès, sous réserve qu'il sera assuré que cette ville possède les éléments nécessaires.

Ne pourront assister au Congrès que les organisations ayant rempli leurs obligations envers la Confédération Générale du Travail c'est-à-dire seront adhérentes depuis un an à la Fédération nationale de leur industrie et à leur Union.

Cayrot (*Bordeaux*). — Je demande que l'on fixe l'ordre du jour du Congrès six mois à l'avance.

Beylot. — Je réclame le maintien du texte de la Commission, qui sauvegarde les prérogatives des syndicats. Cela aboutirait à limiter l'ordre du jour du Congrès à des questions académiques.

Cayrot. — Ce n'est pas en si peu de temps que l'on peut rechercher les documents et réunir le syndicat.

Roland. — Pour la plupart des syndicats il est impossible d'assister à cette date. En prenant comme date celle du mois de février nous avons, derrière l'examen soumis au Congrès, les bilans entiers des deux années précédentes; pour ces deux raisons, je vous demande si on ne pourrait pas prendre la date de février.

Le Président. — La Commission maintient son travail; je mets l'article aux voix. (*Adopté.*)

Art. 40. — La Confédération Générale du Travail préparera, pour chaque Congrès, des rapports moraux et financiers sur sa gestion, qui seront soumis à l'approbation du Congrès.

Ces rapports seront envoyés au moins un mois à l'avance aux organisations syndicales. (*Adopté.*)

Art. 41. — Le compte rendu du Congrès sera publié sous la responsabilité de la Confédération Générale du Travail.

Un duplicata de la minute sténographique, les rapports des organisations et des Commissions, ainsi que les propositions déposées sur le bureau seront versés aux archives de la Confédération.

Art. 42. — Chaque organisation représentée au Congrès n'aura droit qu'à un nombre de voix proportionné au nombre de ses cotisants, en prenant pour base les cotisations perçues pendant l'année précédant le Congrès.

En cas de différence entre la moyenne des timbres pris dans l'année à la Fédération et à l'Union, le chiffre inférieur sera retenu. La Commission des mandats statuera sur les contestations.

Les syndicats ayant de 7 à 50 membres disposeront d'une voix.

Les syndicats ayant de 51 à 100 membres disposeront de deux voix.

Les syndicats ayant de 101 à 250 membres disposeront de trois voix.

Les syndicats ayant de 251 à 300 membres disposeront de quatre voix.

Les syndicats ayant de 501 à 1.000 membres disposeront de cinq voix.

Les syndicats ayant plus de 1.000 adhérents auront droit à une voix supplémentaire par 2.000 cotisants ou fraction de 2.000.

Marchand (*Tonneau*). — Camarades, j'ai un mandat sur cette question, mais en raison de la dicussion actuelle et des craintes qui s'élèvent parmi nos camarades au sujet de la perception des cotisations, j'estime que, bien que je sois toujours adversaire de la proportionnelle, c'est un moyen pratique pour forcer les syndicats à cotiser régulièrement. En conséquence, je demanderai qu'en cas de différence de chiffres de timbres pris par les syndicats et les Fédérations, ce soit le chiffre inférieur qui comptera pour la représentation.

Bourderon. — Il convient d'ajouter un complément à l'article; il faut que les Fédérations, dans les huit jours qui précèdent le Congrès confédéral, aient donné la situation de leurs syndicats respectifs à la C. G. T. Autrement, comment pourriez-vous faire le contrôle ?

Beylot. — Il me semble que la proposition de la Commission, complétée par celle de Marchand, donne satisfaction à Bourderon. Le contrôle sera exercé réciproquement par les Fédérations et les Unions, nous aurons en même temps un excellent moyen de vérifier la sincérité des déclarations du nombre d'adhérents. Quant au travail de vérification et la solution des conflits, qui ne manqueront pas de surgir, ce sera la Commission des conflits, en accord avec les Fédérations et les Unions, qui sera chargée de les trancher. En acceptant la proposition de Marchand, je vous propose de voter l'article.

Molard (*Roubaix*). — La Commission propose de calculer les timbres pris six mois avant le Congrès. Je demande que le calcul des timbres soit fait sur un an et pas sur six mois; il serait trop facile sur six mois de multiplier le nombre pour avoir droit au Congrès. Je demande que dans la proportion des voix il soit prévu une voix par 1.000 au-dessus de 1.000 adhérents, au lieu d'une voix par 2.000.

Merma. — Je ne comprends pas très bien; je demanderai au Congrès que, au moment où la C. G. T. lance sa convocation de Congrès, les Fédérations et les Unions répondent en faisant connaître le nombre de timbres pris au moment de la convocation. Il s'agirait de déterminer à quel moment on tablera pour déterminer le nombre de voix. Maintenant, j'attire votre attention sur un point:

Dans vos organisations il y a surtout des petites organisations chétives qui, comme mouvement syndical, sont aussi fortes que les autres organisations. Je prendrai le syndicat qui n'a que 90 membres, parce qu'il contient la totalité du personnel, alors qu'une organisation qui a plus d'adhérents ne groupe pas la majorité du personnel...

HOUARAU (*Municipaux de Marseille*). — Après avoir combattu, dans le passé, la proportionnelle et l'accepter maintenant, il y a là quelque chose de contradictoire dans les conclusions de la Commission des statuts.

Il était entendu, au point de vue Unions, qu'il fallait qu'il y ait un minimum d'au moins 1.200 membres pour que l'Union puisse fonctionner, et il nous paraît difficile, si l'on reconnaît comme logique la proportionnelle, que des organisations de cinq membres soient évincées, alors que seront reconnues celles de huit membres, c'est une chose qui ne me paraît pas logique, ou alors vous admettez que les organisations qui n'ont pas le nombre suffisant d'adhérents seront obligées, au point de vue départemental, de s'entendre avec les organisations d'à côté n'ayant pas le même nombre d'adhérents, ou, autrement, vous ne pourrez, dans votre proportionnelle, admettre à des camarades qui appartiendront à une organisation de huit membres l'autorité voulue pour voter ici dans un Congrès, tandis que vous la reconnaîtrez à un syndicat à côté qui n'aura que cinq membres.

Au point de vue proportionnel, c'est logique; il faudrait alors se baser sur un chiffre plus élevé que celui-là si nous voulons faire de la proportionnelle, ou, autrement, nous devons admettre que les syndicats de cinq membres auront les mêmes droits que les syndicats de huit membres.

CARRÉ. — Dans la Sarthe, nous sommes adversaires de la proportionnelle en matière syndicale; nous disons qu'il y a des petits syndicats qui peuvent être très forts dans un pays et qui peuvent faire mettre les pouces à un patronat, alors que des syndicats beaucoup plus forts seront impuissants à cet effet. Si je prends une corporation qui groupe dans son sein la totalité des camarades de la profession, cette organisation peut paralyser l'activité du pays, tandis que si je prends soit les cheminots, ou les verriers, ou les mineurs, qui ont de gros effectifs mais qui ne correspondent qu'au tiers des camarades de la corporation, la résistance n'est pas la même. C'est dans cette idée que nous sommes adversaires de la représentation proportionnelle en matière syndicale; nous disons que tous les syndicats, du moment qu'ils sont régulièrement constitués, doivent avoir une voix, qu'ils comprennent 1.000 membres ou qu'ils en comprennent 100 ou 15.

VIVIER. — A la Commission des statuts on a omis la proposition qu'avait faite le camarade Bourderon, indiquant qu'il faudrait faire compléter par les Unions l'envoi de timbres; il ne faut pas seulement que les Fédérations donnent le nombre de timbres, car il y a des organisations qui oublient de cotiser à leur Union et vice-versa. Pour compléter la proposition de Bourderon, nous pouvons dire ceci : « Les Unions et les Fédérations enverront leur état de timbres à la C. G. T., et c'est sur ce chiffre que l'on tablera. »

DRET. — Je comprends très bien les observations qui peuvent être présentées par des camarades assistant à ce Congrès et qui ont connu les luttes antérieures qui nous faisaient batailler pour la proportionnelle.

S'il s'agissait de la proportionnelle véritable, je serais d'accord avec vous, camarades, mais ce n'est pas la proportionnelle que l'on vous propose. Ce que l'on vous demande, ce qui aurait peut-être rendu moins dangereuses les divisions existantes, ce qui aurait peut-être empêché que l'on manœuvre les organisations comme on l'a fait, ce que l'on vous demande, c'est une représentation progressive; elle est en rapport avec la somme de responsabilités qui pèsent sur les organisations qui viennent dans le Congrès.

Vous comprenez bien qu'une organisation qui groupe la totalité des membres de la corporation a peut-être une valeur révolutionnaire grande, puissante, et c'est exact, mais, tout de même, il serait véritablement bizarre que lorsqu'il s'agira de déterminer un conflit à vaste envergure, où seront englobées toutes les organisations qui contribuent à la force sociale et économique du pays, qui peuvent entraver sa marche et son fonctionnement, on voit un syndicat — je ne veux pas ici dresser les organisations les unes contre les autres — on voit un syndicat de coiffeurs de la localité influencer par son vote une décision qui fera que, peut-être, on conduira à une débâcle certaine une puissante organisation adhérente à la C. G. T. Il faut examiner cela, il faut se dire qu'il y a des responsabilités qui pèsent sur les organisations, ces responsabilités sont en proportion avec l'importance même de l'organisation. C'est ce qu'on vous demande aujourd'hui.

Je suis heureux de constater que si déjà certaines Fédérations, comme la nôtre, ont précédé le Congrès dans cette voie, elles se sont inspirées des responsabilités qui pèsent sur les épaules des militants. Je constate que ce qui paraît créer des difficultés, ce sont les moyens de rendre certain le contrôle qui pourrait être effectué. Eh bien, non seulement nous pouvons le préciser et le compléter par les propositions faites, mais nous pouvons dire que tous les moyens de contrôle et d'investigation doivent être mis à la disposition de la Commission administrative pour réaliser le maximum de sincérité dans les votes qui pourraient être formulés. (*Applaudissements.*)

HUMBERT. — La question qui nous est posée à propos de la représentation proportionnelle est une question très importante. L'accepter, ce serait la négation même de toute action syndicale passée. Comme nous avons les uns et les autres, des mandats sur cette question, je demande que le vote ait lieu par mandat et non à main levée. Nous estimons que si vous voulez établir la représentation proportionnelle il faudra l'établir dans le syndicat et dans la Fédération.

Nous ne pouvons pas admettre que des camarades qui, hier encore, se dressaient contre la représentation proportionnelle viennent aujourd'hui déclarer qu'il faut l'introduire pour telles et telles raisons, qui nous semblent inopportunes. Les petits syndicats, comme les gros, ont droit à être représentés dans les Congrès, par conséquent la mesure que vous voulez prendre est profondément injuste et jure avec toute la bataille faite avant la guerre contre la représentation proportionnelle, c'est pourquoi je demande au Congrès de procéder à un vote par mandat sur cette question.

SORRIAUX (*Pas-de-Calais*). — Camarades, je crois que nous nous trompons sur cette représentation proportionnelle. Si nous prenons les cotisants aux syndicats, si toutes les Fédérations ont leurs carnets de timbres mensuels à jour, c'est exact; mais toutes les Fédérations n'agissent pas de cette façon. Un syndicat peut très bien prendre ses timbres au début de l'année pour son année tout entière. Donc, le nombre de ses cotisants est de moitié, d'après sa participation au vote qui pourrait se produire au Congrès. Au lieu de cotisants, il serait préférable de mettre cartes prises et payées. (*Protestations.*)

On dit que le nombre des cartes prises n'est pas exact, on peut en prendre plus, il y a un double contrôle qui peut se faire : le nombre des cartes et des timbres pris pendant les six mois. Je répète qu'un syndicat peut prendre au début de l'année le nombre de timbres pour son année entière, il aura dans le Congrès une représentation double de celle qu'il devrait avoir.

PAULIN. — Je voudrais avoir une précision. Vous dites qu'au-dessus de 1.000 membres on aura une voix en plus par 2.000 cotisants ou fraction de 2.000. Il faudrait préciser la proportion de la fraction.

BEYLOT. — Il ne s'agit pas de dramatiser et de penser qu'il y a là un débat de principe et à un vote par mandat, la proposition que vous fait la Commission des statuts ne s'appuie pas sur la théorie, mais sur les leçons de l'expérience. Si la valeur sociale d'organisations syndicales qui comptent un pourcentage de syndiqués important dans la corporation n'est pas négligeable, il n'en est pas moins vrai que lorsqu'il s'agit dans nos Congrès de voter, et nous ne votons pas des résolutions pour le plaisir de les voir insérées dans le compte rendu, nous votons des résolutions d'action, lorsqu'il s'agit de voter des résolutions d'action il faut que ce soient ceux qui ont à engager cette action qui en prennent la responsabilité. Ils ne peuvent la prendre que dans la proportion où ils sont prêts à répondre à l'appel lancé par les organismes centraux.

Il ne s'agit pas d'instituer la représentation proportionnelle, il ne s'agit pas de prendre parti dans le débat pour la représentation proportionnelle ou contre, il s'agit d'essayer de trouver une conciliation entre les deux systèmes. Une conciliation qui tient compte à la fois des principes du syndicalisme et des besoins révélés par la douloureuse expérience de ces dernières années. (*Applaudissements.*)

Je considère que les chiffres de la Commission, longuement discutés, doivent donner satisfaction à tout le monde et que, augmentés de l'adjonction de Marchand et des précisions de Bourderon, nous pouvons tout de suite voter à main levée l'article qui vous est proposé par la Commission. (*Très bien !*)

Le Président. — Je ne crois pas qu'il y ait lieu de retenir la proposition du camarade Humbert. Je mets aux voix l'article qui vous a été lu. (*Adopté.*)

ART. 43. — Les syndicats dont le nombre d'adhérents serait au-dessous de 7, ne pourront prendre part au vote sur les diverses questions soumises à l'examen du Congrès. (*Adopté.*)

ART. 44. — Chaque délégué ne pourra représenter que dix syndicats au maximum. Les mandats parvenus après la première journée ne pourront être validés.

MARCHAND. — La question de limitation du nombre de mandats aux délégués avait été prise pour que le même délégué n'ait pas un trop grand nombre de voix, or, je crois, en raison du vote qui a été émis au paragraphe précédent, on ferait mieux de mettre que chaque délégué ne pourra représenter plus de 20 ou 25 voix.

Un délégué. — Je demande que l'on mette, au lieu de 10 syndicats, 10 mandats.

BEYLOT. — La proposition faite par le dernier orateur ne peut pas être retenue, parce qu'il pourrait arriver que des syndicats disposant à eux seuls de plus de 10 mandats soient obligés d'envoyer dix délégués.

Quant à la proposition du camarade Marchand, elle est intéressante, elle a retenu l'attention de la Commission, mais comme il faut que le système soit entré en vigueur, nous vous demandons de maintenir la rédaction de l'article; plus tard, lorsque les leçons de l'expérience nous auront éclairés, nous verrons s'il y a lieu de le réformer. (*Très bien!*)

CHAPELIER. — Je voudrais que l'on applique d'une façon réelle l'article 44, qui a trait à la réception des mandats parvenus après la première journée du Congrès. Ce serait une invitation pour les organisations à avoir un peu plus de méthode et surtout un peu plus d'amour-propre dans l'accomplissement de leurs fonctions.

BOURDERON. — Je demande que les mandats soient envoyés au moins quinze jours avant le Congrès, de façon que l'on puisse mettre sur la carte du délégué les effectifs qu'il représente. Il y a de nombreux délégués qui représentent des syndicats dont ils ne connaissent pas les effectifs.

Le Président. — Je crois que nous pouvons adopter ce que nous demande notre camarade Bourderon.

ART. 45. — Les Unions et les Fédérations pourront tenir des Conférences particulières après chaque Congrès et Comité National.

L'ordre du jour de ces Conférences sera établi par le Comité Confédéral National. (*Adopté.*)

CHAPITRE VII

Propagande

ARTICLE 46. — Les demandes de délégations aux Congrès départementaux, interdépartementaux ou fédéraux seront adressées au Bureau confédéral, qui les soumettra à la Commission administrative pour la désignation du délégué. En cas d'urgence, le Bureau confédéral fera le nécessaire. (*Adopté.*)

ART. 47. — Les tournées de propagande générales organisées par la C. G. T., préparées par les soins du Bureau confédéral, sont soumises à l'appréciation de la Commission administrative et les délégués désignés par elle. (*Adopté.*)

ARTICLE 48. — Pour augmenter le recrutement et l'éducation syndicaliste, pourront être adjoints au Bureau confédéral des délégués à la propagande,

Ces délégués devront être syndiqués depuis cinq ans. Ils seront désignés et leur nombre sera fixé par le C. C. N.

Ils seront placés sous le contrôle de la C. A. et du Bureau de la C. G. T.

Les délégués à la propagande devront toujours se conformer aux résolutions adoptées par les Congrès confédéraux et fédéraux.

Dans l'exercice de leurs fonctions, ils ne pourront donc, en aucun cas, faire prévaloir leurs conceptions personnelles. (*Adopté.*)

ART. 49. — Pour éviter tout conflit entre diverses organisations, il ne sera pas répondu aux demandes d'orateurs qui n'émaneraient pas, soit de la Fédération, soit de l'Union intéressée, qu'il s'agisse de réunions de propagande ou de Congrès départementaux, interdépartementaux ou fédéraux. (*Adopté.*)

CHAPITRE VIII

Siège. — Modifications. — Dissolution

ART. 50. — Le siège de la Confédération Générale du Travail est fixé à Paris, 211, rue Lafayette. (*Adopté.*)

ART. 51. — Les présents statuts ne peuvent être modifiés que par un Congrès, à condition que le texte des propositions de modifications ait été publié dans l'ordre du jour du Congrès. (*Adopté.*)

ART. 52. — Les présents statuts, modifiés par le Congrès d'Amiens (1906), de Marseille (1908), du Havre (1912), de Paris (1918), les Comités Confédéraux Nationaux de décembre 1918 et de novembre 1920 et le Congrès de Paris (1923), sont en vigueur depuis le 2 février 1923. (*Adopté.*)

RÈGLEMENT INTÉRIEUR

ARTICLE PREMIER. — Le travail du Bureau de la C. G. T. est réparti de la façon suivante :

Le secrétaire général est chargé de diriger toute l'action confédérale; il représente la C. G. T. à l'Internationale.

Le secrétaire administratif assure la liaison entre les différents services, l'administration du siège et supplée, en cas d'absence, le secrétaire général.

Les deux secrétaires adjoints assurent respectivement les relations avec les Fédérations et les Unions.

ART. 2. — Les délégués à la propagande sont nommés sur décision du C. C. N., dans la limite des disponibilités financières. Ils visitent, selon un plan élaboré par la C. A., les différentes régions, y assurent l'exécution des décisions des Congrès et font rapport au siège de la C. G. T. de l'état des régions, industries, forces des organisations, etc. Une militante sera, dès que possible, nommée à la délégation permanente et chargée plus particulièrement de visiter les centres où la main-d'œuvre féminine est employée.

ART. 3. — Le Bureau confédéral coordonne les renseignements reçus, et la C. A. organise la propagande. Les Fédérations seront informées des tournées faites sous les auspices de la C. G. T. De même, elles aviseront la C. G. T. des tournées qu'elles organisent afin que les déplacements puissent rendre, par utilisation réciproque, le maximum de résultats. Les tournées seront indiquées chaque semaine par *Le Peuple.*

Le Bureau développe la documentation et la bibliothèque.

Il documente les militants, soit par des brochures, des ouvrages ou par la deuxième partie de *La Voix du Peuple.*

Utilisant les circonstances, il organise des semaines d'agitation et de propagande sur des sujets d'actualité, préparés par des campagnes d'affiches et de presse.

Enfin, il étudie les moyens d'éducation des militants et des syndiqués.

BEYLOT. — Camarades, je dois vous dire pour terminer que la Commission des statuts a très longuement examiné les projets qui s'inspirent du désir de donner à la C. G. T. une vigueur nouvelle en matière de propagande et d'action. Ce projet, qui émane de l'Union du Rhône, prévoit l'édition, par la C. G. T.

de brochures de propagande destinées à renseigner les militants. La Commission des statuts a été d'avis de renvoyer ce projet à la Commission administrative avec mission de lui donner la plus grande publicité, en demandant aux Fédérations et aux Unions de s'en inspirer, pour que notre C. G. T. ait une organisation administrative meilleure, qu'elle soit dotée d'une propagande plus puissante et qu'elle réalise la mission à laquelle elle est destinée. (*Applaudissements.*)

Le Président. — Il m'est parvenu au bureau la proposition suivante :

Les statuts confédéraux, après adoption par le Congrès, seront, en tenant compte des modifications imposées par le Congrès, imprimés et adressés à toutes les organisations confédérées.

Syndicat du Gaz de Banlieue :
BURGER.

Syndicat des Employés de l'Electricité :
SORBON.

Syndicat du Gaz de Paris :
MOREL.

(*Adopté.*)

Pour l'Unité syndicale

Le Président. — Si la Commission a terminé ses travaux, nous allons donner la parole au rapporteur. La parole est au camarade Roux.

ROUX. — La Commission que vous avez nommée hier pour examiner la rédaction d'un texte, à la suite de la discussion sur l'unité, m'ayant chargé d'en être le rapporteur, je vais vous donner lecture d'un texte conforme à l'opinion des congressistes. Je dois néanmoins vous fournir quelques explications préliminaires, en vous indiquant que la Commission s'est mise d'accord et qu'elle est unanime à vous présenter le texte dont la lecture vous sera donnée.

Je vais vous donner quelques explications qui faciliteront la lecture du texte de la Commission. Vous vous souvenez qu'hier, dans l'appel fait par la C. G. T. dissidente, il était question, après le premier appel à l'unité organique, de la constitution éventuelle d'un front unique. Sur cette question, pas d'équivoque, rejet absolu. (*Très bien!*) En ce qui concerne la rédaction elle-même, après avoir rejeté le système du front unique, nous apportons des précisions sur l'impossibilité qu'il y a à discuter avec la Commission exécutive et le Bureau confédéral de la C. G. T. dissidente, en raison même de l'adhésion de cette organisation à Moscou. (*Très bien!*) Et nous précisons que cette adhésion n'a pas été donnée, quoiqu'on en dise, par les masses, puisque ce sont les organismes administratifs qui ont donné cette adhésion. Il est inutile que cela soit précisé dans la résolution.

Mais comme nous estimons tous, que l'unité reste à la base des discussions possibles et surtout à sa réalisation, nous avons apporté des précisions pour déterminer comment, dans l'avenir, l'unité sera possible au sein d'un syndicat régulièrement confédéré, ainsi nous précisons également que le droit des syndiqués reste entier pour leurs discussions lorsqu'ils sont revenus à notre C. G. T.. en ce qui concerne les séances des Congrès, mais que les décisions des Congrès restent ce qui doit guider, d'un Congrès à l'autre, la marche et l'action des organisations composant la C. G. T.

Ceci dit, nous avons cru utile, comme dernier point de vue, de préciser que si les polémiques cessaient, cela créerait une atmosphère plus saine qui faciliterait, à la base, une opinion plus nette pour les syndiqués qui auraient le désir de revenir à la vieille maison, consacrant enfin la fin de la scission que nous avons connue.

C'est inspirée de ces considérations que la Commission a été unanime à vous donner connaissance de cette résolution :

Le Congrès Confédéral prend acte des propositions d'unité organique et d'unité de front adressées par la Commission Exécutive et le Bureau de la C. G. T. U.

A l'égard de l'unité de front, le Congrès confirme la résolution du Comité Confédéral National.

Il n'est pas dupe de la formule du « front unique » qui dissimule la volonté d'un parti de poursuivre, par d'autres moyens, la mise en tutelle du mouvement ouvrier. Sur ce point précis, le Congrès répond par un refus catégorique.

Toutefois, le Congrès estime que les militants ont le devoir de tenter l'impossible pour que l'unité organique du syndicalisme, ardemment souhaitée par tous les travailleurs, soit au plus tôt réalisée.

Mais le Congrès rappelle que la reconstitution de l'unité organique est actuellement impossible, par le fait que les organismes administratifs de la C. G. T. U. ont donné leur adhésion à une Internationale, dont un des principes est de subordonner le mouvement syndical à des décisions prises en dehors des organisations elles-mêmes.

Le Congrès n'est pas dupe des concessions accordées « aux préjugés syndicalistes » par l'Internationale Communiste. C'est le caractère discutable de ces concessions qui engendre dans la C. G. T. U. elle-même, la division et la faiblesse.

Le Congrès entend, néanmoins, s'évader des considérations générales relatives à l'unité et indique les moyens de la reconstituer.

Le Congrès ne croit pas que l'unité sera reconstituée par « l'entente de tous les syndicats sans exception au sein d'un Congrès confédéral unitaire spécialement convoqué par ces deux organismes confédéraux sur des bases à déterminer ».

Il est convaincu, au contraire, que l'unité organique doit être reconstituée à la base, en demandant que cette unité soit reconstituée au sein de la C. G. T., le Congrès n'obéit à aucune préoccupation de tendance. Il rappelle simplement que la C. G. T. représente incontestablement l'organisme central du mouvement ouvrier. Il en est de même pour l'Internationale Syndicale d'Amsterdam.

En posant cette condition, le Congrès entend simplement sauvegarder l'avenir des groupements ouvriers quelle que soit leur orientation future.

Ce principe, commun à toutes les organisations est d'ailleurs repris par la C. G. T. U. elle-même contre les groupements constitués en dehors d'elle.

Les militants qui assument la responsabilité de l'organisation centrale ne constituent pas la C. G. T. Celle-ci est constituée par l'ensemble des organisations syndicales. Toutes les conditions posées par la Commission Exécutive et le Bureau de la C. G. T. U. disparaissent devant l'ensemble des syndiqués. C'est le Congrès qui reste maître de ses décisions, en ce qui concerne l'orientation, les méthodes d'action, la discipline dans l'action et dans la préparation de l'action.

La convocation d'un Congrès confédéral ne peut être demandée que par les syndiqués eux-mêmes.

Pour sauvegarder le principe que nous venons de rappeler et qui vaut pour la C. G. T. U. et pour la C. G. T., la réunion des travailleurs dans un même syndicat confédéré est le premier acte pour réaliser l'unité à tous les degrés.

Le syndicat confédéré reconstitué peut, conformément aux statuts de la C. G. T., demander la convocation d'un Congrès confédéral.

Une majorité des syndicats confédérés peut l'imposer.

Un Congrès confédéral, convoqué selon cette procédure, accorderait aux syndicats et aux syndiqués toutes garanties.

En conséquence, la conclusion du Congrès ne peut être que la reconstitution d'un syndicat confédéré unique dans toutes les corporations.

Les syndicats confédérés reconstitués pourront prendre telle initiative qui leur plaira, y compris la convocation d'un Congrès confédéral, pour parachever l'unité réalisée au préalable à la base.

Le Congrès ne se dissimule pas que la reconstitution de l'unité serait facilitée si la volonté des travailleurs n'était pas contrariée par les polémiques, les injures, les accusations tendancieuses dirigées contre les groupements et les militants.

Il émet le vœu que les militants qui prétendent placer l'unité syndicale au-dessus des oppositions de tendances contribuent à reconstituer l'unité en consacrant leurs forces, leur combativité à la défense exclusive des intérêts ouvriers.

Le Président. — Plusieurs orateurs sont déjà inscrits. La parole est à Loze.

LOZE. — Je demanderai au rapporteur ce qu'il entend par unité à la base et comment la Commission l'a comprise. Je voudrais qu'on nous explique comment les syndicats rentreront dans les organisations.

ROUX. — Il me semble que la demande de Loze me paraît superflue; quand on parle d'unité à la base, nous disons dans l'ensemble de la résolution que cette unité peut être reconstituée par un syndicat unique adhérent à la C. G. T. La question que tu poses tend à faire expliquer comment, dans une ville où il y a deux syndicats, l'unité se reconstituera. En dehors même du secrétaire d'un syndicat unitaire, il peut se faire que les syndiqués qui sont les véritables artisans de l'unité voudront la réaliser, ils la réaliseront au sein du syndicat confédéré.

Dans un centre où il n'y a qu'un syndicat unitaire, celui-ci pourra réaliser l'unité en demandant son adhésion régulière à sa Fédération de métiers ou d'industrie confédérée et à son Union départementale confédérée. Vous n'empêcherez pas que, dans les centres où il y a deux syndicats existant, ce sera au sein du syndicat confédéré que vous recueillerez les camarades, soit individuellement, soit en bloc.

LOZE. — Nous étions, très probablement, à peu près d'accord, mais il y a des points qu'il faudrait préciser, et j'eusse voulu que, dans la résolution, il y eut en propres termes ce que nous avons dit hier, non pas avec des phrases qui ont l'air de vouloir dire quelque chose — nous avons souvent été victimes des virgules — mais j'aurais voulu qu'il y ait carrément : « La porte est ouverte à tout le monde dans le syndicat adhérent à la C. G. T. » C'est une question de termes, je demande que cette motion soit plus à la portée de compréhension des camarades. Il aurait fallu dire : « Les camarades partis librement de la C. G. T. sont libres de rentrer dans l'organisation qu'ils ont quittée, ils feront ce qu'ils voudront lorsqu'ils seront en majorité dans leurs syndicats, dans leurs Fédérations, dans leurs Unions. » (*Bruit.*)

Roux. — Les syndicats reconstitués pourront prendre les initiatives qu'il leur plaira, y compris la convocation d'un Congrès confédéral extraordinaire. Si, comme le dit Loze, en raison de la reconstitution d'un syndicat dans une localité, ce syndicat se trouve composé d'éléments qui, hier, étaient dissidents, vous n'empêcherez pas que ce syndicat peut avoir une expression qui soit contraire à celle de Loze, il peut prendre l'orientation qui lui plaira dans un Congrès.

Plusieurs voix. — La clôture.

Le Président. — La parole est au camarade Capocci.

CAPOCCI. — Il est évident que lorsqu'on lit la motion, elle semble donner satisfaction. Je vous dis tout de suite que, s'il ne s'agissait que des éléments libertaires du mouvement syndical unitaire, j'accepterais la motion les yeux fermés, seulement, n'oubliez pas qu'il y a dans la Confédération unitaire une fraction qui exécute à la lettre, comme les soldats exécutent les mouvements cadencés, les ordres de Moscou et alors, demain, lorsque cette motion paraîtra, un ordre viendra de Moscou qui dira : « Demandez à vos syndicats de rentrer à la vieille C. G. T. », et alors nous recommencerons les mêmes histoires.

J'aurais voulu que l'on précise et que l'on indique qu'en cas d'indiscipline, ce sera la motion de Lille qui jouera.

Roux. — Capocci dit que, si demain Moscou donne l'ordre aux syndicats de rentrer dans les syndicats confédérés, les mêmes difficultés peuvent se rencontrer; mais alors, trouvez-moi une autre combinaison pour permettre à des syndicats qui, peut-être, ont été abusés, qui sont peut-être dégoûtés de leurs propres travaux, de rentrer dans l'organisation confédérée. Vous ne pouvez pas les en empêcher.

Le Président. — La parole est à Lavielle.

LAVIELLE. — Camarades, il n'y a aucun intérêt à passionner cette discussion et à l'étouffer. Si vous votiez cette résolution, vous aboutiriez à ceci : Sous prétexte de réaliser l'unité à la base, vous accableriez les secrétaires de syndicats de toute la responsabilité de l'entente et cette situation vaut la peine d'être examinée.

Je ne veux pas m'arrêter à la partie de la motion qui dit que l'unité n'est pas possible avec des gens qui restent encore adhérents à l'Internationale de Moscou, mais il est possible — et j'attire l'attention du Congrès sur cette situation — qu'à côté de syndicalistes qui n'auront pas perdu le désir de rester fidèles à l'Internationale de Moscou et à sa tactique, vous trouviez dans divers départements, et non peut-être les moindres, des organisations disciplinées pour vous faire perdre à nouveau un temps précieux.

Tant mieux sans doute, que nous soyons unis dans les organisations; mais j'ai le droit de constater qu'il y a des gens qui ne veulent pas prendre leurs responsabilités. Si vous votez cette motion, cela veut dire que les syndicats peuvent recevoir ces propositions. Il n'est pas possible de voter ici une motion de ce genre et de dire demain que le syndicat qui l'a votée ici n'a pas accepté le principe de contact et de discussion. Et nous allons perdre, pour un certain nombre d'organisations, un temps précieux, des batailles seront à signaler à nouveau. Parce que tel militant, pour telles raisons locales, n'aura pas accepté cette unité organique qui peut ne pas être souhaitable dans certains cas, c'est contre ce pauvre bougre que vous allez diriger les coups. Je dis que c'est un peu plus sérieux, tant mieux si je me trompe; mais si vous votez cette motion, c'est-à-dire si vous acceptez le système de l'unité à la base, si vous conseillez aux syndicats de se rencontrer, vous conseillez aux camarades de se bouffer le nez davantage et dans leur corporation et dans leur localité.

Evidemment le Congrès est impatient, mais je regrette, pour ma part, que l'unité s'organise sur une équivoque. Vous avez peut-être raison d'être pressés, mais vous auriez pu l'être pour examiner votre ordre du jour et je pourrais bien terminer comme Digat commençait hier, en disant qu'il aurait été souhaitable que votre Congrès épuise d'abord son ordre du jour, afin que les organisations puissent retourner dans leurs pays avec quelque chose de précis. La manœuvre des unitaires a très bien réussi.

Plusieurs voix. — Non. (*Protestations nombreuses.*)

Lavielle. — En tous les cas, je dis et je maintiens qu'il n'est pas possible de voter sur une équivoque de ce genre; le Congrès en prendra la responsabilité. (*Applaudissements.*)

Biot. — Mon intervention sera de courte durée. Notre camarade Digat, qui, comme moi, appartenait à la Commission de résolution de l'unité, se chargera, comme c'est son devoir, de défendre le point de vue qui a prévalu au sein de cette Commission. Nous avons conscience qu'après avoir éliminé les propositions qui venaient de l'organisation irrégulière, nous avions quand même le droit d'examiner les possibilités de réaliser l'unité dans le cadre de l'organisation régulière. (*Applaudissements.*)

Nous avons l'impression très nette que, si la proposition de nos camarades de la Meurthe-et-Moselle qui visait à la tenue d'un Congrès commun, n'avait pas répondu aux désirs masqués par le langage politicien des camarades unitaires, c'est-à-dire que, si nous avions eu confiance que ce désir d'unité exprimé sous cette forme était véritablement sincère, il se serait fait dans ce Congrès une majorité pour accepter ce point de vue.

Hier, des camarades ont exposé des raisons valables. La Commission, chargée de s'inspirer de ces différents exposés, avait cru savoir rédiger, c'est peut-être un peu vaniteux, une résolution susceptible de réunir l'unanimité du Congrès, y compris nos camarades de la Meurthe-et-Moselle.

Je termine en disant : « Pesez bien les responsabilités qui se dégageront de l'acte que vous allez accomplir les uns et les autres, et sachez bien que, si la Commission a cru faire quelque chose de bien, c'est vous seuls qui lui direz si elle s'est trompée; mais à votre tour vous prendrez position, car il faudra indiquer quelles sont les conceptions de notre C. G. T. sur les possibilités de réaliser l'unité.

Merrheim. — Je voudrais poser une question à la Commission chargée de présenter une résolution sur l'unité. Pourquoi avez-vous introduit dans la résolution le mot extraordinaire ? Vous repoussez, dites-vous, la proposition de la C. G. T. U. demandant un Congrès extraordinaire, on ne le dirait pas. Nous venons, dans ce Congrès, de réaffirmer toutes nos décisions ultérieures par les modifications que nous avons apportées aux statuts et vous employez une phrase équivoque, parce que le mot confédéré n'apparaît pas (*Très bien !*) et vous donnez la possibilité de revenir à ce Congrès extraordinaire. Est-ce que nous n'en avons pas assez des Congrès extraordinaires ? Est-ce que nous n'avons pas assez discuté les différences de doctrines ? Ceux qui étaient en face de nous, nos adversaires d'aujourd'hui, sont revenus sur leurs pensées et sur leurs doctrines. Vous n'avez pas le droit, par votre résolution, d'aller jeter à nouveau le trouble dans les organisations syndicales. (*Très bien !*) Vous n'avez pas le droit de faire recommencer les luttes et je dis que le but politique poursuivi par la C. G. T. U. sur les ordres du parti communiste, c'est une nouvelle phase du noyautage. (*Applaudissements.*)

PAULIN. — C'est un langage courageux, il y a des actes de courage à suivre.

LAVIT (*Bordeaux*). — Je crois que le Congrès, dans son ensemble, est d'accord sur l'esprit de la résolution présentée par Roux, mais il y a quelques camarades qui demandent des précisions plus nettes, et qui font des réserves sur cette motion, je suis de ceux-là; mais je pense qu'il est inutile de discourir longtemps pour se mettre d'accord. Comme vient de l'indiquer notre camarade Merrheim, un seul mot dans la forme de la résolution peut donner satisfaction à l'ensemble des délégués du Congrès. Je demanderai dans ce sens au rapporteur de modifier le passage suivant : « Les syndicats reconstitués pourront demander la réunion d'un Congrès... » Je demande que l'on mette : « Les syndicats reconstitués conformément aux statuts confédéraux. » Par cela même, vous mettez les adhérents qui sont désireux d'unité et qui sont, dans ce moment, de l'autre côté de la barricade, dans l'obligation d'accepter les décisions de Congrès et les Statuts-confédéraux.

RINGENBACH. — Le Congrès de la Fédération de l'habillement qui vient de se tenir à Paris a demandé à son secrétaire fédéral, au cas où se discuterait la question de l'unité, de faire cette déclaration très nette : « Qu'il s'inspire du vote unanime émis au Congrès et qu'à la Fédération de l'habillement on ne pouvait envisager l'unité que sur les bases que viennent de déterminer nos camarades Merrheim et Lavit. » Par conséquent, nous demandons à la Commission de préciser : syndicats confédérés ou adhérents à la C. G. T.

ABRAHAM (*Métaux*). — Camarades, je veux être bref. Il a été question hier de l'unité à la base, il me semble que les orateurs qui sont montés à cette tribune ont envisagé l'unité par le faîte des organisations. Je parle au nom de chaque syndicat qui, dans son sein, a une minorité, et ce doit être le cas de tous les syndicats ici représentés.

Plusieurs délégués. — Non, non !

ABRAHAM. — Si, vous avez des camarades qui, par esprit de discipline syndicale, sont restés dans la vieille maison. Je dis que la motion qui nous est présentée, et moi-même j'avais mission de le demander, ne fait que donner satisfaction à ces camarades sans toutefois nous engager. Même en repoussant l'offre de la C. G. T. U., nous n'avons pas possibilité de fermer la porte aux camarades qui désirent rentrer dans l'organisation. Par conséquent, si nous montrons à ces camarades que nous avons déjà peur d'une minorité qui n'existe presque pas, on dira que la C. G. T. est vraiment squelettique, est le cadavre que l'on disait hier dans *l'Humanité*. Je demande que chaque secrétaire d'organisation prenne sa responsabilité et vote la motion.

Le Président. — La parole est à Digat.

DIGAT. — Camarades, les membres de la Commission avaient espéré que l'unanimité réalisée entre trois points de vue différents permettrait au Congrès de se prononcer à l'unanimité. Des camarades sont venus avec un esprit de procureur discuter sur tels ou tels termes; je veux indiquer très brièvement quel est l'état d'esprit de quelques membres de la Commission.

Dans ce Congrès, après l'intervention de notre camarade Lavielle, on pense que la scission syndicale est en quelque sorte chose normale. Pour ma part, je considère que la scission est un mal que je subis et que tous mes efforts tendront à faire disparaître ce mal.

Je voudrais que les camarades aient l'impression que tous ceux qui parlent d'unité, que ceux qui s'efforcent de se tenir dans un juste milieu ne font pas preuve de faiblesse, et qu'on n'a pas le droit d'opposer le courage des uns à la poltronnerie des autres. Nous avons conscience d'exprimer ce qui contribue à servir nos convictions, et nous ne pouvons pas admettre l'interruption de Paulin qui disait, tout à l'heure, à Merrheim qu'il faisait preuve de courage. Je ne discute pas le courage de Merrheim, il a eu, depuis que la campagne bolcheviste s'est accentuée contre lui, une attitude très courageuse, parce qu'il n'a pas craint de dire des choses brutales, mais des choses vraies. Mais le courage de Merrheim ne doit pas permettre de dresser l'attitude de Merrheim contre une attitude qui peut différer de celle de Merrheim. Et je demanderai aux camarades de placer sur le même plan les adversaires de la résolution et ceux qui viennent la défendre. Il n'y a pas ici de peureux et de courageux, il n'y a que des militants qui s'efforcent de servir la classe ouvrière.

Quelle est donc la position prise par la Commission ? Trois points de vue différents : celui de Labe, le mien, auquel on a reproché d'être un moyen impraticable, et le point de vue de notre camarade Jacquemin qui n'était pas très loin d'accepter une entrevue avec la Commission Exécutive de la C. G.T. U. Il fallait, par conséquent, que la Commission concilie ces trois points de vue différents, et qu'elle permette au Congrès de ne pas se séparer sur ce problème dont vous ne vous dissimulez pas la gravité. Il ne fallait pas que, demain, nos adversaires de tendance puissent exploiter les divisions de la C. G. T., que l'on puisse dire que la C. G. T. n'est pas d'accord pour réaliser l'unité. Il y a des camarades scissionnistes, il y a des camarades unitaires. Notre première préoccupation a été que le Congrès devait se prononcer comme un bloc contre certaines propositions de nos camarades de la C. G. T. U., et la conclusion des commentaires que vous apporterez, c'est que le Congrès est partagé en deux fractions : une fraction qui considère que la scission est un mal qu'il faut guérir le plus rapidement possible et ceux qui s'accommodent de la scission, qui acceptent la scission. (*Protestations.*)

CAPOCCI. — Tu n'as pas le droit de dire cela.

DIGAT. — Il est possible que je n'ai pas le droit de dire cela; mais ici, je prends ce droit, et je demande aux militants qui ne nous ont pas permis de nous séparer sur une motion acceptée à l'unanimité, de réfléchir aux mobiles qui ont guidé tous les membres de la Commission qui s'ingéniaient à se faire des concessions mutuelles, qui recherchaient dans les yeux de Jacquemin ce qui pouvait le choquer dans la résolution et j'ose dire que Jacquemin obéissait aux mêmes préoccupations que nous, qu'il a recherché, à la Commission, un maximum d'unanimité.

Je considère, à l'heure actuelle, que, dans ce Congrès, nous sommes en présence de deux conceptions, et Merrheim, que vous le vouliez ou non, vous n'empêcherez pas les ouvriers de dire demain que la C. G. T. U. a fait des propositions pour réaliser l'unité organique.

MERRHEIM. — Ce n'est pas vrai.

DIGAT. — Je vous demande encore quelques minutes pour conclure et pour indiquer quelle était ma conception personnelle, puisque tout le monde se sépare, et que je n'ai aucune raison de dissimuler ma pensée.

Lorsque je suis intervenu hier, ma pensée était de tenir compte des préoccupations unitaires des ouvriers. Ces préoccupations unitaires sont légitimes, parce que ce sont les ouvriers, ne l'oublions pas, qui supportent le plus directement les conséquences de la scission. (*Applaudissements.*) Ma proposition tendait tout simplement à ceci, c'est que les ouvriers ayant une carte rouge sont des gens qui avaient peut-être écouté certaines propagandes et qui ont des impatiences bien légitimes. La classe ouvrière a le droit d'être impatiente ayant un besoin d'action, considérant que tout ne va pas, considérant qu'on s'est battu depuis des années et que la situation n'est pas changée. Il y a des hommes qui, en toute bonne foi, considèrent que nous n'allons pas assez vite, que nous sommes des réformistes; je considère que les ouvriers n'ayant commis d'autre crime que d'avoir une carte rouge ne peuvent pas être regardés comme des ennemis.

Un délégué. — Et les dirigeants ?

DIGAT. — Notre résolution répond aux dirigeants : « Pas de contact avec vous. » Et nous disons au camarade majoritaire plus pondéré, plus réfléchi : « Ne considère pas ton adversaire de tendance comme un ennemi, efforce-toi de le convaincre, écoute-le avec sympathie et fais tous tes efforts pour réaliser l'unité. » Voilà le sens de mon intervention.

Et, que vous le vouliez ou non, vous allez dresser contre les militants qui sont appelés à faire de la propagande en province le réquisitoire des militants unitaires, qui ne seront pas embarrassés pour démontrer que la C. G. T. n'a fait aucun pas pour réaliser l'unité, et notre résolution, en nous séparant très nettement de la Commission exécutive de la C. G. T. U., invitant les travailleurs à reconstituer l'unité, ne préconisait qu'une seule chose, c'est qu'au lieu que le courant unitaire prenne ses origines au sommet, il les prenne à la base.

On vient maintenant nous demander des précisions; nous demandons de mettre une virgule ou un point et virgule; tout à l'heure, nos camarades de la Meurthe-et-Moselle vont demander aux aussi des précisions et nous allons aboutir à ce résultat : c'est qu'au lieu que la pensée de la Commission de réaliser l'unanimité dans ce Congrès se précise par un vote unanime, nous allons aboutir à émettre des votes diamétralement opposés. C'est vous qui aurez voulu cette décision et vous nous permettrez de dire, en terminant, que, si je suis adversaire de la C. G. T. U., ce n'est pas parce que tel ou tel point de ses théories ne m'agrée pas, c'est parce que je considère qu'elle a commis la faute impardonnable, pour ne pas dire le crime, de scinder le mouvement ouvrier en deux fractions. Le seul reproche que je puis lui adresser, ce n'est pas d'opposer à notre réformisme d'autres conceptions, c'est d'avoir quitté le mouvement ouvrier, et mon seul désir c'est de ramener le plus rapidement possible, et là je ne fais aucune concession à ces bas démagogues, à ces aventuriers qui ont mis la main sur le mouvement ouvrier, et lorsqu'on examine les choses de près, on a parfois l'impression que la scission dans le mouvement ouvrier, c'est le résultat d'une vaste intrigue florentine. (*Très bien !*)

Mais je fais une distinction entre ceux-là et entre ceux au nom desquels je parle, je fais une distinction entre le travailleur qui est sur le chantier avec sa carte rouge et les mauvais bergers. Aux travailleurs unitaires toute ma sympathie; aux mauvais bergers, toute mon opposition. Votre conclusion, c'est que vous réunissez les mauvais bergers au troupeau et que vous repoussez le tout.

Le Président. — La parole est au camarade Jouhaux.

Jouhaux. — Camarades, le Bureau n'avait pas l'intention d'intervenir dans le débat, estimant que, seuls, les représentants des organisations syndicales devaient fixer leur attitude et prendre leurs responsabilités. Le Bureau voulait par là même exclure toute critique sur l'influence exercée dans l'examen de la réalisation de l'unité ouvrière.

A l'heure actuelle, le Bureau ne veut, en aucune façon, faire une pression quelconque, mais il voudrait aider à dégager une équivoque qui règne sur le Congrès.

A la lecture de la résolution, j'ai compris qu'elle avait tenu compte des décisions du Congrès de Lille et des décisions des Comités Confédéraux Nationaux, c'est-à-dire qu'elle considérait que l'unité ouvrière ne pouvait, en réalité, se réaliser que dans les cadres mêmes de la Confédération Générale du Travail. J'acceptais et, pour ma part, j'accepte encore la résolution qui était présentée; il est évident qu'il y a un point équivoque sur lequel il faut apporter des modifications, c'est celui où il est parlé de syndicats reconstitués.

Les camarades qui ont présenté des objections ont paru craindre que la reconstitution de l'organisation syndicale pouvait avoir pour conséquence l'adhésion de cette nouvelle organisation syndicale à la Confédération dissidente, et par là même porter à nouveau le trouble dans l'organisation ouvrière. D'autres ont pensé que les organisations qui ainsi se reconstituaient pouvaient rester sur le terrain de l'autonomie et que, dans l'un ou l'autre cas, ces organisations ne pouvaient pas avoir le droit de réclamer la convocation d'un Congrès extraordinaire. Je ne pense pas, pour ma part, je le dis franchement, que cela puisse être déduit de la motion elle-même, je n'ai pas eu cette impression, bien que j'aie senti l'équivoque. Ce qui est dit par ailleurs dans la motion détermine d'une façon précise que les organisations reconstituées par l'unité ouvrière ne peuvent en réalité qu'adhérer à la Confédération Générale du Travail et que, si elles restaient autonomes ou si elles allaient à l'organisation dissidente, nous n'aurions pas à nous en préoccuper; mais, malgré cette définition que je donne moi-même, non pas au point de vue particulier, mais à l'ensemble de la motion, je considère qu'il est facile d'apporter le complément indispensable qui donnera satisfaction à la fois aux camarades Merrheim et autres et aux camarades Digat et autres. Il s'agit d'insérer le mot confédéré.

Or, camarades, est-ce que vous pouvez être divisés sur une chose que vous avez voulue les uns et les autres ? (*Très bien !*) Vous avez voulu l'unité dans la Confédération Générale du Travail, et bien, en mettant le mot « confédéré », vous précisez une pensée qui est entière dans la résolution, vous écartez une équivoque et, sur ce terrain, je pense qu'il est possible de réaliser l'unanimité du Congrès.

Nous sommes tous pour l'unité, nous voulons tous l'unité de la classe ouvrière, parce que nous sentons bien qu'elle est indispensable ; nous la voulons, comme Digat l'a dit tout à l'heure, dans l'intérêt de la classe ouvrière et non pas dans les intérêts particuliers de quelques-uns (*Applaudissements*), c'est pourquoi je vous demande d'accepter d'insérer dans la motion le mot « confédéré » et de la voter à l'unanimité. (*Applaudissements.*)

Le Président. — Je donne la parole au rapporteur.

Roux. — Des explications formulées par les uns ou par les autres, je ne les reprendrai pas en ce qui concerne les explications fournies par notre camarade Lavielle, car l'histoire de la porte ouverte n'élimine pas les dangers qu'il a prévus. Si nous n'avons pas apporté cette précision d'apporter au mot syndicat le qualificatif de confédéré, c'est parce que préalablement il était dit : « En demandant que cette unité soit reconstituée au sein de la C. G. T. » Comme il y a déjà eu des concessions réciproques, il faudrait savoir s'il n'y a pas d'opposition, parmi certains membres de la Commission, à ajouter le mot confédéré. S'il se trouve que des membres de la Commission reprenaient leur liberté d'action parce qu'on ajoutait le mot confédéré, d'autres membres de la Commission pourraient être dans la même situation.

Je crois, pour qu'il n'y ait pas d'équivoque, qu'il serait préférable que je relise la résolution. Je demande aux membres de la Commission s'ils voient possible d'ajouter au mot syndicat le qualificatif confédéré ?

Digat. — J'accepte tout ce qu'on voudra, parce que je subordonne toutes mes préoccupations personnelles à un vote unanime du Congrès (*applaudissements*), mais je constate, en raison des critiques apportées, que personne n'a eu le courage de venir rédiger une résolution et que tout le monde est courageux pour critiquer les camarades.

Labe. — Camarades, je me serais abstenu d'intervenir si le camarade Digat n'avait pas cru apporter un complément que, pour ma part, je ne partage pas. Je considère que les camarades congressistes avaient droit d'apporter à notre motion les critiques qu'ils ont apporté. (*Très bien !*) Je suis de ceux — je ne l'aurais pas dit si la discipline dans la Commission avait été observée — qui ont soutenu qu'il fallait introduire le mot « confédéré ». J'aurais désiré, puisque nous devions présenter un texte unanime, que personne de la Commission ne vienne apporter un point de vue personnel. Puisqu'un point de vue personnel a été apporté, je déclare que j'étais de ceux qui voulaient le mot « confédéré » et que, par conséquent, j'accepte sans restrictions ce qui est demandé et sans, pour cela, que les camarades qui ont\apporté des critiques à la rédaction aient droit aux reproches de Digat. (*Applaudissements.*)

Jacquemin. — Quoique n'étant pas de ceux qui ont demandé l'insertion du mot confédéré dans la motion, j'accepte ce mot.

Le camarade Roux relit la résolution (1).

Le Président. — Il y a encore cinq orateurs inscrits. Ceux qui sont partisans de ne pas les entendre le manifestent en levant la main. (*Adopté moins trois voix.*)

Il y a une proposition qui m'est parvenue. On demande que la résolution soit imprimée cette nuit et distribuée aux congressistes demain matin.

JACCOUD. — Je demande que la résolution paraisse dans *Le Peuple* où chacun pourra en avoir un exemplaire.

Le Président. — J'ai une communication à vous faire de l'Union des Syndicats de la Seine. Il y a ce soir une représentation à la Bourse du Travail, les délégués pourront y assister sur présentation de leur carte.

La parole est à Merrheim comme rapporteur de la Commission des huit heures.

La défense des huit heures

MERRHEIM. — L'exposé que j'ai à vous faire comme rapporteur de la Commission des huit heures sera très bref. La Commission a été unanime sur tous les points qu'elle a examinés. Elle a estimé d'abord qu'il était inutile de refaire un historique de la question et de l'action qui avait été faite pour les huit heures. Elle a examiné la position qu'occupait chaque industrie en face des règlements d'administration publique qui ont réglé l'application de la loi, et surtout les modifications qui sont aujourd'hui demandées, soit par les industriels, soit par les syndicats patronaux, aux règlements d'administration publique.

La Commission vous demande tout simplement d'adopter la conclusion de ses discussions. Je vais vous donner lecture de ces conclusions et j'insisterai pour que vous les adoptiez comme tels, car la Commission, je le répète, a été unanime à soutenir dans les circonstances présentes ce terrain d'action pour les huit heures.

Voici la résolution :

La Commission a constaté, au cours de son examen sur l'application de la journée de huit heures, le sabotage systématique de cette loi dans toutes les industries.

Tous les délégués ont été unanimes pour déclarer que l'inspection du Travail, sous l'inspiration gouvernementale, se faisait le plus souvent complice du patronat en accordant à ce dernier toutes les dérogations qu'il demande et trop souvent sans tenir compte du régime des dérogations établi par les règlements d'administration publique.

De ces constatations il découle, pour la classe ouvrière, qu'aucun doute n'est plus permis aujourd'hui sur les intentions du patronat français, aidé servilement par un gouvernement favorable à toutes les réactions sociales: la journée de huit heures est ouvertement attaquée et risque d'être anéantie pour de lon-

---

(1) On a lu cette résolution plus haut. En réalité, le mot *confédéré*, issu du débat qu'on qu'on vient de lire, ne figurait pas dans la première rédaction.

gues années si la classe ouvrière ne réagit pas de toutes ses forces contre la coalition patronale et gouvernementale acharnée à ruiner l'application des huit heures.

C'est pourquoi la Commission fait appel à tous les syndicats, à tous les militants, pour que, dans leur milieu respectif, ils intensifient par tous les moyens la propagande pour assurer le respect des huit heures.

Elle rappelle à tous les travailleurs: que c'est la force syndicale, par une action syndicale et tenace, qui a imposé en 1919 la journée de huit heures et obligé Parlement et gouvernants à l'enregistrer légalement.

Elle considère que c'est la force syndicale, la puissance agissante des organisations et leur action continue qui seules seront capables de défendre la journée de huit heures et d'obliger patronat, Parlement et gouvernants à la maintenir.

C'est pourquoi la Commission propose au Congrès de demander aux organisations, comme aux militants, d'intensifier partout la propagande de défense des huit heures en profitant de tous les faits, de toutes les circonstances, de tous les moyens, pour dénoncer et combattre les hommes ou les partis qui combattront la journée de huit heures.

Elle préconise comme base et moyen de propagande de conseiller aux travailleurs, dans toutes les réunions, de cesser le travail à la fin de la huitième heure partout où l'on tentera d'imposer des dérogations exagérées et qu'on refusera de discuter avec les organisations ouvrières les conditions et les règles d'application de ces dérogations.

Elle considère que si l'action générale de propagande relève de la C. G. T.; il appartient à chaque Fédération d'industrie d'étudier et de déterminer, pour leur industrie respective, les règles générales d'application des huit heures et les modalités de dérogation reconnues indispensables pour assurer une marche normale de la production.

Elle proteste contre toutes les nouvelles augmentations de dérogations réclamées du Conseil d'Etat par les organisations patronales, estimant que les règles générales d'application et les dérogations découlant des nécessités du travail doivent être discutées, établies par les organisations patronales et ouvrières syndicales de chaque industrie.

Elle réclame l'extension de la loi de huit heures aux industries et aux travailleurs des services publics qui, jusqu'à présent, en ont été exclus.

Elle proclame, instruite par la situation industrielle et économique du pays, que la production nécessaire à la vie nationale et aux possibilités d'exportation de l'industrie française peut être réalisée avec la journée de huit heures ou la semaine de 48 heures.

Elle considère que produire pendant une durée plus longue serait accroître le chômage dans un grand nombre d'industries et de régions, et ainsi aggraver les difficultés actuelles de la vie, déjà si grandes, des travailleurs, par la concurrence sur le salaire des bras disponibles s'offrant sur le marché du travail.

La Commission, en terminant ses conclusions, affirme à nouveau que c'est seulement par la puissance de l'organisation, par son action réfléchie, incessante, tenace et de tous les jours que la loi de huit heures sera effectivement respectée et appliquée.

Qu'il est donc du devoir des travailleurs de rejoindre leurs organisations pour leur donner la force morale et la puissance nécessaire à l'action pour faire respecter la journée de huit heures par le patronat.

Voilà la résolution que la Commission m'a donné mandat de vous présenter; elle l'a fait surtout parce qu'aujourd'hui on rencontre trop cette idée, dans presque tous les milieux, qu'il n'y a rien à faire en faveur de la journée de huit heures, parce que les travailleurs ne veulent plus la respecter et préfèrent les salaires élevés qu'on leur paie pour les heures supplémentaires, plutôt que de respecter la journée de huit heures. Nous n'avons pas voulu apporter une résolution de plus, nous avons voulu déterminer l'action. Nous nous sommes efforcés d'apporter une résolution qui puisse frapper l'esprit des travailleurs et surtout donner aux militants le moyen de poursuivre cette propagande et d'avoir avec eux la classe ouvrière pour faire respecter la journée de huit heures.

Voilà la simple déclaration que je voulais faire, c'est à vous de dire si vous avez un autre moyen d'action à proposer. La Commission a décidé qu'elle serait prête à l'examiner; mais c'est à l'unanimité qu'elle m'a donné mandat de vous présenter ce texte. (*Applaudissements.*)

TRIVERY. — Camarades, je suis entièrement d'accord avec le camarade Merrheim sur la résolution qu'il vient de présenter au sujet des huit heures. Mais je lui demanderai, étant donné que je suis dans une industrie qui subit le chômage depuis plusieurs années, de modifier sa motion. Il a indiqué les dérogations obligatoires accordées par le ministre...

MERRHEIM. — Permettez-moi de préciser le passage. Nos camarades cheminots ont surtout insisté sur ce point-là, il ne veut pas dire ce que vous croyez. Les dérogations dont nous parlons, ce sont les dérogations qui étaient prévues même dans la loi de dix heures, ce sont des dérogations qui sont nécessaires pour assurer la marche de l'industrie. Il y a un passage où nous protestons contre les nouvelles dérogations. J'ai peut-être oublié de le lire, car il est interposé dans le texte. Il dit ceci :

« Elle condamne et proteste contre toutes les nouvelles augmentations de dérogations réclamées au Conseil d'Etat par les organisations patronales, estimant que les règles générales d'application et les dérogations découlant des nécessités du travail doivent être discutées, établies par les organisations patronales et ouvrières syndicales de chaque industrie. »

TRIVERY. — J'étais inquiet, n'ayant pas entendu ce passage. Il y a des industries qui subissent depuis trois ans un chantage des ministres du Travail qui se sont succédé. Ils nous disent : « Vous aurez votre décret lorsque j'accorderai des dérogations. » Nous refusons les dérogations, étant donné l'état de notre industrie.

BOURDERON. — J'aurais voulu qu'on indiquât que la journée de huit heures fait face à tous les besoins intérieurs et aux nécessités d'exportation; que, d'autre part, les dérogations constituent le chômage dont la plupart des travailleurs souffrent.

MERRHEIM. — On peut l'ajouter. On n'a pas insisté sur ce fait que la journée de huit heures permet de répondre à toutes les nécessités de la production.

Le Président. — Je mets aux voix la résolution. Que ceux qui sont partisans de l'adopter le manifestent en levant la main. (*La résolution est adoptée à l'unanimité.*)

QUATRIÈME JOURNÉE

Séance du matin

Président : Imbs (Strasbourg).

Assesseurs : Guinchard (Moyens de transports); Cordier (Bâtiment).

Le Président. — Je vous remercie d'avoir bien voulu me donner la présidence de cette séance. Je donne la parole à Caillon, rapporteur de la Commission sur la défense et la réorganisation des monopoles.

La défense des Monopoles d'Etat

Caillon. — Voici la résolution qui a été adoptée par la Commission des monopoles. Je vais vous en donner lecture; ensuite, par un bref commentaire, j'expliquerai pour quelles raisons nous avons pris cette position.

Le XXIII° Congrès confédéral, réuni à Paris les 30, 31 janvier, 1er et 2 février; tout en ne méconnaissant pas la nécessité d'apporter des réformes dans le fonctionnement des services publics.

Appelle l'attention du pays sur la campagne engagée par le capitalisme en faveur de la cession des monopoles d'Etat à l'industrie privée.

Signale que sous le fallacieux prétexte de réaliser des économies et de mieux servir le public, les potentats de la finance, d'accord avec les Le Troquer, les Deschamps et consorts, cherchent uniquement à substituer leur puissance et leur influence à celle de la Nation.

Estime qu'il serait absolument intolérable de livrer à des firmes nationales ou internationales ayant le lucre et l'exploitation des travailleurs comme seuls buts, les moyens de transports, quels qu'ils soient, les services des P. T. T., les arsenaux et les manufactures de l'Etat, ou même de confier à des fermiers généraux la perception de certains impôts.

Affirme que seule, la nationalisation industrialisée est capable de nous donner les services économiques dont nous avons un besoin si urgent.

Tenant compte des réalités:

Décide, tout en intensifiant la campagne en faveur de cette nationalisation, de poursuivre immédiatement, dans tous les services publics, l'autonomie financière et de gestion.

Autonomie financière qui permettra de doter chaque budget industriel de méthodes de comptabilité en rapport avec les nécessités modernes, de contracter des emprunts obligatoires gagés sur la valeur des entreprises.

Autonomie de gestion soustrayant ses services à l'influence politicienne et en confiant la direction à des organismes composés, en parties égales, de représentants de l'intérêt général, des usagers et du personnel d'exploitation.

La campagne contre les services d'Etat paraissait, ces temps derniers, diminuer d'intensité. Or, vous vous êtes aperçus, ces jours derniers, qu'à la suite du dépôt du projet Lasteyrie, vous avez vu les Chambres de commerce indiquer comme remède au déficit financier dont nous souffrons la vente du domaine national à des firmes capitalistes. Si nous appelons aujourd'hui votre attention sur cette question, c'est parce que nous sentons qu'il y a très grand danger à permettre à ces firmes capitalistes de se substituer à la nation pour exploiter tout ou partie de ses services.

Nous pensons qu'il y a là une tentative qui consiste à faire ni plus ni moins ce que Stinnes à fait en Allemagne, à diminuer l'influence de l'Etat pour augmenter celle des firmes capitalistes.

Nous appelons votre attention sur le fait que des services publics comme les chemins de fer, les P. T. T., qui sont essentiels pour le fonctionnement économique de ce pays courraient un grand danger d'être à la disposition de certaines firmes capitalistes, car ces firmes se serviraient des moyens de transports de la pensée dans le but que vous connaissez bien. Il y a certainement collusion entre certains ministres et les firmes capitalistes en question. Je vous rappellerai que M. Deschamps, pour des besoins électoraux, soutient dans sa circonscription la nécessité de maintenir le réseau de l'Etat à l'Etat, les arsenaux à l'Etat, alors qu'il vient ensuite, à la tribune du Parlement, combattre le monopole des allumettes et des tabacs, ainsi que celui des P. T. T. Vous sentez qu'il y a uniquement là des intérêts électoraux et que ce sont seulement les intérêts particuliers qui guident ces messieurs.

En attendant de voir se réaliser la nationalisation industrialisée, en attendant que nous ayons fait comprendre a tout le pays qu'il fallait arriver à ce moyen d'exploitation, nous vous demandons d'essayer d'obtenir l'autonomie financière et de gestion, remède qui permettra aux services publics de fonctionner d'une façon normale et rationnelle. (*Applaudissements.*)

Le Président. — La parole est au camarade Laugerotte.

LAUGEROTTE (*Livre*). — Camarades, j'estime que la question des monopoles est une question trop sérieuse pour que nous nous contentions de voter ce rapport qui a naturellement notre approbation unanime. J'estime qu'on doit insister sur cette question-là, car le capitalisme devient de plus en plus puissant et accapareur. Je n'ai pas voulu intervenir dans la question des statuts pour ne pas allonger; mais de la façon dont nous concevons l'organisme, nous pouvons dire que c'est là une question primordiale et qui revient surtout à l'activité des Unions départementales. La question des monopoles est une question sociale au premier chef, elle est plutôt du ressort des Unions départementales et des Unions locales qui doivent être appuyées dans cette besogne par la C. G. T.

Si vous vous souvenez, aux dernières élections, les murs ont été couverts d'affiches qui représentaient le contraire de ce que nous pensons. Nous demandons que la C. G. T. envisage des moyens de propagande utiles pour réagir contre cette façon de voir; nous demandons que la C. G. T. édite des affiches illustrées qui démontrent l'effet néfaste des capitalistes. Ces affiches viendraient à l'appui de l'action qui devrait être menée par les Unions locales et départementales. (*Applaudissements.*)

CAILLON. — Il n'est pas douteux, en effet, comme vient de le dire notre camarade, qu'il y a une importance capitale à ce que la campagne engagée ces temps derniers par la C. G. T. et les organismes y adhérant soit continuée. Non seulement les Unions départementales doivent s'occuper de cette campagne, mais elles doivent être en accord permanent avec les autres organismes, tels que les Fédérations et la C. G. T. elle-même.

Les moyens ? Il n'est pas douteux que, dans les Unions départementales, vous n'ayez eu à différentes reprises des documents qui vous ont été adressés soit par la Fédération des chemins de fer, celle des P. T. T., des tabacs ou des allumettes, vous indiquant la marche à suivre au sein des départements pour essayer de réagir auprès de l'opinion publique. Il faut continuer cette campagne, il faut que nous indiquions que, bien avant le capitalisme, nous avons critiqué l'étatisme. Nous avons demandé qu'une réforme profonde soit apportée aux services publics en général. Nous avons dit que si, à l'heure actuelle, les services publics ne fonctionnaient pas d'une façon parfaite, si les monopoles d'Etat devaient être réformés, la cause initiale en était au Parlement lui-même. Jamais on n'a voulu donner aux chemins de fer, aussi bien qu'aux autres services, les moyens de fonctionner normalement. Lorsqu'il y.avait besoin d'argent, on ne nous en a pas donné parce qu'il y avait des bateaux et des canons à construire et qu'il était nécessaire de servir davantage la guerre et la marine plutôt que de se préoccuper de donner à ce pays les matériaux dont il avait besoin pour vivre d'une façon normale. C'est pour cette raison que, comme solution immédiate, nous préconisons l'autonomie financière et de gestion, autonomie financière qui nous permettra d'avoir un budget autonome, qui nous permettra, le cas échéant, de dresser des programmes, qui nous permettra d'émettre des emprunts obligataires pour que nous ne soyons pas à la merci du ministre des Finances et d'un Parlement, qui nous refusera ou nous accordera les crédits dans un temps plus ou moins long, et en même temps pour nous soustraire aux règles de la comptabilité publique qui fait que le budget est annuel et que vous ne pouvez pas dépasser le crédit de quelques mille francs parce que vous n'en avez pas le droit. Il faut souvent remettre des programmes à des années ultérieures parce qu'on ne vous a pas accordé les quelques sous indispensables.

Nous demandons l'autonomie pour soustraire à l'influence politicienne les services publics. Nous demandons que se substitue à l'influence néfaste du Parlement un Conseil d'administration composé des usagers, des représentants de l'intérêt général et des représentants du personnel. De cette façon nous pourrons assurer la gestion des services publics d'une façon normale et rationnelle.

Voilà, camarades, les quelques points sur lesquels je devais attirer votre attention. Il est indispensable, comme l'a demandé le camarade, que les Unions départementales s'intéressent à cette question des services publics, qu'elles s'intéressent à la propagande qui a été menée par les Fédérations et par la. C. G. T. tout entière. Si, d'un commun accord, nous poursuivons cette campagne dans l'ensemble du pays, il est certain que nous empêcherons les capitalistes de mettre la main sur les services publics.

N'oublions pas que, au moment même où cette campagne se poursuit en France, au moment même où le Gouvernement, à la tribune de la Chambre, paraît ne pas vouloir céder les services publics aux industriels privés, ce même Gouvernement, dans un plan qu'il soumet à l'Allemagne, donne comme gage aux capitalistes allemands les services publics, à condition qu'ils veulent bien nous payer. Vous sentez qu'il y a là, non seulement un danger national, mais un danger international contre lequel il est nécessaire de s'élever. (*Applaudissements.*)

Le Président. — Je mets aux voix le rapport présenté par notre camarade Caillon, que ceux qui sont partisans de l'adopter le manifestent en levant la main. (*Adopté à l'unanimité.*)

La parole est au camarade Combes, rapporteur sur la défense du droit syndical aux fonctionnaires.

Droit syndical des Fonctionnaires

COMBES. — Camarades, nous avons rédigé sur le droit syndical aux fonctionnaires une résolution peut-être un peu longue, mais qui aura l'avantage de me dispenser de longs commentaires. La voici :

Le Congrès considère que toutes les raisons invoquées par les gouvernements pour refuser le droit syndical à ceux que l'on dénomme pompeusement des fonctionnaires et que l'on devrait appeler plus justement des travailleurs des services d'Etat, ne sont que de mauvais prétextes destinés à masquer le motif véritable.

Mauvais prétexte l'évocation de la grève des services publics. Le droit syndical est totalement étranger au droit de grève, et cela est si vrai que les deux questions ont été réglées par deux lois différentes, élaborées à vingt ans de distance, l'une en 1864, l'autre en 1884.

Mauvais prétexte de prétendre que les fonctionnaires sont les serviteurs du gouvernement et tenus comme tels à des obligations particulières; ils sont les serviteurs de la Nation qui dure et non des gouvernants éphémères et contradictoires qui passent!

Mauvais prétexte les avantages spéciaux dont bénéficient les fonctionnaires! Ils ont des garanties de stabilité dans l'emploi, des retraites pour les vieux jours. Mais ces garanties, d'autres travailleurs en jouissent et le Gouvernement, aussi bien que le Parlement, se disposent à les étendre par les assurances sociales à tout le prolétariat, sans qu'il puisse être question, comme contrepartie, de rayer de notre législation le droit syndical!

Mauvais prétexte encore le recours possible des fonctionnaires à l'arbitrage du Parlement. Outre que ce recours est maintes fois illusoire, il n'est nullement à l'avantage des seuls travailleurs de l'Etat. Les cheminots et les mineurs l'ont employé pour leurs retraites, ainsi que l'ensemble des travailleurs pour la journée de huit heures, sans que le droit syndical en fut la rançon!

Mauvais prétexte enfin que celui qui consiste à soutenir que les services d'État étant d'un intérêt vital, ceux qui les mettent en œuvre sont tenus à des obligations spéciales et en particulier à une limitation de leurs droits d'association.

Les services de tous les véritables travailleurs sont d'un intérêt vital pour le pays. Le service de la boulangerie, par exemple, est aussi vital, sinon plus que celui des postes ! Cependant, un ouvrier boulanger et même un patron boulanger peuvent se syndiquer, et un facteur des postes ne le pourrait pas !

Tous ces mauvais prétextes ne sauraient donner le change.

La raison véritable et inavouée du refus du droit syndical aux fonctionnaires est ailleurs.

Les privilégiés de notre système social et le Gouvernement, qui en est le docile instrument, redoutent par-dessus tout la fusion, au sein d'une même organisation syndicale, du prolétariat administratif et du prolétariat ouvrier.

Pratiquant la vieille devise de toutes les dominations: diviser pour régner, ils veulent maintenir à tout prix la séparation entre les fonctionnaires et les ouvriers.

A tout prix ils veulent maintenir, au sein des travailleurs, cette redoutable scission!

L'intention de leurs adversaires, qui sont les adversaires communs de la classe ouvrière, dicte aux fonctionnaires l'attitude qu'ils doivent prendre.

Ils veulent le droit syndical, parce que c'est le droit commun et que, comme tel, il leur permet d'établir un contact permanent avec les organisations ouvrières et de préparer le bloc de toutes les forces des travailleurs.

Ce bloc, symbolisé par la C. G. T., est plus que jamais indispensable pour la solution des formidables problèmes qui se posent et qui s'imposent aux travailleurs, fonctionnaires compris.

Ce n'est pas par une action corporative isolée que sera résolu le problème angoissant de la vie chère ! C'est par une pression d'ensemble méthodique, continue, tenace, de toutes les forces des travailleurs.

Ce n'est que par la même pression d'ensemble que peut être résolu le problème de plus en plus pressant du logement.

Et le problème des problèmes, c'est-à-dire la recherche d'un meilleur aménagement de la production et de la répartition, en d'autres termes la recherche de toujours plus de bien-être et toujours plus de justice sociale, ne pourra être menée à bien que par la même coordination vigoureuse, systématique, persévérante de toutes les énergies prolétariennes rassemblées dans la C. G. T.

Cette nécessité, les fonctionnaires l'ont comprise. C'est pourquoi le Bloc national fait engager contre leurs syndicats des poursuites judiciaires contre lesquelles proteste toute la classe ouvrière ; ces poursuites seront d'ailleurs vaines. Les sentences des tribunaux n'auraient quelque efficacité que si elles pouvaient atteindre l'idée syndicale elle-même. Elles seront impuissantes à cet effet, car aujourd'hui le charme est définitivement rompu!

Les fonctionnaires ont reconnu, de l'atelier, du chantier, de la mine et de l'usine, leurs frères de misère et de lutte. Ils ne pourront plus l'oublier! Ils sont entrés dans la grande famille ouvrière. Ils sauront, quoi qu'il arrive, trouver le moyen d'y rester. La C. G. T. les assure qu'elle les soutiendra de tout son pouvoir et qu'elle saura trouver de son côté le moyen de les garder au sein de l'organisation syndicale du prolétariat.

Voilà, camarades, cette motion un peu longue que je n'ai besoin d'entourer que de quelques brefs commentaires. Dans cette résolution nous avons voulu indiquer brièvement, sans insister outre mesure sur les prétextes, les chicanes, les querelles que le Gouvernement invoque pour déguiser les raisons véritables de son hostilité au droit syndical des fonctionnaires. Les raisons sont les suivantes : Les privilégiés, les gouvernants sentent très bien l'intérêt qu'il y a pour eux à s'opposer à la fusion des deux éléments intéressants la classe ouvrière : l'élément fonctionnaire qui jusqu'ici s'était cru un peu différent de l'élément travailleur proprement dit et que l'on a soigneusement entretenu dans cette idée en lui disant : « Tu as un peu plus d'instruction et d'éducation, tu es un peu mieux habillé, tu as des habitudes plus bourgeoises », et l'élément travailleur. Ces deux éléments ont des qualités qui, en se complétant, peuvent constituer un danger redoutable pour le possédant.

Sans doute, les fonctionnaires n'ont pas toutes les vertus, ils ont en général un peu de timidité, ils manquent un peu de la vigueur que l'on retrouve davantage dans l'élément ouvrier proprement dit. En revanche, ils ont bénéficié d'un peu plus d'instruction et d'éducation et ils peuvent apporter le contingent de ces qualités à la classe ouvrière. Cette dernière lui insufflera sa vigueur et ainsi la fusion de ces deux forces; ce n'est pas l'accroissement numérique de l'organisation ouvrière, mais c'est l'augmentation de ses capacités de combat.

Voilà la seule raison d'opposition des classes privilégiées et du Gouvernement à l'octroi du droit syndical aux fonctionnaires. Les raisons de nos adversaires nous dictent les nôtres. Puisque nos adversaires veulent empêcher les fonctionnaires de s'unir au reste de la classe ouvrière, c'est que leur devoir est de la rejoindre. Nous avons pu vivre pendant quelque temps dans l'illusion que des associations purement corporatives pourraient satisfaire à nos besoins. S'il ne s'agissait que de revendications purement corporatives, j'avouerais d'assez bonne grâce que le syndicat n'a pas une supériorité tellement considérable sur l'association. Les postiers, au nom desquels je parle plus particulièrement, ont vécu pendant une dizaine d'années sous le régime d'association avant d'entrer dans les syndicats et de pénétrer dans la Confédération Générale du Travail. Cela ne les a pas empêchés de faire besogne utile, de faire, en 1909, les deux grandes grèves que vous savez, mais nous nous sommes aperçus, et du reste, depuis la guerre, les événements se chargent d'introduire cette leçon dans les cerveaux les plus obtus, que les revendications purement corporatives ne suffisaient pas. Lorsque nous examinons le problème de la vie chère, qui se pose à toute la classe ouvrière, qui pèse lourdement sur tous les travailleurs, nous sentons bien que ce n'est pas par notre force, à nous postiers, à nous instituteurs, à nous agents des services financiers, que nous pouvons résoudre ce formidable problème et faire sur les pouvoirs publics la pesée constante, tenace qui sera nécessaire pour que les mesures efficaces soient prises.

De même, je l'ai dit, je ne fais que le rappeler en passant, nous sentons bien que ce n'est pas nous qui pouvons solutionner le problème du logement, qui se pose avec une acuité de plus en plus grande; ce n'est que par les forces d'ensemble de toutes les organisations. Comment déterminer cet effort si ces organisations ne se donnent pas la main dans les syndicats.

Au-dessus de tout cela, nous aussi, comme les travailleurs, nous avons conçu de vastes espoirs. Nous avons conçu l'espoir d'instaurer une société meilleure, où la répartition serait faite d'une façon plus équitable, donnant à chacun des moyens plus grands de vivre et de mener une existence raisonnable, et nou-

nous sommes aperçu que ce grand problème de l'aménagement de la production ce n'étaient pas des petits groupements de fonctionnaires isolés, pas plus que des groupements de travailleurs isolés qui pouvaient le résoudre, c'était la masse des travailleurs, groupés dans les syndicats, dans une Confédération Générale du Travail, dans une Internationale Syndicale, qui pourra en poursuivre efficacement la réalisation. Certes, avec le temps qu'il faudra, mais qui amènera tôt ou tard des résultats considérables, qui préparera enfin une société qui ne sera pas seulement un rêve, mais qui sera une réalité.

Voilà, camarades, pourquoi nous voulons le droit syndical, ce n'est pas pour des chicanes juridiques, ce n'est pas pour des subtilités de code, c'est pour la raison profonde que nous indiquons, et c'est pour cette raison que les Gouvernements nous la refusent. Comme ce n'est pas nous qui sommes au pouvoir, que c'est le Bloc national, le conflit est ouvert depuis deux années, nos groupements sont traînés devant les tribunaux. Les syndicats d'instituteurs sont dissous un peu partout dans les départements, et les syndicats à forme nationale comme les P. T. T. sont poursuivis. Depuis deux ans nous sommes, devant les tribunaux, dans le maquis de la procédure. Nous avons été condamnés une première fois en correctionnelle, puis une deuxième fois en correctionnelle, puis une première fois en appel, peut-être bien passerons-nous pour la deuxième et dernière fois en appel. Nous ne voulons pas dire que la décision qui pourra être prise tôt ou tard ne sera pas sans nous créer des difficultés. Ce que nous avons exprimé dans notre résolution, sans aucune espèce de forfanterie, c'est que les sentences des tribunaux seront vaines pour faire disparaître le droit syndical aux fonctionnaires. Pour que ces sentences soient efficaces, il faudrait qu'elles puissent détruire l'idée syndicale parmi les fonctionnaires, maintenant il est trop tard, le charme est rompu. Autrefois on pouvait entretenir habilement l'idée que le fonctionnaire était un travailleur d'une espèce différente d'un travailleur de l'industrie privée. Ce malentendu s'est dissipé, nous sommes aujourd'hui dans les P. T. T., dans l'enseignement, dans toutes les grandes administrations, des milliers et des milliers de militants avertis. Nous savons pourquoi nous voulons le droit syndical. Nous savons que c'est pour pénétrer dans la famille ouvrière, pour mener avec elle le combat commun pour l'émancipation du prolétariat. Je défie les sentences des tribunaux de nous le faire oublier, et ayant cet idéal au cœur, ayant cette volonté dans notre cerveau, nous saurons trouver, camarades, le moyen de conserver le contact avec vous et je suis persuadé que la Confédération Générale du Travail, se rendant compte de nos difficultés et de nos efforts, nous apportera tout son concours. Elle aussi, comme nous en présence de difficultés, saura trouver les moyens pour que les fonctionnaires qui sont venus à elle, qui y sont restés malgré la crise de la scission, continuent à rester au sein de la grande famille ouvrière, de la Confédération Générale du Travail, pour mener en commun la grande lutte pour l'émancipation du prolétariat. (*Applaudissements.*)

Le Président. — La parole est au camarade Brunel.

Brunel. — Camarades, comme vous savez que nous avons beaucoup de travail, je voudrais que les rapporteurs se souviennent qu'ils ne se trouvent pas ici devant des camarades venant au syndicalisme pour la première fois, et surtout du peu de temps que nous avons pour travailler. Je voudrais que leur présentation de rapport ne prenne pas la tournure d'une réunion publique, je demande que l'on soit bref.

Le Président. — Je crois qu'on ne peut limiter le temps de parole des rapporteurs.

Je mets aux voix le rapport sur le droit syndical aux fonctionnaires. Que ceux qui sont partisans de l'adopter le manifestent en levant la main. (*Adopté à l'unanimité.*)

La parole est au camarade Savoie sur la main-d'œuvre étrangère et le placement.

Placement et main-d'œuvre étrangère

Savoie. — Camarades, la Commission qui a eu à examiner deux questions importantes et délicates m'a chargé de venir vous donner lecture des deux résolutions qui ont clôturé ses travaux.

Je n'ai pas l'intention de faire un exposé devant le Congrès de ces deux questions; comme l'a dit, tout à l'heure, le camarade, vous êtes à peu près au courant de ce qui a été fait et de ce qu'il reste à faire.

En ce qui concerne le placement, un effort a été fait par plusieurs Fédérations intéressées à cette question, étant donné que les ouvriers appartenant à leur industrie se trouvaient dans des conditions plus mauvaises que d'autres au point de vue du placement et que, par conséquent, il était tout naturel que leurs efforts se portent plus spécialement sur cette question. Ainsi la Fédération des travailleurs de l'alimentation, la Fédération des coiffeurs ont lutté pendant des années et des années pour essayer d'obtenir quelques améliorations.

Nous pouvons dire que si nous n'avons pas obtenu jusqu'à présent une solution satisfaisante, nous donnons dans la question de la répartition du travail toutes les garanties désirables; une certaine amélioration est quand même survenue. Malheureusement il reste encore beaucoup à faire. Le placement patronal a pris une extension considérable et a aggravé, dans certaines corporations, la puissance d'exploitation du patronat, en contraignant les ouvriers qui viennent dans leurs offices, pour chercher du travail, à accepter des conditions de travail en opposition avec les conditions de travail fixées par des contrats ouvriers ou par les us et coutumes de la corporation.

A côté de ces syndicats patronaux, il y a une quantité de sociétés de secours mutuels, des officines de placement clandestines qui exploitent encore la misère et le besoin de travail d'une énorme quantité de chômeurs dans de nombreuses corporations.

Il y a aussi à signaler un procédé d'exploitation des chômeurs, qui est celui pratiqué par la presse, qui, tous les jours, publie des pages entières d'offres et de demandes d'emplois. Comme de bien entendu, ces publications ne sont pas faites « à l'œil », et sont pour la grande presse une ressource considérable.

A côté de toutes ces formes de placement que nous combattons, il y a le placement syndical, dont le fonctionnement est limité à quelques corporations, et qui donne des résultats et des garanties pour les chômeurs de ces corporations. Dans les autres corporations, le placement syndical n'a pas donné de résultats et il n'y a pas l'espoir, malgré tous les efforts qu'on pourra faire, qu'il donne jamais des résultats.

A la suite de l'agitation faite ces dernières années, concernant la question du placement, un nouveau mode de placement a été mis en œuvre : les Offices publics départementaux de placement, qui ont été constitués, non pas en vertu d'une loi, mais en vertu d'un décret pris en 1916 par le ministre du Travail. Nous disons tout de suite que le fonctionnement de ces Offices de placement ne nous donne pas satisfaction; que le décret qui a servi de base pour leur constitution ne nous donne pas de garanties. Malgré cela nous ne sommes pas des adversaires de ces Offices de placement départementaux et des Services de placement corporatifs ou industriels qui y sont rattachés, mais nous disons qu'ils doivent être modifiés dans leurs bases et dans leur fonctionnement pour nous donner, à nous organisations, des garanties plus précises en ce qui concerne la répartition du travail.

La classe ouvrière a lutté pendant des siècles, je pourrais dire toujours, pour cette question du placement. Si l'on remonte très loin, les chômeurs étaient les prisonniers des maîtrises des communaux. C'étaient par conséquent les patrons qui étaient les maîtres de la répartition du travail. Ensuite, ce fut des officines plus ou moins gouvernementales de placement qui se sont instituées, plus ou moins officielles ou officieuses, et qui faisaient que les travailleurs étaient entre les mains d'agents de l'Etat trop souvent rattachés à la Préfecture de police et qui étaient pour les travailleurs un danger menaçant. Les travailleurs ont lutté contre ces formes de placement et nous sommes retombés dans une situation qui est celle d'aujourd'hui.

Nous déclarons catégoriquement que nous sommes partisans du fonctionnement des Offices de placement paritaires, nous sommes partisans du développement de la généralisation des Offices de placement paritaires, mais à la condition que ce placement ne devienne pas un placement étatiste, ne devienne pas le moyen de créer un nombre de fonctionnaires publics qui, n'ayant aucune connaissance de la question du placement, font du placement comme d'autres remplissent certaines autres fonctions en se préoccupant simplement des appointements qu'ils touchent à la fin du mois. Il est absolument nécessaire que le placement soit fait par des professionnels, et il est absolument nécessaire que les Offices de placement soient sous le contrôle direct de ceux qui sont les premiers intéressés à leur fonctionnement, c'est-à-dire les ouvriers et, il faut le dire, aussi les patrons. Nous demandons que les Offices de placement soient sous l'autorité directe et absolue des Commissions paritaires qui seront à la tête de ces services, et que le personnel soit rétribué par les autorités, puisqu'on a reconnu ces Offices de placement comme étant d'utilité publique pour faire disparaître le gâchis qui existe actuellement dans le pays en ce qui concerne la répartition du travail. Par conséquent, il faut que les pouvoirs publics n'aient que le contrôle des ressources qu'ils mettent à la disposition de ces Offices de placement pour leur fonctionnement. Mais en ce qui concerne la surveillance de la façon dont le personnel doit être dirigé, ce sont les véritables intéressés de la Commission paritaire qui doivent avoir toute autorité pour le fonctionnement de ces bureaux de placement.

Je n'insisterai pas, car dans la résolution que je vais vous lire les points que je viens de vous signaler sont précisés suffisamment pour que, par la suite, on puisse mener une campagne en vue de la réalisation de nos aspirations.

En ce qui concerne la main-d'œuvre étrangère, nous avons eu à discuter d'une question excessivement complexe et très grave, et nous n'avons pas eu, à la Commission, la prétention de vous apporter ici une résolution indiquant la solution de ce problème, c'est-à-dire la solution complète permettant que demain tous les maux qui ont surgi de l'introduction en trop grand nombre de la main-d'œuvre étrangère, ou de la façon dont les patrons emploient cette main-d'œuvre, viennent à disparaître par ce que nous vous présentons.

A la Commission, nous avons examiné tous les dangers, tous les inconvénients, tous les abus, que les camarades ont été à même de constater, soit dans des industries, soit dans différentes régions. Nous n'avons pas cru devoir rappeler dans nos conclusions tous ces inconvénients et tous ces maux, nous avons essayé de faire une besogne pratique, et notre résolution ne se présente pas comme un coup de clairon que donnera le Congrès et qui, pour ainsi dire, sera sans lendemain. Nos résolutions ne se présentent pas sous la forme que, du fait qu'elles seront adoptées par le Congrès, elles auront immédiatement, par elles-mêmes, la puissance de faire disparaître ce qui nous gêne. Nos conclusions sont rédigées de telle sorte qu'elles permettent que demain la C. G. T., les Fédérations, les Unions départementales et les syndicats, en ce qui concerne l'action à faire, aient une ligne de conduite nettement tracée, de façon à ce que rapidement, si nous ne pouvons pas obtenir une transformation de la situation, nous puissions tout au moins obtenir quelques améliorations et prendre pied dans ce terrain pour pouvoir, par la suite, obtenir des résultats importants.

Camarades, je n'insiste pas, et à la lecture de nos conclusions vous comprendrez le travail qui a été fait par la Commission. Vous ne comprendrez peut-être pas complètement à la lecture, parce qu'il est difficile de saisir exactement dans une première lecture le sens des phrases qui ont été étudiées par la Commission, qui ont par elles-mêmes une portée qui ne se saisit pas toujours, mais qui, lorsqu'on les étudie par la suite sont mieux comprises et font entrevoir le but que ses rédacteurs ont poursuivi en les rédigeant.

Voici d'abord la résolution en ce qui concerne le placement. Au préalable, je dois dire aux camarades qu'en ce qui concerne la main-d'œuvre étrangère il existe un projet de loi, qui a été déposé par le Gouvernement, qui consiste à prévoir l'institution d'un Office national en ce qui concerne l'introduction en France de la main-d'œuvre étrangère, non seulement du contrôle de son introduction, mais du contrôle de son emploi.

Ce projet de loi, comme la plupart des projets de loi, surtout ceux présentés par le Gouvernement, a surtout un sens politique plutôt qu'un véritable sens pratique en vue de garantir la main-d'œuvre française. A telle enseigne, c'est que, d'après ce projet de loi, le Conseil national de la main-d'œuvre étrangère sera rattaché au ministère des Affaires étrangères. Il n'est pas douteux que cela doit choquer tout le monde, car on ne s'explique pas pourquoi une question aussi importante est rattachée au ministère des Affaires étrangères, alors que, en réalité, c'est au ministère du Travail que devrait être rattaché ce Conseil national de la main-d'œuvre étrangère.

D'autre part, ce projet ne dit pas du tout de quelle façon ce Conseil national sera constitué, on laisse ce soin à un décret qui viendra par la suite, lorsque la loi sera votée. Il est compréhensible que pour l'instant nous ne pouvons pas accepter un projet de loi se présentant sous une forme aussi vague, aussi imprécise. D'autre part, dans ce projet de loi, on dit que ce Conseil national aura à examiner l'introduction de la main-d'œuvre étrangère sur les avis donnés par les ministères compétents. Nous nous demandons comment les différents ministères peuvent connaître et dans quelle mesure ils sont intéressés à cette question. Les véritables intéressés ce sont ceux qui ont besoin de cette main-d'œuvre étrangère, qui la recherchent; nous ne voulons pas que ces gens-là puissent s'abriter derrière un ministère qui fera le travail et qui viendra dire :

« Dans l'agriculture, dans les services publics, dans la métallurgie, il y a besoin de tant et tant pour combler les vides. Nous connaissons trop bien toutes les tractations qui se font dans les ministères pour amener la demande de faire venir un contingent de travailleurs étrangers. Il y a là encore un côté politique dangereux contre lequel nous devons nous élever.

Voici la résolution en ce qui concerne le placement :

Placement

La Commission chargée d'examiner les questions de placement et de main-d'œuvre étrangère a reconnu qu'elles sont intimement liées et qu'aucune solution ne saurait être trouvée au problème de la main-d'œuvre étrangère sans une organisation méthodique et rationnelle du marché du travail en France.

Après examen, la Commission a été amenée à préconiser l'institution d'un Office d'information et de placement susceptible d'offrir le maximum de garanties contre les abus patronaux concernant l'introduction de la main-d'œuvre étrangère et coloniale et la répartition générale du travail.

Ayant examiné les différents fonctionnements des Offices publics de placement, la Commission est d'avis que l'institution d'Offices de placement paritaires doit être généralisée, car, à part quelques exceptions, les Offices municipaux, départementaux et régionaux fonctionnant actuellement n'ont de paritaire que le titre.

Pour que l'on soit renseigné, le plus exactement possible, sur les réels besoins de main-d'œuvre et par extension de main-d'œuvre étrangère et coloniale, de telle ou telle industrie, dans telle ou telle région, il est indispensable que les Offices de placement soient reliés entre eux d'une façon étroite; il est en outre indispensable qu'ils soient reliés à un Office national de telle manière qu'ils constituent un réseau complet embrassant tout le territoire et capable de se renseigner mutuellement et rapidement sur l'état réciproque du marché du travail, afin que l'on puisse déplacer de préférence les travailleurs déjà en France d'un point à l'autre du territoire, plutôt que d'en appeler sans plus amples informations aux pays d'outre-frontière.

Mais pour que les Offices de placement rendent tous les services que l'on peut attendre d'eux, il faut qu'ils transforment leur méthode de fonctionnement interne. Et cette transformation n'est possible que si les Offices de placement cessent d'être des organismes administratifs, au sens bureaucratique du mot, et deviennent des institutions actionnées par les seuls intéressés directs: ouvriers et patrons, employeurs et employés. Pour tout dire, il faut que les Offices de placement deviennent vraiment paritaires dans la pleine acception du terme. Les directeurs et employés de ces Offices devront être non plus des fonctionnaires, mais des professionnels compétents dans le placement.

Des services spéciaux de placement par profession et industrie doivent être également de plus en plus généralisés par les Offices départementaux.

Nous n'oublions pas que ces Offices sont subventionnés ou plutôt alimentés par les budgets publics et que, partant, les pouvoirs publics doivent avoir droit de contrôle sur ces Offices, mais leur rôle doit se limiter là.

Les Offices de placement paritaire devraient également se mettre en rapport avec les syndicats ouvriers qui ont su conquérir ou conserver le placement de leurs corporants, en attendant que soit unifié et harmonisé l'ensemble du placement corporatif et national.

Animés exclusivement par les intéressés, contrôlés par les pouvoirs publics, les Offices de placement paritaires, municipaux, départementaux, régionaux, reliés entre eux et au centre national, offriraient à la classe ouvrière le maximum de garantie pour mobiliser et diriger la main-d'œuvre disponible où les besoins industriels et agricoles la réclament.

La Confédération Générale du Travail, gardienne des intérêts généraux de la classe ouvrière ainsi que des organes constitutifs, Fédérations, Unions, départementales et syndicats, doivent donc s'efforcer, dans leur champ d'action propre, d'agir efficacement pour faire du placement paritaire, corporatif, industriel, communal, départemental, régional et national, une réalité active contre les abus des mercantis du chômage et les visées du patronat, tendant à encombrer de bras le marché français du travail au détriment des travailleurs nationaux et étrangers eux-mêmes.

Main-d'œuvre étrangère

L'avis de la Commission concernant cette importante question est qu'il y a lieu d'orienter l'effort de la C. G. T. et de toutes les organisations qui la composent vers un but précis qui, pouvant être réalisé assez rapidement, permettra d'agir pratiquement en vue d'arriver à une amélioration de la situation.

La Commission a examiné les nombreux inconvénients et dangers résultant du manque de bases sérieuses de garanties existantes, du mode actuel du recrutement et de l'emploi de la main-d'œuvre étrangère.

Le patronat a une propension toute naturelle et intéressée à exagérer les besoins industriels, agricoles et commerciaux, pour justifier l'émigration et l'emploi, dans notre pays, de travailleurs étrangers en surnombre et sans garantie aucune sur la qualification réelle de l'émigrant.

Nous devons dire que nous ne sommes pas hostiles à la venue en France de travailleurs étrangers, mais nous devons dire également que notre mission syndicale sociale est de protéger d'abord les intérêts de la main-d'œuvre nationale.

Jusqu'à maintenant, les pouvoirs publics se sont contentés de prendre des décrets sur la matière, décrets qui ont été sans portée réelle. Aujourd'hui, un projet de loi a été déposé par le Gouvernement.

Il est absolument indispensable que les organisations ouvrières et la C. G. T. prennent position à ce sujet et fassent connaître leur point de vue pour tenter de sauvegarder efficacement les intérêts des travailleurs concordant avec ceux de l'économie politique du pays.

Le projet de loi dont il s'agit a un défaut capital, c'est qu'il dessaisit le ministère du Travail d'un département qui lui est propre pour le transférer au ministère des Affaires étrangères.

A moins que l'on ait l'intention, dans les milieux gouvernementaux, d'utiliser le flux ou le reflux de la main-d'œuvre étrangère en prévision de tractations diplomatiques, ce que nous ne pouvons admettre, nous ne voyons pas les raisons de cette affectation ministérielle où les intérêts véritables des travailleurs ne peuvent trouver place.

Il n'est pas besoin de nous appesantir sur les dangers que contient une semblable transposition dans les pouvoirs et le contrôle vis-à-vis de la main-d'œuvre étrangère.

Dans son article 2, ce projet dit que l'Office national de l'émigration aura dans ses attributions l'introduction de la main-d'œuvre étrangère et coloniale dans les limites et conditions approuvées par les ministres compétents.

Nous nous demandons sous quelle forme la compétence de ces ministres est comprise.

D'autre part, ce projet de loi ne dit rien de la composition et des attributions du Conseil d'administration de l'Office national dont il prévoit la création.

Il y a donc lieu, pour la C. G. T., d'œuvrer en vue d'obtenir le vote d'un projet de loi contenant de plus grandes précisions concernant cet Office national.

La Commission estime que cet Office devrait être constitué comme les Offices de placement paritaire, c'est-à-dire mi-partie par des représentants de l'industrie et de l'agriculture et mi-partie par les représentants des travailleurs désignés par la C. G. T., expression spécifique des intérêts ouvriers.

La Commission est d'avis que cet Office doit être en rapports constants avec les Offices départementaux de placement constitués sous la forme définie dans la première partie de ce rapport.

C'est donc dans ce sens que les organisations ouvrières doivent aiguiller leur action.

Quelle forme d'action doit-elle revêtir?

Par l'action des Unions départementales et des syndicats, les représentants politiques du corps électoral doivent être touchés et mis au courant de l'opinion de la classe ouvrière dans ce domaine.

La C. G. T. elle-même doit agir auprès du Parlement pour influer sur les législateurs, cela, sans écarter tout autre point de l'action susceptible de faire prédominer l'intérêt des travailleurs; en somme, laisser à nos organismes syndicaux et centraux toute latitude pour arriver à obtenir des garanties réelles dans cette question de la main-d'œuvre étrangère.

En outre, la Commission préconise la constitution d'un organisme syndical international d'aide et de protection pour la France à l'égard de la main-d'œuvre étrangère. Cet organisme serait chargé d'établir à ce sujet la liaison entre les différentes Fédérations nationales d'industrie de chaque pays concernant spécialement la défense des intérêts moraux et matériels des émigrants de toutes les nationalités. Cet organisme serait susceptible de faciliter le recrutement syndical de la main-d'œuvre étrangère occupée en France.

Cet exposé est en même temps notre conclusion. Il contient les précisions nécessaires pour orienter l'effort des organisations ouvrières dans cette question de la main-d'œuvre étrangère.

Le Président. — Que ceux qui sont partisans d'adopter ces deux rapports le manifestent en levant la main. (*Adoptés à l'unanimité.*)

Avant de donner la parole au prochain rapporteur, je vais vous donner lecture d'un message qui a été remis au bureau avec proposition d'envoi :

Le Congrès ému de l'épouvantable catastrophe de Beuthem (Haute-Silésie), qui fit 300 victimes, jetant une fois de plus le deuil au sein de l'Internationale minière, envoie ses témoignages de condoléances aux familles des victimes.

Je crois qu'il est inutile d'entrer en discussion et que le vœu est adopté à l'unanimité.

Nous continuons par le rapport sur le sursalaire familial. La parole est au camarade Buisson.

Biot. — Avant d'entendre un autre rapporteur, plusieurs camarades vous demandent de bien vouloir vous prononcer sur cette proposition :

Tenant compte du temps qui s'écoulera entre la tenue de ce Congrès et la publication du compte rendu sténographique de ses travaux, nous serions heureux si, en vue d'aider à la propagande à faire, la C. G. T. fasse éditer en brochure tous les rapports présentés au Congrès.

Marchand. — Pour ma part, je crois que ce serait atténuer de beaucoup la portée de la brochure qui a été décidée préalablement. Les résolutions présentées peuvent être incluses dans *La Voix du Peuple*.

Biot. — C'est au cas où le compte rendu sténographique devrait paraître dans six ou sept mois.

Le Président. — Je crois que nous pouvons renvoyer cette question à la Commission administrative de la C. G. T.

La parole est à Buisson.

Le sursalaire familial

Buisson. — Le problème du sursalaire familial ne figurait pas primitivement à l'ordre du jour de ce Congrès. Nos amis ont pensé, en raison de son importance toute nouvelle et de son actualité urgente, qu'il convenait cependant que le Congrès envisageât cette question et décidât la position que devait occuper notre mouvement syndical en face de ce problème qui est après tout un problème d'après-guerre, problème important peu connu encore dans nos milieux.
Je voudrais tout de suite rappeler à nos camarades le nombre de travailleurs des corporations les plus diverses qui ont eu à connaître le sursalaire familial.

Ce sont d'abord les travailleurs de l'Etat qui, par la loi du 7 avril 1917, ont connu l'allocation familiale, et les travailleurs de l'Etat, d'après les déclarations même du ministre du Travail, représentent en France 690.000 ouvriers et employés.

Ce sont ensuite les travailleurs des chemins de fer qui, pour leur ensemble, par les conventions du 12 mars 1918, modifiées en 1918 et en 1919, connaissent le sursalaire familial, et il y a en France 400.000 ouvriers et employés des chemins de fer.

Ce sont, par extension, et par application du principe de l'Etat, la plupart des travailleurs des départements, les trois quarts des départements de France qui ont adopté pour leurs ouvriers et leurs employés les allocations familiales, et dans l'ensemble on estime là encore 150.000 ouvriers et employés qui bénéficient du sursalaire familial.

Par extension toujours, de nombreux services concédés : gaz, électricité, transports, etc., voient appliquer dans les cahiers des charges qui fixent leurs conditions de travail, le principe du sursalaire. Enfin, ce sont les 330.000 mineurs de France qui, eux aussi, ont à connaître le sursalaire.

Pour les établissements privés, on estime à 50.000 ou 100.000 ouvriers et employés ceux qui bénéficient du sursalaire familial directement accordé par leurs patrons sans l'intermédiaire des caisses de compensation. Et on estimait encore, il y a quelques mois — le chiffre s'est développé depuis — à 600.000 ceux des travailleurs qui, par l'intermédiaire ou avec le concours des caisses de compensation, des caisses de garantie, connaissent le sursalaire familial. Le 17 novembre 1921, au Conseil supérieur du travail, le directeur du travail, faisant état de ces chiffres, pouvait dire qu'il y avait en France 2.200.000 travailleurs qui connaissaient le sursalaire familial.

Vous voyez tout de suite que la question a son importance, qu'elle mérite que notre Congrès s'y attarde un moment et prenne ses dispositions pour l'examiner et pour défendre sur ce point l'intérêt ouvrier. Il y a à côté de cela une autre raison, raison d'actualité, qui va concerner quelques-unes de nos Fédérations. L'engouement, la faveur que les comités divers, que les ligues de natalité ont accordé au sursalaire, ont créé dans le monde parlementaire un état d'esprit particulièrement favorable. Le groupe des familles nombreuses au Parlement a mené campagne pour le sursalaire, pour le projet Bokanowski d'abord, pour d'autres systèmes ensuite, et on a abouti de ce fait à la loi du 19 décembre 1922 qui rend possible aux communes l'obligation pour les entrepreneurs d'accorder à leur personnel, pour les travaux publics d'entreprise, l'application du sursalaire familial.

« Les cahiers des charges, dit le texte de la loi, des marchés de travaux publics passés au nom de l'Etat, des établissements des communes et des établissements publics pourront prévoir l'obligation pour les soumissionnaires de servir des allocations familiales au personnel engagé à ses travaux. Un décret pris, dans la forme des règlements d'administration publique, déterminera les modalités d'application de la présente disposition. »

A l'heure actuelle, le ministre du Travail a fait son projet de décret pour porter règlement d'administration publique. Il l'a, suivant la coutume, présenté devant ceux qui sont intéressés. Il a consulté les Ligues de natalité, il a consulté les entrepreneurs de bâtiment, il a consulté les différents syndicats patronaux et le Comité des allocations familiales de la rue de Madrid, mais il a oublié totalement de consulter les travailleurs intéressés sur cette question.

Il nous apparaît, à nous, que, sur ce point, comme sur tous ceux qui concernent les questions de travail, on doit écouter la voix ouvrière et, sur ce sujet, elle a, nous semble-t-il, beaucoup de choses à dire, car les expériences de sursalaire familial, avec ou sans caisse de compensation, nous ont montré que ce principe nouveau, cette organisation nouvelle, si elle présentait pour quelques-uns de nos camarades certains avantages matériels au moins apparents, elle constitue en réalité un danger pour les organisations syndicales et pour l'émancipation des travailleurs.

Enfin, l'organisation des caisses de compensation se constitue et se renforce chaque jour. Il y a un mois et demi, on célébrait à Paris la fondation de la centième caisse de compensation d'allocations familiales. Et là encore, je vous demanderai la permission de présenter devant vous quelques chiffres qui vont vous montrer l'importance de cette question.

La plus importante des caisses d'allocations familiales de Paris, la Caisse interindustrielle parisienne, que fonda un industriel de la métallurgie, M. Richemond, a versé, au cours de l'exercice 1921, pour 11.444.031 francs d'allocations. Elle se répartit sur un effectif de 187.179 ouvriers et elle a accordé des allocations familiales à 68.096 enfants.

La caisse du textile de Roubaix-Tourcoing qui, surtout pour l'importance des allocations qu'elle apporte, constitue ce que les patrons ont appelé la caisse-type, la caisse-modèle d'allocation. Celle-là a versé pour 6.800.000 francs. La caisse de Lyon en a versé pour 1.843.000 francs, celle du bâtiment de Paris pour 1.702.000 francs. Et des statistiques nouvelles, qui viennent d'être publiées par le Comité des allocations familiales de la rue de Madrid, attestent que la plupart des caisses d'allocation sont en progression, que le nombre de leurs adhérents patrons, que le nombre des allocations versées, des cotisations reçues se développe dans des proportions considérables. Il y a bien eu, çà et là, comme dans toute organisation, des vicissitudes, des désaccords et des difficultés, mais l'ensemble atteste l'intérêt qu'ont cru y trouver les patrons pour lutter contre nos organisations ouvrières. On a amené chaque jour davantage les patrons dans ces caisses de compensation, que nous allons voir demain, si nous n'y prenons garde, dressées comme des machines de guerre contre nos organisations syndicales ouvrières.

Que nos camarades me permettent de rappeler qu'un des principaux défenseurs de l'allocation familiale, un de ceux qui, dans les différents Congrès de natalité, dans les différentes manifestations publiques des caisses de compensation, ou de ses comités, ont défendu, sous des dehors philanthropiques, la théorie de l'allocation, est précisément le représentant du consortium du textile de Roubaix-Tourcoing, un de ceux que nos camarades du Nord connaissent pour être des plus réfractaires à l'émancipation ouvrière, et même un de ses plus acharnés ennemis, M. Ley, le commis du Consortium textile de Roubaix-Tourcoing, celui qui organise la résistance dans le Nord, chaque fois que nos camarades du textile font une réclamation, si justifiée soit-elle. M. Ley préconise, aux yeux de tous les patrons, le sursalaire comme étant la forme la plus juste et la plus équitable de rémunération du travail. Il dit que les vieux principes des économistes orthodoxes, que les vieilles théories « à travail égal, salaire égal » ne doivent plus avoir cours aujourd'hui et qu'on doit tenir compte en même temps de la valeur-travail et de la valeur sociale que représente le travailleur, en ce sens que, chargé de famille, il sert au bénéfice de la collectivité. « Et alors, dit M. Ley, nos allocations familiales viennent corriger dans une certaine mesure l'injustice de salaires qui sont répartis suivant le travail lui-même. »

Cela, c'est la théorie pour le public. Cela, c'est la théorie pour le Parlement, mais notre camarade D'Hont, représentant de Roubaix, au sein de notre Commission, nous a apporté des chiffres très précis que nous publierons d'ailleurs prochainement dans le journal *Le Peuple* et qui montrent tout simplement que cette généreuse philanthropie du Consortium textile, que cette théorie superbe, généreuse du sursalaire familial n'a été, pour le consortium de Roubaix-Tourcoing, qu'un moyen d'escroquer, à nos camarades ouvriers textiles de Roubaix, un certain nombre de milliers de francs.

S'il n'y avait encore que l'escroquerie purement matérielle, nous serions en droit de nous en plaindre, de la blâmer, de réagir contre elle; mais il y a plus, il y a l'organisation systématique voulue, habile, du terrorisme chez les ouvriers du textile.

Comment procède-t-on ? Ah ! le procédé est simple, on établit le 30 de chaque mois le compte des allocations familiales et puis on dit, à ce moment-là : « Lorsque l'ouvrier passera à la caisse pour toucher son salaire, on lui paiera en même temps une allocation par tête d'enfant. » Allocation qui arrive, à partir de quatre enfants, à représenter 3 francs par journée de travail effectif de l'ouvrier. Mais, si au cours du mois, l'ouvrier a estimé devoir quitter son patron le 28 ou le 29 du mois, on oublie de lui payer l'allocation familiale. Les règlements visent que c'est le 30 du mois seulement que l'allocation doit être payée à ceux qui sont en service.

D'autre part, si l'ouvrier a besoin de s'absenter au cours de son travail pour aller, par exemple, aux obsèques d'un de ses amis, il faut qu'il ait une autorisation, ou bien, sans cela, pour une heure d'absence seulement, c'est la suppression de l'allocation familiale, non pas pour la représentation de l'heure perdue, mais pour la totalité du mois.

Si l'ouvrier croit devoir faire un mouvement de revendication, fut-il seulement de quelques heures, comme il y a quelque temps, il y a eu une manifestation de 24 heures au sujet des grèves du Havre, alors, gravement, le Comité de l'allocation familiale déclare : « Pendant un mois, suppression des indemnités familiales. » Voici des camarades qui, par solidarité ouvrière, abandonnent le travail pendant une journée, et la représaille patronale s'exerce contre qui ? Contre leurs enfants.

Vous savez que, dans le Nord, ce problème a quelque importance, parce que le département du Nord est un département où les familles sont nombreuses et où, par conséquent, les conditions d'existence sont particulièrement difficiles. C'est un moyen, pour le patronat, d'exercer d'une façon spéciale et particulière sa domination, et puis c'est un moyen aussi pour réduire les salaires ouvriers, car le sursalaire familial, suivant la présentation qu'en font les patrons, a son incidence directe sur le salaire proprement dit.

L'acte de générosité du Consortium Roubaix-Tourcoing s'est consacré par une baisse de salaires particulière en 1921. Nos camarades du textile, en présence de l'augmentation du coût de la vie, en présence de l'augmentation des coefficients officiels déterminant le coût de la vie, font grève pour l'augmentation des salaires. La différence des coefficients devrait leur faire accorder une augmentation de salaire de 30 centimes de l'heure. Que fait alors la caisse de compensation ? Et bien, je veux écouter les déclarations faites par M. Ley lui-même et sous une forme extrêmement édulcorée : « Dans telles circonstances données, dit-il, il est arrivé au Consortium de prendre des initiatives qui valent d'être signalées. En octobre 1920, une augmentation de salaires apparaissait comme indispensable, le Consortium décida de faire deux parts de cette augmentation, il accorda la première à ses ouvriers et la seconde fut versée à la caisse de compensation sous la forme d'une augmentation de cotisation, ce qui permit d'assurer, etc. »

Ainsi donc, voici une première preuve de l'incidence directe du sursalaire sur le salaire proprement dit. Mais c'est l'ensemble des patrons qui préconisent le sursalaire pour ce même argument. Mais voici le *Bulletin Syndical des Mécaniciens, Chaudronniers et Fondeurs de France*, d'avril 1921, qui, préconisant pour ses adhérents la collaboration aux caisses d'allocation, dit : « L'élévation des salaires n'a d'autres résultats qu'une augmentation de prix de tous les produits et une aggravation de la vie chère. Au contraire, les allocations familiales, *modérant* le taux des salaires, donnent satisfaction aux besoins les plus réels. »

Disons que ce n'est pas seulement en France que le sursalaire a été institué et surtout en vue de modérer, suivant l'expression des patrons fondeurs, le taux des salaires. Rappelons-nous qu'en Australie où fonctionne régulièrement, normalement, d'une façon étatiste d'ailleurs, le sursalaire familial, ce fut précisément à un moment où l'augmentation des salaires avait déterminé la fixation de nouveaux barèmes de bases de salaires, et c'est devant la protestation générale des patrons que le Gouvernement ou plus exactement la Cour d'arbitrage employa ce nouveau système, qui consistait à fixer un minimum de salaire, mais à ajouter en même temps des primes par tête d'enfant. Ainsi on réduisait le salaire de base et on donnait comme compensation des allocations pour charges de famille.

Dangers du sursalaire familial ? Je crois en avoir indiqué quelques-uns, qui tiennent à la constitution même des caisses de compensation, merveilleuse organisation de domination patronale. Mais lorsque le sursalaire est accordé, comme cela se fait, par exemple, dans les entreprises d'extraction minière, directement par l'employeur sans passer par une caisse de compensation, il présente d'autres inconvénients. Un patron pourra, aux heures de prospérité de son entreprise, décider le sursalaire, le payer normalement avec les salaires de ses ouvriers. Mais vienne une période de crise économique, une période de ralentissement des affaires, il faudra équilibrer le budget, il faudra mettre debout le bilan de l'entreprise et, comme toujours, on cherchera à diminuer les frais généraux sur la main-d'œuvre. Comment cela ? Supprimer les allocations familiales, il n'y faudra pas songer. Les patrons du bâtiment de Roubaix ont bien prévu le cas où, si l'ensemble des patrons n'adhéraient pas à la caisse de compensation, il faudrait peut-être supprimer l'allocation familiale; ils ont prévu le cas où nos camarades ouvriers réclameraient en échange une augmentation de salaires. Donc on ne pensera pas à supprimer l'allocation familiale qui sert trop bien les desseins patronaux, on songera à limiter les dépenses qu'elle représente pour les industriels et alors, peu à peu, on éliminera de l'entreprise les travailleurs mariés, chargés de famille, pour prendre seulement les travailleurs mariés sans enfants ou célibataires. Ce n'est pas cela peut-être ce que théoriquement on désire, mais c'est la pratique à laquelle on aboutit.

Avec la caisse de compensation, autres inconvénients. Nous en avons signalé quelques-uns; j'ajoute que quelques organisations de caisse les ont complétés d'une façon un peu spéciale. Toujours dans le Nord, qui est le type des caisses à la mode patronale, on a créé, sous prétexte de donner aux mères des conseils de puériculture, des dames visiteuses qui s'en vont apporter d'excellents conseils sur la manière d'élever les bébés et de faire l'allaitement, mais qui, lors de la dernière grève textile, se répandaient dans les maisons ouvrières, au moment où nos camarades étaient à leurs réunions syndicales pour effrayer les femmes et leur faire exercer la pression habituelle contre nos camarades pour les faire rentrer à l'usine. Machines de guerre, pas autre chose ! (*Applaudissements.*)

Je résume. L'allocation familiale, telle qu'elle est pratiquée à l'heure actuelle par le patronat, représente pour nous, pour la classe ouvrière, pour son émancipation, un danger. Mais, cependant, nous ne saurions nier que la collectivité elle-même doit avoir le souci des familles nombreuses, que la collectivité nationale doit s'intéresser à l'enfance, à la famille, qu'elle doit aider dans une certaine mesure à élever les enfants, et à faire qu'au moment de leur naissance, il n'y ait point au logis ouvrier une telle misère que la naissance de l'enfant se fasse avec un manque total d'hygiène.

C'est l'œuvre de la collectivité, c'est l'œuvre de la solidarité sociale qui doit s'exercer. Ce ne doit pas être l'œuvre de la charité philanthropique, charité dont nous nous défions toujours, parce que nous savons que philanthropie et charité servent surtout à humilier celui qui reçoit et servent aussi à accroître la puissance de domination de celui qui donne.

Non ! plus de philanthropie, ce n'est pas cela que réclament nos organisations syndicales : justice sociale, c'est cela que nous voulons et c'est pour la justice sociale que nos organisations syndicales continuent toujours implacablement leur combat. (*Très bien !*)

Justice sociale ! Nous l'aurons sur ce point en demandant, en réclamant, en agissant pour que les primes d'allaitement, les primes aux familles nombreuses, l'aide aux femmes en couches, constituent un service social national, alimenté par la contribution de la collectivité, alimenté aussi par la contribution patronale, parce que, sur ce point, le patronat doit reconnaître comme nous la nécessité de ne pas manquer de main-d'œuvre, et c'est peut-être pour cela qu'au début on avait créé l'allocation familiale. Eh bien, nous leur disons : « Si vous êtes pour ce principe, vous avez comme devoir d'apporter votre contribution au service social que nous voulons créer. »

Puis enfin, gestion du service, non plus entre les mains des seuls patrons qui vont en faire là une machine de guerre contre leurs ouvriers, mais gestion par tous les intérêts en présence. Gestion par ceux qui contribuent de leurs deniers, gestion par ceux qui sont les intéressés, qui seraient chargés de répartir eux-mêmes les fonds provenant de la cotisation patronale pour l'allocation. Un patron ayant d'ailleurs soutenu ce point de vue se fit conspuer d'importance par M. Ley, par M. Mathon, par M. Bonvoisin et par tous les manitous de l'allocation. N'empêche que nous trouvons encore, même dans les rangs des patrons, des gens qui acceptent le contrôle ouvrier dans la répartition de l'allocation. Nous nous servirons de ces arguments pour la campagne que nous avons à mener, persuadés que c'est seulement par ces moyens que nous empêcherons la généralisation dangereuse d'un système qui sert à l'heure actuelle aux syndicats patronaux à renforcer à la fois la forme nouvelle, paternelle en apparence, de leur action, et, d'autre part, leurs moyens de compression et de réaction à l'endroit du monde ouvrier.

Je m'excuse de passer sur quelques détails qui mériteraient cependant d'être présentés. Voici le projet de résolution qu'à l'unanimité la Commission vous présente :

Le Congrès considère que l'aide aux familles nombreuses, l'institution d'allocations en cas de naissance et pour l'allaitement constituent des services sociaux que la collectivité a le devoir d'organiser au même titre que la protection contre le chômage, la maladie, l'invalidité ou la vieillesse. Le recours systématique à la charité privée ou à la philanthropie est incapable d'apporter sur ces questions les solutions convenables et risque de favoriser les plus dangereuses servitudes.

Le Congrès met les travailleurs en garde contre la pratique du sursalaire familial.

Inventé par le patronat, au cours de sa lutte contre les organisations syndicales ouvrières, le sursalaire constitue un danger. Il aide, par incidence, à l'avilissement des salaires et risque d'opposer dans leurs revendications les ouvriers chargés de famille à leurs autres camarades.

Pratiqué isolément par le patron, il risque d'inciter ce dernier à évincer du travail les ouvriers chargés de famille pour diminuer les charges de son entreprise.

Pratiqué avec le concours des caisses de compensation, il met aux mains du patronat un dangereux système de fiches; il lui permet une ingérence inadmissible dans le foyer ouvrier; il est un moyen de maintenir, par des réglementations abusives, les travailleurs en tutelle et de contrecarrer tous leurs efforts d'émancipation.

D'une façon comme de l'autre, son organisation actuelle constitue en fait un accroissement des moyens de réaction et de domination dont le capitalisme dispose.

À l'encontre de cette fausse et dangereuse philanthropie dont les travailleurs font tous les frais, le Congrès réclame l'application de salaires minima syndicalement déterminés.

Il réclame l'organisation, par la collectivité nationale, de l'aide efficace aux familles nombreuses, sous la forme d'allocations familiales, d'allocations à la naissance et de primes d'allaitement.

Les charges résultant de ce service devront être couvertes par des contributions obligatoires des employeurs et des contributions de la collectivité. La gestion de ces fonds et la répartition des allocations devront être confiés à des comités officiellement désignés et comprenant des représentants élus par les différents intérêts en présence.

Ces allocations qui constituent un droit social, doivent être complètement indépendantes du travail. Elles ne doivent pas être soumises à ses fluctuations ; la maladie, le chômage sous toutes ses formes, ne doivent pas avoir pour conséquence d'en priver la famille bénéficiaire.

LAUGEROTTE (*Livre*). — Je ne veux pas éterniser le débat et diminuer l'impression que l'orateur nous a donnée. Il nous a expliqué la question avec un intérêt exceptionnel. Je veux ajouter que, si l'organisme fédéral du Livre a eu occasion de batailler contre le patronat au sujet de ces tentatives d'instauration du sursalaire familial, je regrette que mon camarade de Bordeaux soit retenu à la Commission des finances, car il aurait été mieux placé que moi pour vous donner des renseignements là-dessus. Je serai néanmoins très bref. Il y a une grève qui a duré, je crois, plus de deux mois pour s'opposer à l'instauration du sursalaire familial. Pour établir un nouveau salaire d'après les indices, ces messieurs avaient donné aux uns tout, en ne donnant pas aux autres. Nous nous y sommes opposés d'une façon énergique et la section du livre de Bordeaux a battu les patrons sur ce point.

D'autre part, le Comité fédéral du Livre a examiné cette question pour son compte personnel et chaque fois que ses délégués ont été auprès des pouvoirs publics, ils ont soutenu le point de vue qui est celui du rapporteur. C'est une question d'ordre social et le patron n'a pas à s'immiscer dans cette question-là.

Je conclurai en disant que le Livre principalement se rallie à cette proposition et la votera par acclamation.

Le Président. — Je mets aux voix le rapport présenté par le camarade Buisson. (*Adopté à l'unanimité.*)

La parole est au camarade Lenoir, rapporteur de la quatrième Commission sur le Conseil national économique, la Nationalisation industrialisée et le Contrôle ouvrier.

Le Conseil économique National

LENOIR. — Camarades, il ne faut pas vous effrayer si je suis chargé de rapporter en série pour la quatrième Commission ! Notre travail ne pouvait consister qu'à examiner au point de vue général ces questions qui, d'ailleurs, sont étudiées depuis des années et sur lesquelles les Congrès précédents se sont prononcés. En réalité, nous n'avons qu'à observer le passé. Nous avons eu à enregistrer les raisons pour lesquelles le Conseil national économique du travail a cessé son fonctionnement et prendre des dispositions nouvelles pour reprendre cette étude et pour donner mandat à la C. G. T. de poursuivre ses travaux sur ce principe.

Pour entrer dans les détails ou pour formuler des solutions aux divers problèmes sur le principe du Conseil national économique, sur la Nationalisation, sur le Contrôle ouvrier, il faut que nous tenions compte que les modalités d'application ne sont pas uniformes et que nous n'avons pu que donner des indications au point de vue général.

J'ai d'abord en mains un rapport qui a été établi par notre camarade Bartuel. Vous savez que la Fédération des mineurs a établi un projet complet de Nationalisation industrialisée des mines.

Ce rapport ne traite pas que la question des mines, il traite la question au point de vue général et c'est sa compétence que vous rencontrerez dans une partie de ce rapport.

Je vous donne lecture de ce rapport qui se divise en trois parties :

Le Conseil économique

Le Congrès confédéral affirme à nouveau les décisions et résolutions des Congrès de Lyon, Orléans et Lille, relatives au Conseil national économique.

L'expérience des dernières années atteste avec une vigueur sans cesse exercée la profonde incohérence, les dangers redoutables, les conséquences périlleuses que comporte le système économique actuel exclusivement guidé par l'avidité et par l'esprit de domination politique et social d'une minorité pour laquelle la production et la consommation ne sont que des domaines de profits, de spéculation et de subordination.

Résolu à dresser en face de l'oligarchie industrielle, de la ploutocratie financière, un organisme qui substitue au principe de l'intérêt individuel et désordonné, le principe de l'intérêt général et de la cohérence de tous les organismes de l'économie nationale. Le Congrès donne mandat à la C. G. T. de réorganiser et de remettre en mouvement toutes les sections du Conseil économique, de poursuivre et de propager ensuite toutes les études entreprises sur les multiples problèmes que pose la transformation d'un régime qui, de plus en plus, devient un danger permanent contre la sécurité nationale, contre la paix entre les peuples et contre l'indépendance politique et sociale des nations.

Le Congrès précise, encore une fois, qu'un programme aussi complexe et aussi général nécessite une collaboration assidue et loyale de toutes les compétences, de tous les hommes qui reconnaissent l'arbitraire et l'humiliation qu'inflige aux collectivités nationales, un système économique basé sur la servitude ouvrière, sur l'exploitation du consommateur et qui ne puise sa force et n'assure sa continuité que, grâce à sa puissance de corruption, qu'il exerce sans scrupule, sur les consciences si immoralement cultivées par le régime capitaliste.

Il considère que si le mouvement syndical veut vraiment résoudre ce problème, il lui faut s'élever au-dessus des considérations subalternes, se dresser contre la simplicité des formules et apprécier que l'exploitation ne se limite pas au producteur manuel, mais qu'elle s'étend sur tout le domaine du travail, sur toutes les aptitudes et sur tous les hommes qui mettent leurs bras ou leur cerveau au service de la production.

Les Fédérations nationales d'industrie ont donc pour devoir de collaborer à l'œuvre entreprise et d'élargir leur champ de recrutement en faisant appel aux techniciens, aux intellectuels attachés à leurs industries et qui approuvant les principes généraux du programme économique de la C. G. T., manifestent le désir de lui accorder le concours de leur compétence et de leur conviction.

Considérations générales
sur la nationalisation des grandes industries

1° *Il existe de nombreux motifs à récrimination contre le régime industriel et commercial qui sévit par le monde en général et dans notre pays en particulier.*

Les services publics donnent lieu également à de multiples critiques, la plus part très justifiées. Enumérer tout cela, serait superflu, et plusieurs volumes n'y suffiraient pas.

D'ailleurs tant de choses ont été dites dans cet ordre d'idées et sur les sujets les plus divers, tant de documentations précises ont été apportées, qu'il suffit de retenir les points les plus essentiels pour se faire une opinion sur la valeur du régime et devenir partisan de sa transformation.

2° *L'économie sociale des peuples est tellement enchevêtrée, en raison de leurs productions différentes et de leurs besoins communs (presque identiques dans la plupart des cas), que leur solidarité les uns à l'égard des autres, devient une nécessité et une obligation de plus en plus évidente.*

La production, dans tous les domaines de l'activité humaine, constitue la richesse universelle dans chaque collectivité nationale, et chaque individu de ces collectivités doit obtenir une juste part pour subvenir à tous ses besoins de consommation, à toutes les nécessités de son existence.

3° *Cela implique forcément une réglementation de la production universelle, de manière à ce qu'elle s'équilibre avec les besoins de la consommation, et en même temps une équitable répartition de tous les produits afin que chacun obtienne ce qui lui est nécessaire et ne puisse se dire lésé dans ses droits.*

C'est le seul moyen pratique d'empêcher tout conflit de naître, car, en agissant ainsi, l'humanité extirperait de son sein le germe essentiel et primordial qui naît du besoin et se trouve à l'origine de tout conflit entre peuples, aussi bien qu'entre classes d'individus, ou même entre individus.

4° *Malheureusement, la société actuelle est instituée de telle sorte, que son organisation ne permet pas d'envisager la réglementation de la production dans le monde, sans au préalable avoir opéré les transformations indispensables dans les collectivités nationales elles-mêmes.*

Pour ces transformations, il suffit d'examiner celles qui sont utiles dans notre propre collectivité nationale, sans perdre cependant de vue le point qui doit les rattacher indissolublement aux autres collectivités de même ordre (répartition et échange), on peut être certain de faire ainsi besogne profitable, laquelle ne manquera pas un jour de porter ses fruits.

5° *Nous pouvons trouver chez nous l'exemple-type de ce qui se passe ailleurs. Que constatons-nous?*

a) *Que toutes les directives générales industrielles et commerciales se trouvent entre les mains de quelques individus;*

b) *Que ces mêmes individus détiennent également les directives générales du mouvement des capitaux qui peuvent être mis à la disposition de l'activité productive du pays;*

c) *Que le reste de la collectivité, et y compris le gouvernement tributaire (sous toutes les formes de la production et de la consommation) de cette fraction d'individus, privilégiés et couverts par une série de lois ou décrets promulgués à leur avantage;*

d) *Qu'en dehors de cette concentration au sommet, établie pour donner la puissance et la domination à quelques-uns sur tous les autres, il n'existe plus ensuite aucune coordination, aucun effort solidaire pour le bien de la communauté, mais seulement des efforts dispersés où se dépensent sans compter les forces vitales du pays; des groupes et des individus luttent contre d'autres groupes et d'autres individus, pour des intérêts qui se contrecarrent et se heurtent sans cesse et sont à l'opposé de l'intérêt général du pays.*

De tout cela, il découle une lutte sans trêve et sans pitié, dans laquelle chacun s'exerce à se tirer d'affaire (le plus souvent au détriment des autres), en invoquant la lutte pour la vie dans laquelle les plus faibles sont écrasés.

6° *Lutte stérile, où les efforts se gaspillent en pure perte.*

Du point de vue de l'organisation de la production elle-même, si nous prenons en exemple les grandes industries, les Transports, les Mines, la Métallurgie, les Services sociaux de l'Etat, il est facile de se rendre compte que cette organisation est établie en dépit du bon sens. Et que, dans tous les cas, elle ne vise nullement à satisfaire aux besoins de la consommation du pays, pas plus que d'établir des relations cordiales pour échanger avec les autres pays. Surtout et par-dessus tout, son but unique est de servir des intérêts particuliers sans cesse grandissants, toujours inassouvis et insatiables.

7° *Chacun des groupes suscités devrait faire l'objet d'une étude spéciale. L'on s'apercevrait bien vite que si les modalités d'organisation paraissent divergentes de par la diversité de leur nature, elles n'en relèvent pas moins des mêmes directives générales et prêtent aux mêmes critiques dans leur ensemble.*

8° *L'aboutissant d'un pareil régime, qu'il convient de dénoncer, c'est la production réduite par le gaspillage et le désordre érigés en systèmes, la précarité des situations, la servitude des uns, la vénalité des autres, les dépenses exagérées d'un côté, insuffisantes de l'autre; la concurrence impossible, grâce à une concentration des directives en quelques mains, et la ruine pour ceux qui veulent rester indépendants, leurs moyens réduits étant insuffisants; le manque de méthode, la routine indécrottable, des prix de revient trop élevés pour une production trop restreinte; d'où manque à la consommation, prix d'achat exorbitants, vie chère et misère.*

9° *Il ne suffit pas de dénoncer tout cela en bloc. Encore faut-il, pour chaque groupe industriel ou commercial, ou pour chaque service d'Etat (que l'on désire voir transformer), apporter un ensemble de faits justifiant cette transformation.*

Ensuite, pour les mêmes groupes (car il ne saurait être question de transformer tout à la fois), il est nécessaire d'établir les données du nouveau régime de remplacement que l'on préconise non seulement dans une formule générale, mais dans tous les détails d'application du fonctionnement que l'on prévoit pour l'avenir.

Il est donc nécessaire que des projets soient établis par chaque organisation nationale d'industrie ou de métier, car ce ne sont qu'elles qui peuvent réunir la documentation indispensable à étayer ces projets.

10° Inconstestablement, il faut prendre le contre-pied de ce qui existe cluellement. Les projets à établir doivent opposer l'intérêt général à l'intérêt particulier. Ils doivent prévoir une organisation dans laquelle, à tous les degrés, les principales fractions sociales intéressées (producteurs, consommateurs, État, départements et communes) se trouvent représentés.

De telle sorte que l'ensemble de la Nation, par ses délégués à l'Administration désignés par les fractions ci-dessus, ait la possibilité de diriger toutes ses entreprises et à son profit exclusif.

De telle manière, enfin, que toutes les anomalies actuelles disparaissent pour pouvoir atteindre le maximum de production et au meilleur compte, et pour la satisfaction de tous les besoins de la consommation en suffisance et à bon marché, synonyme de bien-être général. Sans en exclure, en outre, les possibilités de répartition et d'échange entre nations, afin que (chacune ayant à suffisance) soit bannie à jamais, toute guerre et que règne enfin la paix universelle. Pour obtenir, en un mot, la nationalisation des industries et services publics.

Le Congrès National Confédéral ne peut que prendre en considération un rapport d'ensemble d'ordre général, ou plutôt confirmer à nouveau sa volonté d'aboutir à la nationalisation des grandes industries et des services publics.

Mais, en plus, il se doit à lui-même d'indiquer que des formules générales sont insuffisantes à résoudre ce problème important, et qu'il est indispensable, pour chaque industrie ou service visés, d'établir des projets complets et très détaillés qui feront comprendre à la classe ouvrière en particulier et au public en général, comment peuvent et doivent, à l'avenir, fonctionner ces industries et ces services, pour atteindre le but que nous nous proposons et passer, sans perturbation préjudiciable à la collectivité, à un nouveau régime de production accrue, de consommation largement satisfaite, de répartition et d'échanges faciles, de bien-être, de paix et de liberté.

Alors seulement la classe ouvrière, le public comprendront tout ce que contient le mot nationalisation *et les bienfaits qu'un tel régime peut comporter.*

Alors seulement il sera permis d'espérer la création d'un courant favorable assez puissant pour vaincre toutes les résistances.

Le Congrès peut dire et doit dire tout cela. Il ne peut dire que cela.

Les Fédérations nationales ou de métier doivent établir les projets qui n'existent pas encore. Ensuite, il conviendra de les vulgariser par une publicité bien comprise, de façon qu'ils soient bien connus et que chacun, en les appuyant de toutes ses forces, sache pourquoi il agit en la circonstance.

Le Contrôle ouvrier

Le Congrès considère que la préoccupation la plus pressante et la plus légitime des travailleurs est celle d'assurer leur sécurité dans le travail par l'intervention des règles d'équité et de justice qui doivent impérieusement présider à l'administration et à la direction de la production.

Il déclare que la puissance industrielle qui se développe et se concentre avec les pouvoirs illimités que confère la possession des instruments de travail est aujourd'hui la négation pure de tous droits pour les travailleurs qui se trouvent livrés sans contrôle et sans recours à l'arbitraire, à la rancune et à la persécution patronale.

Le Congrès proclame que la première revendication à poursuivre sur le domaine le plus strict du travail doit reposer sur le contrôle ouvrier et syndical et doit porter :

1° Sur l'embauchage et le débauchage ;

2° Sur le respect des conventions syndicales qui concernent notamment les salaires, la répartition des heures de travail, la discipline et les sanctions et toutes autres dispositions qui peuvent se rapporter à l'industrie ou au métier considérés ;

5° Sur l'application des lois sociales et tout droit ouvrier juridiquement établi par l'usage.

Le Congrès précise qu'il est urgent de préparer et de conquérir cette première pénétration du droit ouvrier dans le travail lui-même. Il affirme de plus que ce droit est compatible avec la discipline et l'ordre à assurer dans le labeur, profitable à la continuité et à la valeur de la production, en même temps que les salariés sont certains de trouver dans leur sein tous les éléments éclairés, et compétents pour assurer équitablement le premier contrôle indispensable.

Quelle que soit la résistance violemment opposée par le patronat à la réduction de ses pouvoirs dictatoriaux, le Congrès estime que l'étude et la mise au point de cette revendication doit se poursuivre sans trêve. Il rappelle qu'il s'agit de détruire les privilèges qui pèsent le plus insolemment sur le travail, qui constituent la force et qui assurent la puissance politique et sociale du patronat et pour la défense desquels il est publiquement allié à toutes les réactions, à toutes les forces politiques, d'étouffement et de recul.

Le Congrès demande donc aux syndicats, aux Unions et aux Fédérations nationales de poursuivre sans relâche la propagande, et il est convaincu que, servant la cause du travail, la sécurité des travailleurs qui accomplissent consciencieusement leur tâche, assurent la liberté de conscience et l'indépendance morale des producteurs, cette propagande méthodiquement poursuivie, la valeur sociale du contrôle ouvrier démontrée avec mesure et clarté, une force invincible se groupera autour de cette revendication qui acheminera le travail vers sa liberté, qui permettra d'en entrevoir la grandeur et d'en garantir la fécondité.

LENOIR. — Voilà, camarades, les trois rapports votés à l'unanimité par la quatrième Commission.

Le Président. — La parole est à la camarade Jeanne Bouvier.

JEANNE BOUVIER. — Nous sommes en présence actuellement d'une loi qui s'appelle la loi du 10 juillet 1910, cette loi dit qu'un salaire minimum doit être payé à l'ouvrier. L'inspection du travail vient bien verbaliser pour un certain temps; mais il lui est impossible de verbaliser quand le salaire n'est pas payé. Voilà une quantité d'ouvrières livrées au patronat et qui ont des salaires de famine; nous avons négligé cette partie des travailleuses à domicile, c'est un tort que nous avons eu. Nous voyons qu'il y a des ouvrières qui ne touchent que 200 francs par mois, ce sont des salaires de famine que nous n'avons pas le droit de laisser continuer et nous avons le devoir de demander que le contrôle soit fait par des ouvriers.

Si nous avions pris la peine de nous occuper de ces questions, il y a long-temps que nous aurions mis les ouvriers au contrôle social, parce que nous savons très bien, je l'ai déjà dit dans des milieux divers, qu'il est impossible que cette loi soit appliquée si les ouvriers ne font pas constater que les salaires ne sont pas payés. Si un ouvrier était délégué, il pourrait signaler au syndicat ce qui se passe, et comme le syndicat est le tuteur naturel des travailleurs, il pourrait engager les poursuites pour les salaires insuffisamment payés.

Je demande que les travailleurs s'imprègnent de ce qui se passe actuelle-ment. Il y a une campagne faite sur la division du travail pour établir l'indus-trie familiale, il y a une campagne faite par une partie de l'artisanat qui fait livrer des machines pour établir des ateliers familiaux qu'on est en train de développer.

Dernièrement, au Comité de salaires, un patron du textile disait qu'on oppo-sait les salaires des ouvrières à domicile aux salaires des ouvrières en atelier. Il prétendait que, si on payait les mêmes salaires à domicile, ils n'auraient plus d'ouvrières dans les ateliers et il ajoutait : « Si vous voulez qu'on paye des salaires élevés à domicile, les ouvrières à domicile n'auront plus de tra-vail. » Il est en train de se constituer un parti puissant qui comprend les arti-sans et les patrons, c'est une classe puissante qui va se dresser contre la C. G. T. La question du contrôle ouvrier est une question primordiale qu'il faut étudier, il faut dénoncer cette manœuvre qui est en train de se propager. (*Applaudissements.*)

Le Président. — Je mets aux voix les trois rapports présentés par le cama-rade Lenoir. (*Adoptés à l'unanimité.*)

La parole est au camarade Perrot, rapporteur de la Commission sur les assurances sociales.

Les Assurances sociales

PERROT. — La question des assurances sociales n'est pas nouvelle pour aucun des militants réunis dans ce Congrès, pas plus qu'elle n'est nouvelle pour le mouvement syndical. Ce n'est pas d'aujourd'hui, mais de toujours que les organisations syndicales ont réclamé pour tous les travailleurs des garan-ties, des avantages qui ne les laissent pas à la merci de la misère, lorsque la maladie, l'invalidité ou la vieillesse les empêchent de tirer du travail de quoi vivre.

Cette question a été particulièrement marquée par la Confédération Géné-rale du Travail, lorsqu'au lendemain de la guerre, dans un programme mini-mum qui a eu un retentissement considérable, elle posait les revendications que le prolétariat entendait obtenir à l'issue de la guerre. C'est peu après cette déclaration de la C. G. T. que le Gouvernement prenait l'initiative de répondre aux affirmations ainsi formulées par le dépôt d'un projet de loi. Il est juste de dire que les préoccupations gouvernementales avaient certainement été influencées par les revendications ouvrières, mais il est juste aussi de procla-mer ici que la situation de fait qui existait en Alsace et en Lorraine qui allaient redevenir françaises obligeait le Gouvernement à apporter une solu-tion, solution qui ne pouvait guère être différente, c'est-à-dire d'accorder à l'ensemble des travailleurs français les bénéfices dont jouissaient déjà les tra-vailleurs d'Alsace-Lorraine.

Je ne vous ferai pas un exposé du projet de loi déposé au mois de mars 1921, nous avons fait, pour notre part, ce qu'il était possible de faire pour faire connaître aux organisations et aux travailleurs ce que qu'il était et ce que nous en pensions. Il est tout de même nécessaire de rappeler ici qu'il envisageait d'une façon assez large le problème de l'assurance et d'un certain nombre de risques, de ceux qui sont les plus pressants, de ceux qui sont destinés à frapper tout le monde, étaient envisagés. L'assurance prévoyait la maladie, l'invalidité, la vieillesse.

Aussitôt que ce projet fut déposé, il fut l'objet de commentaires bienveillants dans toute la presse. Mais cette bienveillance ne dura pas longtemps, car les intéressés se réveillèrent aussitôt et l'opposition patronale ne tarda pas à se manifester. On a quelque peu négligé dans nos milieux l'opposition patronale au projet d'assurances sociales. On l'a négligée parce que d'un autre côté aussi une autre opposition s'est manifestée dont il fallait tenir compte et à laquelle les militants ont été obligés de répondre. C'est l'opposition de certains milieux extrémistes, ou prétendus tels, qui sont venus opposer à la proposition qui était soumise au Parlement des arguments qui n'étaient pas sans répercussion sur l'opinion des travailleurs. Il n'en reste pas moins que l'opposition patronale s'est manifestée d'une façon continue, pressante et qu'elle a manœuvré tant qu'elle a pu pour que le projet de loi soit, sinon repoussé, chose qui lui paraissait difficile en raison de l'initiative qui l'avait fait déposer, mais tout au moins pour qu'il soit retardé et qu'il soit amendé de façon à ce qu'il ne corresponde plus à ce que nous réclamions, nous.

Nous avons signalé cette opposition patronale en son temps, elle fut celle d'abord de toutes les Chambres de commerce ou de presque toutes, puisqu'à ma connaissance je ne me rappelle que de la Chambre de commerce des Bouches-du-Rhône qui ne se soit pas élevée contre le projet; ce fut l'opposition des groupements de l'Union des intérêts économiques, des groupements patronaux des différentes industries. Parmi ceux-là, les plus acharnés à combattre le projet furent, comme il est naturel du reste, à tout seigneur, tout honneur, les industries textiles, les industries métallurgiques et minières groupées dans l'Union des industries métallurgiques et minières.

Le gros argument des patrons, c'est l'impossibilité de supporter les charges que leur causera l'assurance; et, par ailleurs, le gros argument des extrémistes est de combattre le versement ouvrier qui apportera une charge considérable aux travailleurs aussi. La seule opposition entre ces deux arguments montre le peu de valeur qu'ils ont l'un et l'autre. Il n'empêche qu'autant du côté patronal que du côté extrémiste l'argument avait de la valeur, car il est évident que, pour ceux qui ont le souci du développement de l'industrie et de la production dans notre pays, il ne serait pas indifférent que des charges considérables empêchent ce développement. Il ne serait pas non plus indifférent que des charges nouvelles viennent grever le budget des travailleurs.

Nous pensons que ces choses sont inexactes, que les assurances sociales ne seront pas une charge pour la production, et nous pensons aussi que le versement ouvrier n'apportera pas une aggravation au salaire du travailleur. C'est, du reste, dans une déposition complète et qui résume bien tous les arguments que, du côté patronal, on peut ramasser contre une loi d'assurances sociales, ce que démontre sans le vouloir la réponse faite par le Comité des forges à la Commission parlementaire chargée d'examiner le projet. En effet, la démonstration du Comité des forges, si elle se termine par un exposé très long des répercussions financières du projet sur la production, commence par

un exposé de toutes les œuvres d'assistance faites par les patrons et l'énumé-
ration des sommes considérables qu'ils dépensent pour ces œuvres; on peut
donc déjà en tirer une conclusion, c'est que, si les patrons dépensent déjà des
sommes considérables pour assurer à leurs travailleurs les avantages que les
assurances sociales prévoient, ils n'auront pas à faire de dépenses nouvelles
s'ils les accomplissent déjà. En réalité, ce n'est pas la dépense qui les préoc-
cupe le plus, ce sont les conséquences sociales du projet de loi qui viendront
contrecarrer leur projet de domination économique de leurs employés, de leur
personnel. Domination que les grandes firmes particulièrement s'employaient
à établir ces temps derniers par la construction de cités, par l'établissement de
sociétés de toutes sortes, par l'octroi de bénéfices réservés toujours aux travailleurs se conduisant sagement et écoutant les patrons. C'est parce qu'ils sentent
que toutes ces organisations qui leur permettraient d'exercer sur les travailleurs occupés dans leurs usines une domination contre laquelle les travailleurs n'auraient guère de prise, que les patrons se sont dressés contre l'assurance sociale, et qu'ils ont senti un danger auquel ils ont voulu parer en ten-
tant, non pas à attaquer la loi, parce qu'ils sentaient la difficulté sur ce terrain, mais en demandant le renvoi pour enquête et en agissant de façon que,
comme d'autres lois sociales, elle dorme pendant des années dans les cartons
du Parlement.

/ Camarades, à la Commission administrative, lorsque nous nous sommes
trouvés en présence de ce projet de loi, nous l'avons examiné sans parti-pris,
simplement en cherchant à comprendre tout ce qu'il pouvait apporter aux travailleurs.

Certes, nous aussi nous pouvions formuler des objections de principe. Nous
pouvions aussi maintenir la conception, qui est la nôtre, qui doit être celle du
mouvement syndical au point de vue des assurances sociales : l'assurance
sociale pour tous, fonctionnaires, ouvriers, travailleurs de la terre, de l'usine
ou de bureau. Nous pouvons aussi nous borner à cette position et ne pas entrer
dans l'examen des résultats pratiques possibles à obtenir. Sans abandonner
aucunement cette conception, nous avons pensé qu'il ne fallait pas nous attar-
der dans ce domaine théorique et qu'il nous appartenait d'examiner consciencieusement ce que l'on nous offrait, de voir si, dans son ensemble, cela nous
offrait des avantages tangibles, s'il était possible d'obtenir des améliorations
rendant encore ces avantages plus grands, et cet examen terminé, nous avons
conclu à une acceptation de l'ensemble dans les documents publiés par *Le
Peuple* et par *La Voix du Peuple*.

Cette attitude de la C. G. T., les raisons qui l'avaient guidée ont été portées
à votre connaissance et je ne les rappellerai pas plus longuement.

J'ai simplement voulu vous montrer que nous n'avions abdiqué aucun des
principes qui sont les nôtres, et que nous n'avions voulu apporter aux travailleurs qu'un peu de garantie, un peu de sécurité. Cependant, nous ne nous
sommes pas bornés à cette acceptation dans l'ensemble, et de suite nous avons
suggéré des modifications, des améliorations, que, dans le domaine présent et
sans chercher à bouleverser l'économie du projet, nous pouvions apporter à
ce qui nous était proposé, et améliorer de cette façon, considérablement, les
avantages déjà prévus.

Nous avons pensé qu'il était possible d'améliorer et d'augmenter le taux des
pensions prévues dans la période transitoire ou prévues pour les dernières
catégories. Nous avons pensé qu'il était nécessaire d'élever les taux maxima
d'admission à l'assurance; nous avons pensé également qu'il y avait dans le

projet une injustice flagrante, du fait que, par ce jeu même de l'organisation de l'assurance qui avait reposé sur une parité du versement ouvrier et patronal, les femmes restant chez elles, accomplissant chez elles leur rôle de mères de famille, étaient exclues de l'assurance, puisqu'elles n'entraient pas d'une façon directe dans une des classes de salariés prévus comme assurés obligatoires. Nous avons pensé qu'il y avait là non seulement une lacune, une omission, mais une injustice considérable à l'égard de la femme obligée de rester au foyer. Nous avons demandé de suite à ce que cette injustice cesse, à ce que la femme restant à la maison bénéficie des mêmes avantages que la femme continuant à travailler à l'atelier. Nous avons noté aussi que la question du chômage était laissée à l'écart dans le projet d'assurance sociale. Nous pensons, nous, que les assurances sociales qui ne prévoient pas le risque de chômage sont des assurances sociales incomplètes, car elles laissent suspendue sur la tête des travailleurs une menace qui est parfois plus grave que celle de la vieillesse, à laquelle on s'attend toujours et que l'on peut dans une certaine mesure prévoir soi-même, tandis que le chômage est un mal qui frappe aveuglément et parfois d'une façon rapide et inattendue les travailleurs. Cependant si nous considérons que les assurances sociales doivent être complétées par les assurances-chômage, si nous pensons que l'on aurait pu réaliser les assurances-chômage en même temps que les autres, nous estimons cependant qu'il y a là une différence qui fait que nous n'insistons pas outre mesure pour que les deux questions soient liées. Il y a une différence d'économie financière dans les deux questions. Nous pensons que, s'il est logique et normal que l'ouvrier verse une cotisation pour son assurance-maladie et vieillesse, nous estimons, au contraire, qu'en ce qui concerne l'assurance-chômage, l'ouvrier n'ayant absolument aucune opinion à émettre dans l'organisation du travail, n'ayant rien à dire sur la façon dont la production est dirigée, production qui aboutit à ces encombrements qui produisent la mévente et le chômage, il ne peut pas être rendu responsable de cette situation de chômage et il appartient aux industriels, à ceux qui ont la possibilité de réglementer le travail et de l'organiser afin qu'il n'y ait pas d'interruption de production pour les travailleurs, il appartient à ceux-là de prélever sur les bénéfices qu'ils réalisent, de se charger du soin d'assurer la continuité d'existence des chômeurs qui constitueront leur armée de travail de demain.

Camarades, cela n'implique pas pour nous que la question ne soit pas urgente à résoudre. Cela veut dire simplement que nous la posons sur un plan quelque peu différent, et que, par conséquent, nous admettons à la rigueur qu'elle ne soit pas absolument liée aux assurances qui nous préoccupent actuellement. Nous sommes allés faire ces observations devant la Commission parlementaire, nous les avons fait connaître par tous les moyens à notre disposition et nous avons demandé à tous les travailleurs de réclamer comme nous que des améliorations soient introduites dans le projet.

Depuis, la Commission parlementaire a examiné ce projet, elle l'a examiné bien longuement au gré de ceux qui attendent les bénéfices de cette loi; elle a voulu entendre tous les groupements qui avaient des opinions à formuler à son égard; elle a voulu essayer de concilier les oppositions, de les faire disparaître. Vous avez pu voir ces jours-ci qu'elle avait terminé ses travaux et que, mercredi, son rapporteur avait déposé un rapport sur le bureau de la Chambre des députés. Je n'ai pas ici le contenu de ce rapport. Je ne connais que ce qui a été publié des travaux de cette Commission, je ne puis, par conséquent, sur la situation actuelle de la question, vous donner des indications que je ne pourrais pas vous affirmer être des précisions certaines. Cependant, ce que je sais, c'est que les suggestions gouvernementales sont des réalisations successives de diminution du taux des avantages, toutes ces restrictions demandées par le patronat avaient été repoussées par la Commission. Sans doute, pour montrer son indépendance et son impartialité, la Commission, à peu de chose près, réservait le même sort à nos propositions. Elle en a cependant retenu quelques-unes qui ont quand même leur importance et que nous enregistrerons avec plaisir si elles sont maintenues. Le maximum que nous demandions porté à 20.000 francs reste à 10.000 francs, mais il est augmenté de 2.000 francs par enfant. Par conséquent, c'est la possibilité pour bon nombre de nos camarades — et du reste les salaires au-dessus de 10.000 francs ne sont pas nombreux — de faire partie quand même de l'assurance.

D'autre part, en ce qui concerne les mères de famille, un moyen a été trouvé par la Commission. Elle prévoit leur adhésion facultative avec le versement d'une cotisation entièrement à leur charge. Nous disons tout de suite que ce n'est pas ainsi que nous avons entendu que soit réparée l'injustice commise à leur égard dans l'établissement du projet de loi, et nous ne pouvons pas accepter que ce soit seulement de cette façon qu'on leur permette d'y entrer.

Enfin, on a aussi écouté quelque peu nos suggestions pour le relèvement des allocations pour la première catégorie qui, dans le projet, était prévue comme devant toucher 1 fr. 50 par jour en cas de maladie; cette augmentation n'est pas augmentée de beaucoup, mais elle est relevée et mise à la somme de 1 fr. 75; c'est une petite satisfaction qu'il est peut-être difficile dans les temps présents d'étendre davantage, si l'on veut bien convenir que les cotisations versées par les assurés des premières catégories sont insuffisantes et qu'on ne peut les assurer au taux où elles sont portées qu'en prélevant sur les cotisations des classes suivantes. C'est évidemment là ce qui donne le caractère de solidarité à l'assurance sociale. C'est parce que les plus favorisés des travailleurs viennent en aide aux moins favorisés; mais il n'empêche qu'il fallait tenir compte aussi des désirs légitimes et des préoccupations de chacun, et qu'on ne pouvait tout de même pas demander aux classes effectuant les plus forts versements de tels sacrifices qu'ils auraient eu plus d'avantage en se constituant une pension aux nombreuses sociétés qui existent. Il fallait tenir compte de cela, parce que nous avons pensé que nous n'étions pas dans le domaine de la théorie, mais des choses réalisables. D'ailleurs, les différences qui nous choquent dans les avantages accordés aux uns et aux autres disparaîtront plus facilement lorsque ces solidarités seront établies, lorsqu'elles seront un fait et que tous les travailleurs en auront ressenti les bienfaits et les conséquences.

Camarades, c'est en face de cette situation présente que la Commission des assurances sociales, réunie dans ce Congrès, s'est trouvée. Là aussi nous avons examiné longuement les différents points qui nous préoccupent les uns et les autres. Les camarades nous ont apporté des suggestions heureuses qui renforcent les objections que nous avions formulées, qui les complètent, car nous n'avons pas la prétention de n'avoir négligé aucun point. Les camarades sont venus nous faire ressortir une chose que nous n'avions pas oubliée non plus : la situation des vieux travailleurs qui se trouveront avoir dépassé l'âge de l'adhésion à l'assurance. Un autre camarade est venu nous dire, après le résultat d'un travail sérieux de sa part, qu'il était possible, avec les ressources prévues dans l'assurance, d'augmenter considérablement les avantages qui sont indiqués. Le camarade qui a fait ce travail se base sur des données sérieuses et il nous demande si nous sommes d'accord avec lui pour que nous poursuivions ses recherches et que nous les mettions au point, de façon à ce que, sans qu'il en coûte à personne, sans que l'on demande davantage de sacrifices aux patrons et aux ouvriers, ni sans que l'on demande à augmenter la part de l'Etat, il soit possible peut-être d'accorder des améliorations et d'en faire bénéficier ceux qui, jusqu'à maintenant, sont plutôt défavorisés par l'assurance. La Commission a retenu toutes ces suggestions-là; elle les étudiera comme elle étudiera avec plaisir celles que d'autres camarades retenus par d'autres occupations ici auraient voulu nous apporter, s'ils avaient pu participer à nos travaux; mais la Commission a pensé qu'il lui appartenait avant tout, restant dans le domaine des préoccupations immédiates, de donner un avis sur la situation présente, sur le projet actuel, de l'examiner pour dire si la classe ouvrière devait apporter son effort total et complet pour le vote actuel de ce projet, se réservant par la suite de faire l'action nécessaire pour apporter les modifications dont nous conservons le désir de voir l'aboutissement.

Camarades, je ne veux pas ici me faire l'avocat du Parlement, le défenseur d'une Commission parlementaire, ce n'est pas mon rôle, mais cependant il faut que vous sachiez que cette étude, trop longue à votre gré, à laquelle s'est livrée la Commission parlementaire, a abouti à un résultat : c'est que cette Commission est tombée d'accord à l'unanimité pour que, dans les discussions qui se produiront à la Chambre, on ne puisse pas apporter de modifications à ce projet. C'est une concession que se sont faits à la fois ceux qui s'étaient faits les défenseurs des modifications et des améliorations que nous réclamions et ceux qui étaient, eux aussi, porteurs de projets de restriction à la loi.

Nous voulons croire que cet accord sera respecté, et nous pensons en tous les cas qu'il ne faut pas que ce soit de notre côté que viennent les arguments qui permettraient de le rompre. La Commission estime donc qu'avec ses imperfections, avec ses lacunes, avec ses injustices mêmes, il faut le dire, le projet constitue une chose sérieuse qui peut être acceptée comme base des assurances sociales dans notre pays. Elle pense que ce projet apportera des avantages certains par les clauses qu'il comporte; elle estime donc que nous devons faire tous nos efforts pour qu'il soit d'abord voté.

Lorsqu'il sera voté, il nous appartiendra ensuite de continuer notre propagande, il nous appartiendra de continuer nos efforts. Nous les continuerons avec d'autant plus de force que les intéressés eux-mêmes, à ce moment-là, nous apporteront un concours certainement plus dévoué et plus enthousiaste que celui qu'ils ont pu apporter jusqu'à ce jour, car ils restent un peu sceptiques sur les réalisations. En attendant, nous considérons qu'il faut que ce projet soit voté.

Voici le texte que vous propose la Commission :

Le Congrès rappelle que les assurances sociales furent toujours dans les préoccupations du mouvement ouvrier. L'opposition souvent invoquée, de celui-ci à la loi des retraites et non d'assurance de 1910, avait, avant tout, pour raison l'inefficacité et surtout l'insuffisance de cette loi. Aussi, dès la conclusion de l'armistice, dans le programme de revendications qu'elle avait dressé, au nom de la classe ouvrière de ce pays, la Confédération Générale du Travail réclamait-elle l'établissement d'assurances sociales véritables.

Cette filiation de l'action du syndicalisme permet de dire que, sur ce terrain comme sur tant d'autres, et indépendamment des situations de fait qui vinrent renforcer sa propagande, c'est à la Confédération Générale du Travail que revient le mérite d'avoir posé devant l'opinion publique, le Gouvernement et le Parlement, d'une façon inéluctable, la question des assurances sociales.

Le Congrès se félicite du résultat déjà acquis par le dépôt et l'examen d'un projet de loi pour leur institution.

Le Congrès approuve l'attitude prise à l'égard de ce projet par les organismes représentatifs de la C. G. T. : Comité confédéral national, Commission administrative et Bureau confédéral.

Appelé à se prononcer, au nom de l'ensemble des syndiqués de ce pays, le Congrès déclare accepter le projet gouvernemental d'assurances sociales, parce qu'il contient des avantages certains pour la grande masse des déshérités de la terre, de l'industrie et du commerce.

Il constate que la loi, actuellement en projet, assurera la vieillesse, la maladie, l'invalidité, la maternité contre l'insécurité et la misère, en donnant aux travailleurs la garantie indispensable d'une participation effective dans tous ses organismes de gestion.

Le Congrès accepte l'obligation, qui donne à l'assurance son caractère véritablement social sous la forme d'un effort de solidarité accompli par les forts comme par les faibles. Il accepte le versement ouvrier sans lequel l'assurance ne serait qu'une assistance déguisée sous le masque d'une philanthropie faite, par l'État ou le patronat, sur le dos et au compte des travailleurs.

Ayant formulé son acceptation des dispositions et des principes généraux du projet de loi, le Congrès fait siennes les observations formulées par la Commission administrative de la C. G. T. et les modifications et améliorations proposées par elle, lors de son audition par la Commission parlementaire.

Il s'élève plus particulièrement contre le taux insuffisant des minima de retraites prévus à la base et pendant la période transitoire, contre la situation défavorable faite aux femmes remplissant leur fonction sociale de mères de famille.

Enfin, il constate que le chômage n'est pas compris dans le projet. Cette omission d'un des risques les plus fréquents et les plus douloureux, laisse suspendue sur les travailleurs une menace que ceux-ci ne doivent avoir de cesse de faire disparaître en complétant par l'assurance-chômage les assurances sociales.

Le Congrès ayant fait ces déclarations afin que ne plane aucune équivoque sur la position de la C. G. T. et des organisations qui la composent, estime de son devoir de s'intéresser avant tout aux résultats immédiats et pratiques.

Dans cet ordre de préoccupations, le Congrès considère que ce qui importe, c'est qu'un premier pas soit fait, qu'une première réalisation existe, que les assurances sociales soient acquises.

En conséquence, sans renoncer aux modifications désirables, aux améliorations indispensables, il demande à toutes les organisations syndicales, à tous les syndiqués, à tous les travailleurs de se lever en un seul bloc, unanime à réclamer, à exiger, à imposer le vote rapide du projet de loi instituant les assurances sociales.

*

Considérant qu'il ne suffit pas d'émettre un vœu pour les assurances sociales, mais qu'il lui appartient de déterminer l'action qui réalisera ce vœu, le Congrès décide, qu'étant donné l'état de cette question et ses possibilités présentes de réalisation, les assurances sociales seront mises au premier plan des préoccu-

pations nationales du mouvement syndical et constitueront un des points principaux des revendications de la classe ouvrière pour le Premier Mai.

Pendant la période qui va s'écouler jusqu'à cette date, une propagande intense sera faite par la presse corporative et syndicale et dans les réunions publiques et éducatives.

La propagande doit, en effet, s'adresser à la grande masse ouvrière et à l'opinion publique pour intensifier le courant qui rendra irrésistible le vote de la loi.

Elle doit aussi, par des conférences documentaires et des exposés précis, informer très exactement les travailleurs, ce qui est le meilleur moyen d'en faire des partisans résolus des assurances sociales.

Le Congrès compte sur les organismes responsables de la C. G. T. pour accomplir le maximum d'efforts afin qu'aboutisse cette question. Il demande à tous les militants d'y joindre les leurs pour que le syndicalisme, fidèle à sa tradition et à sa mission, contribue, dans la plus large mesure possible, à apporter un peu plus de justice, un peu plus de fraternité.

C'est à ces conclusions qu'unanimement la Commission a abouti, c'est à celles-là que je vous demande de vous rallier en estimant que, si dans un délai très court, et la chose est possible, si les uns et les autres nous nous mettons en action pour faire que l'opinion publique devienne quelque chose d'irrésistible, si nous savons créer l'état d'esprit qui, au mois d'avril 1919, a fait voter le Parlement sans discussion sur la loi des huit heures. A ce moment-là, beaucoup l'ont votée avec la pensée qu'ils l'étrangleraient plus tard, nous en avons la preuve maintenant, parce qu'ils sentaient qu'il était impossible de résister au courant. Nous vous demandons de créer ce courant dès que vous serez retournés chez vous afin que, dans un délai très bref, le Parlement soit mis dans l'obligation d'acquiescer au vœu unanime des travailleurs et de voter les assurances sociales.

Comme conclusion du débat, je vous demande de voter la résolution qui résume les explications fournies et qu'il était indispensable de donner pour que vous compreniez bien le sens de la résolution que nous vous proposons.

Le Président. — La parole est au camarade Jaccoud.

JACCOUD. — Quelques mots seulement pour attirer l'attention du Congrès sur le problème des assurances sociales. La réalisation de ce problème aura pour aboutissant de transformer l'esprit combatif de l'organisation syndicale, d'une part, et de faire disparaître une iniquité, d'autre part.

En face du problème des assurances sociales, les travailleurs se trouvent divisés en deux catégories. Les uns, travailleurs de l'Etat, des services publics, qui, dans la grande masse, paraissent se désintéresser de ce problème, parce que, pour eux, il est réalisé, alors que, d'un autre côté, les travailleurs de l'industrie privée paraissent aussi s'en désintéresser un peu, alors qu'ils ne s'aperçoivent pas que nous ne pouvons pas admettre de voir persister cette iniquité sociale qui consiste à exiger de la part des malades, des invalides ou des vieillards de continuer à être à la merci de différentes sociétés qui les exploitent, ou à la merci de l'assistance publique. Il y a un fait plus important dont devraient s'occuper tous ceux qui se préoccupent des intérêts ouvriers, c'est celui qui consiste à voir des vieux pères de famille attaquer leurs enfants devant le juge de paix pour demander quelques sous pour leur permettre de vivre, et nous voyons à côté d'eux les enfants qui déclarent : « Nous ne pouvons rien donner, car nous n'avons pas nous-mêmes de quoi vivre », et alors c'est l'obligation pour le vieillard d'aller tendre la main à l'Assistance publique en baissant le front, on ne peut pas admettre que cette situation persiste. (*Très bien !*)

Pourquoi disons-nous que la réalisation de ce problème doit renforcer l'esprit combatif de l'organisation syndicale ? C'est que nous sentons, dans les services publics, chaque fois que nous réalisons des avantages nouveaux en ce qui concerne les retraites, les maladies, l'invalidité, chaque fois nous formons un maillon de plus au boulet que nous traînons, car lorsqu'il est question d'entrer dans une action, et j'attire l'attention de tous nos camarades, car il sera nécessaire de l'indiquer dans la propagande, chaque fois qu'on fait appel aux services publics pour engager une action, j'entends des camarades pleins de bonne volonté, qui également reconnaissent la nécessité d'entrer dans cette action, nous les entendons dire : « Oui, mais si j'étais révoqué, je perdrais ces avantages à la retraite », alors que, si demain nous réalisons ce problème des assurances sociales et que nous puissions dire à ces travailleurs: « Quelle que soit l'issue de la lutte que nous allons engager demain, tu retrouveras les mêmes avantages chez n'importe quel patron, dans n'importe quelle usine, dans n'importe quelle industrie », à ce moment, nous aurions du côté des services publics un esprit plus combatif qui servirait à l'ensemble de la classe ouvrière. Je dis aux travailleurs des services publics, aux travailleurs de l'Etat que s'ils ne prennent pas garde à cette situation, s'ils pensent ainsi, s'ils diminuent leur esprit de combativité en ayant peur de perdre leurs avantages à la retraite ; il est impossible de sortir de l'ornière sociale sans auront abdiqué devant l'exigence patronale. (*Applaudissements.*)

Le Président. — La parole est à la camarade Jeanne Bouvier.

Jeanne Bouvier. — Je voudrais renforcer ce que viennent de dire nos camarades à propos des femmes. Il faut constater qu'au-dessous de l'âge de 15 ans, la proportion des femmes est bien supérieure à celle des hommes, et cette proportion dans l'industrie reste supérieure jusqu'à 25 ans; par conséquent, plus de la moitié versera dans une caisse d'assurances sociales dont elles ne bénéficieront plus le jour où elles seront devenues mères de famille; c'est à partir de 60 ans que le pourcentage des femmes augmente dans l'industrie privée comme dans le commerce. Ces femmes se verront obligées de travailler parce qu'elles n'auront plus droit à la retraite. Si nous avions eu, comme en Angleterre, la Ligue des épouses, des mères, ce seraient elles qui se lèveraient aujourd'hui pour demander l'égalité dans la retraite comme dans l'assurance sociale. Nous n'avons rien fait pour les femmes, nous les laissons dehors, nous ne savons pas les attirer à nous et aujourd'hui nous sommes victimes comme nous serons victimes demain de leur action néfaste. Il m'est pénible d'être obligée de vous le rappeler, mais on continue l'action réactionnaire de 1830 : faire de la femme un être inférieur, et la laisser en dehors de toute l'action. C'est un boulet formidable que la société traîne, et vous ne ferez rien sans l'éducation de la femme; il est impossible de sortir de l'ornière sociale sans faire l'éducation de la femme. Elles vont être victimes de votre indifférence. Elles n'auront pas droit à la retraite parce qu'elles gardent le foyer, et elles seront forcées de tendre la main à l'Assistance publique et à toutes les organisations qui les attirent et les protègent parce qu'elles savent qu'avec les femmes elles ont la famille tout entière. Il faut absolument qu'on lutte, que l'on fasse appel à toutes les femmes pour les prévenir qu'on est en train de les spolier de leurs droits quand elles seront vieilles.

Le Président. — La parole est au camarade Molard.

MOLARD. — Camarades, je veux parler sur un côté des dispositions du projet de loi qui vient d'être déposé à la Chambre, sur le côté de la gestion. Le projet de mars 1921 prévoyait des organismes régionaux comme organismes de ges-' tion de la caisse des assurances sociales. Mais immédiatement les mutualités françaises se sont émues du fait qu'elles étaient laissées de côté dans l'attribu- tion de cette gestion, et la mutualité du Nord, en particulier, dès 1921, décidait de demander au Gouvernement que, par tous les moyens possibles, la gestion de la caisse du Nord soit attribuée aux mutualités, étant donné la puissance de ces sociétés qui comptent aujourd'hui 5 millions de francs. Elles ont été enten- dues par les différents ministres du Travail et, dans le projet qui vient d'être déposé sur le bureau de la Chambre, il est prévu que la répartition des secours d'une partie de la gestion sera faite par les mutualités. Or, quelle sera demain notre figure vis-à-vis de cette disposition ? Le mouvement syndical, le mouve- ment professionnel est complètement en dehors, nos adhérents iront aux grou- pements mutalistes chercher les secours auxquels ils auront droit, au lieu de venir aux syndicats.

Et bien, je ne suis pas adversaire de la mutualité, mais par qui sont-elles dirigées ces mutualités ? Par le grand patronat. Et si l'on regarde ce qui se passe dans nos centres industriels de Lille, Roubaix, Tourcoing, c'est également le haut patronat qui s'infiltre, soit dans les Assemblées, soit dans les Assemblées générales de la mutualité pour recueillir une popularité avec laquelle ils arriveront au Parlement, si possible.

Donc, camarades, il faudrait obtenir que les organisations professionnelles aient au moins autant de droit dans la gestion et la répartition des secours que les mutualités, et alors il faudra entrevoir, pour soustraire nos camarades à l'influence des mutualités bourgeoises, de contrebalancer à ces organismes des mutualités syndicales, si nous ne pouvons pas obtenir que les organisations syndicales professionnelles puissent avoir leur part de gestion. C'est le pro- blème qu'il faudra envisager. (*Applaudissements.*)

Le Président. — Il reste encore deux orateurs inscrits.

Plusieurs voix. — Au vote !

JOUHAUX. — Camarades, ce soir la salle doit être libre de bonne heure et il reste encore beaucoup de questions à traiter, notamment celle de l'augmenta- tion de la cotisation fédérale. J'entends dire que la question des assurances sociales est très importante. C'est exact. La meilleure manière de manifester l'intérêt que l'on porte à une question est de ne pas se lever avant que la séance ne soit terminée. Nous devons traiter les questions le plus clairement et le plus rapidement possible, parce que l'ordre du jour a besoin d'être épuisé; examinez les rapports qui vous sont présentés et n'oubliez pas qu'à 6 h. 30 le Congrès doit être clos.

Le Président. — Je crois que tout le monde est d'accord pour terminer cette question ce matin. La parole est au camarade Marchand.

Marchand. — En raison des indications données, nous nous sommes tous mis d'accord pour adopter les rapports présentés. Je demande au Congrès d'adopter le rapport sans discussion.

Buisson. — Camarades, mon intervention était simplement pour dire ceci : J'ai le souci que nous ne soyons pas surpris par le vote sur les assurances sociales. La loi sera, je l'espère, votée rapidement; je voudrais que, pendant que nous ferons dans le pays la propagande pour qu'elle soit votée rapidement, nos organisations syndicales envisagent.les moyens d'adapter nos propres organisations à la loi, de façon à ce que cette loi nous serve et ne serve pas nos adversaires. (*Applaudissements.*)

Le Président. — La parole est à la camarade Suzanne Lion.

Suzanne Lion. — Je tiens à répondre à la camarade Jeanne Bouvier qu'à la Commission j'ai défendu énergiquement le droit des mères, femmes de salariés. A la Commission, nous avons conclu que la C. G. T. devrait s'inspirer des déclarations faites et mener la propagande intense pour faire comprendre à nos camarades l'intérêt qu'ils ont de voir leurs femmes assurées comme eux et pour faire comprendre aux femmes qu'elles ne doivent pas rester dans la position d'injustice créée par le projet de loi.

Je ne m'étends pas plus longtemps; nous verrons par la suite ce que nous avons à décider pour faire comprendre aux femmes qu'elles ont le droit de réclamer la même justice que les femmes salariées.

Le Président. — La parole est au rapporteur.

Perrot. — Je m'excuse de reprendre la parole, mais c'est pour dire que les préoccupations qui ont été développées ici par Molard en particulier et par nos camarades Bouvier et Lion ont préoccupé aussi la Commission. Mais nous avons convenu de n'apporter devant le Congrès aucun point particulier. Nous avons pensé qu'en raison du temps dont il disposait, il était préférable de confier à une Commission le soin de fixer l'attitude du mouvement syndical, attitude qui, en ce qui concerne surtout les organismes de gestion, ne peut être fixée que lorsque nous connaîtrons d'une façon définitive comment ils sont composés. D'autre part, j'aurais pu vous fournir des explications plus détaillées, mais j'ai pensé qu'il était inutile d'allonger un exposé déjà long. Je vous prie de croire que nous n'avons négligé aucun point. Nous pensons que la propagande ne peut être faite d'une façon suivie et méthodique que si une Commission fonctionne pour se préoccuper de cette question, et pour donner aux militants de province et aux militants parisiens tous les arguments nécessaires pour qu'à leur tour ils puissent, non seulement faire connaître la loi aux travailleurs, mais, comme dit Buisson, nous préparer à tirer de cette loi le maximum de résultats. (*Applaudissements.*)

Le Président. — Je mets aux voix le rapport sur les assurances sociales présenté par Perrot. (*Adopté à l'unanimité.*)

Il faudrait nommer un bureau pour cette après-midi. (Les noms de Bidegarray comme président, Suzanne Lion et Leduc comme assesseurs sont envoyés et adoptés.)

Michaud. — Voici les mandats régulièrement représentés à la C. G. T.: Syndicats, 1.435; Fédérations, 32; Unions départementales, 79. Total : 1.546 mandats validés. Délégués, 658. Deux mandats seulement ont été contestés.

Président : BIDEGARRAY (Cheminots).
Assesseurs : SUZANNE LION (Couture parisienne); LEDUC (Seine-Inférieure).

Le Président. — Camarades, je donne la parole au camarade Mourgues, rapporteur de la Commission sur l'apprentissage.

Apprentissage et Chambres de métiers

MOURGUES. — Je vais vous donner immédiatement connaissance de la résolution sur la question de l'apprentissage adoptée à l'unanimité par la Commission.

L'étude si consciencieuse sur les différents points qui intéressent l'apprentissage, insérée dans *La Voix du Peuple* de décembre 1922 (n° 48), et les nombreux articles publiés dans divers journaux corporatifs, constituent un ensemble d'indications qui permettront d'alléger cet exposé.

Votre cinquième commission « Apprentissage et Chambres de métiers », a étudié séparément chacune des données d'un problème complexe:

1° *Préapprentissage: Scolarité et éducation préparatoire à l'apprentissage ;*

2° *Orientation professionnelle;*

3° *Réglementation de l'apprentissage:*
> a) *Enseignement pratique (atelier);*
> b) *Enseignement technique (cours professionnels d'apprentissage) ;*
> c) *Cours de perfectionnement et de développement professionnels;*

4° *Ecoles professionnelles;*

5° *Modifications à apporter à la loi du 25 juillet 1919 (Loi Astier);*

6° *Chambres de métiers.*

Préapprentissage

Nous ne saurions mieux faire, pour bien situer cette question, que de nous reporter au Congrès de Lyon et de rappeler à nouveau le passage suivant de la résolution adoptée sur le problème de l'enseignement:

« Le système général de l'enseignement devra tendre à développer chez l'enfant, jusqu'à leur extrême limite, les facultés intellectuelles morales ou physiques.

« Il devra aussi armer l'homme en vue de son rendement pour une production générale maximum: assurer le recrutement de toutes les formes d'activité qui sont nécessaires dans une société organisée, outiller le pays en bras et en cerveaux, assurer le progrès de l'avenir.

« Il devra tendre à la fois à l'éducation des masses et à un recrutement rationnel des cadres techniques. »

Le rapporteur, le camarade Zoretti, commentant son rapport, disait:

« Nous voulons que l'enseignement fasse des producteurs, fournisse à la société les producteurs qui lui sont utiles pour vivre actuellement et pour progresser dans l'avenir.

« Nous disons qu'il y a deux buts dans l'enseignement qui doivent tendre à l'organisation des masses et au recrutement rationnel des cadres techniques. Il y a donc deux choses: un enseignement qui doit être donné à la masse du pays, c'est-à-dire à l'éducation de l'ensemble du prolétariat et à l'éducation du pays tout entier; en second lieu, formation des cadres techniques, c'est-à-dire formation des dirigeants de l'industrie, de l'agriculture, etc.... »

C'est animée du même désir de préparer les jeunes générations, en vue d'une organisation rationnelle d'un système économique solide, que votre commission pense que les enfants doivent recevoir une éducation professionnelle appropriée. Les programmes scolaires primaires doivent être remaniés. L'étude de certaines matières gagnerait à être condensée, limitée au minimum de connaissances indispensables; une place plus importante serait réservée à l'enseignement raisonné des mathématiques, du dessin industriel, des principes de géométrie, des notions élémentaires et générales des sciences principales ainsi qu'à une première éducation artistique.

Un très grand nombre de professions ont besoin de connaître ces éléments. Le programme de cet enseignement varierait naturellement suivant le caractère ou la nature des régions, qu'elles soient industrielles, agricoles, minéralogiques, maritimes, etc....

La pratique des travaux manuels devrait être également développée dans toutes les écoles communales. La loi du 28 mars 1882 a bien prescrit l'enseignement professionnel obligatoire à l'école primaire, mais peu d'écoles ont reçu l'outillage nécessaire. Seules quelques grandes villes ont adjoint, aux salles de classe, des ateliers où trop peu d'enfants vont s'entraîner au maniement du petit outillage commun et à la pratique de certains travaux manuels élémentaires. Il convient de généraliser ces essais et de rendre la fréquentation des ateliers scolaires obligatoires à tous.

En obtenant la réforme des programmes de l'enseignement primaire, en insistant pour que la loi du 28 mars 1882 soit appliquée, tant dans son esprit que dans sa lettre, il conviendra de rendre obligatoire la fréquentation scolaire jusqu'à 14 ans, âge fixé par la convention de Washington pour l'admission des enfants dans l'industrie. Le Sénat s'est d'ailleurs engagé dans cette voie. Il faut poursuivre la réalisation de cette mesure; mais, pour qu'elle donne le maximum de résultats, les programmes des deux dernières années scolaires, de 12 à 14 ans, devront être nettement orientés en vue d'une formation professionnelle.

Orientation professionnelle

Du choix d'une profession dépend l'avenir d'un enfant. Aussi les parents doivent-ils se préoccuper d'orienter leurs enfants vers un métier en rapport avec leurs aptitudes physiques, leurs facultés intellectuelles et leur goût.

Mais il faut également tenir le plus grand compte du marché du travail et ne pas encombrer certaines professions.

L'excès de main-d'œuvre est une des principales causes de l'avilissement des salaires, aussi faut-il limiter le nombre d'apprentis à admettre aux besoins normaux de chaque profession.

Des offices ou bureaux d'orientation professionnelle s'imposent.

Il ne peut être question de créer un organisme qui classera impérativement les enfants sortant de l'école primaire dans tels ou tels métiers, mais qui, au contraire, guidera, conseillera les parents, leur indiquera quelles sont les professions qui conviennent le mieux à leurs enfants, suivant leurs aptitudes ou leurs facultés, et les mettra en garde également contre un choix inopportun.

Pour donner au bureau d'orientation professionnelle des éléments d'information aussi précis que possible, un livret scolaire devra être créé, sur lequel les maîtres noteraient les observations psycho-physiologiques et pédagogiques concernant chaque enfant. Un bulletin médical et orthopédique compléterait le livret.

Apprentissage

La loi du 22 février 1851 sur l'apprentissage ne répond nullement aux nécessités de cette question.

L'apprentissage n'est ni réglementé, ni surveillé, ni ordonné. Il convient de combler cette lacune.

Actuellement, le règne du bon plaisir et du laisser-aller préside à l'apprentissage.

Les Chambres de commerce paraissent aujourd'hui vouloir prendre la direction d'un mouvement qui tend à placer l'apprentissage sous leur tutelle.

Malgré les termes de la loi de 1808, qui détermine leurs attributions, elles ont, sur ce point, failli à leur tâche et à leur devoir. Dès lors, il ne saurait être question de leur confier cette prérogative.

Votre commission pense que pour organiser l'apprentissage, il faut d'abord connaître les besoins de chaque profession; localement, régionalement, nationalement, internationalement, et, par suite, déterminer le nombre d'apprentis à admettre pour chaque métier et dans chaque maison, en tenant compte de la situation de chacune d'elles. Seul un organisme compétent et qualifié peut être chargé de cette mission.

S'il est d'une nécessité sociale que les jeunes gens apprennent un métier en rapport avec leurs aptitudes, il est non moins indispensable que les chefs de maisons soient tenus de former des apprentis, proportionnellement à l'importance de leurs établissements.

L'obligation du contrat écrit d'apprentissage s'impose; celui-ci devra contenir les clauses indispensables à la formation de l'apprenti.

Des comités mixtes locaux seront chargés d'en arrêter les clauses, et devront se référer aux accords passés avec les organisations syndicales locales ou fédérales, ouvrières et patronales.

Ces contrats détermineront la durée de l'apprentissage, les obligations des

apprentis et des patrons, les rapports des parents et des patrons, les obligations
des parents, le barème des rétributions allouées aux apprentis, l'obligation
pour les apprentis de passer un examen semestriel ou annuel, les conditions de
rupture du contrat d'apprentissage, enfin, pour assurer un apprentissage continu et ininterrompu, la constitution d'un pécule qui serait remis à l'apprenti,.
ou à ses parents, à la fin de son apprentissage.

Le certificat d'aptitude professionnelle couronnerait la fin de l'apprentissage.

La commission se rallie au projet de contrat présenté par la Fédération du
Livre inséré dans *La Voix du Peuple* de décembre 1922, et qu'elle joint au
présent rapport.

Pour que les résultats désirés soient atteints, l'apprentissage doit être surveillé par des parrains et tuteurs professionnels, désignés, autant que possible,
par les organisations syndicales.

Un programme gradué de connaissances pratiques, théoriques et techniques
devra être dressé, déterminant le minimum du bagage professionnel que doit
acquérir un apprenti au cours de son apprentissage.

La commission pense que, d'une façon générale, l'apprentissage doit comprendre deux parties: l'enseignement professionnel pratique qui doit se faire
à l'atelier, au comptoir ou au magasin, et l'enseignement théorique et technique
qui doit être donné dans des cours professionnels obligatoires d'apprentissage.

Elle considère que c'est un tout qui ne peut se séparer et que l'enseignement
théorique et technique doit être donné pendant le temps légal du travail sans
qu'il puisse en résulter pour les apprentis un préjudice pécuniaire.

Afin d'augmenter et de développer le niveau des connaissances professionnelles des jeunes ouvriers, des cours de perfectionnement doivent être institués,
encouragés, ou développés, tant par les associations syndicales ou privées que
par les pouvoirs publics.

Ces cours, organisés pour les jeunes gens des deux sexes ayant terminé leur
apprentissage, seraient facultatifs.

Pour la cinquième commission, l'apprentissage est un devoir social qui s'impose aux travailleurs comme au patronat. Il doit être réglementé.

A son avis, il commence sur les bancs de l'école primaire, par une éducation
appropriée; il impose un office d'orientation professionnelle pour diriger les
enfants sur le choix de la profession; il nécessite une répartition des apprentis,
suivant les besoins des professions et d'après leurs aptitudes physiques ou
intellectuelles; il suppose une réglementation appropriée et une surveillance
éclairée.

Pour faire face aux répercussions financières que nécessitera l'organisation
complète de l'apprentissage, nous estimons qu'une taxe d'apprentissage devra
être prélevée sur le principal de la contribution des patentes; une surtaxe
serait imposée aux patrons qui ne satisferaient pas aux obligations qui leur
seraient prescrites.

A côté de l'apprentissage proprement dit, la commission pense qu'il convient
de développer les écoles de métiers et les écoles pratiques qui permettent la
formation d'ouvriers plus accomplis et des cadres techniques indispensables.
Elle demande que les organisations ouvrières soient directement représentées
dans les conseils de perfectionnement de ces écoles.

Pour réaliser ce programme d'éducation professionnelle, la législation
actuelle est insuffisante. Personne n'oserait prétendre que le Titre I du Code
du Travail, tiré de la loi de 1881, suffit à réglementer l'apprentissage.

Seule la loi du 25 juillet 1919 (loi Astier) a permis d'aider à son développement par l'enseignement professionnel des apprentis. Mais cette loi sociale, comme, hélas! bien d'autres, promulguée à l'intention de la classe ouvrière, est peu ou mal appliquée.

Demander combien de villes en ont compris l'esprit et tenté de l'appliquer convenablement, serait aller au devant d'une déception.

Modifications à apporter à la loi du 25 juillet 1919

Cette loi, en instituant des cours professionnels obligatoires, a, par l'imperfection de ses dispositions, permis que des difficultés d'application soient soulevées.

Dans son article 44, § 2, elle prescrit que des cours professionnels obligatoires auront lieu pendant le temps légal du travail, mais, par le même article, § 3, elle laisse aux industriels la possibilité d'organiser des cours en dehors du temps légal du travail si, dans leurs établissements, la journée de huit heures ou la semaine de quarante-huit heures est appliquée. Aussi, un certain nombre de patrons profitent de cette disposition pour se dispenser d'envoyer leurs apprentis aux cours professionnels obligatoires, dans les rares villes qui ont appliqué la loi dans son esprit, en organisant les cours professionnels pendant le temps légal du travail.

D'autres patrons retiennent à leurs apprentis, pour le temps qu'ils passent aux cours professionnels, la rétribution qu'ils leur accordent ordinairement.

Profitant de la disposition qui leur permet d'organiser des cours dans leurs établissements, pour se dispenser d'envoyer leurs apprentis aux cours professionnels obligatoires, d'autres patrons, n'occupant que quelques apprentis, prétendent également en organiser, même pour deux apprentis seulement. Il est certain que, dans ces conditions, ces derniers cours ne peuvent donner aucun résultat appréciable.

Tous les cours professionnels étant placés sous le contrôle des commissions locales professionnelles, il convient de donner à ces dernières la possibilité d'exercer ce contrôle en leur donnant le droit de visite, même dans les établissements industriels, sur tous les cours institués et de s'assurer des conditions de leur fonctionnement.

D'autre part, la loi prévoit également que les jeunes gens qui suivent des cours professionnels payants pourront être dispensés de suivre les cours professionnels obligatoires.

La commission déclare que cette disposition ne saurait subsister, étant donné que les écoles payantes, qui prétendent former en quelques mois des jeunes gens des deux sexes à l'exercice d'une profession, sans tenir aucun compte de ses besoins, trompent l'attente de ceux qui s'adressent à elles et jettent ainsi sur le marché du travail des employés insuffisamment préparés.

Les diplômes délivrés par ces établissements ne sauraient, en aucun cas, remplacer le certificat d'études pratiques, commerciales ou industrielles délivré par les écoles publiques reconnues par l'Etat, ni les certificats d'aptitude professionnelle.

La commission émet l'avis que les dispositions contradictoires de la loi du 25 juillet 1919, en ce qui concerne les cours professionnels, soient rapidement modifiées, en tenant compte des observations qui précèdent.

Chambres de métiers

L'organisation et la réglementation légale de l'apprentissage n'existant pas, en fait, en France, il convient de doter notre pays d'un organisme régulier disposant d'une large autonomie tant au point de vue administratif qu'au point de vue financier.

Pour atteindre son but, et afin qu'il ait l'autorité morale nécessaire, il faut qu'il soit l'émanation réelle, effective du travail.

Cet organisme pourra être dénommé Chambre de métiers. Peu importe, d'ailleurs, l'appellation définitive.

Nous rappellerons, pour mémoire, que quelques Chambres de métiers ont été constituées. Cependant, aucune ne paraît correspondre à l'objet des attributions que nous désirons leur voir conférer.

Celle d'Alsace-Lorraine, qui a à son actif des résultats que nous n'entendons pas déprécier, évolue dans un champ trop vaste, empiétant souvent sur des attributions qui relèvent essentiellement des organisations syndicales et auxquelles, sous aucun prétexte, nous ne laisserons porter atteinte.

La composition des Chambres de métiers existantes ne saurait donner satisfaction et, pour qu'elles remplissent leur mission avec efficacité, telle que nous la concevons, il faut qu'elles reposent sur l'autorité du travail.

Cette autorité, les organisations syndicales la possèdent. Il doit leur revenir de désigner les représentants aux Conseils de métiers qui seront la base, les cellules des Chambres de métiers.

Cependant, dans certaines localités, il peut y avoir, il y a des associations syndicales dualistes, ou même pas d'organisations syndicales.

Dans ces deux derniers cas, la désignation se ferait par voie d'élection et d'après le mode électoral des Conseils de prud'hommes.

Le Bureau comprendrait un président et un vice-président, désignés par chaque élément avec présidence alternative. Il serait élu pour un an.

Les éléments patrons, ouvriers et employés des Conseils de métiers désigneraient séparément un patron, un ouvrier ou employé par Conseil de métiers ou par groupe de Conseils de métiers similaires ou d'une même industrie pour constituer les Chambres de métiers.

Le nombre des patrons et des ouvriers serait de 10 à 15 par Chambre de métiers.

Ils formeraient la catégorie des membres élus et auraient voix délibérative. Ils seraient nommés pour six ans et renouvelables par moitié. Ils seraient rééligibles.

Une catégorie de membres de droit, ayant voix consultative, apporterait à la Chambre de métiers le concours de sa compétence sociale et technique.

Ces membres de droit seraient:

1° Le président de la ou des Chambres de commerce du territoire de la Chambre de métiers ou leur délégué ;

2° Le secrétaire de l'Union Départementale des syndicats ouvriers du même territoire ou son délégué (et dans le cas où il y aurait plusieurs Chambres de commerce, le secrétaire de l'Union locale des syndicats ouvriers ou Bourse du travail du territoire des autres Chambres de commerce;

3° Le maire des communes dans lesquelles des Conseils de métiers seraient institués;

4° Un inspecteur régional ou départemental de l'enseignement technique, désigné par le ministre (Sous-secrétaire d'Etat de l'Enseignement technique);

5° Un inspecteur divisionnaire ou départemental du travail, désigné par le ministre du Travail;

6° Un directeur et une directrice d'écoles pratiques. Dans le cas où, sur le territoire de la Chambre de métiers, il y aurait plusieurs écoles pratiques, les directeurs et directrices désigneraient chacun un de leurs collègues;

7° Un directeur des cours professionnels obligatoires, désigné par ses collègues ;

8° Un directeur des cours de perfectionnement, désigné par ses collègues;

9° Trois professeurs d'écoles pratiques: un pour le commerce, un pour les professions féminines, désignés par leurs collègues;

10° Trois professeurs des cours professionnels obligatoires: un pour l'industrie, un pour le commerce, un pour les professions féminines, désignés par leurs collègues;

11° Trois professeurs des cours de perfectionnement: un pour l'industrie, un pour le commerce, un pour les professions féminines, désignés par leurs collègues.

Le Bureau comprendrait un président et un vice-président, choisis parmi les membres élus et désignés par chaque élément. Ils seront renouvelables tous les ans, avec présidence alternative, comme pour les Conseils de prud'hommes.

Un secrétaire et un trésorier seraient désignés par l'ensemble des membres de la Chambre de métiers et pourraient être choisis indifféremment parmi les membres élus ou les membres de droit.

Les Conseils de métiers auraient pour attributions:

1° De déterminer localement le nombre d'apprentis à admettre pour chaque profession et dans chaque atelier;

2° De rédiger les contrats d'apprentissage qui seront obligatoires;

3° D'établir la rétribution qui sera allouée aux apprentis pendant la durée de leur apprentissage;

4° De donner leur avis sur les aptitudes physiques et les facultés nécessaires pour l'exercice de chaque métier;

5° De se prononcer sur la durée de l'apprentissage pour chacun d'eux;

6° De préparer la réglementation de l'apprentissage de chacun d'eux;

7° D'organiser pendant l'apprentissage des examens périodiques de contrôle;

8° D'assurer la surveillance et le contrôle de l'apprentissage par la nomination de parrains ou de tuteurs professionnels choisis parmi les patrons et les ouvriers de la profession, et de préférence, parmi les syndicats ouvriers et patronaux ;

9° D'élire les membres des Chambres de métiers.

Les Chambres de métiers coordonneraient les travaux des Conseils de métiers et auraient pour attributions :

1° De créer les offices d'orientation professionnelle en vue de diriger les débutants par des conférences et par des conseils, aux parents et à leurs enfants, vers les professions en rapport avec leurs facultés et leurs aptitudes, et en s'inspirant tout à la fois des intérêts des enfants, des besoins de la production nationale et de l'état du marché du travail;

2° D'organiser l'apprentissage, les Conseils de métiers consultés, en déterminant sa durée, en décidant quels sont les patrons qui doivent obligatoirement former des apprentis et en fixant le nombre de ces apprentis, en tenant compte des besoins de la profession et en précisant le nombre d'apprentis à admettre par atelier proportionnellement à son importance;

3° D'assurer le contrôle de l'apprentissage;

4° De déterminer les sanctions nécessaires pour cause d'inexécution partielle ou totale de ces contrats par l'une ou l'autre des parties;

5° De veiller au perfectionnement des apprentis par les cours professionnels qu'ils seront obligatoirement tenus de suivre, sans qu'il puisse en résulter pour eux-mêmes une perte de salaire;

6° De donner leur concours à l'organisation des cours professionnels obligatoires d'apprentissage et aux cours de perfectionnement et de développement professionnels pour jeunes ouvriers;

7° De rechercher les formes d'encouragement susceptibles d'aider au développement de l'apprentissage;

8° De faire passer des examens périodiques d'apprentissage et les examens pour l'obtention des certificats d'aptitude professionnelle;

9° De créer une taxe d'apprentissage et une surtaxe pour les établissements ou chefs de maisons qui ne se conformeraient pas aux prescriptions qui leur seraient imposées en ce qui concerne l'apprentissage;

10° De se prononcer sur toutes questions relatives à l'apprentissage.

Des projets de loi sont déposés devant le Parlement; la C. G. T. doit se montrer vigilante et prête à sauvegarder les intérêts dont elle a la charge. Aussi s'inspirant de ces préoccupations, la cinquième commission est saisie d'un projet amendé qu'elle adopte et dont nous avons inséré les clauses essentielles dans le présent rapport.

La cinquième commission estime que ses travaux n'ont pas épuisé l'examen de la question et que la C. G. T. a pour devoir de maintenir un comité permanent de l'apprentissage et de l'enseignement professionnel placé sous son contrôle immédiat.

RÉSOLUTION

Le Congrès, considérant que, pour rénover et développer l'apprentissage en France, et donner au pays une main-d'œuvre qualifiée qui tend de plus en plus à lui faire défaut, il est nécessaire de prendre un ensemble de dispositions tendant à assurer un contrôle et une réglementation que ne prévoit en aucune façon la législation actuelle;

Emet les vœux suivants:

Premier vœu

1° *Que la fréquentation scolaire soit assurée d'une façon absolue;*

2° *Que l'obligation de la fréquentation scolaire soit prolongée jusqu'à 14 ans;*

3° *Que les programmes d'enseignement primaire soient modifiés en faisant une place plus importante à l'étude de matières préparant à la formation professionnelle, tant agricole que commerciale ou industrielle;*

4° Que les programmes des deux dernières années scolaires comportent particulièrement, et dans la plus large mesure, l'enseignement des notions élémentaires pratiques des principaux métiers et l'étude des éléments des sciences appliquées aux professions;

5° Que la loi du 28 mars 1882 soit, sur ce point, appliquée dans son esprit comme dans sa lettre;

6° Qu'il soit institué un livret scolaire d'observations psycho-physiologiques et pédagogiques avec bulletin médical et orthopédique;

7° Que soit proclamée et réalisée l'obligation de l'apprentissage;

8° Qu'il soit suscité des accords entre les Fédérations nationales industrielles, commerciales et agricoles, patronales et ouvrières, déterminant, pour chaque profession, le nombre d'apprentis qui doit être formé obligatoirement, proportionnellement au nombre d'ouvriers, ainsi que le rapport entre la rétribution des apprentis et le salaire des ouvriers, la durée de l'apprentissage et, en un mot, toutes conditions générales devant s'appliquer à l'ensemble du territoire;

9° Que le contrat écrit d'apprentissage soit rendu obligatoire;

10° Qu'il soit prévu des examens périodiques et un examen de fin d'apprentissage. Que l'exécution du contrat soit consacrée par la délivrance, par les Chambres de métiers, d'un certificat d'aptitude professionnelle;

11° Qu'un organisme légal soit créé, qui pourra porter le nom de Chambre de Métiers, dont la fonction exclusive sera d'assurer régionalement et localement la réglementation et le contrôle de l'apprentissage.

Cet organisme sera la réunion des délégués des Conseils locaux de Métiers au sein desquels seront représentés, en parties égales, l'élément ouvrier et l'élément patronal.

Les intérêts généraux de l'industrie et du commerce y seront représentés par les délégués des Chambres de commerce; ceux de la classe ouvrière par les délégués des Bourses du Travail ou Unions de Syndicats; les pouvoirs publics par les inspecteurs de l'Enseignement technique et du Travail; les municipalités par les maires des communes où siègent les Conseils de Métiers; l'Enseignement technique et professionnel, par les délégués des directeurs d'Ecoles pratiques et des Métiers, et les délégués des professeurs d'Ecoles pratiques et des cours professionnels obligatoires et des cours de perfectionnement.

12° Qu'il soit procédé à une révision judicieuse des termes de la loi du 25 juillet 1919, en ce qui concerne les cours professionnels.

13° Qu'un effort soit fait en vue du développement des écoles pratiques et des écoles de Métiers, étant entendu que l'organisation ouvrière sera représentée dans les Conseils de perfectionnement de ces écoles.

14° Que, pour permettre cette organisation, cet effort de développement et cette réglementation, il soit établi une taxe d'apprentissage.

Qu'il soit prévu, en outre, une surtaxe d'apprentissage applicable aux établissements qui ne formeront pas le nombre d'apprentis fixé légalement.

15° Que des sanctions soient prévues devant frapper ceux qui se refuseraient à s'imposer l'exécution d'une obligation sociale dont l'urgence est aujourd'hui unanimement reconnue.

Ces considérations générales émises, le Congrès désireux de voir la C. G. T. s'atteler à un travail pratique, donne mandat à la Commission administrative de constituer une Commission spéciale dans le cadre du Conseil Economique du Travail, et qui sera chargée de poursuivre l'application de la résolution ci-dessus.

Cette Commission sera composée de membres pris parmi les Unions départementales et parmi les Fédérations avec la collaboration d'éléments compétents selon les règles générales de composition du Conseil Economique du Travail.

Deuxième vœu

Le Congrès, en présence de la création d'un certain nombre de Chambres de Métiers, donne mandat au Bureau confédéral d'adresser aux Bourses du Travail et Unions de Syndicats des indications et instructions sur la ligne de conduite qu'elles doivent suivre et invite les militants syndicaux à apporter à la question de l'apprentissage tout l'intérêt qu'elle comporte.

** **

CONTRAT D'APPRENTISSAGE

(Présenté par la Fédération du Livre)

Entre les soussignés :

M (1) ....
Maître Imprimeur à ....
rue ...., d'une part;

Et M. (1) ....
profession ....
demeurant à ....
rue ....
(2) ....
du jeune (1) ....
né à ....
le ...., d'autre part, et sous le contrôle de la Commission mixte intersyndicale agissant comme arbitre,

Il a été convenu ce qui suit :

M ....
s'engage à prendre pendant quatre années, commençant à courir le.............
comme apprenti compositeur typographe,
le jeune (1) ....
à lui apprendre la profession de compositeur typographe et à remplir les conditions strictement énoncées au Règlement d'apprentissage ci-après, en usage dans la profession.

M ....
déclare avoir pris connaissance du susdit Règlement et s'engage par le présent à s'y conformer en tous points.

---

(1) Nom et prénoms.
(2) Père, mère, tuteur répondant.

RÈGLEMENT D'APPRENTISSAGE

ARTICLE PREMIER. — La durée d'apprentissage de compositeur typographe est fixée à quatre années consécutives. Les deux premiers mois sont considérés comme période d'essai et, après leur expiration, le contrat lie définitivement les parties.

Aucune rétribution ne sera due pour cette période si l'apprenti ne continue pas son stage.

ART. 2. — A la fin de son apprentissage, l'apprenti sera tenu de remplacer le temps qu'il n'aura pas pu employer, par suite de maladie, grève ou lock-out, ou d'absences survenues au cours de son apprentissage, lorsque les interruptions de travail auront eu une durée de plus de quinze jours chacune ou que le total des absences aura dépassé soixante jours. Pendant ce temps, il recevra le salaire fixé pour le 2ᵉ semestre de la 4ᵉ année. Les congés accordés par le patron ne seront pas considérés comme absences devant être remplacées.

ART. 3. — L'enfant, présenté par ses parents, tuteur ou répondant, doit avoir 13 ans révolus; être muni de son certificat d'études primaires (1) et pouvoir présenter un certificat médical reconnaissant un état physique compatible avec l'exercice de la profession et portant notamment sur le degré d'acuité visuelle. Il doit se procurer le livret prévu à l'article 10 de la loi du 2 novembre 1892, qui est délivré gratuitement par les maires.

ART. 4. — La durée du travail des apprentis est celle indiquée par les lois qui régissent la matière.

Obligations des apprentis

ART. 5. — Les apprentis doivent se montrer polis, respectueux et prévenants envers leur patron et tout le personnel de la maison où ils travaillent.

Ils doivent aussi se montrer appliqués et assidus à l'accomplissement de leur tâche.

Ils pourront être employés à faire le rangement du matériel et son entretien.

Ils devront suivre les cours complémentaires de perfectionnement qui pourront être établis pour eux.

ART. 5 (a)

Ils sont tenus en outre de suivre avec assiduité les cours professionnels obligatoires organisés en application des dispositions de la loi du 25 juillet 1919 (Loi Astier). Ils s'efforceront de retirer le maximum de résultats de l'enseignement technique qui leur sera donné. La mauvaise volonté ou l'inconduite aux cours professionnels, ainsi que l'absence volontaire et non justifiée pourra entraîner la retenue de toute ou partie de la rétribution correspondante à la durée de la leçon visée.

Obligations des patrons

ART. 6. — Les patrons apportent tous leurs efforts à apprendre entièrement à leurs apprentis le métier qu'ils exercent; pour cela, ils les emploient successivement et progressivement à toutes les opérations pratiquées dans leurs ateliers et dans la limite de leurs forces.

---

(1) Si cette clause gêne le recrutement, des dérogations pourront être accordées jusqu'en 1927, par les Comissions mixtes locales.

Ils les occupent aux seuls services et travaux se rattachant à l'exercice de la profession.

Art. 6 (a)

Ils veillent à ce que les apprentis fréquentent régulièrement les cours profession-nels: ils secondent les efforts des professeurs et encouragent les apprentis en accordant une gratification supplémentaire à ceux qui se signalent par leur travail.

Rapports des parents et des patrons

Art. 7. — Les patrons communiquent tous les mois avec les parents au moyen d'un *Carnet professionnel*, fourni par le Syndicat patronal.

Ce carnet contient :

1° Les nom et adresse de l'enfant et la date de son entrée dans l'atelier;

2° Des pages destinées à recevoir les notes données par le patron sur le travail, la conduite et l'exactitude de l'enfant, ainsi que les visas des parents, tuteurs ou répondants de l'apprenti;

3° Des pages destinées à recevoir le relevé mensuel des salaires, pécules et grati-fications;

4° Et des feuillets concernant les cours complémentaires.

Obligations des parents

Art. 8. — Les parents, tuteurs ou répondants de l'apprenti s'efforcent de secon-der le patron en récompensant ou en réprimandant l'enfant, suivant que les notes sont bonnes ou mauvaises; ils signent régulièrement le carnet, dans l'emplacement *ad hoc*, afin de se tenir sans cesse au courant de la conduite de l'enfant.

En cas d'inconduite, d'inaptitude au travail ou d'absences répétées sans motif valable de l'apprenti, les parents en seront avertis par lettre recommandée; en cas de récidive, un deuxième avertissement sera donné sous la même forme. Si l'ap-prenti ne s'amende pas, le contrat sera résilié, sous réserve d'examen par la Com-mission mixte.

Art. 8 (a)

Les parents doivent tenir la main à ce que leurs enfants ne manquent pas les cours professionnels et s'assurent qu'ils y travaillent avec fruit.

Examens

Art. 9. — Des examens auront lieu chaque année et en fin d'apprentissage. L'ap-prenti qui passera avec succès l'examen de fin d'apprentissage sera reconnu ouvrier et payé au salaire minimum de l'ouvrier compositeur.

Lorsque la Commission d'examen jugera que l'apprenti n'est pas encore apte à faire un ouvrier qualifié, elle pourra décider qu'il doit être considéré comme petit ouvrier pendant une année. Elle pourra le faire changer de maison.

Rétributions

Art. 10. — Pendant la durée de l'apprentissage, les apprentis reçoivent une allo-cation journalière fixée comme suit :

1er semestre : 1/6e du salaire fixe minimum de l'ouvrier compositeur qualifié et ensuite augmentation par semestre de 1/12e du même salaire.

La paye est remise aux apprentis chaque semaine ou chaque quinzaine, à moins de convention contraire avec les parents, tuteurs ou répondants.

ART. 11. — Des gratifications à titre temporaire peuvent être accordées par les patrons aux apprentis diligents. En cas de rupture du contrat, même au bénéfice de l'apprenti, celui-ci ne peut toucher chez un autre patron une rétribution autre que celle correspondant à la période semestrielle à laquelle il est parvenu.

En conséquence de ce qui précède, les patrons adhérents au présent règlement décident de ne pas embaucher d'enfant au-dessous de 18 ans, sans s'assurer par la production du CARNET PROFESSIONNEL qu'il a rempli ses engagements.

Quiconque embauché un apprenti qui aurait enfreint les clauses d'un contrat s'expose à des poursuites judiciaires, en vertu de l'article 13 de la loi des 22 janvier, 3 et 22 février 1851, qui dit : « Tout ou partie de l'indemnité à payer par l'apprenti peut être réclamé par voie de droit au patron qui l'aura embauché avant la fin de son apprentissage en qualité d'apprenti ou de petit ouvrier ».

Pécule

ART. 12. — En plus de la rétribution, les apprentis bénéficient de la constitution d'un capital ou pécule de fin d'apprentissage, qui ne devient leur propriété que lorsqu'ils ont accompli intégralement le temps d'apprentissage fixé au contrat.

Le montant du pécule annuel est de :

Pour la 1re année...................	50 francs
Pour la 2e année...................	100 francs
Pour la 3e année...................	150 francs
Pour la 4e année...................	200 francs

L'addition de ces sommes procure à l'enfant, à la fin de son apprentissage, une somme qui est remise à ses parents, tuteur ou représentant, par la Commission mixte intersyndicale, sur la présentation du CARNET PROFESSIONNEL signé par le patron.

Les patrons peuvent également porter sur le carnet tout ou partie des gratifications qu'ils peuvent donner à l'enfant, à titre d'encouragement.

Ruptures

ART. 13. — Les différends qui pourraient survenir entre patrons et apprentis, quant à l'exécution des clauses du contrat d'apprentissage, seront soumis à la Commission mixte intersyndicale, comprenant 2 patrons et 2 ouvriers, qui pourra, le cas échéant, décider aux torts et griefs de laquelle des deux parties devra être prononcée la résiliation du contrat. Les décisions de la Commission mixte sont sans appel; en cas de partage des voix, l'affaire suivra son cours normal devant la juridiction des Prud'hommes.

ART. 14. — En cas de décès de l'enfant, les sommes dues seront payées aux ayants droit.

Rupture par l'apprenti

ART. 15. — Sauf en cas de force majeure, les apprentis doivent faire entièrement dans la même maison, le nombre d'années d'apprentissage stipulé à l'article premier du présent règlement.

L'inobservation de cette clause de la part de l'apprenti entraîne de plein droit pour lui, à titre d'indemnité convenue expressément, la perte du pécule et des gratifications qui deviennent la propriété du patron. En outre, elle entraînera de la part de l'apprenti, à payer en espèces, une indemnité égale au pécule si la rupture est provoquée par l'offre d'emploi d'un autre patron exerçant la même profession.

Ce dernier pourra être poursuivi, conformément à l'article 13 de la loi de 1851 énoncé plus haut, par le patron lésé, en paiement de cette indemnité.

Rupture par le patron

ART. 16. — La rupture du contrat par la faute du patron entraîne de sa part une indemnité à payer en espèces, égale au pécule déjà acquis et en sus de ce pécule.

Dans le cas où la maison où travaille l'apprenti viendrait à disparaître avant l'expiration du contrat, les sommes dues seront immédiatement payées au signataire du contrat ou à la Commission mixte.

Dans l'un ou l'autre cas, ces sommes seront payées en fin d'apprentissage dans une autre maison, la Commission mixte intersyndicale en restant dépositaire.

Règlement du pécule ou des indemnités

ART. 17. — En conséquence de ce qui précède, dans chaque cas (fin de contrat ou rupture), l'une ou l'autre des deux parties contractantes devra prévenir le Président de la commission mixte intersyndicale, afin qu'il puisse être fait droit dans les délais prévus :

Soit au paiement en espèces des sommes dues et inscrites sur le carnet professionnel (art. 12, 14, 16), soit à la constitution d'un nouveau carnet (art. 16), soit à l'inscription sur le carnet de l'enfant des indemnités (art. 16), conformément aux diverses clauses ci-dessus du présent contrat.

NOTA. — Les parties en italique constituent des dispositions ajoutées par la Commission au projet de règlement d'apprentissage établi par la Fédération du Livre.

Camarades, je me contente, après la lecture de ce rapport ainsi que de la résolution adoptée par la cinquième Commission, de limiter là mon exposé. Certes, si nous voulions commenter chacun des points qui intéressent ce problème de l'apprentissage, ce serait prendre beaucoup de temps sur celui qui reste au Congrès. D'autres questions sont encore à examiner et je me contenterai tout simplement de rester sur les propositions que je viens de vous soumettre au nom de la cinquième Commission, me réservant cependant, s'il y a lieu, de donner au Congrès des explications complémentaires sur les points particuliers que le Congrès croirait devoir soulever ou sur ceux qui auraient pu paraître obscurs. Ce travail, que nous aurions voulu peut-être plus complet, aurait nécessité de la part de la cinquième Commission un temps aussi long que celui du Congrès lui-même. Cependant je veux reconnaître qu'à cette Commission, et je veux espérer qu'il en était de même dans toutes les autres, ce sont réellement les camarades qui sont animés de l'esprit de développer la conscience individuelle des travailleurs par l'éducation professionnelle qui ont demandé à y participer et ils ont tous, sans exception, apporté une part de compétence que nous ne saurions diminuer.

Cette Commission désire ardemment que ses travaux ne s'arrêtent point là, et s'il n'est pas possible de réunir d'une façon périodique tous les membres qui l'ont composée, elle exprime l'avis, ainsi que c'est compris dans la résolution que nous vous avons soumise, qu'une Commission permanente siège à la Confédération Générale du Travail pour examiner tous les points qui peuvent être soulevés sur cette question d'apprentissage et poursuivre la réalisation du vœu et des décisions qui pourraient être exprimés par le Congrès. (*Applaudissements.*)

Le Président. — Vous avez entendu l'exposé complet et surtout très documenté de notre camarade Mourgues. Comme il en conclut lui-même, le rapport est tellement complexe que chacun des articles devrait être discuté, à cause de la diversité des commentaires qu'il contient. J'émets la suggestion que ce rapport soit communiqué à toutes les Fédérations, à toutes les Unions départementales, pour que dans chaque milieu on puisse l'examiner en toute sérénité avec les intéressés eux-mêmes. (*Très bien!*)

Si, en plus de la suggestion que j'émets il y a des camarades qui veulent des compléments d'indication, le débat peut s'ouvrir.

Je donne la parole au camarade Jaccoud.

Jaccoud. — Ce ne sont pas des explications, ni des modifications que j'entends demander ou apporter au rapport. Je considère que le président a eu raison de demander l'impression de ce rapport pour le communiquer aux Fédérations et aux Unions départementales. Cependant, permettez, en la circonstance, à un conseiller prud'homme d'attirer l'attention du Congrès sur cette situation particulière ayant trait à l'apprentissage.

En matière d'apprentissage, il faut que nous ayons ici le courage de le dire, nous rencontrons trop de pères de famille qui se préoccupent de leurs intérêts particuliers au détriment de l'intérêt des enfants, et c'est ainsi qu'au Conseil de prud'hommes de la section des Métaux, de laquelle je fais partie, nous avons à réagir contre cette situation, parce que nous sommes obligés de constater qu'il y aura là un courant à remonter. Courant qui s'est développé au cours de cette période de guerre où on ne se préoccupait malheureusement pas de l'avenir des enfants. Les pères de famille ont retiré leur enfants de l'apprentissage pour les diriger vers une industrie où ils peuvent réaliser un gain immédiat. Nous avons également protesté contre les industriels qui abandonnaient les industries nécessaires à la vitalité de la nation pour ne s'attacher qu'à l'industrie qui rapportait, c'est-à-dire à l'industrie de guerre. Il faut indiquer que nous ne pourrons réaliser ce rapport qu'autant que nous aurons fait comprendre aux pères de famille, aux pères qui ont des enfants qui sont appelés à adopter un métier, qu'ils font une œuvre criminelle lorsqu'ils se préoccupent, par raison de gain ou d'économie, à diriger les enfants vers une industrie où il y a un gain immédiat, alors qu'ils doivent, au contraire, faire l'effort nécessaire pour donner à l'enfant un métier, cela non seulement dans l'intérêt propre de l'enfant, mais dans l'intérêt de l'économie nationale. (*Applaudissements.*)

Camarades, il faut que dans ce Congrès nous puissions indiquer hautement quels sont nos défauts. J'ai tenu à apporter cette précision parce que nous avons été appelés à faire cette constatation, et nous ne pourrons faire entrer dans le cerveau de nos camarades, que nous entendons représenter, les vœux émis par la Commission qu'à la condition que nous fassions comprendre, non seulement la nécessité de réaliser la conception de la Commission, mais également que nous fassions disparaître les intérêts particuliers des pères de famille au détriment de l'avenir des enfants. (*Applaudissements.*)

Le Président. — Je crois que le rapport et les explications fournies par Jaccoud donnent satisfaction à tout le monde.

Je mets le rapport aux voix. (*Adopté à l'unanimité.*)

J'ai reçu une résolution du camarade Filliol, qui proteste contre une proposition, faite par certains parlementaires, d'intenter des poursuites contre la C. G. T. à l'occasion de son attitude contre la politique extérieure du Gouvernement.

J'ai reçu aussi de certains camarades, secrétaires de syndicats de cheminots, des lettres m'indiquant qu'ayant agi en disciplinés en affichant le texte que vous connaissez, ils ont été invités par les procureurs de la République à comparaître devant eux pour un acte soi-disant délictueux.

J'espère que la C. G. T. et l'assemblée seront d'accord pour se solidariser et protester énergiquement contre ces procédés qui ne sont que locaux; il y a des endroits où les affiches sont lacérées et d'autres où elles sont très bien lues, et les camarades ne sont pas inquiétés.

Il était bon de rappeler cela au Congrès, pour que nos dirigeants sachent bien que la classe ouvrière est unanime pour maintenir la liberté des peuples et la liberté universellle. (*Applaudissements.*)

DUMOULIN. — Je voulais demander au Congrès de passer à l'ordre du jour sur la demande de poursuites parlementaires, c'est tout ce que mérite un député du Bloc national contre l'action de la C. G. T. Quant à ce qu'a fait remarquer notre président relativement aux poursuites locales contre les militants qui apposent les affiches de la C. G. T., nous demanderons aux Unions départementales de renseigner exactement la C. A. et le Bureau de la C. G. T. pour faire entendre notre protestation et garantir les camarades contre les poursuites exercées.

Pour les poursuites contre la C. G. T., passons à l'ordre du jour, c'est tout ce que cela mérite.

Le Président. — Il est bien entendu que nous n'avons pas peur des poursuites, le Gouvernement doit savoir que nous sommes solidaires.

La parole est au camarade Digat en ce qui concerne les salaires et le coût de la vie.

Le coût de la vie et les salaires

DIGAT. — Camarades, je m'excuse de n'avoir pas répondu ce matin à l'invitation du président pour apporter ici les conclusions de la Commission des salaires et du coût de la vie; je n'ai pas répondu pour des raisons bien indépendantes de ma volonté. Je m'efforcerai de commenter brièvement, mais sans oublier les points essentiels de l'argumentation de la Fédération qui m'a délégué pour défendre cette thèse, et comme procédure de discussion, je vais vous donner lecture de la résolution à laquelle a abouti la Commission et je me permettrai, après lecture, de la commenter, de la justifier.

Le Congrès confédéral considère que devant l'anarchie économique du régime capitaliste, les travailleurs ne peuvent lutter efficacement pour le maintien de l'amélioration de leurs moyens d'existence qu'en défendant à la fois la valeur nominale et le pouvoir d'achat des salaires.

Il invite les organisations confédérées à continuer, par tous les moyens, leur énergique résistance à la campagne patronale engagée contre les salaires. Mais il estime que l'action ouvrière serait insuffisante si elle ne s'efforçait d'agir parallèlement sur le coût de la vie.

En conséquence, le Congrès donne mandat à la C. A. de la C. G. T. de lutter vigoureusement contre toutes les causes de vie chère qui contribuent à réduire de plus en plus le pouvoir d'achat des salaires.

Il l'invite à dresser la protestation permanente de la classe ouvrière contre la politique économique et financière du Parlement actuel et de ses gouvernants.

Il s'élève contre le système fiscal de classe qui accable les consommateurs salariés et protège les privilégiés de la fortune. Il stigmatise la lâcheté fiscale de ceux-ci qui comblent le déficit par une stupide politique d'emprunts aggravant la situation financière et paralysant l'activité économique.

Il dénonce la conspiration des ploutocrates de la finance, de la grande industrie et du gros commerce qui, à la faveur de la dépréciation du franc, accaparent progressivement les richesses réelles du pays pendant que l'Etat se ruine, et préparent leur dictature financière absolue sur la Nation et notamment leur mainmise sur les services industriels de l'Etat.

Il proteste contre le protectionnisme outrancier qui livre la Nation et les consommateurs aux coalitions d'intérêts particuliers, provoque le malthusianisme et la hausse des prix, engendre le chômage et l'avilissement des salaires, interdit toute coopération économique internationale, attisant ainsi l'antagonisme des nationalismes économiques générateurs de guerre.

Il constate les complaisances du Gouvernement à l'égard des compagnies de chemins de fer et de navigation, qui, par leurs tarifs prohibitifs, gênent le développement économique du pays, et contribuent à l'augmentation du coût de la vie.

Il relève le défi à la conscience publique que constitue l'impunité scandaleuse dont jouissent les spéculateurs et mercantis qui, par l'abrogation virtuelle de la loi sur la spéculation illicite, viennent d'obtenir de la Chambre du Bloc National licence pour exploiter et rançonner les consommateurs.

Contre toutes ces causes essentielles de vie chère, le Congrès décide d'engager, par des meetings s'adressant à l'ensemble des consommateurs, par des tracts, par la presse ou par tous autres moyens appropriés, l'action nécessaire pour créer un courant de vigoureuse protestation dans l'opinion publique. Cette campagne sera complétée par l'action propre des syndicats, des Fédérations et des Unions, auxquels la C. A. et le bureau confédéral fourniront la documentation nécessaire.

Voici la résolution à laquelle la majorité de la Commission a abouti. Si le temps n'était pas limité et si nous avions disposé de tout le temps nécessaire pour discuter le problème de la vie chère, je puis dire que tous les problèmes qui ont été discutés, problèmes d'ordre national et international, sont tous issus du problème de la vie chère, et il nous aurait été facile, en posant le problème clairement, en l'examinant sous toutes ses faces, de discuter à la fois la question des huit heures, de discuter de la paix européenne, de discuter du rétablissement économique de l'Europe, mais ma tâche est limitée et la Fédération postale, au nom de laquelle je parle, s'efforce simplement de faire disparaître cette illusion que l'augmentation constante des salaires peut résoudre, pour la classe ouvrière, le problème angoissant de l'existence.

Nous comparons la classe ouvrière à un malade qui sait qu'une opération chirurgicale est nécessaire, indispensable, pour rétablir sa santé, mais il n'a sous la main ni hôpital, ni chirurgien pour calmer sa souffrance, pour l'atténuer, il boit des tisanes. La conception de la Fédération postale et de la majorité de la Commission, c'est que l'augmentation systématique des salaires, ce sont les tisanes. Et la Fédération postale et la Commission sont d'avis que la C. G. T. doit envisager l'opération chirurgicale.

Je ne donnerai pas à cet exposé un caractère polémique et je veux m'efforcer de traiter mes adversaires avec un maximum de courtoisie et un minimum de passion. J'ai sous les yeux un article qui situe bien la position des membres des Commissions, c'est un article signé de notre camarade Louzon. Il donne pour titre à son article : « La hausse des salaires ». C'est un expédient la hausse des salaires, c'est la tisane, et nous estimons que nous sommes tellement gargarisés avec des tisanes qu'il convient d'envisager autre chose.

Camarades, si le temps n'était pas limité, j'aurais examiné deux situations économiques, deux situations financières, deux situations extrêmes : La situation de l'Allemagne et la situation des Etats-Unis ou de l'Angleterre, et j'aurai placé entre ces deux extrêmes notre pays qui est dans une situation moyenne.

Quelle est, à l'heure actuelle, la situation économique de l'Allemagne? Et tout à l'heure je vais rapidement conclure en ce qui concerne les masses laborieuses d'Allemagne. Je vais énumérer quelques chiffres, car pour moi les faits sont plus éloquents que les discours. En 1914, le dollar valait 4 marks 20, le 1er juillet il en valait 401 et en décembre 1922, il en valait 9.400. C'est une des raisons pour lesquelles le rétablissement économique de l'Europe est lent à se réaliser. Tant que la situation de l'Allemagne ne sera pas stabilisée, tant que l'harmonie ne régnera pas entre les peuples, incontestablement l'ensemble de la situation européenne sera déséquilibrée, et, en raison même de l'enchevêtrement des intérêts, en raison même de l'interdépendance des nations, la misère de l'Allemagne, c'est la misère pour nous demain, à bref délai. (*Très bien!*)

On parle de la dépréciation de notre franc, c'est une des causes profondes de la vie chère, et il est certain que les ploutocrates auxquels nous faisons allusion dans notre résolution ne sont pas innocents de cette dépréciation monétaire.

En ce qui concerne la dépréciation de la monnaie, voyons l'influence sur les prix de gros; je prends les chiffres qui ont été publiés par *La Gazette de Francfort* en 1920 :

L'indice de 1914, qu'on évaluait à 100, en janvier 1920 était passé à 1.007. Je m'explique. Ce qui veut dire que lorsqu'en 1914 un consommateur payait 100 marks tel ou tel objet, telle ou telle denrée alimentaire, il était obligé, en 1920, de débourser 1.007 marks. En raison de l'effondrement du mark, quelle est actuellement la situation du consommateur allemand, quelle est la situation de la classe allemande? C'est que ce qui valait 100 marks en 1914 vaut actuellement 166.495 marks. L'inflation fiduciaire dont je vais parler tout à l'heure en ce qui concerne notre propre pays s'élève à 36 milliards. Quel est donc le chiffre de l'inflation fiduciaire allemande, qui a été voulue par le capitalisme allemand? Là, il faut dire que s'il y a des hommes en Allemagne qui ont une attitude vraiment ouvrière, je ne dis pas cela pour me livrer à je ne sais quelle flagornerie, mais il faut dire que lorsque les communistes allemands ont pris parti à la fois contre l'occupation militaire du bassin de la Ruhr et contre leur capitalisme, ce sont eux qui avaient une attitude vraiment ouvrière.

En Allemagne, le 23 décembre 1922, l'inflation fiduciaire était de 1.137 milliards. Nous avons, nous aussi, un déficit budgétaire, mais quel est donc le déficit budgétaire de l'Allemagne? Je prends les chiffres du docteur Hermès, qui est le ministre des finances du Reich, le déficit budgétaire s'élève à 906 milliards.

Je ne veux pas examiner dans toute son étendue la situation économique de l'Allemagne, mais il nous serait facile de démontrer et de préciser que lorsque la C. G. T. prend nettement parti en face du problème fiscal, lorsqu'elle s'efforce de démontrer que la formule : « l'Allemagne paiera », est une formule qui est tout au plus bonne en période électorale, je n'aurais pas de mal pour préciser, à l'aide de chiffres qui n'ont pas été contestés, nos affirmations, mais je prendrais très rapidement la situation de la classe ouvrière allemande. Qu'est-ce que l'on observe actuellement en Allemagne? On observe un nivellement des salaires par le bas, c'est-à-dire qu'après avoir enregistré la ruine de l'Etat politique, l'effondrement de la classe moyenne, on assiste à une prolétarisation quasi-totale de la nation allemande. Actuellement deux forces sont en présence : d'un côté les Stinnes et de l'autre côté la classe ouvrière. L'Etat politique disparu, classe moyenne disparue, professions libérales soumises à une véritable crise de sous-consommation.

Qu'est-ce que l'on constate lorsqu'on examine les salaires ? Je prends un exemple qui appartient à nos services, si je puis m'exprimer ainsi, c'est un exemple plus précis et qui me permettra de faire comprendre au Congrès ce qui attend peut-être la classe ouvrière demain : Un fonctionnaire allemand qui gagnait, en 1914, 7.200 marks, gagne actuellement 800.000 marks. Si on convertit ses 800.000 marks, c'est-à-dire, si on leur accorde leur pouvoir d'achat réel, à quelles conclusions aboutissons-nous? C'est que les 800.000 marks papier ne valent plus que 1.100 marks or et que le pouvoir d'achat de ce fonctionnaire est diminué dans la proportion de 60 p. 100.

C'est une des raisons pour lesquelles nous appelons l'attention du Congrès sur la distinction indispensable que nous devons faire entre la valeur réelle salaire et sa valeur nominale.

Camarades, j'arrive à notre situation. Nous ne sommes pas de ceux qui croyons que les guerres enrichissent les victorieux, nous avons répété, au lendemain de l'armistice, que tous les peuples étaient vaincus, et que si les Gouvernements pouvaient se placer arbitrairement en victorieux et en vaincus, nous pouvons faire cette constatation, c'est que la classe ouvrière allemande, la classe ouvrière française, anglaise et italienne paient actuellement les conséquences de la guerre.

Quelle est donc notre situation? J'aborde, remplaçant notre camarade Bourderon sur la question de l'impôt sur les salaires, le problème fiscal. Et là, on me permettra d'indiquer ce qui a paru dans *Le Matin* du 7 novembre, à propos de l'action de nos camarades du gaz. *Le Matin*, qui défend admirablement, et c'est d'ailleurs son rôle, les intérêts de la classe de M. Bunau-Varilla, publiait que nos camarades du gaz avaient déclanché un mouvement contre la forme de l'impôt direct. Quelques jours après, le Congrès de l'Union des intérêts économiques se réunissait et M. Billiet, très adroitement, proposait un ordre du jour excluant, pour la perception de l'impôt sur les salaires, toute inquisition fiscale. M. Billiet constatait que le fisc rencontrait des difficultés pour percevoir l'impôt et il proposait un chiffre forfaitaire. Je conseille aux camarades

qui seront appelés à faire de la propagande pour la C. G. T., lorsqu'on les
accusera de je ne sais quel collaborationnisme de classes, de rappeler ce qui a
paru le 25 novembre dans le journal officiel de la C. G. T. U. Dans ce journal,
sous la signature d'un des secrétaires de l'Union des syndicats de la Seine, on
pouvait lire que le Gouvernement, devant les manifestations répétées des
Chambres de commerce et des organisations patronales, avait compris combien
l'impôt sur les salaires était impopulaire. Et je constate, sans en tirer aucune
conclusion sévère, que la campagne irraisonnée contre l'attitude de la C. G. T.
à propos de l'impôt sur les salaires a rejoint la campagne de l'Unions des
intérêts économiques. (*Applaudissements.*)

On a reconnu publiquement que, non seulement l'action des syndicats ouvriers, mais aussi l'action des Chambres de commerce et des organisations
patronales, avaient contraint le Gouvernement à reconnaître que l'impôt était
impopulaire.

Eh bien! camarades, au risque de passer encore une fois de plus pour un
réformiste, et je revendique hautement cette qualité, je suis un réformiste, je
vais défendre, moi, une conception révolutionnaire, et je demanderai respec-
tueusement au rédacteur de *l'Humanité* de bien vouloir noter que l'autonomiste
du *Populaire,* réformiste intransigeant, réformiste cynique, s'abrite derrière
l'autorité, incontestablement révolutionnaire du citoyen Lozowsky. Je vais
tirer tous mes arguments de l'opinion exprimée par le citoyen Lozowsky, qui
ne dit pas toujours des choses sensées, mais qui, pour une fois, m'apporte un
argument. (*Applaudissements.*)

Le citoyen Lozowsky, dans une brochure intitulée : « Le Programme de
l'Internationale rouge », indique en termes très nets : « La France, gardienne
des traditions de la grande Révolution de la démocratie, ne peut porter atteinte
au principe sacré de la propriété privée, aussi se garde-t-elle bien de grever
la classe dominante du poids des dépenses militaires et se réserve-t-elle de
pressurer toujours davantage les larges masses de la population. Pour faire
face au budget, les impôts indirects augmentent et avec eux, la cherté de la
vie. » C'est toute la thèse de la C. G. T. (*Applaudissements.*)

Avec cette référence, il me sera permis d'examiner maintenant devant quel
problème se trouve la C. G. T. Certes, j'aurais pu m'abriter derrière l'autorité
de Marx, qui vaut bien quelque chose chez nos adversaires de tendances, j'aurais pu leur rappeler que Marx, en 1870, au Congrès de l'Internationale a assi-
gné aux syndicats ouvriers des fonctions bien déterminées : Première fonction,
disait-il, c'est la défense des intérêts immédiats; deuxième fonction, les syndicats constituent le véhicule organisé de la transformation sociale. Me référant
à Marx lui-même, je pourrais dire que si la C. G. T. n'envisageait pas le problème fiscal dans tout son ensemble, si elle n'envisageait pas ses répercussions
sur les conditions de vie du monde du travail, je ne sais pas si la C. G. T.
serait d'accord avec nos traditions syndicalistes, mais je prétends qu'elle ne
serait pas d'accord avec Marx, que l'on considère comme incarnant la pensée
révolutionnaire. Lozowsky et Marx, voilà quelles sont mes références.

Et maintenant, camarades, j'examine quelle est pour les camarades de province la situation financière. M. Sellier a reconnu, au cours d'une conférence :
« Personne, si surprenant que cela puisse paraître, ne sait aujourd'hui le montant de nos recettes et de nos dépenses et de notre dette. Autant que je peux
le savoir, les écritures ne sont même pas centralisées; la direction du mouvement général des fonds fait parvenir, chaque mois, aux Commissions finan-

cières des deux Chambres une situation de la trésorerie, en état de la dette, mais, à défaut de chiffres comptables, ces documents sont établis sur de simples indications statistiques, et celles-ci se révèlent assez incomplètes et fragiles, seule une prompte et énergique réorganisation du ministère des Finances nous permettra d'y voir clair. »

Tel est la conclusion de ce document. De l'aveu du directeur du mouvement des fonds, il est impossible d'évaluer le passif et l'actif. Je me bornerai à prendre les chiffres de M. Béranger; il va peut-être être accusé d'aider un militant de la C. G. T. Lafayettiste, mais ce sont des chiffres rigoureusement officiels, ce sont des chiffres qui ne servent pas, je vous l'assure, le régime capitaliste lui-même. Notre dette, celle que nous payons quand nous acquittons le service et dont nous allons voir les conséquences. Au temps du Consulat, c'est-à-dire il y a bien longtemps, la dette totale des pays civilisés ne dépassait pas 15 milliards, elle s'élevait à 35 milliards au moment du Congrès de Vienne, à 41 milliards environ lors de la guerre de Crimée, elle parvenait à 110 milliards en 1875, elle atteignait 220 milliards à la veille de la guerre, actuellement l'ensemble de la dette des pays civilisés s'élève à 1.500 milliards.

En ce qui nous concerne, quelle est notre situation?

Ce sont les chiffres de M. Béranger. Dette publique (dette perpétuelle), 100 milliards 439 millions; dette à terme, 56 milliards 196 millions; l'angoissante dette flottante, 94 milliards 156 millions, au total 250 milliards 083 millions. Ces chiffres expriment notre dette intérieure.

Quelle est notre dette extérieure? Parce que, malgré la sympathie de l'Amérique et de l'Angleterre, nous leur devons de l'argent, et malgré la sympathie qu'ils ont pour nous, ils nous rappellent poliment en parfaits «businessmen» que celui qui a des dettes doit habituellement les payer. Notre dette, c'est-à-dire la dette d'Etats à Etats est de 72 milliards 330 millions; dette commerciale, 13 milliards 711 millions. Et au total nous trouvons, avec un total général de la dette, 336 milliards 994 millions. Est-ce tout? Si cela était tout on pourrait peut-être considérer qu'il convient d'envisager la situation avec quelque optimisme. Mais, ce n'est pas tout. A cette dette réelle, à cette dette qui nous est rappelée de temps à autre, il faut ajouter les intérêts que nous n'avons pas payés, il faut ajouter la dette légale des réparations qui est évaluée, je crois, à 130 milliards et le total de M. Béranger, c'est que le passif de la France s'élève à 475 milliards.

Eh bien, je demande au Congrès, en face de telles données, s'il est possible à la C. G. T. qui prétend traduire non pas les intérêts de telle ou telle corporation, mais les intérêts d'une classe qui prétend à l'avènement d'un ordre nouveau, est-il possible que nous envisagions simplement cette action en faveur d'une opposition, en faveur d'une opposition stérile et irraisonnée contre l'impôt sur les salaires? Pouvons-nous oublier à côté des 220 millions qui étaient prévus par l'impôt sur les salaires, pouvions-nous oublier qu'en raison de cette situation financière difficile, l'Etat prélève sur la classe ouvrière 75 p. 100 des impôts. Je dis que si la C. G. T. n'avait pas appelé l'attention de la classe ouvrière sur les véritables données du problème social, elle aurait, non seulement desservi les intérêts de la classe ouvrière, mais elle aurait failli à son rôle historique. (*Applaudissements.*)

Je laisse de côté l'actif et je laisse également de côté les propositions de M. Bokanowski pour combler le déficit budgétaire, j'arrive au point où je vais tenter de justifier, sans craindre une réfutation sérieuse, la position de la C. G. T.

Dans tous les ordres du-jour des Chambres de commerce et des organisations patronales, nous avons vu comme un *leit-motiv* qui revenait constamment : « Pas d'inquisition fiscale. » Nous parlons ici au nom d'ouvriers dont la situation économique est connue de tous, dont les salaires sont publiés dans les documents officiels, salaires horaires, salaires journaliers, salaires mensuels, traitements annuels. Par conséquent, qui donc peut craindre l'inquisition fiscale ? Ce sont ceux qui espèrent, par une dissimulation de richesse, échapper au fisc. (*Applaudissements.*)

Je vais chercher la justification dans des chiffres qui, une fois de plus, n'émanent pas d'un militant syndicaliste. Ils sont d'autant plus éloquents, d'autant plus convaincants qu'ils émanent d'un homme qui considère que le régime capitaliste est un régime parfait, définitif et qui représente le maximum d'harmonie. Puisque nous sommes, nous, pour l'impôt direct, puisque nous considérons, à l'instar des travaillistes anglais, que ceux qui ont de la richesse doivent payer, il faut, par conséquent, que nous cherchions de quelle façon on évalue la richesse d'un pays.

Tous les économistes, quelle que soit l'école dont ils se réclament, quels que soient les principes qu'ils affirment, se sont mis d'accord sur une méthode — je vous en prie, ne vous effrayez pas des termes un peu baroques, les économistes sont comme les médecins, ils emploient des termes pour que l'ensemble de leurs contemporains ne comprennent pas et pour donner l'impression qu'ils sont des hommes très savants — on s'est mis d'accord sur la méthode de l'annuité successorale. Qu'est-ce que l'annuité successorale ? C'est l'ensemble des successions recueillies pendant un an. Lorsqu'on veut évaluer la fortune d'un pays, on prend l'annuité successorale et on multiplie par ce qu'on appelle la survie moyenne. Je prends les chiffres de M. de Fontville :

Fortune de la France en 1913 : 226 milliards. Je vous indique tout de suite qu'en 1913 de même qu'aujourd'hui je ne possédais aucune parcelle de ces 226 milliards. M. de Fontville a constaté qu'en France, dans un pays où il y a environ 38 ou 39 millions d'habitants, les 226 milliards étaient possédés par 11.000.633 possédants.

Première conclusion pour la C. G. T. qui a pris cette attitude en face du problème fiscal, c'est que 27 millions d'individus ne possédaient, en 1913, absolument rien, si ce n'est leur force de travail. Deuxième conclusion, c'est que M. de Fontville a rangé ces 11 millions de possédants en treize catégories, et on constate que, si nous groupons les cinq catégories supérieures, c'est-à-dire les Crésus en France, 18.586 personnes possèdent un capital global de 60 milliards et que les autres possédants se partagent le reste. Si l'on prend la dernière catégorie, celle qui est bien près de la classe ouvrière, puisque sa fortune est évaluée à 358 francs, on constate que le nombre de possédants s'élève à près de 3 millions. Conclusion, en chiffres généraux, pour ne pas entrer dans les détails qui seraient trop minutieux — il sera possible de publier ces chiffres, ce qui permettra aux militants de s'y référer et d'apporter des affirmations qui ne pourront pas être contestées — la conclusion, c'est que l'on constatait en France, en 1913 et pendant la guerre, plutôt la concentration des fortunes que leur déconcentration. On constate que moins de 100.000 individus possédaient la moitié de la fortune de la France et que le reste de la fortune était partagé par les 11 millions qui restaient.

Au-dessous de ces possédants, se trouve la classe au nom de laquelle nous parlons, la classe ouvrière, qui ne possède rien que sa force de travail. Maintenant, nous allons trouver comment se répartissent les charges dans le régime capitaliste. Contre ceux qui nous ont dit que nous avions tort de prendre telle ou telle attitude, contre ceux qui nous ont dit qu'impôts directs et impôts indirects c'était de la foutaise, que la loi syndicale intervenait fatalement et qu'en conséquence le rôle des syndicats ouvriers n'était pas de défendre un régime capitaliste contre un autre régime fiscal, constatons ce qui s'est passé : en 1922 — les chiffres ne sont pas de moi, c'est l'administration des Finances qui a publié ce document, c'est *Le Temps* qui l'a repris — en 1922, on constate qu'indirectement l'Etat a perçu 15 milliards 87 millions et que directement — remarquez bien que, si l'on examinait les conséquences de l'impôt sur les bénéfices industriels et commerciaux, on aboutirait, pour la classe des consommateurs, à de singulières conclusions. — Je prends simplement ces chiffres pour faire une comparaison, je constate que les 15 milliards d'impôts indirects reposent, non pas sur la qualité des produits mais sur la quantité consommée et, en vertu de notre nombre, nous pouvons bien affirmer qu'appartenant à la classe la plus nombreuse et la plus pauvre, c'est nous qui avons acquitté dans la plus forte proportion les 15 milliards d'impôts indirects. (*Applaudissements.*)

En 1922, lorsqu'il entrait 100 francs dans les caisses de l'Etat, la classe ouvrière en acquittait 75 indirectement. Eh bien ! je vous demande, sans vous demander de vous découvrir devant le programme majoritaire, si la C. G. T. n'a pas eu raison, en face d'un programme aussi difficile et avec de telles données, de dire à la classe ouvrière : « Elargis ton horizon, élève un peu ton regard, non seulement sur l'injustice de l'impôt sur les salaires, mais sur la grande injustice fiscale qui symbolise l'iniquité capitaliste. »

Camarades, considérez l'attitude de la bourgeoisie, lorsqu'elle s'est aperçue que la guerre ne payait pas : elle a voté 8 milliards 500 millions d'impôts nouveaux. Les ouvriers qui n'ont pas l'habitude de se passionner avec ces problèmes et qui s'occupent davantage de la rubrique des chiens écrasés ou du roman des journaux à grand tirage, la classe ouvrière ne s'est pas aperçue que les gouvernants ont découvert la fameuse taxe sur le chiffre d'affaires, taxe qui ne rend pas, mais qui n'empêche pas les nombreux intermédiaires d'incorporer dans les prix de vente une taxe qu'ils n'acquittent pas toujours. On a trouvé 8 milliards 500 millions d'impôts nouveaux ; je pourrais encore me livrer à un calcul minutieux, mais je passe; il nous serait facile de démontrer que, sur ces 8 milliards 500 millions d'impôts nouveaux, la classe ouvrière en acquitte 70 p. 100.

Comment peut-on nous accuser d'être des partisans de l'impôt sur les salaires ? Dans les statuts de la C. G. T., il est bien précisé que le but que poursuit le mouvement ouvrier, c'est la suppression du salariat et du patronat. En conséquence, tout ce qui, dans les cadres du régime existant, aggrave la servitude du prolétariat est combattu instinctivement, naturellement par la C. G. T. Mais lorsqu'on constate qu'un système fiscal prélève sur le salaire d'une famille ouvrière de quatre personnes environ 2.000 francs par an, le devoir de la C. G. T. est de se dresser contre un tel système qui rançonne le vieillard, qui rançonne l'enfant, qui rançonne les gens parce qu'ils sont nombreux, c'est notre position au point de vue fiscal, et nous attendons encore une réfutation sérieuse.

Je passe maintenant sur une des causes de la vie chère, et les camarades des chemins de fer ne feront que confirmer les quelques indications chiffrées que je vais donner à ceux qui nous ont dit que la nationalisation des grands services publics c'était de la foutaise, que c'était une tentative de replâtrage de la société bourgeoise. Examinons les conséquences de la licence qui a été accordée aux Compagnies de chemins de fer; prenons, tout d'abord, les conclusions que M. de Fontanes présentait au Conseil supérieur des chemins de fer, que nos camarades cheminots ne doivent pas ignorer. Sous prétexte de réaliser l'équilibre financier des réseaux, il fallait demander que les réseaux puissent majorer scandaleusement leurs tarifs de chemins de fer, et la conclusion — parce que je suis bien dans mon sujet, je ne défends pas seulement les salaires ouvriers, leur pouvoir d'achat, — mais je rappelle aux militants qu'avant la guerre nous disions : « Le syndicalisme a pour première fonction de pousser le capitalisme dans la voie du plus haut perfectionnement possible. » Ces formules, c'est ce qu'on appelle le syndicalisme d'avant-guerre, nous disions : « A capitalisme agissant, prolétariat actif; à capitalisme inactif, prolétariat passif et qui supporte les conséquences du marasme, bas salaires et longues journées de travail. » Eh bien, qu'est-ce que nous constatons ? C'est que les tarifs de chemins de fer, non seulement atteignent les consommateurs, mais que l'élévation scandaleuse de ces tarifs paralyse la vie économique.

Alors que nos camarades inscrits défendaient les huit heures et luttaient contre les décrets Rio, qu'est-ce que nous lisions dans la grande presse ? Nous lisions que la Fédération des inscrits était responsable du trouble apporté dans la vie économique du pays. On accusait Rivelli et les militants de ruiner la marine marchande, d'être responsables de l'inactivité de nos ports et d'handicaper notre marine marchande sur le marché international. Eh bien ! je vais répondre, à la place de nos camarades inscrits, que les véritables responsables, ce ne sont pas les camarades inscrits, défendeurs de leurs huit heures, ce sont les chemins de fer, c'est le décret de la Chambre de commerce de Dunkerque qui l'affirme : pour expédier un wagon complet de tissu de 10.000 kilogrammes de Roubaix à Dunkerque, pour un parcours de 90 kilomètres, on paie actuellement 33 fr. 20, tandis que pour expédier la même quantité de tissu, pour un parcours de 120 kilomètres, de Roubaix à Anvers, on acquitte 21 fr. 70, et le président de la Chambre de commerce, expliquant l'inactivité du port, disait que c'était la surtaxe d'entrepôt et les lenteurs causées à la frontière française par la formalité douanière. La vérité, c'est qu'actuellement, si certains de nos ports, Dunkerque et Saint-Nazaire, sont frappés de je ne sais quelle inactivité, ce ne sont pas les revendications ouvrières que l'on doit accuser, c'est la rapacité des Compagnies de chemins de fer qui peut s'affirmer en raison de la complaisance des gouvernants. (*Applaudissements.*)

Lorsque l'Union des intérêts économiques apporte sa solution au problème économique, que dit-elle ? Elle dit qu'il convient de diminuer le prix de revient et d'augmenter la journée de travail. On a osé soutenir cette hérésie. Eh bien ! examinons dans quelles proportions les tarifs de chemins de fer ont été augmentés ? En 1914, on payait, pour 5.000 kilogrammes de lait, de Cherbourg à Paris, 11 fr. 55, on paie actuellement 488 fr. 15. Pour le beurre, de Morlaix au Havre, par 500 kilogrammes, on payait 16 fr. 80 et actuellement on paie 177 fr. 75. Je passe et j'examine le prix du transport. En 1914, pour le vin de Bordeaux à Paris, on payait, pour 20.000 kilogrammes, 360 fr. 50 et en 1922, on acquitte 2.391 fr. 50.

Voilà, camarades, les explications sur la vie chère et les raisons pour lesquelles elle restera chère. Non seulement les tarifs de chemins de fer compromettent l'activité économique de notre pays, mais tout ce qui compromet l'activité économique d'un pays engendre le chômage, et place la classe ouvrière en état d'infériorité sur le marché du travail et permet au patronat d'imposer de longues journées de travail, car la psychologie du chômeur n'est pas la même que celle du camarade qui n'est pas frappé par le chômage.

J'examine encore un des problèmes de la crise. C'est le protectionnisme. Je ne voudrais pas heurter certaines préoccupations corporatives, mais très nettement, je déclare que nous considérons que le protectionnisme est un mal, qu'il faut le combattre. Il faut qu'on affirme ici que les initiatives de M. Chéron ne peuvent pas être tolérées plus longtemps. (*Applaudissements.*) Il n'est plus possible, sous prétexte de défendre des intérêts électoraux, qui sont peut-être très défendables, je ne discute pas, il est possible à M. Chéron, parce qu'il occupe au ministère de l'Agriculture une place prépondérante, de rançonner les consommateurs dans les proportions que je vais indiquer. Lorsque M. Chéron a pris ce décret, qu'est-ce qu'on a constaté ? Ce n'est pas un journal syndicaliste qui l'a donné, c'est un journal éminemment bourgeois, on a constaté, au marché du 2 mars dernier, à la Villette, le prix du bœuf au kilogramme était de 4 fr. 80; le 9 mars il passait à 5 fr. 60; au marché du 10 avril, c'était, 6 francs. Et la hausse atteignait le mouton et le porc à raison de 1 franc par kilogramme. Quels sont donc ceux qui ont payé les conséquences de cette politique néfaste ? Ce sont ceux qui ont le malheur de manger de la viande de bœuf, de mouton, et comme nous sommes des consommateurs de viande, comme l'organisme humain exige une alimentation carnée, c'est encore la classe ouvrière qui paie les conséquences de ce protectionnisme étroit. Nous estimons qu'en face de cette politique la C. G. T. doit engager une action vigoureuse.

Ah ! je sais bien que des camarades nous font remarquer que parfois il est nécessaire de protéger ce qu'on appelle l'industrie nationale. Eh bien ! qu'ils me permettent de leur dire que le protectionnisme est indéfendable actuellement. Il est indéfendable au moment où les les collectivités dépensent des millions pour percer les montagnes, développer les moyens de communication, au siècle où les avions sillonnent les airs, où les paquebots permettent en quelques jours de rejoindre les continents, il est inadmissible qu'au nom d'un intérêt national mal compris on élève des barrières, véritables murailles qui permettent au capitalisme national de limiter la production, d'engendrer le chômage, et en vertu même des principes que je rappelais, d'avilir les salaires et de rançonner à la fois le producteur et le consommateur. (*Applaudissements.*)

Je conclus en demandant à ce que la C. G. T. engage, conformément aux paragraphes de notre résolution, une campagne vigoureuse contre la vie chère. Certes, il convient de préciser notre position. Nous ne venons pas dire aux ouvriers de cesser de revendiquer les salaires, mais nous affirmons actuellement que la situation économique ne permet pas à l'organisation centrale de la classe ouvrière de se confiner dans cette action. Assez de tisanes, envisageons l'opération chirurgicale, envisageons une action contre les causes profondes de la vie chère et qu'il soit bien entendu que les syndicats ouvriers conservent le droit de maintenir la valeur nominale de leurs salaires et de défendre même une élévation; mais il faut que la C. G. T. complète l'action des syndicats ouvriers en luttant contre les choses que je viens d'énumérer, contre la politique fiscale, contre l'ensemble du système, contre un système où les impôts indirects prédominent, contre les scandaleux privilèges des Compagnies de chemins de fer, contre la politique de protectionnisme de M. Chéron, contre la spéculation illicite qui a été légalisée ces jours derniers par la Chambre du Bloc national, puisque, juridiquement, le mercanti est mort et qu'il

n'est plus considéré comme un délit de doubler, de tripler le bénéfice qu'on
avait considéré à une certaine époque, lorsqu'ils parvenaient à un certain taux,
comme illicites. Eh bien, si la C. G. T. engage une action vigoureuse contre
toutes ces choses, elle exercera une influence non seulement sur le prolétariat,
et hier, lorsque nous avons discuté la question de l'unité, nous avons fait une
résolution et celle d'aujourd'hui semble en être le complément. Nous avons dit
aux camarades : « Rejoignez vos syndicats. » Si la C. G. T. touche à leurs
intérêts immédiats, si elle se rend compte de la répercussion des impôts indirects sur l'alimentation, sur le vêtement et sur le logement, ne sentez-vous pas
l'influence qu'elle exercera ? La sympathie instinctive des masses viendra à
l'organisme central qui osera se dresser à la fois contre l'iniquité capitaliste
et contre l'immoralité commerciale de notre époque.

Nous avons conscience que, si la C. G. T. s'engage dans cette voie, le regrou-
pement des forces n'est pas problématique. Les ouvriers ne viendront pas tout
seuls à la C. G. T.; il faut que cette dernière parle de leurs conditions de travail, de leurs conditions de vie, il faut que, si les ouvriers sont inconscients,
que la C. G. T. soit consciente et agissante. (*Applaudissements.*)

Le Président. — Après l'exposé admirable du camarade Digat, je donne la
parole au camarade Morel, du gaz de Paris.

Morel. — Camarades, je n'ai rien à ajouter au rapport si bien détaillé de
notre camarade Digat; toutefois, il est de mon devoir, au nom des ouvriers du
gaz de Paris, de dire au Congrès que, si mes camarades du gaz de Paris sont
partis en lutte par solidarité contre l'impôt sur les salaires, ils ont nettement
défini leur attitude et ils sont partis en lutte contre le mode d'application d'impôt sur les salaires et non contre le principe lui-même. Nous avons très bien
compris que la suppression de l'impôt sur les salaires est la suppression de
l'impôt sur le revenu, et sur ce point nous sommes complètement d'accord
avec le programme de la C. G. T.

Nous venons de recevoir une lettre d'un camarade gazier unitaire, bien
intentionné, qui nous demande de faire l'unité; nous considérons que le débat
sur l'unité est clos, je demande que l'on passe à l'ordre du jour. (*Applaudissements.*)

Merma. — Je me fais l'interprète de quelques camarades pour demander que
l'exposé du camarade Digat soit imprimé et mis à la disposition des organisations comme élément de propagande. (*Applaudissements.*)

Le Président. — Le vœu sera transmis à la C. A. qui fera le nécessaire. Je
mets le rapport de Digat aux voix. (*Adopté.*)

Roux. — Il y a un camarade qui, à la dernière minute, n'a pas pu rester au
Congrès, il a laissé deux votes par écrit sur l'ensemble des questions du
Congrès, il m'a chargé d'apporter son opinion. Vous direz que le rapport est
adopté à l'unanimité moins une voix. (*Gantiers*, de Chaumont.)

Le Président. — Avant de donner la parole au rapporteur suivant, j'ai le
plaisir de vous annoncer la présence parmi nous de notre camarade D'Aragona, secrétaire de la Centrale italienne, qui vient apporter le salut de la classe

ouvrière italienne, celle qui lutte, non seulement contre la bourgeoisie, mais contre l'élément fasciste que vous connaissez. (*Longs applaudissements.*)

Je donne la parole à notre camarade D'Aragona.

D'Aragona. — Camarades, je regrette beaucoup de ne pouvoir faire un discours bien correct dans votre langue que je connais très peu, mais vous en comprendrez l'esprit.

Je vous apporte le salut fraternel des camarades italiens qui sont aujourd'hui dans une situation très difficile. Nous avons une bourgeoisie très féroce; elle s'est organisée militairement pour détruire tout mouvement ouvrier en Italie. Nous avons vu l'effort de trente ans d'activité ouvrière détruit par les forces de la bourgeoisie.

En ce qui concerne le fascisme, toutes nos Maisons du Peuple ont été brûlées, il n'y a plus la possibilité d'avoir une Maison du Peuple en Italie, car la bourgeoisie déclare que nous sommes contre la patrie et contre la nation, nous n'avons pas le droit de vivre et nous devons mourir avec toutes nos organisations. Les ouvriers italiens répondent comme ils peuvent, ils cherchent le moyen de résister, mais malheureusement il ne reste plus grand chose de la force de l'organisation des travailleurs de la terre, qui était très forte en Italie, parce qu'elle était arrivée à avoir dans les cadres de l'organisation plus de 800.000 paysans organisés. De cette grande force, il ne reste à peu près que 10.000 ou 15.000 ouvriers organisés; tous les autres, qui vivent dans les petits villages, sont toujours sous la terreur des équipes fascistes, ils ne peuvent pas se permettre d'être adhérents à nos organisations. S'ils sont trouvés avec une carte de la C. G. T., ce fait est suffisant pour les rendre coupables de je ne sais quel crime. Ils sont bâtonnés, ils sont obligés de se retirer le soir, à 8 heures, parce qu'après 8 heures les paysans ne peuvent plus marcher dans les rues des villages, ils vivent dans la terreur. Ils ne peuvent plus être dans les organisations, parce que les organisations adhérentes à la C. G. T. ont été complètement interdites.

Pour les ouvriers des grandes villes, la situation est un peu meilleure, parce que dans les grandes villes la terreur ne peut pas avoir une très grande force, l'ouvrier des grandes villes peut plus facilement se défendre contre le fascisme; malgré tout, dans les grandes villes, certains ouvriers ont été obligés d'abandonner notre organisation. Voilà un exemple : il y a une maison de chapellerie très bien connue en Italie et aussi dans les villes de l'étranger, la maison Pozolino. 100 p. 100 de ses ouvriers ont toujours été organisés à l'organisation de la chapellerie adhérente à la C. G. T. Dernièrement, les fascistes ont obligé les ouvriers à se réunir et dans la lettre de convocation on disait : « Les ouvriers seront obligés de se trouver dans la salle, tous les ouvriers qui ne viendront pas seront sujets à recevoir une action fasciste. » En Italie, on comprend très bien ce que c'est qu'une action fasciste. Cela veut dire le bâton, l'huile de ricin. Tous les ouvriers ont été obligés d'aller à la réunion et alors les chefs du fascisme de cette ville ont demandé : « Est-ce que vous êtes entrés dans les organisations fascistes ? » Et tous les ouvriers qui sont de cœur et d'esprit avec nous ont été obligés de répondre : « Oui » et d'entrer dans les organisations fascistes. Voilà la situation dans laquelle se trouve la classe ouvrière italienne.

Je peux vous assurer que les ouvriers italiens feront tout leur possible pour maintenir l'organisation, pour donner à l'Italie la possibilité de répondre chaque fois que l'organisation internationale demandera notre œuvre pour la solidarité·internationale.

Dans toute l'Europe, nous sommes à la veille d'une situation terrible. En Italie, nous sommes restés contre la guerre. Nous sentons toutes les conséquences de la position que nous avons prise pendant la dernière guerre. Nous vous assurons que le prolétariat italien organisé·avec la C. G. T. restera toujours contre toute guerre, parce que les ouvriers italiens comprennent que les guerres sont faites pour les besoins des bourgeois et sont la ruine des intérêts de la classe ouvrière.

Je vous apporte le salut du prolétariat italien et le salut de la C. G. T. italienne, je vous apporte ce salut avec tout l'enthousiasme du cœur italien qui est un cœur qui reçoit beaucoup de soleil, qui est toujours chaud. Je vous apporte ce salut avec tout l'enthousiasme que nous avons pour la lutte, c'est le salut solidaire du prolétariat italien. (*Applaudissements.*)

Le Président. — La parole est à Jouhaux.

JOUHAUX. — Je ne veux pas faire de discours, mais je voudrais vous dire que les applaudissements unanimes que vous avez apportés en réponse aux paroles de notre camarade D'Aragona impliquent pour vous un devoir. La classe ouvrière italienne est dans son propre pays soumise aux exactions fascistes, aux exactions réactionnaires. S'il ne nous est pas possible d'intervenir en Italie contre les sévices du fascisme, il nous est possible d'aider nos camarades italiens dans notre propre pays. Il y a dans les diverses régions un nombre considérable d'ouvriers italiens, notre réponse au fascisme doit être l'exercice de la solidarité aux ouvriers italiens porteurs de la carte confédérale; contre les autres, notre hostilité rigide doit se manifester à tous les instants. (*Applaudissements.*)

Le Président. — La parole est à Milan.

MILAN. — Lorsque les camarades sont venus chez nous, nous avons déjà appliqué cette théorie. Tous les camarades chapeliers italiens qui viennent en France avec la carte régulière sont reçus à bras ouverts, quant à ceux qui n'ont pas de carte, on les renvoie aux fascistes.

Le Président. — Les applaudissements dont vous avez salué la réponse de Jouhaux me dispensent d'exprimer d'autres sentiments envers la classe ouvrière italienne. D'Aragona aura compris que, chez nous, il y a un sentiment qui nous unit, c'est la lutte ouverte contre le capitalisme qui nous exploite tous.

La parole est à Lenoir sur le rapport concernant l'action internationale.

L'action internationale

LENOIR. — Camarades, voici la résolution qui a été rédigée et adoptée à l'unanimité par la Commission :

Le Congrès National de la C. G. T. s'associe, sans réserve, aux déclarations faites par le camarade Jouhaux, sur la situation internationale.
Il donne mandat à la C. G. T. de poursuivre la campagne engagée contre la

politique extérieure du gouvernement, dont l'aventure de la Ruhr n'est qu'une dangereuse conséquence.

Il fait siennes les décisions prises par la Fédération Syndicale Internationale en vue d'étendre cette campagne à l'ensemble des pays et des prolétariats.

Considérant que les prolétaires de France et de Belgique occupent une position identique, à la fois vis-à-vis du problème des réparations et de l'attitude de leurs gouvernements respectifs, le Congrès charge la C. G. T. de coordonner ses efforts de protestation et d'opposition à l'occupation militaire de la Ruhr avec ceux de la Centrale Syndicale Belge.

Un principe fondamental s'élève au-dessus de toutes considérations:

Les travailleurs ont le droit et le devoir de défendre la dignité de leur travail et de leur personne et n'ont pas à se courber sous la contrainte des baïonnettes, quels que soient les gouvernements au service desquels elles se trouvent.

Le Congrès réclame donc l'examen du problème des réparations par la Société des Nations, pour la recherche d'une solution pacifique de cette question.

L'opinion publique peut déjà constater les conséquences désastreuses, pour notre pays, de l'occupation militaire du bassin de la Ruhr.

La politique de force ne paie donc pas. L'expérience est faite: pour le pays, elle ne peut se traduire que par une augmentation des impôts, du coût de la vie, un accroissement de la misère, et, pour la classe ouvrière, du chômage par la ruine des réparations. De plus, des dangers plus grands pointent à l'horizon; le spectre de la guerre est de nouveau évoqué par cette politique de violence.

En dehors de sa propre action, la Confédération Générale du Travail est autorisée à associer ses efforts à ceux des groupements, fermement décidés à résoudre, dans la liberté et dans la paix maintenues au-dessus de tout, les problèmes et tous les litiges qui surgissent entre les nations.

(Cette résolution est adoptée à l'unanimité par le Congrès.)

Le Président. — La parole est au camarade Jaccoud, rapporteur de la huitième Commission.

Questions diverses

Jaccoud. — La huitième Commission des questions diverses m'a chargé de rapporter sur les différents vœux et propositions exprimées par certains syndicats et Unions départementales. La Commission n'a rejeté systématiquement aucun de ces vœux, elle a essayé de donner aux intéressés toutes les satisfactions possibles. Je vais vous faire connaître ces vœux dans l'ordre où ils ont été déposés.

Le premier vœu émane du Syndicat du textile de Lille. Il est ainsi libellé :

Vœu du Textile de Lille

ACCIDENTS DU TRAVAIL

« Modifications aux lois des 9 avril 1898, 22 mars 1902, 31 mars 1905, 12 avril 1906, 18 juillet 1907, juillet 1914, 25 novembre 1916, 3 août 1920 :

« 1° Que la loi du 15 juillet 1922 concernant les bénéficiaires des majorations de rentes soit étendu aux ascendants;

« 2° Que tous les accidents soient assujettis à la loi des accidents du travail, sans avoir à faire la preuve qu'ils sont à la charge du défunt;

« 3° Que les majorations de pensions temporaires soient ramenées de 50 à 40 p. 100, telle que l'avait voté une première fois le Parlement.

J'attire votre attention sur le point particulier sur lequel cette organisation insistait, c'est en ce qui concerne le droit du bénéfice de la loi aux ascendants. Si ce syndicat a posé la question, c'est que la corporation du textile est composée en grande partie de jeunes gens et si les jeunes gens victimes d'accidents du travail ne peuvent pas être momentanément considérés comme les soutiens de la mère ou du père, ils auraient pu le devenir s'ils étaient arrivés à maturité. Voilà ce qui a préoccupé cette organisation, étant donné la complexité de ce vœu.

La Commission soumet au Congrès le vœu suivant :

La Commission, considérant que ce vœu doit être retenu, mais qu'il nécessite un examen juridique :

« Demande au Congrès de charger le Conseil judiciaire de la C. G. T. d'examiner la refonte totale de la loi du 9 avril 1898, ainsi que celle du 15 juillet 1922, en ce qui concerne le pourcentage et l'augmentation des majorations. »

Je demande immédiatement aux membres du Congrès de bien vouloir se prononcer. (*Adopté.*)

Le Président. — La parole est au camarade Parizot.

Parizot. — Le vœu de la Commission me donne satisfaction sur tous les points, sauf un. Nous estimons que demander que les majorations soient appliquées à ceux qui ont un pourcentage à partir de 40 p. 100 est un pourcentage trop élevé.

Nous demandons, d'accord avec la Fédération des mutilés, que le pourcentage soit descendu à 10 p. 100. Mettez 10 p. 100 d'incapacité de travail avec un salaire de 2.400 francs, cela fait 220 francs de rente; si nous appliquons la loi d'août, nous voyons immédiatement une rente de 245 francs; alors il y a une iniquité flagrante, en ce sens que ceux qui n'ont que 10 p. 100, 20 p. 100 et 30 p. 100 sont complètement incapables de travailler; si vous demandez qu'à partir de 40 p. 100 on applique la majoration, ce sont ceux de 30 p. 100, incapables de travailler, à qui vous enlevez le bénéfice de ce que peut donner la loi du 15 juillet 1922. Il n'y a pas de raison que nous demandions que ce soit à partir de 40 p. 100, alors que ceux à partir de 10 p. 100 sont aussi méritants que les autres. Voilà pourquoi nous demandons, d'accord avec la Fédération des mutilés du travail et les syndicats départementaux de mutilés, qu'à partir de 10 p. 100 d'invalidité, on jouisse des bénéfices de la loi du 15 juillet 1922.

Jaccoud. — La Commission est pleinement d'accord avec l'affirmation qui vient d'être faite, mais si nous voulions entrer dans le détail de l'application, il faudrait examiner les raisons particulières qui font que l'on réduirait à 10 p. 100 au lieu de s'arrêter à 40 p. 100. Le principe de ramener le taux est acquis, et nous renvoyons au Conseil judiciaire de la C. G. T. qui saura s'entourer des avis de tous ceux qui peuvent être intéressés dans cette question. Par conséquent, le camarade a satisfaction et je crois que l'on peut passer à un autre ordre d'idées.

MAZARS. — Dans notre bassin houiller, nous avons des veuves d'accidentés dont le mari est mort avant la loi de 1898. Je demande que le Congrès propose que soit votée une loi proposée par les députés du Pas-de-Calais et qui accorderait aux veuves d'accidentés du travail d'avant 1898 les bénéfices de la dernière loi votée.

JACCOUD. — Nous pouvons prendre acte des déclarations de notre camarade du Syndicat des mineurs de Decazeville. Cette observation enregistrée, nous demandons au Congrès de se prononcer sur ce vœu.

Le Président. — Au nom des camarades tunisiens, on demande l'extension de l'application de la loi aussi bien en Algérie qu'en Tunisie. Ce vœu peut être communiqué avec les autres, pour que la C. G. T. puisse mener l'action suffisante à la réalisation de ce vœu. (*Adopté.*)

JACCOUD. — Voici le vœu du Syndicat des employés de la région parisienne :

Vœu du Syndicat des Employés de la région parisienne

« Considérant que l'opinion publique est trop souvent hostile à la C. G. T., parce que trompée par la presse et les publications de toute nature, émanant de la classe adverse, ce qui empêche ou retarde toute l'évolution économique de la classe ouvrière ;

« Estimant que le rôle de la C. G. T. est de s'efforcer de convaincre et de conquérir la « masse » à ses conceptions, à ses méthodes, à ses moyens d'action, pour lui donner la place prédominante qu'elle doit avoir dans ce pays.

« Que si *le Peuple* et *l'Atelier* répondent à ce but, en ce qui concerne les syndiqués, leur champ d'action est cependant forcément limité.

« Le XXIII° Congrès confédéral émet le vœu : *Que la C. G. T. étudie les moyens appropriés à la pénétration de l'opinion publique.*

« Il lui indique comme l'un de ces moyens et lui demande d'étudier la possibilité de faire éditer, pour 1924, un almanach-agenda, qui pourrait prendre le titre de :

ALMANACH-AGENDA DU TRAVAIL

qui comprendrait :

« 1° Une partie humoristique ;
« 2° Le programme minimum de la C. G. T. ;
« 3° Une partie documentaire, éducative, historique, juridique ;
« 4° Une partie artistique et littéraire ;
« 5° Une bibliothèque des militants ; les bons livres qu'il faut lire, etc. ;
« 6° Une partie réservée à l'agriculture ;
« 7° Une partie pour la femme et l'enfant.

« Cet almanach-agenda, dont le prix ne devrait pas excéder 3 francs, et pour lequel un gros effort de lancement devrait être fait, aurait son écoulement dans les syndicats et parmi les syndiqués pour lesquels il serait une précieuse documentation, parmi la foule indifférente des cités et des campagnes, attirée par l'attrait de la nouveauté.

« Les techniciens de toutes catégories devraient y trouver un aliment. Il devrait plaire à la femme et à l'enfant.

« Ainsi les problèmes posés par la C. G. T. pénétreraient insensiblement, mais sûrement, les masses et les moyens qu'elle préconise seraient adaptés ou acceptés par la majorité de l'opinion publique.

« Il lui indique, comme autre moyen, l'affiche illustrée, qui, bien mieux que l'affiche ordinaire, frappe l'imagination et fait plus pour la diffusion du syndicalisme que tous les discours, parce qu'elle s'adresse et est vue par un public qui ne fréquente pas les milieux syndicaux.

> « Vœu présenté par H. PLANAIS, *de la Chambre syndicale*
> des Employés de la région parisienne, délégué de
> Montpellier. »

La Commission, tout en reconnaissant l'intérêt de ce vœu, mais considérant la dépense que nécessiterait l'édition d'un tel agenda, répondant aux désirs exprimés et les besoins de la C. G. T., n'a pas cru pouvoir retenir ce vœu, tout en demandant au Congrès d'inviter la Commission administrative d'examiner cette question pour l'avenir.

JACCOUD. — Vous sentez immédiatement l'avis émis par la Commission. Si nous examinions le prix que l'on nous indique et qui ne doit pas dépasser 3 francs, vous pensez bien que, si on voulait faire quelque chose d'intéressant qui réponde au désir de tous, on ne pourrait établir ce prix qu'à la condition que nous ayons l'assurance que de nombreux syndicats, de nombreux militants fassent une commande de ces brochures pour augmenter le tirage en diminuant le prix de revient par brochure. Comme ceci nécessite un travail important, et qu'il pourrait se faire qu'on ne réponde pas suffisamment à cette brochure et que, d'autre part, nous allons, dans l'intérêt du mouvement ouvrier, éditer pas mal de brochures qui vont répondre aux décisions de Congrès et que les ressources de la C. G. T. sont déjà limitées, nous demandons simplement de retenir la suggestion et d'examiner la question pour l'avenir. *(Applaudissements.)*

VIVIER. — Je crois que le camarade qui a déposé ce vœu n'a pas lu le rapport de l'Union du Rhône, puisqu'il contient tout cela.

Le Président. — Je mets aux voix la proposition. *(Adoptée.)*

JACCOUD. — Voici le vœu de l'Union départementale des Bouches-du-Rhône:

Vœu de l'Union départementale des Bouches-du-Rhône

« L'Union départementale des Bouches-du-Rhône émet le vœu que la Commission des questions diverses accepte de la part des délégués ayant voté contre le rapport moral, d'entendre toutes leurs critiques et si possible qu'un memorandum en soit communiqué aux organismes centraux auxquels ils appartiennent, cela pour éviter toute équivoque dans l'avenir. »

La Commission n'a pas cru devoir retenir ce vœu, considérant que les syndicats ont eu toute liberté d'exprimer leur opinion au Congrès.

(Adopté.)

Vœu des Unions de Syndicats de la Marne, de la Gironde et du Gard

« Le Congrès donne mandat à la Commission administrative de rechercher, dans le plus bref délai, les moyens susceptibles de réaliser la meilleure organisation des travailleurs agricoles.

« Il suggère notamment, laissant à la C. A. et à la Fédération de l'Agriculture, le soin de déterminer, d'accord entre elles, les conditions de réalisation pratique qui leur paraîtront préférables :

« 1° De soumettre, par circulaire, aux militants agricoles et d'Unions de Syndicats de diverses régions, l'examen des problèmes se rapportant particulièrement à leur situation régionale;

« 2° De convoquer, après cette consultation, et dans les *six mois,* une assemblée de ces militants aux fins d'établissement de programmes revendicatifs, régionaux et nationaux et d'un programme général agraire; .

« 3° De diriger l'activité des Unions de Syndicats vers la propagande, en vue de répandre et appliquer les décisions de cette assemblée.

« Signé : CHOLET, Union de la Marne; VIGNE, Union du Gard;
LAFAYE, Union de la Gironde; DASSÉ, Gironde. »

La Commission, considérant que, pour un temps encore assez long, la C. G. T. aura à aider la Fédération de l'Agriculture dans son action et que rien ne doit être négligé pour cette action, demande au Congrès d'adopter ce vœu.

HODÉE. — Je tiens à protester contre l'immixtion de trois ou quatre organisations dans une Fédération qui a rempli son rôle dans les meilleures conditions qui lui ont été données. Il y a là un abus contre lequel notre Conseil National a protesté. Il y a ici tous les militants de notre Conseil National, tous ces camarades sont conscients qu'ils ont fait ce qu'il était en leur pouvoir de faire; je ne sais pas si la Gironde, la Marne et les autres départements ont fait tout ce qu'ils pouvaient faire, mais il est certain qu'il y a là un abus qui, demain, pourra s'exercer contre d'autres Fédérations.

Nous avons demandé à la C. G. T. de nous soutenir, elle l'a fait comme elle l'a pu, nous n'avons jamais demandé plus qu'elle ne pouvait. En tout cas, si on le fait, la Fédération saura ce qu'elle a à faire et les militants qui sont ici le savent aussi.

JACCOUD. — Camarades, j'ai tenu, en donnant lecture du vœu qui nous a été transmis, à accentuer les passages qui avaient trait aux organisations chargées d'élaborer le programme. Il s'agit d'organiser une action en accord avec la Fédération de l'agriculture. Chacun sait, Hodée, que, jusqu'à ce jour, on a demandé à la C. G. T. d'aider la Fédération de l'agriculture. pas une Fédération n'a prétendu empêcher la C. G. T. de faire un effort supérieur pour cette Fédération. (*Très bien !*) En conséquence, il appartient au Congrès d'indiquer également que, si la C. G. T. a pour devoir d'aider dans une large mesure une Fédération, d'examiner quels sont les fruits qu'on pourra récolter, quel est le terrain que l'on peut cultiver pour que l'argent dépensé dans cette propagande rapporte un fruit syndical suffisant dans l'intérêt des travailleurs de l'agriculture. Il ne s'agit pas de vouloir se substituer à une organisation quelconque. Au nom de la Commission, je puis le dire, mais si on prétendait que la C. G. T., après avoir donné les ressources nécessaires, n'avait pas le droit d'examiner le programme agraire, les revendications particulières dans l'intérêt général, et on a déjà dit dans la circonstance quel était le rôle des Unions départementales, alors nous aurons le droit de dire que, dans ces conditions, il n'y a pas de raison de faire plus pour une Fédération que pour une autre.

ROLAND. — Camarades, il n'y a pas de place ici pour un débat qui devrait avoir plus d'ampleur; cependant, nous ne pouvons pas laisser ce vœu passer inaperçu. Dans son fond, il répond à notre désir; mais il ne peut pas passer inaperçu parce que lorsque la Fédération de l'agriculture a senti qu'elle avait besoin d'aide, nous nous sommes adressés à la C. G. T. dans les mêmes termes que ce vœu s'y adresse aujourd'hui, et si nous sommes dans l'impossibilité, à l'heure présente, d'avoir dans ce Congrès les éléments nécessaires pour connaître, d'une part, la vie confédérale et, d'autre part, pour avoir pu étudier l'action agricole et agraire à mener, comme toute Fédération doit pouvoir le faire, c'est que justement il a été répondu que la C. G. T. ne pouvait pas, à l'heure actuelle, prendre une telle responsabilité. Si les camarades qui ont eu en tête ce vœu avaient au moins eu le désir de consulter les camarades qui sont ici présents et responsables de leur Fédération, il n'est pas douteux que nous nous serions mis d'accord; mais jusqu'à présent, nous demandons au Congrès de donner à la Fédération le rôle qui lui incombe et de donner mandat à la C. G. T. de soutenir cette Fédération dans la mesure où il lui sera possible de le faire.

HODÉE. — Je demande qu'on renvoie cette proposition à la Commission administrative. La question de notre Fédération a déjà été remise à une Assemblée des délégués d'Unions départementales où nous avions des syndicats agricoles, lesquelles Unions n'ont pas toutes envoyé un délégué au Conseil National.

JACCOUD. — Prenant acte des déclarations de Roland et de Hodée, je demanderai au Congrès de mettre aux voix l'avis de la Commission.

Le Président. — Je mets aux voix la proposition de Jaccoud. (*Adoptée moins douze voix.*)

JACCOUD. — Le cinquième vœu émane de la Fédération des transports, il a trait aux Unions civiques et aux gardes civiques. Voici ce vœu :

Vœu de la Fédération des Moyens de Transport

SUR LES UNIONS CIVIQUES ET LES GARDES CIVIQUES

« Le Congrès de la Fédération nationale des moyens de transport ayant été appelé à examiner la question des *Unions civiques* renforcées par la constitution de *Gardes civiques*, a été amené à constater, par les documents qui lui ont été soumis, que les buts et l'action de ces organismes étaient dirigés, non seulement contre les travailleurs des services publics, mais contre l'ensemble de la classe ouvrière.

« En conséquence, le Congrès de la Fédération nationale des moyens de transport demande au Congrès confédéral d'inviter la C. A. de la C. G. T. à procéder à l'examen de ces questions, en vue de prendre toutes dispositions utiles. »

Camarades, avant de vous donner l'avis de la Commission, permettez-moi de vous dire que, si nous voulions nous rappeler des déclarations faites par les différents rapporteurs des différentes Commissions, notamment celles des huit heures et des salairès, et si nous voulions nous rappeler également les rapports émouvants de notre camarade D'Aragona, nous devons considérer que, chez nous, ce que l'on appelle les Unions civiques et gardes civiques peut correspondre au mot fascisme en Italie. Or, si jusqu'à ce jour nous nous sommes contentés de rire et de polémiquer, comme on l'a vu hier soir, à la Bourse du Travail, sur les Unions civiques, sur les barons qui, en pardessus et en chapeau melon, percevaient les places, si on a pu rire d'en voir conduire des autobus en gants blancs, ce temps est passé. Des documents que nous avons fait passer à la Commission, il résulte qu'à l'heure actuelle une propagande est faite d'une façon intensive, sous des formes diverses, qui a surtout trait à cacher les véritables buts de cette action. Pour vous citer un exemple, c'est que, dans les bouquins de propagande, les propagandistes des Unions civiques ont le cynisme de dire qu'en remplaçant les grévistes, les Unions civiques ne font que conserver la place des travailleurs qui ont abandonné leur travail. Or, jusqu'à ce jour, on a essayé de créer l'assentiment de certains travailleurs en disant qu'il ne s'agit là, en cas d'abandon du travail, que d'assurer le fonctionnement des services publics. Des documents que nous avons et que la C. G. T. aura si vous admettez le vœu de la Commission, on s'apercevra qu'il ne s'agit pas seulement de questions de services publics, toutes les corporations sans exception sont énumérées, on connaît les centres de recrutement. En conséquence, sans vouloir voir là un épouvantail pour notre action, sans craindre l'action des Ligues civiques, nous avons le devoir de dire qu'il y a des dispositions à prendre, car s'il ne s'agissait que des Ligues civiques, il n'y aurait que demi-mal, mais il y a les gardes civiques, et alors il faudra examiner si, après avoir regardé, le sourire aux lèvres, l'attitude de ces individus, il n'y a lieu, en face des gardes civiques, de constituer les gardes syndicalistes. (*Applaudissements.*)

Il ne s'agit plus de mouvement politique comme on le disait hier. Que l'on fasse une action pour le maintien des huit heures, que l'on fasse une action pour empêcher le Gouvernement de livrer les services publics, c'est-à-dire de concéder les monopoles à l'industrie privée, s'il s'agit, demain, d'une action pour revendiquer le droit syndical des fonctionnaires, on trouvera toujours une organisation appelée Union civique pour se dresser contre nos revendications. Il faut donc examiner le problème et c'est cela que nous demandons au Congrès. Nous lui demandons de donner mandat à la Commission administrative d'examiner les documents que nous pourrons lui fournir. Voilà ce que la Commission a décidé :

La Commission, considérant les documents qui lui ont été soumis relatifs à l'organisation, aux buts et à l'action des *Unions civiques* et des *Gardes civiques*, tout en prenant acte des difficultés de recrutement en face desquelles les organisations déclarent se trouver, demande au Congrès d'inviter la C. A. à envisager les dispositions à prendre pour contrecarrer les buts et l'action de ces organismes antisociaux.

Le Président. — La parole est à Largentier, du Livre.

Largentier. — Je tiens à vous signaler un fait que vous avez certainement lu la semaine dernière dans les journaux. A la suite de l'assassinat d'un camelot du roi, vous avez pu voir que les camelots du roi ont pénétré dans une imprimerie, et non seulement se sont attaqués au personnel directeur de rédaction de ces journaux mais encore ont profité de l'occasion pour détruire les machines.

La Chambre syndicale typographique parisienne a protesté contre ces tentatives de fascisme des camelots du roi et nous avons ordonné aux ouvriers de *l'Action Française* de quitter le travail immédiatement. *L'Action Française* était gardée par une bande de camelots du roi organisés, qui changeait tous les jours. Un jour, c'était la troisième équipe, le lendemain la neuvième, tous les jours l'équipe de gardiens changeait; c'est alors que se sont déroulés dans le quartier des événements que nos camarades de province n'ont peut-être pas connus. Nous avons eu des camarades ouvriers frappés par les camelots du roi. Après trois jours de lutte dans la rue du Croissant, nous avons réussi à refouler les camelots du roi et à faire changer d'imprimerie ce journal. Pour quiconque connaît le travail, il est difficile d'empêcher un journal de paraître, même quand son équipe déserte le travail. Ce dont nous devons être satisfaits, c'est que nous avons pu empêcher *l'Action Française* d'être répandue en province, le départ du matin était manqué.

Or, bien que le nombre des typographes adhérents aux Unions civiques soit peu élevé, au bout de quelques jours *l'Action Française* a pu recruter parmi ses fidèles, personnel rédacteur, personnel imprimeur, elle a pu recruter des compagnons, dits de la Confédération de l'Intelligence, qui ont remplacé les camarades au travail. Il suffit de jeter un coup d'œil sur *l'Action Française* pour s'apercevoir comment le travail a été fait.

Il n'en est pas moins vrai, et cela confirme les paroles de notre camarade Jaccoud, que nous avons eu à Paris, à l'occasion des obsèques d'un camelot du roi, une tentative de fascisme, et que si cette tentative n'avait pas été réprimée immédiatement, dès le lendemain, par les organisations ouvrières, à quelque parti qu'elles appartinssent, tout le monde était menacé. Je demanderai aux camarades du Congrès, lorsqu'ils seront de retour dans leurs provinces, de faire de la propagande et lorsque ces Messieurs de la camelote royale voudront tenter quelque chose, les travailleurs leur répondront immédiatement, coup pour coup, c'est le seul moyen d'arriver à faire cesser le fascisme en France. (*Applaudissements.*)

Jaccoud. — Il est évident que chaque organisation particulière intéressée par les documents que nous avons sera appelée à indiquer les moyens de combattre cette action néfaste d'individus qui devraient disparaître. (*Applaudissements.*)

Le Président. — Je mets aux voix la proposition de la Fédération des transports. (*Adoptée.*)

Jaccoud. — Sixième question, de la Verrerie ouvrière :

Question de la Verrerie ouvrière

Le Congrès de la C. G. T., sur la proposition de la Commission chargée d'examiner les questions diverses, prend acte des déclarations qui ont été faites par le camarade Tantot, représentant du syndicat confédéré des verriers d'Albi.

Le Congrès considère que la sentence arbitrale rendue par la Commission des conflits, de la C. G. T.. sur les différends de la Verrerie ouvrière d'Albi a été admise dans ses conclusions par le Syndicat confédéré des Verriers et par le Conseil d'administration.

Il croit que la solution normale de ce conflit doit être recherchée par une convocation de l'Assemblée générale des actionnaires de la Verrerie d'Albi.

En conséquence, il invite toutes les organisations syndicales actionnaires, y compris le Syndicat des Verriers d'Albi, à participer à cette Assemblée générale, seule qualifiée pour aboutir à une situation raisonnable, dans l'intérêt du mouvement ouvrier en général et de l'avenir de la Verrerie ouvrière en particulier.

Sur le procès engagé par le Syndicat au Conseil d'administration pour l'annulation de la décision prise par l'Assemblée générale des actionnaires, en créant la caisse de retraites, le Congrès suggère l'idée que l'interprétation des statuts pourrait être examinée par un tribunal composé d'un avocat désigné par le Syndicat confédéré d'Albi et un avocat désigné par le Conseil d'administration qui est composé d'ouvriers confédérés et de coopérateurs.

Ces deux avocats désigneraient un troisième juriste comme arbitre.

Ce tribunal examinerait, au point de vue juridique, la lettre et l'esprit des fondateurs de la Verrerie ouvrière lors de la constitution des statuts de l'œuvre prolétarienne.

Il y aurait ainsi garantie de justice pour les deux parties.

La sentence rendue serait sans appel.

Le Congrès estime que cette sentence aurait une portée morale plus haute que celle prononcée par les tribunaux ordinaires.

Le Président. — La parole est au camarade Tantôt.

Tantôt. — Camarades, la décision prise par la Commission des conflits montre mieux que je n'aurais fait moi-même la nécessité qu'il y a pour le Congrès d'écouter les explications que j'avais à lui fournir avant-hier. Je dis que notre conflit était un conflit de moralité; j'espérais que mon intervention aurait amené les membres de la Commission d'arbitrage ou les membres de la C. A. de la C. G. T., qui connaissaient le conflit, à dire si oui ou non, dans une usine, les statuts devraient être respectés.

Jaccoud. — Permets-moi de t'indiquer que la Commission a d'abord pris acte des déclarations que tu as faites ici à cette tribune. Elle s'est inspirée de ces déclarations pour prendre l'avis qu'elle soumet au Congrès. En conséquence, si nous sommes tous d'accord, si tu dis que tu es heureux que ton intervention ait permis au Congrès de constater qu'il y avait là une question juridique, nous disons que cette question peut être réglée dans le sens que nous indiquons. Je demande au Congrès de ne pas perdre plus de temps.

Tantôt. — Perdre du temps ! Lorsque vous avez une solution contre laquelle vous avez à la fois le syndicat intéressé...

Jaccoud. — Nous avons pris acte de ce que vous avez dit; que, quelle que soit la décision que l'on prendrait, décision d'approbation ou de désapprobation, la justice bourgeoise suivrait son cours. Nous disons qu'il y a un moyen de régler la question au bénéfice moral du mouvement ouvrier, nous l'indiquons et nous demandons que le Congrès se prononce.

Le Président. — Je mets la résolution aux voix. (*Acceptée, moins quelques voix.*)

L'ordre du jour appelle l'examen de la question ayant trait à l'augmentation de la cotisation. La parole est au camarade Baudoin, rapporteur.

Le Budget de la C. G. T.

BAUDOIN (*Services publics*). — Camarades, la Commission, chargée d'examiner le projet de budget confédéral et la proposition d'augmentation de la cotisation, m'a désigné pour rapporter devant le Congrès les conclusions de ses travaux.

Je vais immédiatement passer à la lecture de ces conclusions :

La Commission, chargée de procéder à l'examen du budget de la C. G. T. et de donner son avis sur le projet d'augmentation du timbre confédéral, vient vous soumettre le résultat de ses travaux.

La Commission, avant de se prononcer sur le budget de 1923, a tenu tout d'abord, ceci pour répondre aux critiques formulées et parues, tant dans la presse dissidente que bourgeoise, à exprimer son opinion sur la gestion passée. Elle déclare, après avoir entendu les explications fournies, tant par le Bureau confédéral que par l'administrateur du journal *Le Peuple,* que les opérations engagées l'ont été régulièrement et qu'aucune action ne s'est affirmée contraire à celles prévues par les Congrès et les comités nationaux; elle déclare également que les difficultés de trésorerie éprouvées plus particulièrement au cours de l'exercice 1922 sont inhérentes à la situation que l'ensemble des organisations ont subie, de même que les moyens employés pour les combler ont été des plus réguliers. Elle reconnaît toutefois qu'une amélioration notable s'est produite en fin d'année, qui permet d'entrevoir, pour 1923, un ère des plus favorables.

La Commission s'est également préoccupée de connaître la situation budgétaire de la *Société générale du Travail;* elle a constaté que celle-ci était des plus satisfaisantes et qu'elle pouvait, pour 1923, non seulement se suffire à elle-même, mais encore donner au compte « Amortissement » un apport appréciable.

Examinant la gestion du journal *Le Peuple,* dont le rapport a été mis à la disposition des congressistes, si disproportionné que soit apparu à certains le coût du journal, la Commission déclare que celui-ci a répondu aux nécessités de développement de l'activité confédérale, que sans le journal, la C. G. T. eut été dans l'impossibilité de résister aux effets déprimants de la scission, de même que de pallier aux attaques et injures sans cesse renouvelées dont elle a été abreuvée, et que sans *Le Peuple,* aussi bien sur le terrain national qu'international, les militants des organisations syndicales eussent été le plus souvent infériorisés dans leur action de propagande.

Pour ces raisons, la Commission estime indispensable que la classe ouvrière ait son journal quotidien, de façon que celle-ci puisse conquérir son émancipation, et lutter contre toutes les forces d'oppression capitalistes et autres qui se manifestent actuellement, et, par 38 voix contre 7, la Commission affirme sa confiance dans la gestion passée, et décide de procéder à l'examen du budget confédéral.

BUDGET 1923

Dans le projet de budget qui vous est soumis, il nous est permis d'apprécier l'effort qui est demandé aux organisations syndicales.

Recettes

D'après les indications données par le Bureau confédéral, 800.000 timbres pris mensuellement par les Fédérations et les Unions subiront l'augmentation : soit à raison de 0 fr. 10 par membre et par mois, un avoir de 960.000 francs mis à la disposition du budget de la C. G. T.

La Commission tient à assurer les camarades qui pourraient manifester quelques craintes que ces chiffres sont exagérés. La prise de 200.000 timbres 1922 en janvier 1923 et les 200.000 de 1922 restant dus à la C. G. T., lui permet d'envisager que cette prévision constitue plutôt un minimum qu'un maximum, et que pour sa part, elle ne redoute pas la déflation des effectifs que certains entrevoient, en raison de l'augmentation du timbre confédéral. Elle fait confiance aux syndiqués qui ont résisté au sein de leurs organisations syndicales, et elle exprime cette certitude qu'ils feront tout leur devoir, comptant également que les Fédérations et les Unions seront les propagandistes d'une cause dont elles reconnaissent la nécessité et le bien-fondé.

Ceci dit, elle s'est appliquée à déterminer si la part qui devait être prélevée par l'administration confédérale et le paiement du *viaticum* était suffisante.

Le chiffre de 630.000 francs demandé par le bureau n'est en réalité que celui constaté au chapitre dépenses 1922; il ne comporte pas d'augmentation; il donne en fait à la C. G. T. les justes possibilités de continuer son action.

Ce compte ne saurait donc comporter aucune compression, celles-ci ayant été d'ailleurs réalisées au cours de l'exercice 1922, et la Commission conclut, devant les nécessités de la propagande commandées par les événements actuels, en demandant que ce chapitre ne soit pas diminué.

Les chapitres subventions à

La Voix du Peuple............................ 60.000 »
Droit Ouvrier................................. 5.000 »

ont été adoptés sans observation; toutefois elle insiste vivement auprès des organisations pour que celles-ci s'abonnent au *Droit Ouvrier*.

Les chapitres

Correspondance .... 1.000 »
Impressions .... 120.000 »
Frais de bureau.............................. 12.000 »
Délégations .... 200.000 »

sont également adoptés; toutefois elle a retenu l'indication donnée par un membre de la Commission, que certaines Fédérations et Unions avaient décidé de prendre à leur charge l'indemnité qui est allouée à leurs représentants au Comité confédéral national.

Le chiffre

Appointements .... 140.000 »

est adopté; toutefois, à la demande des membres de la Commission, il sera donné, à l'avenir, au Congrès, un état détaillé des traitements de tout le personnel.

Pour les autres chapitres

Viaticum	25.000 »
Cotisations internationales....................	25.000 »
Loyer, chauffage, éclairage..................	24.000 »
Ecole des militants.......................	15.000 »

« Le Peuple »

La part réservée au journal est-elle suffisante ?

La Commission a retenu le rapport fourni par le Conseil d'administration, elle n'a pas négligé de tenir compte des observations qui ont été présentées, portant sur la situation financière de notre pays, où la baisse du franc va nous conduire inévitablement à la hausse de tout ce qui est indispensable à nos besoins, et va se révéler dans certains compartiments du budget confédéral..

Elle pense que la C. A. de la C. G. T. devra suivre avec attention le problème qui est ainsi posé. Etant donnée la limitation du crédit affecté au journal *Le Peuple,* la C. A. aurait pour devoir de provoquer la réunion d'un Comité confédéral national, au cas où ce crédit serait atteint avant la limite annuelle, afin que ce C. C. N. prenne les mesures indispensables pour empêcher la situation financière de s'aggraver.

L'ensemble de ce projet a recueilli la majorité des voix parmi les membres de la Commission.

Deux propositions ayant un sens favorable en ce qui concerne les ressources à donner à la C. G. T. n'ont pas recueilli l'approbation de ladite Commission, et celle-ci a reçu mandat de vous les signaler :

Celle du camarade Halgrain, demandant l'augmentation de la carte confédérale, c'est-à-dire porter et 1 à 2 francs le prix de celle-ci, en maintenant le prix du timbre au taux actuel.

Celle du camarade Dret, demandant l'augmentation de la carte confédérale et celle du timbre pour les Unions départementales.

Amortissement

L'affectation du produit des cartes, telle qu'elle nous est proposée par le Bureau confédéral, a reçu l'entière approbation de la Commission; elle fait ressortir que la C. G. T. aura amorti son déficit actuel dans une période de cinq années.

Elle n'a pas fait rentrer en ligne de compte l'amortissement du prêt du Crédit Foncier qui est échelonné sur une période de 45 ans, pas plus que l'emprunt intérieur, le premier n'intervenant dans l'amortissement que pour une somme minime, le second n'ayant pas à intervenir, l'amortissement ne jouant pas avant fin 1924.

Conclusions

La situation financière, ainsi que nous l'avons déclaré au Comité confédéral national, justifiait la demande d'augmentation sollicitée aujourd'hui. La méconnaître serait aller à l'encontre des intérêts du monde ouvrier et de la C. G. T.

Une politique d'assainissement des finances confédérales s'imposait; nous félicitons les membres du Bureau de l'avoir compris et de nous apporter aujourd'hui un projet qui ne peut recevoir que votre approbation.

Une politique de prévoyance s'inspirant des réalités présentes s'imposait également. Elle montre à ceux qui ont provoqué la scission, que leur parti pris qui s'est manifesté en toutes circonstances à notre endroit et l'annonce de notre faillite jetée à tous les échos, seront choses bien faciles à conjurer puisque l'assainissement de la situation sera rendue possible en fait par l'apport d'une faible augmentation des cotisations.

Répondant également aux critiques formulées un peu trop hâtivement, nous voulons le croire, par certains peu au courant des questions financières, nous disons que l'augmentation de la cotisation confédérale vient un peu tardivement, car, si nous prenons comme base les indices du coût de la vie dont nous nous sommes appliqués à faire bénéficier les travailleurs de ce pays, ceux-ci, en nous reportant aux indices des quatre dernières années, n'ont jamais été appliqués au budget de la C. G. T.

Nous rappelons que le prix des timbres était de 30 francs le 1.000 en 1914 et qu'il sera demain, si vous en reconnaissez le bien-fondé, porté à 100 francs le 1.000. C'est en réalité le rétablissement normal d'un budget anormal.

Les critiques visant la carte confédérale répondent à un autre ordre d'idées que nous exprimons ici. L'achat de la Maison, la création du *Peuple,* constituent des opérations nées d'une période où les effectifs syndicaux atteignaient un chiffre élevé à 2.000.000. Ce sont des engagements antérieurs qui pouvaient, sur la base des effectifs précités, être rapidement amortis. En raison de la déflation survenue, cet effort devait fatalement avoir des répercussions et nous les trouvons aujourd'hui dans la prolongation de celui qui avait été sollicité à cette époque.

A notre avis, cet effort n'est pas incompatible avec la situation actuelle. La compréhension des intérêts du mouvement ouvrier nous fait espérer que tous les militants ici présents et mandatés souscriront à l'effort qui leur est demandé.

Les membres de la Commission approuvent sans réserve la proposition d'augmentation du timbre qui leur est présentée, savoir : de porter de 50 à 100 francs le 1.000 la valeur des timbres délivrés aux Fédérations et aux Unions, avec effet du 1ᵉʳ janvier 1923.

Voilà, camarades, le rapport de la Commission. (*Applaudissements.*)

Pour ma part, j'ajouterai peu de mots. Ayant participé à toutes les difficultés de la vie confédérale en tant que membre de la Commission des finances, j'estime qu'une organisation ouvrière qui se respecte, qui se doit de montrer sa vigueur et son énergie, doit s'affirmer aujourd'hui pour dire que, non seulement elle doit avoir des finances saines, mais aussi toutes les possibilités d'action pour montrer au monde capitaliste que nous sommes capables de prendre les rênes du pouvoir si demain l'occasion s'en présentait.

FÉRAUD (*Typographes d'Aix*). — Camarades, je dois vous dire que, représentant ici l'Union locale d'Aix-en-Provence, nous sommes contre toute augmentation de la cotisation, attendu que, dans certaines grandes ville, ou oublie de payer le timbre de l'Union locale, alors que nous, dans les petites villes, nous devons payer le timbre de l'Union départementale et celui de l'Union locale.

Les camarades qui paient le timbre de l'Union départementale seulement voteront l'augmentation de la cotisation, et nous, dans les petites localités, nous devrons payer cette augmentation à l'Union locale et, par réciprocité, à l'Union départementale. C'est pourquoi l'Union locale d'Aix est contre toute augmentation du timbre.

Le Président. — La parole est au camarade Liochon.

LIOCHON (*Livre*). — L'heure à laquelle cette question — qui pourtant a une certaine importance — vient en discussion m'oblige à présenter, devant le Congrès, des observations aussi brèves que possible. Elles seront, de ce fait, un peu décousues, mais j'espère vous donner les principaux arguments qui justifient l'attitude que nous avons prise depuis que nous suivons la publication du journal *Le Peuple*.

Je dois vous dire tout de suite que nous ne sommes contre aucune institution confédérale, même celle du journal. Nous sommes contre la continuation de la politique administrative et financière qui dure depuis deux ans. Nous pensons que deux années d'expérience sont suffisantes pour conclure.

Pendant dix-huit mois, nous avons, comme toutes les organisations confédérées, fait de la propagande pour le journal *Le Peuple*... (*Bruit.*)

... Par des décisions de notre Comité fédéral, par la propagande d'un grand nombre de nos Comités syndicaux et par la publicité donnée dans notre organe officiel qui paraît deux fois par mois. Ce n'est qu'au moment où, suivant pas à pas les événements et surtout la vie intérieure et administrative de la C. G. T., nous avons convenu que cette expérience était concluante, que nous avons dit qu'il fallait prendre les mesures que la nécessité de la situation imposait.

Nous ne sommes pas d'accord avec la grosse majorité de la Commission administrative et inévitablement avec la majorité du Congrès. Mais nous pensons tout de même que, si *Le Peuple* a pu rendre des services, il présente des inconvénients considérables au point de vue matériel.

On vous a présenté un projet de budget qui comporte une augmentation de la cotisation; cette augmentation, nous l'accepterions volontiers s'il s'agissait pour nous d'avoir la garantie qu'elle mettrait un peu d'ordre dans les finances confédérales, mais, même avec cette augmentation de la cotisation — que les délégués des Unions départementales et même des Fédérations ne sont pas certaines d'appliquer aux 400.000 cotisants de 1922 — malgré cette augmentation de 100 p. 100, dis-je, nous avons la certitude qu'on ne pourra pas améliorer la situation confédérale si *Le Peuple* continue à paraître.

Notre camarade Laurent, qui, depuis deux ans, présente devant la Commission administrative et le Comité Confédéral des situations offrant des espérances considérables qui ne sont jamais réalisées, présente aujourd'hui, au Bureau confédéral, un projet de budget de 350.000 francs.

Je suis parmi ceux qui contestent la possibilité de faire vivre un journal quotidien comme *Le Peuple*, qui a un nombre de lecteurs que vous connaissez probablement tous et sur lequel je ne veux pas insister, avec un crédit de 350.000 francs. Donnez-moi au moins la possibilité de vous dire, à titre professionnel, que l'expérience du passé indique que nous avons raison.

En 1921, un million de déficit; en 1922, sept cent mille francs, et par un miracle, que seul le camarade Laurent peut percevoir, on va diminuer à trois cent cinquante mille francs le déficit d'un journal quotidien qui a le tirage que vous savez.

Cela, nous ne le croyons pas. Et c'est parce que nous savons ce que coûte un journal quotidien, c'est parce que nous avons la conviction que le projet de budget qui est présenté est insuffisant, que nous avons l'assurance que l'augmentation qui vous est demandée aujourd'hui est insuffisante pour assurer la vie propre de la C. G. T., ses besoins de propagande, la vie du quotidien, et aussi rembourser les deux millions de dettes qui représentent l'achat de la maison et la création du journal depuis deux ans et demi.

Voilà la conviction profonde qui nous fait agir ainsi. Et nous pensons que les événements ne doivent pas être étrangers aux décisions quelquefois pénibles qu'on est obligé de prendre. Il ne faut pas oublier que lorsqu'on a pris la décision de fonder un journal quotidien, la Confédération Générale du Travail comptait encore environ 700.000 cotisants, et qu'après la scission on devait inévitablement songer à réduire les charges financières d'une organisation qui était en but aux coups des saboteurs du syndicalisme. Malgré tout, on a tout essayé, le bien comme le mal, au point de vue administratif, pour sauver *Le Peuple*.

On nous présente aujourd'hui un déficit à combler, nous voulons bien le combler, mais à la condition qu'aux charges que provoque ce déficit on n'ajoute pas de nouvelles charges supplémentaires qui viennent justement des causes de ce déficit, c'est-à-dire du journal *Le Peuple*.

Est-ce que la Confédération Générale du Travail n'a pas vécu sans un journal quotidien ? (*Protestations.*)

Au moment où la Confédération Générale du Travail avait le plus de moyens d'action, *Le Peuple* n'existait pas.

Un délégué. — Il y avait *l'Humanité.*

LIOCHON. — Je sais, camarade, vous touchez là un point délicat : il y a en face le journal du Parti communiste, il y a *l'Humanité*; est-ce pour cela qu'il faut que la Confédération Générale du Travail ait également un quotidien pour lutter quotidiennement avec *l'Humanité* ?

Eh bien ! j'ai la conviction que la dualité qui s'établit entre deux journaux n'est pas de nature à servir énormément au recrutement syndical indispensable à la C. G. T.

Je suis convaincu que je touche là à des sentiments qui sont la conséquence des événements qui se sont produits, mais ces événements doivent nous conduire à certaines mesures d'ordre intérieur.

Je sais bien que ce n'est pas en indiquant ces mesures que l'on vient chercher des applaudissements. Mais si la C. G. T. n'a plus de journal quotidien pour répondre aux calomnies ou aux attaques de *l'Humanité*, la solution que nous avons constamment indiquée, c'est-à-dire la publication hebdomadaire du *Peuple*, permettrait tout de même, quelle que soit l'importance des calomnies insérées dans *l'Humanité*, de faire les rectifications nécessaires et serait, pour les militants de la C. G. T., un point de jonction moral, un trait d'union qui, d'une façon continue, permettrait d'assurer l'harmonie entre tous les militants et tous les syndicats de la C. G. T.

Vous ne supposez tout de même pas que le journal confédéral, qui vivra péniblement des subventions et des emprunts de la C. G. T., peut lutter au point de vue information. Le journal *Le Peuple* n'aura jamais les moyens d'être un journal qui attire le lecteur par l'information. (*Protestations.*)

Par conséquent, il n'aura des lecteurs que parce qu'il est un organe syndicaliste, et il n'y aura que les militants, les membres des Comités syndicaux qui s'intéresseront à ce journal.

D'ailleurs, ne croyez pas que ces difficultés soient particulières à la Confédération française, je ne connais pas, pour le moment, d'organes quotidiens en Europe qui soient les organes officiels des Centrales syndicales.

A Berlin, il y a le *Worwaerts* qui est l'organe du Parti socialiste. Et oui ! que le *Worwaerts* soit sympathique à la Centrale allemande, c'est son affaire, mais ce n'est pas elle qui en a la direction et la charge.

En Angleterre, on a voulu faire une expérience au mois de septembre dernier. Le *Daily Herald*, qui était vaguement bolchevisant il y a quelque temps, était dans une situation qui a attiré l'attention des organisations syndicales anglaises, et, au Congrès de septembre, le Conseil général de ces organisations, en convoquant le Congrès, a soumis une délibération qui permettait aux organisations anglaises d'acheter ce journal. Pour acheter ce journal, on demandait à chaque syndiqué de payer une cotisation supplémentaire de quatre pence (20 centimes) par année. Cette décision a été envisagée avec satisfaction, et la majorité du Congrès anglais a accepté d'acheter le *Daily Herald*.

Mais je tiens à souligner la déclaration faite par un militant qui n'est pas un corporatiste borné, c'est le président de l'Internationale Syndicale, notre camarade Thomas, des transports. Voici ce qu'il disait au moment où le Congrès anglais était sur le point de se prononcer sur l'achat du *Daily Herald*:

« Nous devons faire en sorte que le *Daily Herald* soit au moins indépendant des cotisations, et il peut être indépendant des cotisations s'il a un demi-million d'abonnés.

« Par le vote de la résolution, le droit d'adhésion ne sera pas augmenté de trois pence, on peut obtenir que ce soit l'augmentation de trois pence qui prévale l'idée. Ces trois pence représenteront un engagement maximum, mais si le journal réussit, il ne devra pas y avoir augmentation de cette charge, il n'y en aura pas si le mouvement ouvrier, dans son ensemble, en fait son affaire.

« Si, à l'inverse, nous voyons dans un an que le *Daily Herald* ne se suffit pas pécuniairement au moyen de ses propres recettes, je n'hésiterai pas à venir vous dire, au nom de mon Union : vous feriez mieux de cesser de fournir aux travailleurs quelque chose dont ils ne veulent pas. »

Je voyais dernièrement dans le *Land Workers* (Journal officiel des travailleurs de la terre) un article de propagande en faveur du *Daily Herald* par Hamilton fils, son rédacteur en chef, on y lisait cette phrase en caractères gras: « Les travailleurs ne l'achètent pas en assez grand nombre pour qu'il puisse couvrir ses frais »; plus loin, il ajoutait : « Si le *Daily Herald* ne parvient pas à doubler son tirage et à couvrir ses frais, il cessera de paraître. »

Je ne demande pas que nous fassions comme nos camarades anglais qui, pourtant, sont près de six millions de cotisants, nous qui ne sommes que quatre cent mille seulement. Je demande que l'effort accompli jusqu'à ce jour ne soit pas totalement perdu et que *Le Peuple* subsiste hebdomadairement pour les besoins de la C. G. T. dont la propagande doit être facilitée, non par des charges supplémentaires, mais par un effort de tous les militants.

Je vous le dis sincèrement, quelle que soit la valeur morale de l'organe officiel de la C. G. T., paraissant même tous les jours, au point de vue du recrutement syndical — besoin le plus pressant aujourd'hui — le journal *Le Peuple* est sans efficacité. (*Protestations, bruit.*)

La propagande de recrutement syndical est le fait des militants à l'atelier, dans la ville, dans le syndicat et aussi à la Fédération et la Confédération, c'est entendu, mais je considère que ce n'est pas le rédacteur d'un journal, quel qu'il soit, qui fait du recrutement, même par *Le Peuple*, organe officiel de la C. G. T. (*Protestations.*)

L'augmentation de la cotisation aura inévitablement pour conséquence des difficultés considérables pour le recrutement syndical, et j'ajoute que, si nous combattons la forme de la proposition de budget tel que le présente le Bureau confédéral, c'est parce que nous avons la certitude que la continuation du quotidien, c'est la continuation du déficit et des emprunts. Et dans deux ans, on vous présentera une nouvelle augmentation de la cotisation, quelles que soient les conséquences. .

Le Président. — La parole est à Jouhaux.

JOUHAUX. — Camarades, je ne veux pas passionner les débats par la question actuellement soulevée, mais je ne puis m'empêcher de trouver pour le moins singulier qu'on soit venu ici seulement apporter des objections en ce qui concerne le journal *Le Peuple*, et n'ait pas apporté les objections plus générales que la Fédération du Livre a formulées contre la question dans son ensemble et qu'elle a communiquées à ses syndicats, ce qui a permis aux journaux adverses de mener contre la C. G. T. une campagne de dénigrement. (*Applaudissements, bruit.*)

Pour ma part, j'aurais voulu qu'on apporte ici la critique générale, parce que je ne veux retenir que la conclusion du camarade Liochon : « Nous sommes contre l'augmentation de la cotisation confédérale, non seulement parce que l'augmentation est demandée pour la continuation du journal *Le Peuple*, mais aussi parce que nous estimons qu'il faut que cessent des pratiques financières et administratives qui sont, selon vous, préjudiciables à l'organisation syndicale. »

Si on ne voulait pas que je pose ce préambule, il ne fallait pas donner cette conclusion qui l'appelait.

L'administration du *Peuple* est inséparable de l'administration de la Confédération Générale du Travail, et nous n'accepterons jamais que l'on essaie de dissocier un membre du Bureau confédéral ou une partie des organes confédéraux pour porter contre la C. G. T. une critique quelconque. (*Très bien ! Applaudissements.*)

La C. G. T. est un bloc.

LIOCHON. — C'est la solidarité ministérielle.

JOUHAUX. — Ce n'est pas de la solidarité ministérielle, c'est tout simplement l'honnêteté que se doivent entre eux des militants qui, pendant un certain nombre d'années, ont collaboré à la même œuvre, supporté les mêmes responsabilités et essayé de surmonter les mêmes difficultés. (*Applaudissements.*)

Nous avons demandé au Congrès une augmentation générale de la cotisation non pas seulement parce que la vie du *Peuple* le commandait, mais aussi parce que l'activité de la Confédération Générale du Travail le réclamait.

Combien de fois ne nous a-t-on pas dit à la Commission administrative : Il faut intensifier la propagande, il faut répondre à tous les besoins. Combien de fois n'avons-nous pas vu les membres de la C. A., eux-mêmes, réclamer, de la part des militants de la Confédération Générale du Travail, une plus grande activité.

A cela, nous avons répondu, au sein de la Commission administrative, en tenant compte des situations particulières devant lesquelles nous nous trouvions placés.

D'un commun accord, il est résulté à la C. A. qu'il était indispensable de réclamer des organisations ouvrières une augmentation de la cotisation confédérale, et là est l'origine de la proposition qui est actuellement placée sous les yeux des camarades, des congressistes, et sur laquelle ils doivent se prononcer.

Le journal *Le Peuple* a été fondé en tant qu'organe officiel de la Confédération Générale du Travail, et ce *caractère* devait lui créer des difficultés qui n'iraient que s'amplifiant. Le jour où la question fut posée à un Congrès, les camarades devaient se rendre compte de ces difficultés, ils ne pouvaient pas les ignorer et elles leur furent révélées. Ils adoptèrent la constitution du journal *Le Peuple* et ils en demandèrent la publication; ils devaient en supporter les charges.

Liochon, très habilement, nous dit : Vous avez fait sept cent mille francs de déficit en 1922, et aujourd'hui vous venez nous dire que trois cent cinquante mille francs, prélevés sur la cotisation de la Confédération Générale du Travail, permettront de couvrir le déficit du *Peuple*. Par quel artifice, dit Liochon, arriverez-vous ainsi à diminuer le déficit, à le réduire de 700.000 francs à 350.000 ?

Evidemment, c'est là un argument qui doit avoir une certaine portée sur les congressistes. Si on faisait un déficit de 700.000 francs l'année dernière, il n'est pas vraisemblable de prétendre que l'on puisse réduire ce déficit à 350.000 fr.

Mais Liochon oublie une chose qu'il connaît aussi bien que moi, c'est qu'il y a dans les ressources d'un journal une rubrique qui s'appelle la publicité, et que le contrat de publicité ajouté aux 350.000 francs, prélevés sur la cotisation confédérale, nous permet d'atteindre le déficit normal prévu pour le journal *Le Peuple* dans l'exercice 23.

J'ajoute que nous n'avons pas été optimistes, puisque dans l'établissement du budget, nous n'avons pas voulu faire entrer en ligne de compte les augmentations d'abonnements ou le développement du journal que les mois qui vont venir pourront nous permettre d'atteindre. Nous avons estimé que la situation est trop incertaine, le marché économique trop instable pour que nous puissions établir un budget sur des prévisions à réaliser. Je dis : prévisions à réaliser... Il ne faut tout de même pas nier, Liochon, que le journal *Le Peuple*, grâce à un nouveau système d'abonnement, est arrivé à trouver, en l'espace de deux mois, près de 2.000 abonnements nouveaux.

C'est là un résultat que nous aurions pu apprécier légitimement dans l'évaluation de notre budget, nous ne l'avons pas fait.

Liochon. — Si.

Jouhaux. — Non, parce que nous ne considérions pas cette augmentation comme ayant une valeur, non pas que nous croyons que cette augmentation va s'arrêter, mais parce que nous estimons qu'il est normal de prévoir cette augmentation des ressources du journal comme venant combler les dépenses supplémentaires qui peuvent poindre à l'avenir du fait de l'augmentation du prix du papier.

Donc, nous n'avons pas agi à la légère en établissant le budget du *Peuple*, nous avons essayé de rester dans les limites de la réalité, et de faire comprendre aux syndicats, aux militants, l'effort qu'il y avait à faire pour que notre journal puisse continuer à vivre.

Liochon est entré dans le domaine des comparaisons internationales; il me permettra de ne pas le suivre sur ce terrain, parce que c'est une position dangereuse et un terrain glissant.

La distinction habile que Liochon a voulu apporter en ce qui concerne le *Worwaerts* n'est peut-être pas tout à fait exacte. Le *Worwaerts* est bien plus l'organe des syndicats allemands qu'il n'est celui des fractions politiques allemandes.

Quant au *Daily Herald*, il est devenu, comme il l'a dit, la propriété des Trades Unions anglaises, et la situation difficile dans laquelle se trouve le *Daily Herald* ne peut pas imputer à crime la situation du journal *Le Peuple*.

Tu citais tout à l'heure des déclarations de Thomas. Je ne veux pas discuter sur la pensée intime que Thomas pouvait avoir à l'égard du *Daily Herald*, mais je tiens à déclarer que Thomas, lui-même, nous disait il y a quelques jours, à Amsterdam, que la situation du *Daily Herald* était difficile du fait que les organisations syndicales anglaises avaient elles-mêmes des déficits dans leur situation financière par suite du grand nombre de chômeurs qu'elles doivent secourir.

La situation est donc différente de ce que Liochon est venu affirmer tout à l'heure.

La situation des organisations anglaises est difficile en raison du chômage, et par ce simple fait qu'elles paient, comme le Livre d'ailleurs, une indemnité de chômage à leurs cotisants. Pendant un certain temps, elles ont pu faire face à ces secours de chômage, mais aujourd'hui elles se trouvent en déficit.

Et, incidemment, je dis qu'il y a là aussi une question qui devrait intéresser ceux qui ont à examiner la position prise par le mouvement ouvrier anglais au point de vue international.

Mais revenons à la question. Le journal *Le Peuple* a été ce qu'il a pu être. Il a vécu au milieu de difficultés sans nombre, il a été boycotté de façons diverses sur lesquelles nous ne voulons pas revenir; mais il est évident que cette attitude à l'égard de notre journal lui a créé une situation difficile. Elle fut surtout difficile à deux moment donnés.

A deux reprises, la Confédération Générale du Travail et la Commission administrative de la C. G. T. furent appelées à envisager la possibilité d'une disparition du journal *Le Peuple*. La Commission administrative et le Bureau confédéral furent unanimes à déclarer qu'il fallait employer tous les moyens pour empêcher cette disparition. Quels moyens pouvaient être employés ? S'adresser aux organisations syndicales ? Nous n'avions pas le temps. S'adresser aux organisations étrangères ? Cela nous a paru possible. Et c'est alors que nous avons demandé à la Fédération Syndicale Internationale de faire, au journal *Le Peuple*, un prêt de deux cent mille francs.

Y a-t-il déshonneur à avoir fait appel à la Fédération Syndicale Internationale pour assurer la vie de notre journal ouvrier ?

Plusieurs voix dans la salle. — Non, non !

JOUHAUX. — ... Nous ne le pensons pas.

La Fédération Syndicale Internationale a répondu favorablement à la demande que nous lui avons faite.

Une seconde fois, nous nous sommes trouvés en face de difficultés aussi grandes, et ici, camarades, permettez-moi de vous dire que le Bureau confédéral et la Commission administrative, après en avoir discuté pendant trois séances consécutives, étaient arrivés à accepter l'idée de la disparition du journal *Le Peuple.*

A ce moment-là, le représentant des organisations syndicales parisiennes fit un appel à la Commission administrative pour lui demander de surseoir à toute décision et de faire un premier appel aux organisations parisiennes pour essayer de sauver *Le Peuple.*

Que devait faire la Commission administrative ? Devait-elle prendre définitivement la responsabilité de la disparition du journal ou devait-elle, au contraire, essayer ce recours suprême pour assurer la vie du journal ?

La Commission administrative et le Bureau de la Confédération Générale du Travail ont accepté de faire cet appel suprême : les organisations parisiennes ont été réunies et elles ont répondu, bien qu'elles aient été mises au courant de la situation désespérée dans laquelle nous étions, que le journal devait vivre... *(Applaudissements.)*

... Que l'on devait faire les efforts nécessaires pour assurer la vie du journal.

La Commission administrative et le Bureau de la C. G. T. ont accepté cette nouvelle responsabilité.

Non seulement, nous nous sommes adressés aux organisations de notre pays, mais nous nous sommes tournés vers les organisations belges pour leur demander s'il ne leur était pas possible, en la circonstance, de nous aider.

Et les organisations belges, qui ne sont pas directement intéressées à la vie de notre journal, ont répondu, après une demi-heure de discussion, par le vote d'un prêt de 140.000 francs. *(Applaudissements.)*

Certes, on pourra nous dire que nous avons fait des dettes, mais nous n'en rougissons pas, ces dettes sont honorables, elles étaient nécessaires, indispensables, nous en avons pris la responsabilité.

Et aujourd'hui, le Congrès est appelé à se prononcer sur cette responsabilité : la vie du journal *Le Peuple* doit-elle continuer ?

Un délégué. — Sans lecteurs ?

JOUHAUX. — Sans lecteurs ? ... C'est votre propre condamnation... *(Applaudissements.)*

S'il n'y a pas de lecteurs, la faute n'en incombe pas au journal, mais aux organisations syndicales et aux militants qui ne font pas pour ce journal toute la propagande qu'ils ont le devoir de faire. *(Applaudissements.)*

Le journal doit-il continuer à vivre ? C'est vous, camarades congressistes, qui le direz; c'est vous qui formulerez votre opinion sur sa vie ou sur sa disparition même.

Je ne puis accepter les commentaires que Liochon a apporté ici : Si le journal n'a pas de vie, dit-il, c'est parce que la classe ouvrière lui est indifférente et que de ce fait il ne vaut pas la peine de faire cet effort et d'en supporter les responsabilités financières.

Liochon s'aperçoit-il qu'une telle déclaration est la condamnation même de tout effort, et de tout effort du mouvement syndical ? *(Applaudissements.)*

Car, en réalité, nos efforts, nos revendications ne sont pas toujours compris de la masse, et ce n'est pas parce que la masse reste indifférente que nous n'accomplissons pas l'action nécessaire pour les faire aboutir, bien au con-

traire, plus nous rencontrons de résistance, plus nous apportons d'acharne-
ment dans la bataille que nous menons. (*Applaudissements.*)

Et c'est ainsi que nous devons comprendre l'activité et la combativité du
mouvement syndical et de ses éléments.

Et puis, il se peut que la classe ouvrière reste indifférente au journal
Le Peuple; mais alors, si vous considérez que cette indifférence doit correspondre à l'abandon de notre effort sur ce terrain, c'est donc que vous reconnaissez par là que la masse doit être laissée dans l'ignorance et doit continuer
à être quotidiennement induite en erreur, et qu'elle n'aura jamais l'occasion
de savoir la vérité sur les problèmes qui l'intéressent tout particulièrement.

Notre journal n'a pas le caractère d'information générale que les grands
quotidiens peuvent avoir, et nous n'avons pas cette prétention; mais je suis
certain que le jugement de la presse en général sur notre organe n'est pas
aussi défavorable qu'on a semblé le dire ici.

Il est incomplet, oui; et il essaie d'être complet dans les limites de ses possibilités.

Ces constatations devraient être pour nous, pour les militants, pour le mouvement ouvrier en général, une raison de plus pour apporter un plus grand
effort à la vie du journal et à son développement.

Chaque fois que je rencontre une difficulté, cette difficulté n'a pas pour
conséquence de me faire reculer, mais d'essayer de montrer, de dégager une
force plus grande pour la vaincre. (*Applaudissements.*)

Je voudrais qu'il en soit de même dans l'esprit des militants et dans la conscience des syndiqués. Je voudrais qu'on comprenne que, pour une masse
ouvrière comme la nôtre, qui est étrangère aux grands problèmes internationaux, qui n'a pas la possibilité d'aller dans les cours spéciaux pour faire son
éducation et élargir sa compréhension sociale, un journal peut être un excellent moyen de diffusion et d'éducation des masses ouvrières.

A l'heure actuelle, il est évident que la grande majorité des confédérés
n'achètent pas *Le Peuple*. Il y a là plusieurs raisons sur lesquelles je ne veux
pas m'appesantir. Mais si la masse ne lit pas le journal, les militants ne le
lisent pas non plus.

Et ce n'est pas cher de doter le mouvement ouvrier, les militants, ce n'est
pas cher pour la réalisation de son programme et pour le front contre la réaction sociale. (*Applaudissements.*)

Ce n'est pas cher, parce que l'effort n'est pas au-dessus de nos forces. Et
quand un effort n'est pas au-dessus des forces, il peut, il doit être demandé
quand il est dans l'intérêt général et dans le sens du progrès social. (*Applaudissements.*)

Et puis, c'est à l'heure actuelle, dans le chaos social où nous sommes, au
milieu des intrigues de toutes sortes, en face des vagues réactionnaires, que
l'on vient nous demander de faire disparaître le seul moyen de projeter un peu
de lumière dans la conscience des travailleurs !

Je vous demanderais d'examiner deux minutes la situation. Il y a pour moi
un danger plus grave dans la situation présente que dans toutes les offensives
du fascisme ou de la réaction, c'est la diminution de l'intellectualité générale.
(*Très bien.*)

C'est là qu'est le danger.

Et si c'est un danger qui atteint les classes adverses, c'est un danger qui a
sa répercussion chez nous.

Est-ce qu'il n'y a pas là un élément qui nous montre la nécessité de poursuivre notre effort ? Est-ce qu'il n'y a pas là un argument irréfutable en faveur de l'effort que nous demandons ? Et puis, est-ce que vous constatez la diminution des organes représentant la pensée de nos adversaires ? Je ne parle pas de la grande presse d'information qui a un rôle tout spécial. Mais je dis qu'à l'heure actuelle, vous êtes en face d'une augmentation des organes techniques de la réaction économique et qu'il ne vous est pas possible, en face de cette augmentation des moyens de combat de nos adversaires de supprimer notre journal.

C'est pour cela, camarades, que je vous demande de voter le rapport de la Commission des finances et d'assurer ainsi la vie du journal qui doit servir à l'éducation indispensable pour l'émancipation des travailleurs. (*Applaudissements.*)

Le Président. — La parole est à Liochon.

Liochon. — Je proteste contre la première déclaration de Jouhaux, au sujet des renseignements que nous avons envoyés à nos syndicats. Il avait été entendu à la Commission des finances que ni moi, ni aucun de mes camarades n'interviendraient sur cette question du passé.

Il a plu à Jouhaux de rappeler les renseignements que jamais personne n'a démentis et que nous avions envoyés à nos syndicats.

Je proteste contre ce manque de correction qui est peut-être le fait de l'ignorance de Jouhaux. J'avais déclaré que je n'interviendrais pas sur le passé, je regrette que Jouhaux n'ait pas été au courant de ces déclarations. En tout cas, le résumé de mon intervention, la raison de notre refus d'accepter l'augmentation de la cotisation ne vient pas de ce que nous ne voulons pas assurer à la Confédération les ressources qui lui sont indispensables; si nous sommes obligés de voter contre l'augmentation, c'est parce qu'on continue à faire paraître *Le Peuple* quotidiennement. Nous voudrions voir un organe hebdomadaire plus complet, plus étudié, plus intéressant que les feuilles quotidiennes dont la rédaction est forcément fugitive et légère; nous préférons un organe de documentation précise, qu'on a le temps d'étudier, et qui serait certainement plus profitable pour l'éducation proprement dite.

Je me résume simplement en disant que nous sommes partisans de donner à la C. G. T., proprement dite, les moyens dont elle a besoin; mais ce contre quoi nous votons, c'est sur la continuation du déficit que Jouhaux n'a pas démenti.

Le Président. — Avant de passer au vote sur l'augmentation de la cotisation, je vais vous donner lecture d'une proposition qui est parvenue au Bureau :

Le Congrès rappelle que la prise de cartes et de timbres en proportion directe avec le nombre de cotisations perçues, est pour tous les syndicats, non seulement un devoir moral, mais une obligation statutaire et que conformément à cette obligation ils sont tenus de veiller à la distribution des cartes et des timbres confédéraux à tous leurs adhérents.

Bedel (*Plâtriers de Toulouse*). — Nous avons distribué 10.000 timbres à nos syndicats. A l'heure présente, vous décidez l'augmentation de la cotisation confédérale et que cette augmentation partira du 1ᵉʳ janvier. Je me demande comment je vais faire rentrer le surplus de ma cotisation. Je demande que l'augmentation parte du 1ᵉʳ février.

Le Président. — D'accord avec le Bureau confédéral, le Congrès veut-il que la Commission administrative prenne en considération la demande faite par le camarade, l'examine et en publie le résultat pour les syndicats ?

Les camarades TALAMAS, MOLLARD, ROUX, LABE, LAFAYE, LE GUEN, HUYGHE, GALANTUS et PASQUINI sont désignés pour procéder au dépouillement des votes.

Le Président. — La parole est à Dumoulin.

DUMOULIN. — Camarades, le dépouillement du vote que vous venez d'émettre va être fait très rapidement. Nous vous demandons donc d'avoir un peu de patience pour remporter dans vos organisations le résultat de ce vote.

Vous êtes le témoignage vivant qu'il n'y a eu ici aucun débat de tendances, aucun procès de personnalités ou d'organisations, que la question la plus difficultueuse, la dernière question, a reçu une solution normale en dehors des préoccupations de polémiques, de personnalités ou de tendances. Votre Congrès est le témoignage puissant d'un travail ardu de quatre journées consacrées aux revendications ouvrières; il prouve qu'il est possible de faire une action réaliste, positive. A cette tribune, toutes les questions revendicatrices ont été traitées et examinées à la lumière des débats et des rapports qui vous ont été présentés. Rien n'est resté dans l'ombre. Le Congrès a porté son attention, toute son attention sur l'unité syndicale, il a porté tous ses efforts sur les revendications essentielles de la classe ouvrière.

Le Bureau confédéral, la Commission administrative, le bureau du Congrès tiennent à vous remercier les uns et les autres. Malgré l'exiguïté des locaux, ce Congrès a eu une tenue parfaite, il mérite des éloges, il n'a pas donné l'impression d'un cadavre en décomposition. (*Applaudissements.*)

Il ne donne pas l'impression d'un mouvement ouvrier en faillite. Ce Congrès n'a aucune leçon à recevoir de l'extérieur. (*Applaudissements.*)

Il puise la leçon de la vie en lui-même. Et les remerciements mérités que nous vous adressons atteignent également nos camarades étrangers qui sont venus ici renforcer notre position fraternelle dans l'Internationale.

Militants des Unions départementales, Fédérations et Syndicats, jeunes camarades qui n'avez appris à nous connaître qu'à travers des calomnies et des injures, vous savez de quoi la C. G. T. est faite, représentée par vous, image vivante de notre activité d'aujourd'hui et de notre action de demain ! (*Applaudissements.*)

ROLLAND (*U. D. de la Seine*). — Camarades, l'Union de la Seine a accepté de placer une assez grande quantité de billets de tombola pour l'Orphelinat des Cheminots. Différentes raisons nous ont empêché de nous occuper comme nous l'aurions voulu du placement de ces billets, et comme il ne serait pas possible, avant votre départ, de délivrer à tous ceux qui en désireraient des billets de tombola, nous vous informons que nous plaçons à la sortie quelques camarades auxquels nous vous prions de donner votre obole pour l'Orphelinat des cheminots.

Le Président. — Camarades, permettez-moi, en tant que président de séance, et en clôturant les travaux de ce Congrès, de remercier nos camarades de la Seine qui ont apporté leur concours dévoué à l'organisation qui a permis le déroulement normal des travaux de ce Congrès. Remercions-les aussi de l'heureuse initiative qu'ils ont eu de nous faire participer à une exposition d'art ouvrier qui, pour les ouvriers, doit être l'école du militant. Remercions-les aussi de l'agréable soirée qu'ils nous ont fait passer hier soir, à la Bourse, et qui a été la récréation indispensable à l'activité des militants. Remercions, en un mot, tous ceux qui, par leur concours, leur bonne volonté, et surtout leurs capacités professionnelles, ont apporté à l'ensemble des rapports le lumineux exposé des capacités ouvrières et de la volonté de réalisation des revendications ouvrières.

A mon tour, je tiens à vous remercier tous pour la discipline que vous avez tous observée dans la discussion, et j'espèce que, la prochaine fois, je n'aurai encore qu'à vous féliciter de votre bonne tenue dans le Congrès.

Roux. — Camarades, voici le résultat du vote sur l'augmentation de la cotisation :

Pour .... 948 voix
Contre .... 288 —
Abstentions .... 60 —

Je vous donne ces chiffres sous réserve des erreurs qui ont pu se glisser. Certains camarades ont inscrit plusieurs votes sur une même carte au lieu de prendre une carte pour chaque voix, ce qui fait que nous ne pouvons donner ces chiffres comme définitifs. Ce vote sera vérifié par l'Administration confédérale qui apportera les rectifications nécessaires. Cependant, je puis vous dire que l'écart ne peut être que d'une vingtaine de voix, au plus.

Nous parlons souvent de discipline quand nous faisons appel à l'unité et quand nous reprochons à la maison d'en face d'avoir fait la scission; voici le moment venu de montrer que nous sommes disciplinés : j'espère que les camarades qui ont voté contre l'augmentation de la cotisation et qui sont en minorité se soumettront à cette discipline commune et nous aideront à diffuser *Le Peuple* et soutiendront avec nous la C. G. .T. dans toute son action. (*Applaudissements.*)

Le Président. — Camarades, je déclare le Congrès clos.

LISTE

DES

MEMBRES DES COMMISSIONS
composées par le Congrès

PREMIÈRE COMMISSION

Modifications aux Statuts. — Budget et augmentation de la cotisation

Lethoren (Victor)	Syndicat du personnel de la Maison de santé (Sotteville-lès-Rouen).
Vivier	Union du Rhône.
Condat	Syndicat des P. T. T.
Baylot	Syndicat des P. T. T.
Dolker	Syndicat des métaux (Neuves-Maisons).
Burnouf	Syndicat du bâtiment (Cherbourg).
Callebaut	Syndicat des pianos (Paris).
Sordon	Syndicat des employés de la C. P. D. E. (Paris).
Jaubert	Syndicat des employés communaux (Brive).
Rousseau	Syndicat des produits chimiques (Cornil).
Carré	Union départementale de la Sarre.
Rochet	Syndicat des imprimeurs (Nantes).
Chevalme	Union des syndicats de Haute-Saône-Belfort.
Labe	Syndicat des métaux (Lorient).
Lenoir	Syndicat des métaux (Le Cateau).
Truel	Syndicat des mineurs (Carmaux).
Vasseur (A.)	Syndicat des métaux (Isbergues).
Liochon	Fédération du livre (Paris).
Quesnoy	Syndicat des travailleurs municipaux (Roubaix).
Louis (Louis)	Syndicat de la batellerie (Douai).
Thalamas	Syndicat des agents des P. T. T. (Yonne).
Galfard	Syndicat des agents des P. T. T. (Montpellier, Haute-Vienne, etc.).
Vanroose	Syndicat du gaz et électricité (Calais).
Dupont	Syndicat des agents des P. T. T. de la Seine.
Gateaud	Syndicat des agents des P. T. T. du Rhône et de la Loire.
Bagnol	Syndicat du gaz et électricité (Marseille).
Paulin	Syndicat de l'habillement (Clermont-Ferrand).
Chevenard (Jeanne)	Syndicat du vêtement du Rhône.
Payen	Syndicat des travailleurs municipaux (Montataire).
Rosset	Syndicat des agents des P. T. T.
Fénot	Syndicat des employés (Dunkerque).

Chéreau	Syndicat du bâtiment (Rennes).
Huyghe	Syndicat du textile (Watten).
Huyghe	Syndicat de l'alimentation (Douai).
Colie	Fédération du bâtiment (Paris).
Dupont	Syndicat des métaux (Juvisy).
Durand (Auguste).....	Syndicat des marins (Bordeaux).
Devaux	Syndicat des agents des P. T. T.
Carré	Syndicat des cheminots (Le Mans).
Morel (Gaston)	Syndicat des services publics (Paris).
Lafaye	Union de la Gironde.
Rousseaux (Fernand)...	Syndicat des coupeurs en confection (Lille).
Vanden Bossche	Syndicat de l'industrie chimique (Paris).
Ancelin	Syndicat des infirmiers (Saint-Dizier).
Thiers (Eugène)	Syndicat des marins (Dunkerque).
Cazeneuve	Syndicat du livre (Bordeaux).
Laugerotte	Syndicat du livre (Paris, Beauvais, Boulogne, etc.).
Mora	Syndicat des cheminots P.-O. (Bordeaux).
Aube (Jean)...........	Syndicat des travailleurs municipaux (Creil).
Masson (Louis)........	Syndicat typographique (Lille).
Chapuy (Louis).......	Syndicat typographique (Lyon).
Pesqué	Syndicat typographique (Marseille).
Galant	Syndicat des agents des P. T. T. des Bouches-du-Rhône, Var, Alpes-Maritimes, Vaucluse.
Bovis	Syndicat des P. T. T. des Bouches-du-Rhône, Alpes-Maritimes, Corse.
Terroux	Syndicat des ouvriers des P. T. T. de l'Hérault, Aude, Pyrénées-Orientales.
Halgrain	Syndicat du livre (Chartres).
Sellier	Syndicat du livre (Amiens).
Laveau	Syndicat des ouvriers du service technique des P. T. T.
Loze	Syndicat de l'industrie chimique.
Hode (Esprit)	Syndicat des déménageurs (Marseille).
Adam (I.)	Syndicat des tanneurs (Strasbourg).
Broucque	Syndicat des faïenciers (Fives-Lille).
Blanc	Syndicat des cheminots de Paris-Etat.
Dery	Syndicat central de la céramique.
David (Marius)........	Syndicat des ouvriers des P. T. T. de Maine-et-Loire, Morbihan, etc.
Gouget	Syndicat national des agents des P. T. T.
Tarraube	Syndicat des plâtriers (Bordeaux).
Molard (Henri)	Syndicat des tramways (Tourcoing, Roubaix, électrique L. R. T.).
Cherchi	Syndicat des tramways (Marseille).
Sauvage	Syndicat des cheminots (Boulogne-sur-Mer).
Vanaret	Syndicat du personnel municipal (Villeurbanne).
Lavit	Syndicat des métaux (Toulouse).
Gras	Syndicat des employés de commerce (Marseille).
Masquère	Syndicat des employés communaux du Tarn et Narbonne.
Marchand	Syndicat des tonneliers (Paris, Montpellier, Cette).
Guénelon	Syndicat des tonneliers (Paris).
Cazanave (R.)........	Syndicat typographique (Toulouse).
Gautier	Syndicat typographique (Paris).
Mairat	Syndicat des employés (Pézenas).
Bardollet	Syndicat des tramways électriques (Dijon).
Thomas	Union syndicale de Saône-et-Loire.

Lenoble	Syndicat des métaux (Le Creusot).
Quintin	....
Baube	Syndicat des mineurs (Renazé).
Mailly	Syndicat des mineurs du Pas-de-Calais.
Blanchard	Syndicat des métaux (Castres et Annonay).
Desarmenien	Syndicat des cuirs et peaux (Mauléon).
Bouvet	Syndicat des travailleurs municipaux (Marseille).
Blotiau	Syndicat des mineurs (bassin d'Anzin).
Richez (P.)	Syndicat des mineurs (bassin d'Anzin).
Christien	Syndicat des Cheminots (Eygurande et Merline).
Audinet	Syndicat des employés et ouvriers des P. T. T. (Poitiers).
Mugot	Syndicat des cheminots (Romilly).
Lachambre	Syndicat des cheminots (Tourcoing).
Dujardin	Syndicat des terrassiers (Lille).
Thomas (Hyacinthe)	Syndicat du bois de l'Indre-et-Loir.
Galantus	Syndicat des métaux (Saint-Claude).
Cunin	Syndicat des cheminots (Belfort).
Coudun	Syndicat des cheminots (Sézanne, Châlons-sur-Marne, Pantin, Saint-Dié).
Dost	U. D. S. de la Meuse.

DEUXIÈME COMMISSION

Défense des huit heures. — Salaire et coût de la vie
Impôt sur les salaires. Sursalaire familial

Finaud	Syndicat du livre (Aix).
Daville	Syndicat des métaux (Cherbourg).
Madeline	Syndicat des travailleurs réunis (Cherbourg).
Jarrigion	Syndicat des cheminots (Langon, Castres, etc.).
Loulier	Syndicat des mineurs (Noyant).
Trévennec	Syndicat des dockers, du bâtiment, de la chaussure (Lorient).
D'Hont	Syndicat des métaux (Roubaix).
Hoareau	Syndicat des travailleurs municipaux (Marseille).
Jobelot	Syndicat des métaux de la Seine.
Cottereau	Syndicat de l'éclairage (Besançon).
Dézert	Syndicat du gaz (Dijon).
Charles	Syndicat de l'éclairage (Epernay).
Ecker	Syndicat de l'éclairage (Epinal).
Burger	Syndicat du gaz de banlieue E. C. F. M.
Barthe	Syndicat des agents des P. T. T. de la Côte-d'Or.
Planais	Syndicat des employés de la région parisienne.
Vardelle	Syndicat du papier (Limoges).
Biot	Syndicat du gaz (Paris).
Cotta	Syndicat du gaz (Valence).
D'Arrivielle	Syndicat de l'éclairage (Marseille).
Parodi	Syndicat du gaz et électricité (Marseille).
Béguin	Syndicat du gaz et électricité (Tours).
Jalabert	Syndicat des travailleurs municipaux (Béziers).
Cassières	Syndicat des infirmiers (Pierrefeu).

Merma	Syndicat du service de santé (Blois).
Le Guen	Syndicat des cheminots (Niort, Orléans, Etat, etc.).
Lemaire	Syndicat des cheminots (Laon).
Anciaux	Syndicat des cheminots (Laon).
Calebaut	Syndicat des pianos (Paris).
Sordon	Syndicat des employés C. P. D. E. (Paris).
Jaubert	Syndicat des travailleurs communaux (Brive).
Rousseau	Union départementale de la Corrèze; Syndicat des cheminots (Ussel); Syndicat des produits chimiques (Cornil).
Truel	Syndicat des mineurs (Carmaux).
Vasseur (Aimé)	Syndicat des métaux (Isbergues).
Quesnoy	Syndicat des travailleurs municipaux (Roubaix).
Galfard	Syndicat des agents des P. T. T. (Montpellier, Haute-Vienne, etc.).
Vanrose	Syndicat du gaz et électricité (Calais).
Bagnol	Syndicat du gaz et électricité (Marseille).
Galeaud	Syndicat des agents des P. T. T. du Rhône et de la Loire.
Lavielle	Syndicat des commis-comptables de la Gironde.
Romeyer	Syndicat des mineurs (Firminy).
Dumont	Syndicat des mineurs (Saint-Etienne).
Faure (Henri)	Syndicat des menuisiers en sièges.
Maussy (Lucien)	Syndicat (Persan-Beaumont).
Dhinaud	Syndicat des cheminots (Lille).
Douet	Syndicat des cheminots (Revigny, Troyes).
Jacotin (E.)	Syndicat des cheminots (Chaumont).
Delvainquière	Syndicat des cotonniers (Lillebonne).
Jacquemin	Syndicat des métaux (Nancy).
Lorthiois	Syndicat des transports (Roubaix).
Parizot	Union départementale de l'Allier.
Renaudel (G.)	Syndicat des cheminots (Falaise); Contrôle commun.
Vignon	Syndicat général de la petite batellerie.
Neny Marien	Syndicat des métaux et employés (Commentry).
Lucq	Syndicat des cuirs et peaux (Oloron-Sainte-Marie).
Moreau (Eugène)	Syndicat des cheminots (Nantes).
Ricard	Syndicat du livre (Mont-de-Marsan).
Declomesnil	Syndicat des cheminots (Toury).
Rossy (E.)	Syndicat des mineurs (Anzin).
Tillet	Syndicat des cheminots, bâtiment et livre (Vannes).
Sorin	Syndicat des marins.
Deschaseaux	Syndicat (Vosges).
Legay	Syndicat des mineurs du Nord.
Doise	Syndicat des métaux (Dunkerque).
De Bataille	Syndicat du petit meuble (Castres).
Corce (François)	Syndicat des employés municipaux (La Ciotat).
Havenne (Georges)	Syndicat des mineurs (Suveau).
Berta	Syndicat des préparateurs en pharmacie (Lyon).
Xéridat	Union départementale des Pyrénées-Orientales.
Grin	Syndicat des employés de banque (Angers).
Gicleux	Syndicat général de la batellerie (Douai).
Badet (Laurent)	Syndicat des services municipaux de Saône-et-Loire.
Massoula	Syndicat des métaux (Fumel).
Hamelin	Syndicat du livre.
Bard (René)	Syndicat des mineurs (Brassac-les-Mines).
Laugier	Syndicat de la raffinerie de sucre (Marseille).
Bernard (Jules)	Syndicat de la raffinerie de sucre (Marseille).

Dufort (L.)	Syndicat du bâtiment (Toulouse).
Trocmé	Syndicat du bâtiment (Valenciennes).
Lorthiois	Syndicat du textile (Saint-Amand).
Bondy	Syndicat (Saint-Cloud).
Dumange	Syndicat (Vierzon).
Plante	Syndicat des cheminots et textile (Hazebrouck).
Valet (E.)	Syndicat des cheminots (Pontoise).
Dauchy	Syndicat des cheminots (Breteuil).
Oustry (Paul)	Syndicat des mineurs (Aubin).
Talamas (René)	Syndicat des métaux (Rueil).
Leigneul	Syndicat de la T. C. R. P. (Paris).
Viguié	Syndicat de la T. C. R. P.
Leduc (Louis)	Syndicat des métaux (Rouen).
Largentier	Syndicat typographique (Paris).
Dasse	Syndicat des boulangers (Bordeaux).
Vuillermier	Syndicat des agents, employés et ouvriers des P. T. T. du Jura.
Vandepulte	Fédération du textile (Paris).
Valade	Syndicat des relieurs (Limoges).
Morizet	Syndicat des faïenciers (Gien).
Denjean	Syndicat de l'éclairage (Reims, Le Puy, Perpignan).
Vedeau	Syndicat de l'éclairage (Toulouse, Vierzon, Vichy).
Ramond	Syndicat des employés des P. T. T. (Paris).
Rival (Louis)	Syndicat du gaz et électricité (Marseille).
Leloup	Syndicat de l'air comprimé.
Lourme	Syndicat des cheminots (Hellemmes).
Lemoine	Syndicat des cheminots (Rouen-Etat).
Grenier (Eugène)	Syndicat des employés de commerce (Pau).
Bernard Pallano	Syndicat du livre (Marseille).
Herlin	Syndicat du livre.
Saugis	Syndicat du livre.
Seignon	Syndicat du service général à bord (Bordeaux).
Alterac	Syndicat des travailleurs municipaux (Alais).
Michel	Union départementale du Loiret.
Regard	Syndicat du textile (Saint-Rambert-en-Bugay).
Chiron	Syndicat des scieurs (Oyonnax); Syndicat des tourneurs (Bordeaux).
Perrin	Syndicat du personnel des deux sexes de l'Asile Lafond (La Rochelle).
Larpin	Syndicat du personnel secondaire de l'asile de Bron.
Sorriaux (Victor)	Syndicat des métaux (Marquise).
Pinot	Syndicat du personnel des hôpitaux et hospices de l'Assistance publique.
Deljeitère	Syndicat des chicoretiers.
Alibert	Syndicat du gaz (Nîmes).
Vigne (Pierre)	Syndicat des mineurs (Alais).
Buisson	Syndicat des employés.
Valecourt	Syndicat des confiseurs (Lille).
Pasquini	Syndicat des agents du service général à bord.

TROISIÈME COMMISSION

Défense et réorganisation des Monopoles. — Défense du Droit syndical des Fonctionnaires

Gateaud	Syndicat des agents des P. T. T. du Rhône et de la Loire.
Sordon	Syndicat des employés de la C. P. D. E. (Paris).
Callebot	Syndicat des pianos (Paris).
Anciaux	Syndicat des cheminots (Laon).
Lemaire	Syndicat des cheminots (Laon).
Le Guen	Syndicat des cheminots (Niort, Orléans-État, etc.).
Merma	Syndicat du service de santé (Blois).
Jalabert	Syndicat des travailleurs municipaux (Béziers).
Béguin	Syndicat du gaz et électricité (Tours).
Parodi	Syndicat du gaz et électricité (Marseille).
Arriviello	Syndicat du gaz (Paris).
Biot	Syndicat du gaz de banlieue E. C. F. M.
Burger	Syndicat de l'éclairage (Epinal).
Ecker	Syndicat de l'éclairage (Epernay).
Charles	Syndicat du gaz (Dijon).
Desert	Syndicat de l'éclairage (Besançon).
Cottereau	Syndicat des travailleurs réunis du port (Cherbourg).
Madeline	Syndicat des métaux (Cherbourg).
Deville	Syndicat des tabacs.
Belli	Syndicat des métaux (Saint-Nazaire).
Blancho	Syndicat des métaux (Trignac).
Lambot	Syndicat des P. T. T. (Constantine, Ain, Côtes-du-Nord, Sarthe).
Caillon	Syndicat de l'électricité (Marseille).
Pedron (Godefroy).....	Syndicat de l'éclairage (Marseille).
Dirette	Syndicat des fumistes (Paris).
Crasnier	Syndicat du bâtiment (Versailles).
Baylot	Syndicat des P. T. T.
Condat	Syndicat des P. T. T.
Thalamas	Syndicat des agents des P. T. T. de l'Yonne.
Dupont	Syndicat des agents des P. T. T. de la Seine.
Lethorey	Syndicat du personnel de la Maison de santé (Sotteville-les-Rouen).
Rossez	Syndicat des agents des P. T. T.
Leroy	Syndicat des poudreries (Esquères).
Huron	Syndicat des poudriers (Sevran).
Duvernay (Emile).....	Syndicat du personnel municipal (Lille).
Mimey	Syndicat (Gray, La Ferté-sous-Jouarre).
Dunot	Syndicat des tabacs (Lille).
Siette	Syndicat des tabacs.
Gastaud	Syndicat des travailleurs municipaux (Nice).
Bedel	Syndicat de la poudrerie (Toulouse).
Lamarque	Syndicat des employés et agents des P. T. T. (Toulouse).
Berenguier	Syndicat des travailleurs de l'Arsenal (Toulon).
Barbin	Syndicat des ouvriers des P. T. T. (13ᵉ région).
Nègre	Syndicat des employés des P. T. T.
Bonnefond	Syndicat des employés municipaux (Haute-Vienne).

Lauxerrois .... Union départementale de la Loire.
Marchand .... Union générale des ouvriers des P. T. T.
Oustet .... Syndicat des ouvriers du service technique des P. T. T. du Tarn-et-Garonne, Gers, etc.
Florentin .... Syndicat des ouvriers des P. T. T. de Meurthe-et-Moselle, Vosges, Belfort.
Paret .... Syndicat des P. T. T. de l'Isère, Rhône, Loire, Savoie.
Nicolet ....
Jublain .... Syndicat du personnel municipal (Lyon).
Lemille .... Syndicat des employés et ouvriers communaux du Pas-de-Calais.
Petit (Marcel) .... Syndicat des agents des P. T. T. de Saône-et-Loire.
David (Georges) .... Syndicat des ouvriers des P. T. T.

QUATRIÈME COMMISSION

Conseil national économique. — Nationalisation industrialisée
Contrôle ouvrier

Pedron (Godefroy) .... Syndicat de l'électricité (Marseille).
Caillon .... Syndicat des P. T. T. de Constantine, Ain, Côtes-du-Nord, Sarthe.
Lambot .... Syndicat des métaux (Trignac).
Blancho .... Syndicat des métaux (Saint-Nazaire).
Deville .... Syndicat des métaux (Cherbourg).
Madeline .... Syndicat des travaux réunis du Port (Cherbourg).
Cottereau .... Syndicat de l'éclairage (Besançon).
Dezert .... Syndicat du gaz (Dijon).
Charles .... Syndicat de l'éclairage (Epernay).
Ecker .... Syndicat de l'éclairage (Epinal).
Burger .... Syndicat du gaz de banlieue E. C. F. M.
Biot .... Syndicat du gaz (Paris).
Arriviello .... Syndicat de l'éclairage (Marseille).
Le Guen .... Syndicat de Niort, Orléans-Etat, etc.
Lemaire .... Syndicat des cheminots (Laon).
Anciaux .... Syndicat des cheminots (Laon).
Callebot .... Syndicat des pianos (Paris).
Sorbon .... Syndicat des employés C. P. D. E. (Paris).
Gateaud .... Syndicat des agents P. T. T. du Rhône et de la Loire.
Dumond .... Syndicat (Saint-Etienne).
Romeyer .... Syndicat des mineurs (Firminy).
Bagnol .... Syndicat du gaz et de l'électricité (Marseille).
Vanrose .... Syndicat du gaz et de l'électricité (Calais).
Cotta .... Syndicat du gaz de Valence.
D'Hont .... Syndicat des métaux (Roubaix).
Jarrogion .... Syndicat des cheminots de Langon, Castres et Cette-Midi.
Louis (Louis) .... Syndicat de la batellerie (Douai).
Bellœuvre .... Union départementale de la Sarthe.
Chevalme .... Union des syndicats de Belfort.
Labe .... Syndicat des métaux (Lorient).
Lenoir .... Syndicat des métaux (Le Cateau).

Vivier	Union du Rhône.
Trivery	Syndicat du bijou (Lyon).
Bonnot	Syndicat des métaux (Lyon).
Decostère	Syndicat des métaux (Tourcoing).
Toulouse	Syndicat des cheminots (Paris-Midi).
Caïti (Franco)	Fédération du textile.
Courdie (Henri)	Syndicat des coupeurs-tailleurs (Toulouse).
Daveau	Syndicat des employés (Nice).
Bartuel	Syndicat des mineurs (Decazeville et Ste-Florine).
Lemort	Syndicat des mineurs (Bouligny).
Péneau	Syndicat des métaux et menuisiers (Nantes).
Vol	Syndicat de la finance (Paris, Lyon, Marseille).
Beaurper	Syndicat du gaz (Paris).
Cazeneuve (François)	Syndicat des poudreries (Toulouse) et des Cuirs et Peaux et Camionneurs.
Piron	Syndicat des métaux (Jeumont).
Loisel	Syndicat des ébénistes (Paris).
Devernay (Théo) fils	Syndicat des charpentiers en fer (Lille).
Guillez	Syndicat des cheminots (Péronne).
Lamale	Syndicat des cheminots (Saint-Omer).
De Kerdelleau	Syndicat des cheminots du ....
Pagès	Syndicat des cuirs et peaux (Milleau).
Guinchard	Fédération des moyens de transport.
Passerieu	Syndicat du gaz et de l'électricité (Jeumont).
Alibert	Syndicat des travailleurs du gaz (Béziers, Blois, etc.).
Thibault	Union de l'Aube.
Michaud	Syndicat des travailleurs municipaux (Alger et Angers).

CINQUIÈME COMMISSION

Apprentissage. — Chambres de Métiers

Pannart	Syndicat du service de santé (Alger, Oran).
Mourgues	Syndicat des serruriers (Bordeaux); Personnel des hospices civils et bâtiment (Arcachon).
Leroy (Alphonse)	Syndicat des mineurs (Trets).
Legay	Syndicat du bâtiment (Lyon).
Pujos	Syndicat du bâtiment (Alençon).
Legrand (Louis)	Syndicat des bijoutiers (Marseille).
Cazeneuve	Syndicat des monteurs en galoches et tonneliers (Toulouse).
Marty-Rollan	Syndicat des employés (Toulouse).
François (Louis)	Syndicat des sculpteurs (Toulouse).
Boudard	Syndicat des cheminots (Paris-Nord).
Drouin (F.)	Syndicat des ouvriers des P. T. T. du Calvados.
Delzant	Fédération des verriers (Paris).
Berruelle	Syndicat de l'habillement militaire administratif de la Seine.
Augier (Elisa)	Syndicat du vêtement (Marseille).
Bernin	Syndicat des tailleurs sur mesure (Lyon).
Pivat	Syndicat des voyageurs de commerce (Lyon).
Lehec	Syndicat de l'habillement (Roubaix).

Moine (Blanche).......   Syndicat des sténos-dactylos (Paris).
Lauga (Henri).........   Syndicat des travailleurs municipaux (Bordeaux).
Decostère ....   Syndicat des métaux (Tourcoing).
Trivery ....   Syndicat du bijou (Lyon).
Bellœuvre ....   Union de la Sarthe.
Callebot ....   Syndicat des pianos (Paris).
Anciaux ....   Syndicat des cheminots (Laon).
Lemaire ....   Syndicat des cheminots (Laon).
Gastaud ....   Syndicat des typos (Toulon).
Planais ....   Syndicat des employés (Montpellier).
Jaubert ....   Syndicats des travailleurs communaux (Brive).
Jobelot ....   Syndicat des métaux de la Seine.
Trévennec ....   Syndicats des dockers et du bâtiment (Lorient).
Chevenard (Jeanne)....   Syndicat du vêtement du Rhône.
Paulin ....   Syndicat de l'habillement (Clermont-Ferrand).
Liochon ....   Fédération du livre (Paris).
Pingenot ....   Syndicat du Livre.
Mathelin ....   Syndicat des eaux de la Banlieue.
Rey ....   Syndicat des métaux de la Seine.
Dubreuil ....   Syndicat des métaux de la Seine.

SIXIÈME COMMISSION

Placement. — Main-d'œuvre étrangère

Schwenk ....   Syndicat des métaux (Dôle).
Humbert ....   Syndicat .... de Meurthe-et-Moselle.
Derieux ....   Syndicat du bâtiment (Lens).
Lelong ....   Syndicat des mineurs (La-Chapelle-sous-Dun).
Delambre ....   Syndicat des cuirs et peaux (Lillers).
Harpages ....   Syndicat du bâtiment (Roubaix).
Bos ....   Syndicat de l'alimentation (Millau).
Savoie ....   Syndicat de l'alimentation de la Seine.
Didaret ....   Syndicat de l'industrie hôtelière de la Seine.
Robecis ....   Syndicat de l'industrie hôtelière de la Seine.
Ciambellotti ....   Syndicat de la chapellerie lyonnaise.
Forgues ....   Syndicat des boulangers (Toulouse).
Pasquet ....   Syndicat du bâtiment (Tourcoing).
Pagès ....   Syndicat des coiffeurs (Marseille, Bordeaux).
Laroche ....   Syndicat des verriers.
Vignaud ....   Fédération des ports et docks.
Fillial ....   Syndicat des ports et docks (Marseille).
Fouquin ....   Syndicat agricoles (Château-Landon).
Nicolas ....   Syndicats agricoles (Mauguio).
Brunel ....   Syndicat des plâtriers (Montpellier).
Abrard ....   Syndicat des mouleurs (Bordeaux).
Giudicelli ....   Syndicat des marins de commerce (Marseille).
Marty (J.) ....   Syndicat des A. S. G. (Cette).
Bellœuvre et Carré....   Union des syndicats de la Sarthe.
Callebot ....   Syndicat des pianos (Paris).
Anciaux ....   Syndicat des cheminots (Laon).
Lemaire ....   Syndicat des cheminots (Laon).

Mathelin	Syndicat des eaux de Banlieue.
Vincent (Camille)	Syndicat du bâtiment (Tergnier).
Burnouf	Syndicat du bâtiment, des employés, des typos (Cherbourg).
Rochet	Syndicat des imprimeurs (Nantes).
Bagnol	Syndicat du gaz et de l'électricité (Marseille).
Lorthiois	Union des transports (Roubaix).
Dirette	Syndicat des fumistes (Paris).
Crasnier	Syndicat du bâtiment (Versailles).
Bonnefoy	Syndicat des mineurs (Gardanne).
Dernancourt (François).	Syndicat .... (Homécourt).

SEPTIÈME COMMISSION

Assurances sociales

Dernancourt	Syndicat .... (Homécourt).
Bagnol	Syndicat du gaz et de l'électricité (Marseille).
Rochet	Syndicat des imprimeurs (Nantes).
Lemaire	Syndicats des cheminots (Laon).
Anciaux	Syndicats des cheminots (Laon).
Callebaut	Syndicat des pianos (Paris).
Gastaud	Syndicat des typos (Toulon).
Trévennec	Syndicat des dockers, du bâtiment, etc. (Lorient).
Caïti (Franco)	Fédération textile (Paris).
Klin	Fédération du livre (Paris).
Bauche	Syndicat du textile (Lille).
Barataud	Syndicat .... (St-Zacharie).
Trouvé (Joseph)	Syndicat de la céramique (Vierzon).
Guillory	Syndicat des cheminots ....
Burger	Syndicat du gaz de Banlieue E. C. F. M.
Arriviello	Syndicat de l'éclairage (Marseille).
Vanroose	Syndicat du gaz et de l'électricité (Calais).
Lavielle	Syndicat des comptables (Gironde).
Legay	Syndicat des mineurs du Nord.
Barthe	Syndicat des agents des P. T. T. de la Côte-d'Or.
Merma	Syndicat du service de santé (Blois).
Leroy	Syndicat de la poudrerie (Esqueries).
Josse (Emile)	Syndicat des travailleurs municipaux (Tourcoing).
Desurmont	Syndicat du textile (Roubaix).
Paowels	Syndicat des métaux (Lannoy).
Gselle	Syndicat du textile du Haut-Rhin.
Imbs	Syndicat des services publics du Bas-Rhin.
Boulanger	Syndicat des tullistes (Calais).
Mazard (Victor)	Syndicat des mineurs (Decazeville).
Wery	Syndicat des mineurs (La Bouble St-Eloi).
Masson	Syndicat de l'artillerie et annexe de la Seine.
Maffre	Syndicat des cuisiniers (Bordeaux).
Basile	Syndicat des miroitiers-vitriers.
Pasquier	Syndicat des métaux (Vieux-Condé).
Martelette	Syndicat des cheminots (Valenciennes).
Camors	Syndicat des chocolatiers (Bordeaux).

Capocci .... Syndicat des employés de la région parisienne.
Pin .... Syndicat des cuirs et peaux (Annonay).
Fradet .... Syndicat des cuirs et peaux (Clermont-Ferrand).
Boy .... Syndicat des transports.
Ursely .... Syndicat des cuirs et peaux (Chateaurenault).
Delbecques .... Union départementale du Pas-de-Calais.
Lion (Suzanne) .... Syndicat des tailleurs et couturières de la Seine.
Pinaud .... Syndicat de l'Assistance publique.
Garrigou .... Syndicat de l'habillement (Bordeaux).
Pagès .... Syndicat des coiffeurs (Bordeaux, Marseille).
Batas .... Syndicat du bâtiment (Saint-Malo).

HUITIÈME COMMISSION

Questions diverses

Cajarc .... Syndicat des services publics (Toulouse).
Jaccoud .... Syndicat T. C. R. P. (Paris).
Ringenbach .... Fédération de l'habillement (Paris).
Lauze .... Syndicat des contrôleurs de tramways.
Meurant .... Syndicat des ardoisiers (Misengrain).
Coupel .... Syndicat des travailleurs municipaux (Rennes).
Derouineau .... Syndicat des travailleurs municipaux (Saint-Malo).
Lespuple .... Syndicat des transports.
Derozon .... Syndicat des verriers (Bordeaux).
Rouvet .... Union du Tarn.
Beaumerielle .... Syndicat .... (Cognac).
Gagues .... Syndicat des cheminots (Montluçon).
Monnier .... Syndicat des verriers.
Halluin (Alidor) ...... Syndicat du textile (Gorgue-Estaires).
Tantot .... Syndicat des verriers (Albi).
Roux (Marius) .... Syndicat des selliers (Paris).
Crasnier .... Syndicat du bâtiment (Versailles).
Bonnefoy .... Syndicat des mineurs (Gardanne).
Dirette .... Syndicat des fumistes (Paris).
Vincent (Camille) ..... Syndicat du bâtiment (Tergnier).
Jobelot .... Syndicat des métaux de la Seine.
Pingenot .... Syndicat du livre.
Pilard .... Syndicat des ardoisiers (Trélazé).
Bonnot .... Syndicat des métaux (Lyon).
Toulouse .... Syndicat des chemins de fer Paris-Midi.
Dolker .... Syndicat des métaux (Maisons-Neuves).
Payen .... Syndicat des travailleurs municipaux (Montataire).
Finaud .... Syndicat du livre (Aix).
Hoareau .... Syndicat des travailleurs municipaux (Marseille).
Bardelle .... Syndicat du papier (Limoges).
Cassières .... Syndicat des infirmiers (Pierrefeu).
Belli .... Syndicat des tabacs.
Lethorey .... Syndicat du personnel de la Maison de santé (Sotteville-
                       lès-Rouen).
Marma .... Syndicat du service de santé (Blois).

Legay ....   Syndicat des mineurs du Nord.
Barataud ....   Syndicat .... (St-Zacharie).
Trouvé ....   Syndicat de la céramique (Vierzon).
Guillory ....   Syndicat des cheminots.
Bauche ....   Syndicat du textile (Lille).
Klin ....   Fédération des travailleurs du livre.
Trévennec ....   Syndicat des dockers et du bâtiment (Lorient).
Anciaux ....   Syndicat des cheminots (Laon).
Lemaire ....   Syndicat des cheminots (Laon).
Callebaut ....   Syndicat des pianos (Paris).
Dernancourt ....   Syndicat .... (Homécourt).

RÉSULTAT DES VOTES

FÉDÉRATION DE L'AGRICULTURE

Délégué fédéral : HODÉE

DÉLÉGUÉS	ORGANISATIONS	1er VOTE Rapport moral	2e VOTE Augmentat^{on} de la Cotisation
Vicquenaut	Bûcherons (Anlezy)	p.	c.
Fabre	Agriculture (Arles)	p.	a.
Nicolas (C.)	Agricoles (Béziers)	p.	p.
Xéridat (S.).....	Agriculture (Canet)	p.	p.
Nicolas (C.)	Agricoles (Cers)	p.	p.
Fouquin	Agricoles (Château-Landon)	a.	p.
Cholet (L.)......	Bûcherons (Cheminon)	p.	p.
Roland (F.).....	Agricoles (Chenoise)	p.	p.
Fabre	Agricoles (Colombiers)	p.	p.
Schwenk	Bûcherons (Dôle)	p.	p.
Nicolas (C.)	Agricoles (Fontes)	p.	p.
Marcailloux (H.).	Cultivateurs (Geneytouse)	p.	a.
Nicolas (C.)	Agricoles (Gignac)	p.	p.
Lucq	Métayers (Habas)	p.	p.
Vicquenaut	Bûcherons (La Machine)	p.	c.
Hodée	Horticoles (Le Vésinet)	p.	p.
Marcailloux (H.).	Cultivateurs Limoges)	p.	a.
Vicquenaut	Bûcherons (Limon)	p.	c.
Nicolas (C.)	Agricoles (Mauguio)	p.	p.
Fabre	Agricoles (Montagnac)	p.	p.
Marcailloux (H.).	Cultivateurs (Nantiat)	p.	a.
Roland (F.).....	Cultivateurs (Narbonne)	p.	p.
Hodée	Agricoles (Nogent-sur-Seine)	p.	p.
Dasse	Agricoles (Pauillac)	p.	p.
Marcailloux (H.).	Cultivateurs (Peyrilhac)	p.	a.
Roland (F.).....	Agricoles (Pezenas)	p.	p.
Nicolas (C.)	Agricoles (Poilhes)	p.	p.
Roland (F.).....	Agricoles (St-André-de-Sangonis) ...	p.	p.
Vicquenaut	Agricoles (St-Aubin-les-Forges)	p.	p.
Vicquenaut	Bûcherons et agricoles (Saint-Benin-d'Azy	p.	c.
Vicquenaut	Bûcherons et agricoles (Saint-Eloi)..	p.	c.
Marcailloux (H.).	Cultivateurs (St-Hilaire-la-Treille)...	p.	a.
Marcailloux (H.).	Cultivateurs (St-Léonard-de-Noblat) .	p.	a.
Lucq	Agricoles (St-Martin-de-Seignaux) ..	p.	p.
Marcailloux (H.).	Cultivateurs (St-Priest-Taurion).....	p.	a.

DÉLÉGUÉS	ORGANISATIONS	1er VOTE Rapport moral	2e VOTE Augmentat⁰ⁿ de la Cotisation
Foucher (R.)....	Jardiniers de la Seine..............	p.	p.
Fouquin	Terriens (Tournan)	p.	p.
Fabre	Agricoles (Valros)	p.	p.
Hodée	Bûcherons (Versailles)	p.	p.
Fabre	Agricoles et terrassiers (Vias).......	p.	p.
Nicolas (C.)	Agricole (Villeneuve-les-Béziers)	p.	p.

FÉDÉRATION DE L'ALIMENTATION

Délégué fédéral : SAVOIE

DÉLÉGUÉS	ORGANISATIONS	1er VOTE Rapport moral	2e VOTE Augmentation de la Cotisation
Robeis	Boulangers (Albi)	p.	p.
Herlin	Alimentation (Auch)	p.	c.
Savoie	Boulangers (Bayonne)	p.	p.
Didaret	Meuniers (Blandecques)	p.	p.
Dasse	Boulangers (Bordeaux)	p.	p.
Maffre (L.)......	Cuisiniers (Bordeaux)	p.	p.
Dasse	Garçons hôtels et limonadiers (Bordeaux)	p.	p.
Dasse	Pâtissiers et glaciers (Bordeaux)....	p	c.
Camors (P.).....	Chocolatiers, conserves et confiseurs (Bordeaux)	p.	p.
Halgrain	Boulangers (Chartres)	p.	a.
Dubus (T.)......	Alimentation (Lannoy)	p.	n. v.
Mullier (G.).....	Ouv. abattoirs (Lille)	p.	p.
Bressink (E.)	Brasseurs (Lille)	p.	a.
De Geitere	Chicorétiers (Lille)	p.	p.
Valecamps (G.) ..	Confiseurs et chocolatiers (Lille)	p.	p.
Trevennec	Boulangers (Lorient)	p.	p.
Olmido (J.)	Meuniers (Lorient) ....,	p.	p.
Laugier	Raffineries sucre (Marseille)	p.	p.
Bos	Employés de commerce et alimentation (Millau)	p.	p.
Maffre (L.)	Cuisiniers (Montpellier).............	p.	p.
Savoie	Garçons limonadiers et brasseurs de Montpellier	p.	p.
Paget-Blanc	Alimentation (Morez)	p.	p.
Jacquemin (E.) ..	Alimentation (Nancy)	p.	a.
Savoie	Boulangers (Nantes)	p.	p.
Robeis	Boulangers (Nevers)	p.	p.
Alibert (F.)......	Cuisiniers (Nîmes)	p.	p.
Brosset	Boucherie (Paris)	p.	p.
Laurent	Employés épicerie de la Seine.......	p.	p.
Didaret	Empl. industrie hôtelière de la Seine.	p.	p.
Tendero	Meuniers de la Seine :.............	p.	c.
Maffre (L.)......	Cuisiniers et pâtissiers (Pau)........	p.	c.
Xéridat (S.).....	Boulangers (Perpignan)	p.	p.
Xéridat (S.).....	Cuisiniers et pâtissiers (Perpignan)...	p.	p.

DÉLÉGUÉS	ORGANISATIONS	1er VOTE Rapport moral	2e VOTE Augmentat^{on} de la Cotisation
Savoie	Boulangers (Rochefort-sur-Mer)	p.	p.
Savoie	Boulangers (Rouen)	p.	p.
Savoie	Boulangers (Saint-Nazaire)	p.	p.
Huyghe (J.)	Alimentation (Sin-le-Noble)	p.	p.
Forgues (J.)	Boulangers (Toulouse)	p.	p.
Forgues (J.)	Cuisiniers (Toulouse)	p.	p.
Forgues (J.)	Meuniers (Toulouse et banlieue)	p.	p.
Forgues (J.)	Pâtissiers (Toulouse et sud-est)	p.	p.
Serre (L.)	Garçons limonadiers et employés d'hôtels (Vichy)	p.	c.
Savoie	Pâtes alimentaires (Villemur)	p.	p.

FÉDÉRATION DES ALLUMETTIERS

Délégué fédéral : N...

Pilard	Allumettiers (Trélazé)	p.	p.

FÉDÉRATION DU BATIMENT

Délégué fédéral : CONSTANT

Pujos	Bâtiment (Alençon)	p.	p.
Rouvet (P.)	Charpentiers, menuisiers (Albi)	p.	c.
Rouvet (P.)	Chaux et ciment (Albi)	p.	c.
Vincent (C.)	Bâtiment (Amiens)	p.	p.
Mourgues	Bâtiment (Arcachon)	p.	p.
Pacquet	Bâtiment (Armentières)	p.	p.
Colle	Bâtiment (Auch)	p.	p.
Perrot	Tuiliers, briquetiers (Auneuil)	p.	p.
Trevennec	Bâtiment (Auray)	p.	p.
Colle	Bâtiment (Besançon)	p.	p.
Louis (C.)	Bâtiment (Bischwiller)	p.	c.
Constant	Bâtiment (Bizerte)	p.	p.
Passat	Bâtiment (Blois)	p.	p.
Lafaye	Maçonnerie, pierre (Bordeaux)	p.	p.
Mourgues	Serruriers (Bordeaux)	p.	p.
Tarraube	Plâtriers (Bordeaux)	p.	p.
Colle	Bâtiment (Carcassonne)	p.	p.
Chereau	Bâtiment (Carhaix)	p.	p.
Cordier	Bâtiment (Chatellerault)	p.	p.
Burnouf	Bâtiment (Cherbourg)	p.	p.
Paulin	Serruriers, charpentiers (Clermont-Ferrand)	p.	c.

DÉLÉGUÉS	ORGANISATIONS	1er VOTE Rapport moral	2e VOTE Augmentat⁰⁰ de la Cotisation
Pacquet	Marbriers (Cousolre)	p.	p.
Derieux	Bâtiment (Desvres)	p.	p.
Cordier	Bâtiment (Dijon)	p.	a.
Batas	Bâtiment (Dinard)	p.	p.
Derieux	Bâtiment (Douvrin)	p.	p.
Vianne (L.)......	Bâtiment (Dunkerque)	p.	p.
Friedrich	Bâtiment (Erstein)	p.	c.
Pacquet	Bâtiment (Faumont)	p.	p.
Constant	Bâtiment (Ferryville)	p.	p.
Chereau	Granitiers (Fontenelle et Antrain) ...	p.	p.
Pacquet	Bâtiment (Fourmies)	p.	p.
Rouvet (P.)......	Bâtiment (Graulhet)	p.	p.
Weymann (V.)...	Bâtiment (Haguenau)	p.	c.
Trevennec	Bâtiment (Hennebont)	p.	p.
Pfister (J.)......	Bâtiment (Hochfelden)	p.	c.
Zund	Bâtiment (Ingwiller)	p.	c.
Dubreuil (H.)....	Bâtiment (Jarny)	p.	p.
Pacquet	Bâtiment (Lannoy)	p.	p.
Carré	Bâtiment (Le Mans)	p.	p.
Chopin (C.)......	Bâtiment (Lens)	p.	p.
Derieux	Bâtiment (Liévin)	p.	p.
Vaillant (E.)....	Bâtiment et travaux publics (Lille)..	p.	p.
Devernay fils....	Monteurs, charpentiers en fer (Lille)..	p.	p.
Rochart	Lattiers (Lille)	p.	p.
Lobin	Maçons (Lille)	p.	p.
Dessain (E.).....	Charpentiers et menuisiers (Lille)....	p.	p.
Cramette (L.)....	Plombiers, zingueurs (Lille)	p.	p.
Verhest (J.)......	Peintres (Lille)	p.	p.
Derieux	Plafonneurs, cimentiers (Lille)	p.	p.
Guillotin	Serruriers (Lille)	p.	p.
Dujardin (M.)....	Terrassiers (Lille)	p.	p.
Trevennec	Menuisiers (Lorient)	p.	a.
Trevennec	Bâtiment (Lorient)	p.	p.
Massot (L.)......	Granitiers (Louvigné-du-Désert)	p.	p.
Legay (J.).......	Bâtiment (Lyon)	p.	p.
Fradet (J.).......	Carriers (Marcenat, Pauniat, etc.)	p.	p.
Legay (J.).......	Bâtiment (Montceau-les-Mines)	p.	p.
Ricard	Menuis., ébénistes (Mont-de-Marsan)...	p.	p.
Valette (A.)......	Maçons (Montluçon)	p.	p.
Parizot	Plombiers, zingueurs (Montluçon)	p.	c.
Cordier	Serruriers (Montpellier)	p.	p.
Brunel	Plâtriers, cimentiers (Montpellier)....	p.	p.
Rochet	Plâtriers (Nantes)	p.	p.
Rochet	Charpentiers d'hauteur (Nantes)	p.	p.
Rochet	Maçons (Nantes)	p.	p.
Peneau	Menuisiers en bâtiments maritimes (Nantes)	p.	p.
Cordier	Bâtiment (Nevers)	p.	a.
Cordier	Bâtiment (Niort)	p.	p.
Constant	Charpentiers (Orléans)	p.	p.
Lambour (A.)....	Bâtiment (Ottrott-Saint-Nabor)	p.	c.
Cordier	Bâtiment (Oyonnax)	p.	p.

DÉLÉGUÉS	ORGANISATIONS	1er VOTE Rapport moral	2e VOTE Augmentatº de la Cotisation
Chanvin (P.)	Sculpteurs-Décorateurs (Paris)	p.	p.
Dirette	Fumistes industriels (Paris)	p.	p.
Duchat (J.)	Parqueteurs (Paris)	p.	a.
Robert	Serrurerie, construction métallique (Paris)	p.	p.
Xéridat (S.)	Peintres (Perpignan)	p.	p.
Chercau	Bâtiment (Rennes)	p.	p.
Lauxerois	Bâtiment (Roanne)	p.	p.
Passat	Bâtiment (Romorantin)	p.	p.
Harpages	Bâtiment (Roubaix)	p.	p.
Lorthioir (M.)	Bâtiment (St-Amand-lès-Eaux)	p.	p.
Galantus	Bâtiment (St-Claude)	p.	p.
Colle	Cimentiers (Saint-Etienne)	p.	p.
Massot (L.)	Granitiers (St-Germain-en-Cogles)	p.	p.
Batas	Bâtiment (Saint-Malo)	p.	p.
Massot (L.)	Granitiers (St-Marc-le-Blanc)	p.	p.
Demaret	Bâtiment (Saint-Quentin)	p.	p.
Demaret	Bâtiment (Sains-Richaumont)	p.	p.
Colle	Bâtiment (Saulces-Mauclin)	p.	p.
Tetherel (Y.)	Carriers à grès (Seine-et-Oise)	p.	p.
Kress (C.)	Bâtiment (Selestat)	p.	c.
Constant	Bâtiment (Sousse)	p.	p.
Straub (G.)	Bâtiment (Strasbourg)	p.	c.
Vincent (C.)	Bâtiment (Tergnier)	p.	p.
Chasseray (L.)	Bâtiment (Thouars)	p.	p.
Schmitt	Bâtiment (Tieffenbach Struth)	p.	c.
Dufort (L.)	Menuisiers (Toulouse)	p.	p.
Dufort (L.)	Maçons (Toulouse)	p.	c.
Pacquet (J.)	Bâtiment (Tourcoing)	p.	p.
Legay	Bâtiment (Trevoux)	p.	p.
Constant	Bâtiment (Tunis)	p.	p.
Trocmé (L.)	Bâtiment (Valenciennes)	p.	p.
Tillet (E.)	Bâtiment (Vannes)	p.	p.
Cronier	Bâtiment (Versailles)	p.	p.
Serre	Tailleurs de pierre (Vichy)	p.	p.
Serre	Plâtriers, peintres (Vichy)	p.	p.
Bosdevesis	Bâtiment (Villefranche-sur-Saône)	p.	p.
Fradet	Carriers, tailleurs de pierre (Volvic)	p.	p.
Froehlicher	Bâtiment (Wasselonne)	p.	c.
Pacquet	Briqueteurs, tuilliers (Waten)	p.	p.

FÉDÉRATION DE LA BIJOUTERIE

Délégué fédéral : TRIVERY

DÉLÉGUÉS	ORGANISATIONS	1er VOTE Rapport moral	2e VOTE Augmentat°⁰ de la Cotisation
David	Industrie horlogère (Besançon)	p.	p.
Ponard	Diamantaires (Gex)	p.	p.
Trivery	Bijouterie, orfèvrerie, horlog. (Lyon)	p.	p.
Legrand	Bijoutiers (Marseille)	p.	p.
Ponard	Diamantaires (Saint-Claude)	p.	p.
Ponard	Lapidaires en pierres fines (St-Claude)	p.	p.
Ponard	Diamantaires (Thoiry - Saint - Genis, Pouilly)	p.	p.

FÉDÉRATION DU BOIS

Délégué fédéral : CHIRON

DÉLÉGUÉS	ORGANISATIONS	1er VOTE Rapport moral	2e VOTE Augmentat°⁰ de la Cotisation
Chiron	Tourneurs sur bois (Bordeaux)	p.	p.
Chiron	Petit meuble fantaisie et jouets d'enfants (Castres)	p.	p.
Rosset-Bolin	Scieurs (Clairvaux)	p.	p.
Fradet (J.)	Ameublement (Clermont-Ferrand)	p.	c.
Cholet (L.)	Sciage mécanique (Damery)	p.	p.
Bondues (D.)	Ebénistes (Lille)	p.	c.
Chiron	Scieurs (Lorient)	p.	p.
Loizel	Ameublement (Lorient)	p.	p.
Chiron	Scieurs mécaniques (Mios)	p.	p.
Paget-Blanc	Scieurs (Morez)	p.	p.
Rochet	Scieurs mécaniques, toupilleurs (Nantes)	p.	p.
Rochet	Sculpteurs (Nantes)	p.	p.
Chiron	Scieurs-découpeurs (Oyonnax)	p.	p.
Callebaut (A.)	Facteurs pianos, orgues, harmoniums (Paris)	p.	p.
Loizel	Ebénistes (Paris)	p.	p.
Bazille (A.)	Miroitiers, vitriers (Paris)	p.	p.
Audinet (E.)	Brosseurs, balaitiers (Poitiers)	p.	p.
Chéreau	Voiture (Rennes)	p.	p.
Decasmakere (J.)	Vanniers (Roubaix)	p.	p.
Rosset-Bolin	« Le Travail » Article (Saint-Claude)	p.	p.
Dérouineau	Vanniers (Saint-Malo)	p.	p.
Fouquin	Scieurs-découpeurs (Souppes)	a.	c.
François (L.)	Sculpteurs, mouleurs (Toulouse)	p.	p.
Faure (H.)	Menuisiers en siège (Toulouse)	p.	p.

FÉDÉRATION DE LA CÉRAMIQUE
Délégué fédéral : TILLET

DÉLÉGUÉS	ORGANISATIONS	1er VOTE Rapport moral	2e VOTE Augmentation de la Cotisation
Morizet	Faïenciers (Gien)	p.	p.
Broucque	Faïenciers (Lille)	p.	p.
Déry	Central de la Céramique (Limoges)	p.	p.
Paget-Blanc	Peintres sur émail (Morez)	p.	p.
Lorthioir	Faïenciers (St-Amand-les-Eeaux)	p.	p.
Barataud	Céramique (St-Zacharie)	p.	a.
Trouve	Céramique (Vierzon)	p.	p.

FÉDÉRATION DE LA CHAPELLERIE
Délégué fédéral : MILAN

DÉLÉGUÉS	ORGANISATIONS	1er VOTE Rapport moral	2e VOTE Augmentation de la Cotisation
Roussin	Chapeliers (Albi)	p.	c.
Ciambellotti	Chapeliers (Bordeaux)	p.	p.
Milan	Chapeliers (Bort)	p.	p.
Roussin	Chapeliers (Caussade)	p.	c.
Ciambellotti	Chapeliers (Draguignan)	p.	a.
Ciambellotti	Chapeliers (Lyon)	p.	c.
Roussin	Chapeliers (Paris)	p.	c.
Milan	Modistes (Paris)	p.	a.
Milan	Chapeliers (Septfonds)	p.	c.

FÉDÉRATION DES CHEMINS DE FER
Délégués fédéraux : LE GUEN, GUILLORY, BRUGE, TOULOUSE, GUILLEZ

DÉLÉGUÉS	ORGANISATIONS	1er VOTE Rapport moral	2e VOTE Augmentation de la Cotisation
Le Guen	Cheminots (Abbeville)	p.	p.
Cunin	Cheminots (Aillevillers)	p.	p.
Rappet	Cheminots (Albert)	p.	p.
Rouvet (P.)	Cheminots (Albi-Orléans)	p.	c.
Noblemaire	Cheminots (Amagne)	p.	p.
Tarpin-Cadot	Cheminots (Ambérieu)	p.	p.
Pilard	Cheminots (Angers-Etat)	p.	p.
Lepeytre	Cheminots (Angoulême-Etat)	p.	p.
Rappet	Cheminots (Anglet V.F.D.M.)	p.	p.
Jarrigion	Cheminots (Auch)	p.	p.
Sauvé	Cheminots (Aurillac)	p.	p.
Leduc (L.)	Cheminots (Barentin)	p.	a.
Rappet	Cheminots (Bar-le-Duc)	p.	p.
Rappet	Cheminots (Bayeux, réseau)	p.	p.

DÉLÉGUÉS	ORGANISATIONS	1er VOTE Rapport moral	2e VOTE Augmentat^{on} de la Cotisation
Dumange	Cheminots (Beauvais)	p.	c.
Badinot	Cheminots (Bécon-les-Bruyères)	p.	p.
Jarrigion	Cheminots (Bedarieux)	p.	p.
Cunin	Cheminots (Belfort)	p.	p.
Galantus	Cheminots (Bellegarde)	p.	c.
Jarrigion	Cheminots (Béziers)	p.	p.
Rappet	Cheminots (Blanc à Argent)	p.	p.
Le Guen	Cheminots (Blaye)	p.	p.
Passat	Tramways vapeur (Blois)	p.	p.
Jarrigion	Cheminots (Bordeaux-Etat)	p.	p.
Jarrigion	Cheminots (Bordeaux-Midi)	p.	p.
Mora (P.)	Cheminots (Bordeaux-P. O.)	p.	c.
Juillard	Cheminots (Bort)	p.	p.
Sauvage	Cheminots (Boulogne-sur-Mer)	p.	p.
Rappet	Cheminots (Bourg-de-Péage)	p.	p.
Leduc (L.)	Cheminots (Bréauté-Bolbec)	p.	a.
Dauchy (J.)	Cheminots (Breteuil-Embr.)	p.	p.
Boulanger (A.) ..	Cheminots (Calais)	p.	p.
Bernard (L.)	Cheminots (Cambrai)	p.	p.
Guillet (H.)	Cheminots (Cambresis)	p.	p.
Le Guen	Cheminots (Carhaix-Etat)	p.	p.
Jarrigion	Cheminots (Castres)	p.	p.
Jarrigion	Cheminots (Cette-Midi)	p.	p.
De Kerdelleau....	Cheminots (Cette-P. L. M.)	c.	n. v.
Rappet	Cheminots (Chailly-en-Bière)	p.	p.
Jacotin	Cheminots (Chalindrey)	p.	p.
Renaud	Cheminots (Challans)	p.	p.
Coudun	Cheminots (Châlons-sur-Marne)	p.	p.
De Kerdelleau....	Cheminots (Chambéry)	c.	c.
Halgrain	Cheminots (Chartres)	p.	a.
Halgrain	Tramways (Eure-et-Loir)	p.	a.
Jacotin	Cheminots (Chaumont)	p.	p.
Burnouf	Cheminots (Cherbourg)	p.	p.
Renaud	Cheminots (Cholet)	p.	p.
De Kerdelleau....	Cheminots (Clermont-Ferrand)	c.	c.
Jarrigion	Cheminots (Clermont-l'Hérault)	p.	p.
Parizot	Cheminots (Commentry-P. O.)	p.	p.
Le Guen	Cheminots (Conches)	p.	p.
Bellœuvre	Cheminots (Connerre-Beille-Etat)	p.	p.
Bidegaray	Cheminots (Corse)	p.	p.
Rappet	Cheminots (Cosnes-sur-l'Œil	p.	p.
Burnouf	Cheminots (Coutances)	p.	p.
Mora	Cheminots (Coutras)	p.	a.
Lemoine	Cheminots (Dieppe)	p.	p.
Pujos	Cheminots (Domfront)	p.	c.
Thierry	Cheminots (Don Sainghin)	p.	p.
Challaix	Cheminots (Dunkerque)	p.	p.
Cholet (L.)	Cheminots (Epernay)	p.	p.
Tachéne	Cheminots (Evreux)	p.	p.
Christien	Cheminots (Eygurande)	p.	p.
Renaudel	Cheminots (Falaise)	p.	p.
Leduc (L.)	Cheminots (Fécamp)	p.	a.

DÉLÉGUÉS	ORGANISATIONS	1er VOTE Rapport moral	2e VOTE Augmentation de la Cotisation
Rappet	Cheminots (Florac)	p.	p.
Bidegaray	Cheminots (Gaffour)	p.	p.
Rousseau	Cheminots (Granville-Etat)	p.	p.
Mimey	Cheminots (Gray)	p.	p.
Toulouse	Employés et ouvriers de la Compagnie des C. F. V. (Gray)	p.	p.
Toulouse	Cheminots (Guéret)	p.	p.
Le Guennic	Cheminots (Guingamp)	p.	p.
Guillet (H.)	Cheminots (Ham)	p.	p.
Plattel	Cheminots (Hazebrouck)	p.	p.
Lourme	Cheminots (Hellemmes-Lille)	p.	c.
Dumange	Cheminots (Hirson)	p.	c.
Toulouse	Cheminots (La Canau-Médoc)	p.	p.
Mimey	Cheminots (La Ferté-sous-Jouarre)	p.	p.
Pujos	Cheminots (Laigle)	p.	p.
Jarrigion	Cheminats (Langon)	p.	p.
Jacotin	Cheminots (Langres)	p.	p.
Anciaux	Cheminots (Laon)	p.	c.
Angibaud	Cheminots (La Rochelle-Ville)	p.	p.
Renaud	Cheminots (La Roche-sur-Yon)	p.	p.
Rappet	Cheminots (Le Cheylard)	p.	p.
De Kerdelleau	Cheminots (Le Creusot)	c.	c.
Carré	Cheminots (Le Mans)	p.	p.
Leduc (L.)	Cheminots (Le Tréport)	p.	a.
Reynaud	Cheminots (Libourne)	p.	p.
Pouvreau (M.)	Cheminots (Ligueil)	p.	p.
Dhinaut (G.)	Cheminots (Lille)	p.	c.
Vardelle	Cheminots (Limoges)	p.	c.
Le Guen	Cheminots (Lisieux)	p.	p.
Bruges	Cheminots (Longuyon)	p.	p.
Audinet	Cheminots (Loudun)	p.	p.
De Kerdelleau	Cheminots (Louhans)	c.	n. v.
De Kerdelleau	Cheminots (Lunel)	c.	n. v.
Cunin	Cheminots (Lure)	p.	p.
Toulouse	Cheminots Lyon (Est de)	p.	p.
Le Guen	Cheminots (Maintenon)	p.	p.
Chasseray	Tramways départ. Deux-Sèvres	p.	p.
Jacotin	Cheminots (Merrey)	p.	p.
Quessot (E.)	Cheminots (Messac)	p.	p.
Le Guen	Chemin. (Metz-Montigny-Bouzonville)	p.	p.
Le Guen	Cheminots (Mézidon)	p.	p.
Coudun	Cheminots (Mohon)	p.	c.
Marty-Rollan	Cheminots (Montauban)	p.	p.
Ricard (A.)	Cheminots (Mont-de-Marsan)	p.	p.
Dagues	Cheminots (Montluçon-P. O.)	p.	p.
Mugot	Cheminots (Montmédy)	p.	p.
Fouquin	Cheminots (Montmirail)	p.	c.
Nicolas	Cheminots (Montpellier)	p.	p.
Guillory	Cheminots (Montpellier-P. L. M.)	p.	c.
Bruge	Cheminots (Nancy)	p.	p.
Brugnot	Cheminots (Nanterre)	p.	p.
Moreau (E.)	Cheminots (Nantes-P. O.)	p.	p.

DÉLÉGUÉS	ORGANISATIONS	1er VOTE Rapport moral	2e VOTE Augmentat^{on} de la Cotisation
Sanson	Cheminots (Neufchâtel-en-Bray)	p.	p.
Rappet	Cheminots (Neuille-Pont-Pierre)	p.	p.
Le Guen	Cheminots (Neuille-de-Poitou)	p.	p.
De Kerdelleau	Cheminots (Nîmes)	c.	c.
Le Guen	Cheminots (Niort)	p.	p.
Le Guen	Cheminots (Orléans-Etat)	p.	p.
Sauvé	Cheminots (Orléans-P. O.)	p.	p.
Toulouse	Tramways L. C. (Orléans)	p.	p.
Toulouse	Tramways Loiret (Orléans)	p.	p.
Coudun	Cheminots (Pantin)	p.	p.
Raulet	Cheminots (Paris-Est)	p.	p.
Lapeyre	Cheminots (Paris-Etat R. G.)	p.	p.
Blanc	Cheminots (Paris-Etat R. D.)	p.	p.
Toulouse	Cheminots (Paris-Midi)	p.	p.
Boudart	Cheminots (Paris-Nord)	p.	p.
De Kerdelleau	Cheminots (Paris-P. L. M.)	c.	c.
Reynaud	Cheminots (Paris-P. O.)	p.	p.
Renaudel	Contrôle commun des grands réseaux français (Paris)	p.	p.
Guillez	Conducteurs wagons-lits (Paris)	p.	p.
Guillez	Cheminots (Péronne-économiques)	p.	p.
Moussy	Cheminots (Persan-Beaumont)	p.	p.
Toulouse	Cheminots (Pierrefitte)	p.	p.
Rousseau (L.)	Cheminots (Poissy)	p.	p.
Valet (E.)	Cheminots (Pontoise)	p.	p.
Cunin	Cheminots (Port-d'Atelier)	p.	p.
Toulouse	Cheminots (Redon)	p.	p.
Quessot (E.)	Cheminots (Rennes)	p.	p.
Douet	Cheminots (Revigny)	p.	p.
De Kerdelleau	Cheminots (Roanne)	c.	c.
Mugot (J.)	Cheminots (Romilly)	p.	p.
Lemoine	Cheminots (Rouen-Etat)	p.	p.
Leduc (L.)	Cheminots (Rouen-Nord)	p.	a.
Le Guen	Cheminots (Royan)	p.	p.
Thierry (C.)	Cheminots (Roye)	p.	p.
Lafaye	Cheminots (Saint-André-de-Cubzac)	p.	p.
Le Guennic	Cheminots (Saint-Brieuc)	p.	p.
Bondy	Cheminots (Saint-Cloud)	p.	p.
Gainnet (Ch.)	Cheminots (Saint-Denis-sur-Seine)	p.	p.
Coudun	Cheminots (Saint-Dié)	p.	p.
Mora	Cheminots (Saint-Florent P. O.)	p.	c.
Rappet	Cheminots (Saint-Jean d'Angely)	p.	p.
Derouineau	Cheminots (Saint-Malo)	p.	p.
Blancho	Cheminots (Saint-Nazaire)	p.	p.
Lamalle (A.)	Cheminots (Saint-Omer)	p.	p.
Guillet (H.)	Cheminots (Saint-Quentin-Nord)	p.	p.
Guillet (H.)	Cheminots (Saint-Quentin-Guise)	p.	p.
Jarrigion	Cheminots (Saint-Symphorien)	p.	p.
Lafaye	Cheminots (Saint-Yzan-de-Soudiac)	p.	p.
Carré	Cheminots (Sable)	p.	p.
Michaud	Cheminots (Saintes)	p.	p.
Parmentier (M.)	Cheminots (Sannois)	p.	p.

DÉLÉGUÉS	ORGANISATIONS	1er VOTE Rapport moral	2e VOTE Augmentation de la Cotisation
Pilard	Cheminots (Segré)	p.	p.
Coudun	Cheminots (Sézanne)	p.	p.
Bidegaray	Cheminots (Sfax)	p.	p.
Guillet (H.)	Cheminots (Soissons)	p.	p.
Lemoine	Cheminots (Sotteville)	p.	c.
Bidegaray	Cheminots (Souk-Arhas)	p.	p.
Bidegaray	Cheminots (Sousse)	p.	p.
Jarrigion	Cheminots (Tarbes)	p.	a.
Chasseray (L.)	Cheminots (Thouars)	p.	p.
Bayle	Cheminots (Toulouse-Midi)	p.	p.
Lachambre (A.)	Cheminots (Tourcoing)	p.	p.
Declomesnil	Cheminots (Toury)	p.	p.
Douet	Cheminots (Troyes)	p.	p.
Rousseau	Cheminots (Ussel)	p.	p.
De Kerdelleau	Cheminots (Valence)	c.	n. v.
Mortelette	Cheminots (Valenciennes)	p.	p.
Trocmé (L.)	Chemins de fer économiques (Valenciennes)	p.	p.
Tillet	Cheminots (Vannes)	p.	a.
Golle (P.)	Cheminots (Vernouillet-Verneuil)	n. v.	n. v.
Le Guen	Cheminots (Versailles)	p.	p.
Parizot	Cheminots (Vieilleville)	p.	c.
Rousseau	Cheminots (Vire)	p.	p.
Quessot	Cheminots (Vitré)	p.	p.

FÉDÉRATION DES INDUSTRIES CHIMIQUES
Délégué fédéral : LOZE

DÉLÉGUÉS	ORGANISATIONS	1er VOTE	2e VOTE
Lafaye	Pétroles (Blaye)	p.	p.
Rousseau	Produits chimiques (Cornil)	p.	p.
Loze	Huiliers, pétroliers (Dunkerque)	p.	c.
Diem	Produits chimiques (Le Boucau)	p.	p.
Cnudde	Produits chimiques (Lille)	p.	p.
Fueri	Produits chimiques (Marseille)	p.	p.
Rochet	Usines réunies (Nantes)	p.	p.
Van den Bossche	Industries chimiques (Paris)	p.	p.
Bernard	Produits chimiques (Rassuen)	p.	c.

FÉDÉRATION DES COIFFEURS
Délégué fédéral : PAGÈS

DÉLÉGUÉS	ORGANISATIONS	1er VOTE	2e VOTE
Pagès	Coiffeurs, posticheurs (Bordeaux)	p.	p
Pagès	Coiffeurs (Marseille)	p.	p.
Vignaud	Coiffeurs (Paris)	p.	p.

FÉDÉRATION DES CUIRS ET PEAUX

Délégués fédéraux : ROUX Marius, DRET

DÉLÉGUÉS	ORGANISATIONS	1er VOTE Rapport moral	2e VOTE Augmentat°ⁿ de la Cotisation
Sellier (G.)	Chaussure (Amiens)	p.	c.
Pin (F.)	Cuirs et peaux (Annonay)	p.	p.
Dret	Cuirs et Peaux (Autun)	p.	c.
Roux	Cuirs et peaux (Avignon)	p.	p.
Dret	Equipements militaires (Besançon)	p.	p.
Dret	Chaussure (Blois)	p.	p.
Pagès	Selliers, bourreliers (Bordeaux)	p.	p.
Pagès	Chaussure (Bordeaux)	p.	p.
Dret	Selliers, cordonniers (Carcassonne)	p.	p.
Dret	Espadrilleurs (Céret)	p.	p.
Ursely	Cuirs et peaux (Chateaurenault)	p.	p.
Roux	Gantiers (Chaumont)	p.	c.
Fradet (J.)	Cuirs et peaux (Clermont-Ferrand)	p.	c.
Dret	Cordonniers (Cognac)	p.	p.
Adam	Tanneurs (Colmar)	p.	p.
Belli	Chaussure (Dijon)	p.	p.
Roux	Chaussure (Ernée)	p.	p.
Feuvrier	Chaussure (Fougères)	p.	a.
Pagès	Moutonniers (Graulhet)	p.	t.
Roux	Gantiers (Grenoble)	p.	a.
Rouvet (P.)	Moutonniers (Laboutarié)	p.	p.
Dubus (Th.)	Cuirs et peaux (Lannoy)	p.	c.
Ragheboom	Cuirs et peaux (Lille)	p.	c.
Delambre	Cuirs et peaux (Lillers)	p.	p.
Vardelle	Chaussure (Limoges)	p.	p.
Vardelle	Corroyeurs (Limoges)	p.	c.
Adam	Tanneurs (Lingolsheim)	p.	p.
Trevennec	Chaussure (Lorient)	p.	p.
Desarmenien	Cuirs et peaux (Mauléon)	p.	p.
Pagès	Mégissiers (Mazamet)	p.	c.
Pagès	Peaux moutons (Mazamet)	p.	c.
Pagès	Cuirs et peaux (Millau)	p.	p.
Passat	Tanneurs, corroyeurs (Mondoubleau)	p.	p.
Lecerf	Cuirs et peaux (Montluçon)	p.	p.
Humbert (L.)	Chaussure (Nancy)	p.	p.
Rochet	Tanneurs, corroyeurs (Nantes)	p.	p.
Lucq	Cuirs et peaux (Oloron-Ste-Marie)	p.	p.
Vivier	Cuirs et peaux (Oullins)	p.	p.
Roux	Sellerie (Paris)	p.	p.
Feuvrier	Chaussure (Pontorson)	p.	a.
Roux	Chaussure (Pussay)	p.	p.
Feuvrier	Cuirs et peaux (Rennes)	p.	p.
Ragheboom	Cuirs et peaux (Roubaix)	p.	a.
Renaud	Cuirs et peaux (Saint-André-de-la-Marche)	p.	p.
Roux	Espadrilleurs (Saint-Laurent-de-Cerdans)	p.	p.
Roux	Apprêteurs en pelleterie (Sens)		

DÉLÉGUÉS	ORGANISATIONS	1er VOTE Rapport moral	2e VOTE Augmentat^{on} de la Cotisation
Adam	Tanneurs (Strasbourg)	p.	p.
Gastaud	Cuirs et peaux (Toulon)	p.	c.
Cazeneuve (F.)...	Malletiers et layetiers (Toulouse) ...	p.	p.
Cazeneuve (L.)...	Monteurs en galoches (Toulouse)	p.	p.
Cazeneuve (F.)...	Chaussure (Toulouse)	p.	p.
Debouvriès	Cuirs et peaux (Tourcoing)	p.	p.
Dret	Cuirs et peaux (Troyes)	p.	p.
Roux	Chaussure (Vitré)	p.	c.

FÉDÉRATION DES DESSINATEURS

Délégué fédéral : DOUMENQ

DÉLÉGUÉS	ORGANISATIONS	1er VOTE	2e VOTE
Doumenq	Dessinateurs et ingénieurs-dessinateurs de l'arrondissement de Bordeaux	p.	p.
Doumenq	Dessinateurs et ingénieurs-dessinateurs (Nantes)...................	p.	c.
Doumenq	Dessinateurs d'art industriel et graveurs sur bois (Paris)	p.	p.
Blancho	Dessinateurs (Saint-Nazaire)	p.	p.

FÉDÉRATION DE L'ÉCLAIRAGE

Délégué fédéral : ARIVIELLO

DÉLÉGUÉS	ORGANISATIONS	1er VOTE	2e VOTE
Alibert (F.)......	Eclairage (Albi)	p.	p.
Pezzini	Gaz et électricité (Bastia)	p.	p.
Cottereau	Gaz et électricité (Besançon)........	p.	p.
Alibert (F.)......	Gaz (Béziers)	p.	c.
Alibert (F.)......	Eclairage, forces motrices (Blois)....	p.	c.
Bories	Sous-traitants éclairage (Bordeaux)..	p.	p.
Lafaye	Electrique Sud-Ouest (Bordeaux) ...	p.	p.
Bories	Personnel de la régie (Bordeaux)....	p.	p.
Ariviello	Eclairage, forces motrices de Boulogne-sur-Mer	p.	p.
Cotta (J.)........	Gaz (Bourg-les-Valence)	p.	p.
Béguin	Gaz et électricité (Brest)	p.	p.
Van Roos........	Eclairage (Calais)	p.	p.
Biot	Eclairage (Cette)	p.	p.
Alibert (F.)......	Eclairage (Chateauroux)	p.	c.
Dezert	Personnel gaz (Dijon)	p.	p.
Belli	Eclairage, force motrice (Dijon).....	p.	p.
Bagnol	Eclairage (Dunkerque)	p.	p.

DÉLÉGUÉS	ORGANISATIONS	1er VOTE Rapport moral	2e VOTE Augmentat°ⁿ de la Cotisation
Charles	Eclairage (Epernay)	p.	p.
Ecker	Gaz et électricité (Epinal)	p.	p.
Passerieu	Eclairage (Jeumont)	p.	p.
Carré	Gaz et électricité (Le Mans)	p.	p.
Denjean	Eclairage (Le Puy)	p.	p.
Bories	Sous-traitants (Libourne)	p.	p.
Vaillant	Eclairage (Lille)	p.	p.
Vardelle	Eclairage (Limoges)	n. v.	n. v.
Clédat	Eclairage (Lyon)	p.	p.
Rival (L.)	Syndicat général international du personnel de la Société du gaz et électricité (Marseille)	p.	c.
Pedron	Ouvriers employés du gaz et électricité (Marseille)	p.	c.
Passerieu	Distributeur d'électricité (Meaux)	p.	p.
Morel	Gaz (Meaux)	p.	p.
Delfau	Eclairage (Millau)	p.	p.
Nicolas (C.)	Electricité (Montpellier)	p.	p.
Biot	Gaz (Montpellier)	p.	p.
Humbert (L.)	Eclairage, force motrice (Nancy)	a.	a.
Passerieu	Producteur et distribution d'énergie électrique (Nantes)	p.	p.
Béguin	Gaz (Narbonne)	p.	p.
Biot	Gaz et électricité (Nice)	p.	p.
Alibert (F.)	Employés gaz (Nîmes)	p.	p.
Boutheloup	Gaz, service électrique (Orléans)	p.	c.
Burger (L.)	Gaz banlieue (Paris)	p.	p.
Sorbon (H.)	Employés et contremaîtres secteurs électriques (Paris)	p.	p.
Guiraud	Industries électriques (Paris)	p.	p.
Battini	Union centrale chauffeurs, mécaniciens, électriciens, automobilistes (Paris)	p.	p.
Beaureper	Gaz (Paris)	p.	p.
Leloup (L.)	Personnel air comprimé (Paris)	p.	p.
Béguin	Gaz et électricité (Pau)	p.	p.
Béguin	Gaz (Périgueux)	p.	p.
Denjean	Gaz (Perpignan)	p.	p.
Biot	Eclairage, force motrice (Poitiers)	p.	p.
Denjean	Gaz (Reims)	p.	p.
Chéreau	Eclairage, force motrice (Rennes)	p.	p.
Lauxerois (L.)	Gaziers (Roanne)	p.	p.
D'Hont (G.)	Gaziers (Roubaix)	p.	p.
Lethorey	Compagnie générale énergie électrique (Rouen)	p.	p.
Biot	Gaz et électricité (St-Claude)	p.	p.
Passerieu	Compagnie électrique Loire et Centre (Saint-Etienne)	p.	p.
Alibert (F.)	Eclairage, force motrice, gaz et électricité (Tarbes)	p.	c.
Parodi	Gaz (Toulon)	p.	p.
Vedeau	Eclairage et force motrice (Toulouse)	p.	p.

DÉLÉGUÉS	ORGANISATIONS	1er Vote Rapport moral	2e Vote Augmentat⁰ⁿ de la Cotisation
Béguin	Gaz et électricité (Tours)	p.	p.
Alibert (F.)	Eclairage (Troyes)	p.	c.
Passerieu	Usines électriques (Tuilières)	p.	p.
Trocmé (L.)	Industrie électrique (Valenciennes)	p.	p.
Vedeau	Gaziers (Vichy)	p.	p.
Vedeau	Eclairage (Vierzon)	p.	p.

FÉDÉRATION DES EMPLOYÉS

Délégué fédéral : BUISSON

DÉLÉGUÉS	ORGANISATIONS	1er Vote Rapport moral	2e Vote Augmentation de la Cotisation
Sellier	Employés (Abbeville)	p.	p.
Rouvet (P.)	Employés de commerce deux sexes (Albi)	p.	p.
Pujos	Empl. commerce, bureaux (Alençon)	p.	p.
Hervé	Employés commerce et industrie (Angers)	p.	p.
Lavielle (E.)	Commis comptables (Bordeaux)	p.	p.
Burnouf	Employés de commerce et d'industrie (Cherbourg)	p.	p.
Paulin (A.)	Employés de commerce et de bureaux (Clermont-Ferrand)	p.	c.
Neny	Employés de commerce et de bureaux (Commentry)	p.	p.
Fenot	Chambre syndicale des employés (Dunkerque)	p.	p.
Cholet	Employés (Epernay)	p.	p.
Feuvrier	Employés de commerce et d'industrie (Fougères)	p.	a.
Bellœuvre	Employés de commerce et de bureaux (Le Mans)	p.	p.
Capocci (F.)	Employés (Lille)	p.	p.
Badin	Employés de commerce et de bureaux des deux sexes (Limoges)	p.	c.
Trevennec	Employés de commerce et professions libérales (Lorient)	p.	p.
Pivat	Voyageurs de commerce (Lyon)	p.	p.
Bouillet	Employés de commerce (Lyon)	p.	p.
Gras	Employés de commerce et d'administration (Marseille)	p.	c.
Planais	Union syndicale des commis et employés (Montpellier)	p.	p.
Buisson	Employés des deux sexes (Nantes)	p.	p.
Daveau	Employés de commerce (Nice)	p.	p.
Buisson	Employés de commerce (Orléans)	p.	p.
Moine (Madame)	Sténographes, dactylographes (Paris)	p.	p.
Capocci (O.)	Chambre syndicale des employés (Paris)	p.	p.

DÉLÉGUÉS	ORGANISATIONS	1er Vote Rapport moral	2e Vote Augmentat⁰ⁿ de la Cotisation
Grenier	Union syndicale des employés de commerce (Pau)	p.	p.
Xeridat (S.)......	Employés de commerce des deux sexes (Perpignan)	p.	p.
Mairat	Employés de commerce (Pézenas)	p.	p.
Lauxerrois	Employés (Roanne)	p.	p.
Galantus	Employés de commerce (Saint-Claude)	p.	p.
Blancho	Employés de commerce et d'industrie (Saint-Nazaire)	p.	p.
Marty-Rollan	Employés de commerce, d'industrie et de banque (Toulouse).............	p.	p.
Thibault (L.).....	Employés (Troyes)	p.	p.
Thibault (L.).....	Empl. marchands journaux (Troyes)..	p.	p.
Pourcher	Employés (Versailles)	p.	p.

FÉDÉRATION DES TRAVAILLEURS DE L'ÉTAT

Délégué fédéral : MULLIEZ

DÉLÉGUÉS	ORGANISATIONS	1er Vote Rapport moral	2e Vote Augmentat⁰ⁿ de la Cotisation
Huron (J.).......	Ouvriers poudrerie (Angoulême)	p.	c.
Sourbet (J.)......	Arsenal et parc artillerie (Besançon)..	p.	p.
Sourbet (J.)......	Personnel civil parc artillerie régional (Bordeaux)	p.	p.
Lavillet	Personnel civil mag. administ. et service de guerre (Bordeaux).........	p.	p.
Audinet	Manufacture armes (Chatellerault) ...	a.	c.
Sourbet (J.)......	Ouvriers civils arsenal de guerre (Cherbourg)	p.	p.
Madeline (G.)....	Travailleurs réunis arsenal, marine (Cherbourg)	p.	p.
Mulliez	Mag. central habillement et campements (Clermont-Ferrand)	p.	p.
Fradet	Pers. civil établissement d'artillerie (Clermont-Ferrand)	p.	c.
Leroy (C.).......	Poudrerie (Esquerdes)	p.	p.
Sorin (J.)........	Union syndicale des travailleurs (Indret)	p.	p.
Huron ....'.....	Poudrerie (Bouchet)	p.	c.
Mulliez	Personnel civil guerre (Le Mans)....	p.	p.
Pujos	Ouv. civils dépôt étalons (Le Pin)....	p.	p.
Sourbet (J.)......	Parc artillerie annexe (Lille)........	p.	a.
Robert (L.)......	Trav. réunis du port (Lorient)......	p.	c.
Mulliez	Etablissements militaires (Lyon)	p.	p.
Sourbet (J.)......	Ouv. civils parc artillerie (Marseille)..	p.	p.
Mulliez	Ouv. civils mag. administratifs de la guerre (Marseille)	n. v.	n. v.
Mulliez	Génie (Meudon)	p.	p.

DÉLÉGUÉS	ORGANISATIONS	1er VOTE Rapport moral	2e VOTE Augmentation de la Cotisation
Huron (J.)	Trav. réunis poudrerie nationale (Moulin-Blanc)	p.	p.
Mulliez	Magasins administratifs (Nantes)	p.	p.
Sourbet (J.)	Ouv. civils guerre et parc d'artillerie (Nice)	p.	p.
Masson (C.)	Artillerie et annexes (Paris)	p.	p.
Mulliez	Personnel civil des deux sexes magasins et service guerre (Paris)	p.	p.
Robert (L.)	Travailleurs marine (Paris-Sevran)	p.	p.
Portier	Atelier construction (Rennes)	p.	p.
Lavillet	Mag. administratifs du service des subsistances (Rennes)	p.	p.
Mulliez	Trav. de la marine (Rochefort-s-Mer)	p.	p.
Robert (L.)	Trav. marine de la poudrerie (Ruelle)	p.	c.
Dubet	Poudrerie nationale (St-Médard-en-Jalles)	p.	p.
Huron (J.)	Poudrerie nationale (Sevran-Livry)	p.	c.
Berenguier	Arsenal (Toulon)		
Bedel	Pers. civil des magasins administratifs et services de la guerre (Toulouse)	p. p.	p. p.
Sourbet (J.)	Arsenal et cartoucherie (Toulouse)	p.	p.
Bedel	Ouv. auxiliaires poudrerie (Toulouse)	p.	p.
Rousseau (G.)	Pers. civil manufacture armes (Tulle)	p.	p.
Barthelon	Pers. civil établissements militaires (Valence)	n. v.	n. v.
Huron (J.)	Poudrerie nationale (Vonges)	p.	c.

FÉDÉRATION DE LA FINANCE

Délégué fédéral : VOL

DÉLÉGUÉS	ORGANISATIONS	1er VOTE Rapport moral	2e VOTE Augmentation de la Cotisation
Grin	Employés de banque et bourse (Angers)	p.	c.
Vol	Employés de banque et bourse (Lyon)	p.	p.
Vol	Employés de banque et bourse (Marseille)	p.	p.
Vol	Employés de banque et bourse (Paris)	p.	p.

FÉDÉRATION DE L'HABILLEMENT

Délégué fédéral : RINGENBACH

DÉLÉGUÉS	ORGANISATIONS	1er VOTE Rapport moral	2e VOTE Augmentation de la Cotisation
Berruelle (Mme)	Habillement (Alger)	p.	p.
Ringenbach	Habillement (Amiens)	p.	p.
Manches	Ouvriers et ouvrières en parapluies (Aurillac)	p.	p.

DÉLÉGUÉS	ORGANISATIONS	1er VOTE Rapport moral	2e VOTE Augmentat°n de la Cotisation
Augier (Elisa)....	Union syndicale des ouvriers tailleurs (Bastia)	p.	p.
Garrigou	Habillement (Bordeaux)	p.	p.
Garrigou	Coupeurs, tailleurs (Bordeaux)	p.	p.
Michaudel	Habillement (Brive)	p.	p.
Garrigou	Tailleurs (Castres)	p.	p.
Halgrain	Habillement (Chartres)	p.	a.
Paulin (A.).......	Habillement (Clermont-Ferrand)	p.	p.
Ringenbach	Habillement (Dijon)	p.	p.
Ringenbach	Habillement (Elbeuf)	p.	p.
Bellœuvre	Habillement (Le Mans)	p.	p.
Cnudde (H.)......	Presseurs en confection (Lille)	p.	p.
Courouble (A.)...	Coupeurs en confection (Lille)	p.	c.
Chevenard (J.)...	Vêtement du Rhône (Lyon)	p.	p.
Bernin (M.)......	Tailleurs, coupeurs, etc. (Lyon)	p.	p.
Ringenbach	Habillement militaire (Lyon)	p.	p.
Augier (Elisa)....	Vêtement (Marseille)	p.	p.
Ringenbach	Tailleurs d'habits (Nantes)	p.	p.
Ringenbach	Habillement (Narbonne)	p.	p.
Trimat	Habillement (Nevers)	p.	a.
Lion (Suzanne)...	Couture et tailleurs (Paris)	p.	p.
Ringenbach	Vêtement de la Seine	p.	p.
Manches	Chemiserie-lingerie (Paris)	p.	p.
Berruelle (Mme)...	Habillement militaire (Paris)	p.	p.
Audinet	Tailleurs d'habits (Poitiers)	p.	p.
Chéreau	Habillement (Rennes)	p.	p.
Lehec	Habillement (Roubaix)	p.	p.
Angot (Amélie)...	Vêtement (Rouen)	p.	p.
Courdie	Coupeurs, tailleurs (Toulouse)	p.	p.
Ringenbach	Habillement (Troyes)	p.	p.
Ringenbach	Chemiserie (Vallon)	p.	p.
Ringenbach	Sous-vêtements (Vaucouleurs)	p.	p.

SYNDICAT NATIONAL DES INSTITUTEURS

Délégué fédéral :

Calveyrach	Instituteurs (Gers)	p.	p.
Blancho	Instituteurs (Loire-Inférieure)	p.	p.
Michel	Instituteurs (Loiret)	p.	p.

FÉDÉRATION DU LIVRE

Délégué fédéral : LIOCHON

DÉLÉGUÉS	ORGANISATIONS	1er Vote Rapport moral	2e Vote Augmentat°n de la Cotisation
Féraud (Ch.)	Typographes (Aix)	p.	c.
Herlin	Typographes (Aix-les-Bains)	p.	c.
Pesqué	Typographes (Alais)	p.	c.
Pujos	Livre (Alençon)	p.	p.
Sellier	Livre (Amiens)	p.	c.
Hamelin	Imprimerie (Angers)	p.	c.
Laugerotte	Typographes (Angoulême)	c.	c.
Masson	Typographes (Arras)	p.	c.
Pesqué	Typographes (Aubenas)	p.	c.
Cazanave	Typographes (Auch)	p.	c.
Gautier	Typographes (Aurillac)	p.	c.
Hamelin	Typographes (Auxerre)	p.	c.
Ballé	Typographes (Bar-le-Duc)	p.	c.
Lucq (L.)	Livre (Bayonne)	p.	p.
Laugerotte	Typographes (Beauvais)	p.	c.
Hamelin	Typographes (Besançon)	p.	c.
Cazeneuve	Typographes (Biarritz)	p.	c.
Cazeneuve	Typographes (Bordeaux)	p.	c.
Cazeneuve	Papetiers (Bordeaux)	p.	c.
Cazeneuve	Lithographes (Bordeaux)	p.	c.
Laugerotte	Livre (Boulogne-sur-Mer)	p.	c.
Liochon	Typographes (Bourg)	p.	c.
Dinet	Typographes (Caen)	n. v.	n. v.
Cazanave	Typographes (Cahors)	p.	c.
Masson	Livre (Calais)	p.	c.
Saugis (E.)	Imprimerie (Cambrai)	p.	c.
Cazanave	Typographes (Carcassonne)	p.	c.
Cazanave	Typographes (Castres)	p.	c.
Pesqué	Typographes (Cette)	p.	c.
Hamelin	Livre (Charleville-Mézières)	p.	c.
Halgrain	Typos-lithos (Chartres)	p.	a.
Halgrain	Typographes (Châteaudun)	p.	a.
Gautier	Typographes (Châteauroux)	p.	c.
Hamelin	Typographes (Chaumont)	p.	c.
Burnouf	Typographes (Cherbourg)	p.	p.
Liochon	Typographes (Clermont-Ferrand)	p.	c.
Ballé	Typographes (Cognac)	p.	c.
Pesqué	Typographes (Constantine)	p.	c.
Largentier	Livre (Corbeil)	p.	c.
Herlin	Typographes (Dax)	p.	c.
Hamelin	Livre (Dijon)	p.	c.
Laugerotte	Livre (Dôle)	p.	c.
Masson	Typos et lithos (Douai)	p.	c.
Halgrain	Typographes (Dreux)	p.	a.
Masson	Livre (Dunkerque)	p.	c.
Gautier	Imprimerie (Elbeuf)	p.	c.
Hamelin	Typographes (Epinal)	p.	c.
Largentier	Livre (Etampes)	p.	c.

DÉLÉGUÉS	ORGANISATIONS	1er VOTE Rapport moral	2e VOTE Augmentat°n de la Cotisation
Henry	Typographes (Evreux)	p.	p.
Largentier	Livre (Lagny)	p.	c.
Masson	Typographes (Laon)	p.	c.
Ballé	Typographes (La Roche-sur-Yon)	p.	c.
Gautier	Typographes (Laval)	p.	c.
Laugerotte	Typographes (Le Havre)	p.	c.
Mammale	Typographes (Le Mans)	p.	p.
Ballé	Livre (Le Puy)	p.	c.
Halgrain	Livre (Libourne)	p.	c.
Masson	Typographes, imprimeurs (Lille)	p.	c.
Herbaut (F.)	Lithos, papetiers (Lille)	p.	c.
Liochon	Typos, imprimeurs (Limoges)	p.	c.
Valade (J.)	Relieurs, papetiers (Limoges)	n. v.	n. v.
Pingenot	Imprimeurs, lithos (Limoges)	p.	c.
Cazeneuve	Livre (Lons-le-Saunier)	p.	c.
Gautier	Typographes (Lorient)	p.	c.
Chapuis	Typographes (Lyon)	p.	c.
Pesqué	Typographes (Mâcon)	p.	c.
Largentier	Livre (Mantes)	p.	c.
Pesqué	Typographes (Marseille)	p.	c.
Pallano	Lithos, papetiers (Marseille)	p.	c.
Ballé	Typographes (Mayenne)	p.	c.
Largentier	Livre (Meaux)	p.	c.
Largentier	Typographes (Melun)	p.	c.
Largentier	Typographes (Méru)	p.	c.
Klein	Livre (Metz)	p.	c.
Cazanave	Typographes (Montauban)	p.	c.
Galantus	Typographes (Montbéliard)	p.	p.
Ricaud	Typographes (Mont-de-Marsan)	p.	c.
Ballé	Livre (Montluçon)	p.	c.
Pesqué	Typographes (Montpellier)	p.	c.
Ballé	Typographes (Morlaix)	p.	c.
Cazeneuve	Typographes (Moulins)	p.	c.
Eisenring	Livre (Mulhouse)	p.	c.
Liochon	Typographes (Nancy)	p.	c.
Pingenot	Lithographes (Nantes)	p.	c.
Liochon	Typographes (Nantes)	p.	c.
Cazanave	Typos, lithos (Narbonne)	p.	c.
Hamelin	Livre (Nevers)	p.	c.
Pesqué	Typographes (Nîmes)	p.	c.
Hamelin	Lithographes (Niort)	p.	c.
Pesqué	Typos, lithos (Oran)	c.	c.
Cazeneuve	Imprimeurs (Orléans)	p.	c.
Liochon	Typographes (Orléans)	p.	c.
Pingenot	Lithographes, papetiers (Orléans)	p.	c.
Largentier	Typographes (Paris)	p.	c.
Ballé	Fondeurs- typos (Paris)	c.	c.
Laugerotte	Phototypeurs (Paris)	p.	c.
Cazeneuve	Livre (Pau)	p.	c.
Ballé	Typographes (Pithiviers)	p.	c.
Gautier	Imprimerie (Poitiers)	p.	c.
Masson	Typographes (Pontoise)	p.	c.

Gautier	Livre (Quimper)	p.	c.
Gautier	Typographes (Quimper)	p.	c.
Liochon	Livre (Rennes)	p.	c.
Gautier	Typographes (Rochefort-sur-Mer)	p.	c.
Cazanave	Typographes (Rodez)	p.	c.
Liochon	Livre (Rouen)	p.	c.
Cazeneuve	Typographes (Saint-Amand)	p.	c.
Gautier	Typographes (Saint-Brieuc)	p.	c.
Galantus	Livre (Saint-Claude)	p.	p.
Largentier	Livre (Saint-Germain-en-Laye)	p.	c.
Blancho	Typographes (Saint-Nazaire)	p.	p.
Laugerotte	Livre (Saint-Quentin)	p.	c.
Ballé	Typographes (Saumur)	p.	c.
Masson	Typographes (Soissons)	p.	c.
Klein (A.).......	Auxiliaires (Strasbourg)	p.	c.
Klein (A.).......	Lithographes (Strasbourg)	p.	c.
Klein (A.).......	Livre (Strasbourg)	p.	c.
Klein (A.).......	Relieurs (Strasbourg)...............	p.	c.
Cazanave	Typographes (Tarbes)	p.	c.
Herlin	Typographes (Thouars)	p.	c.
Gastaud (F.).....	Typographes (Toulon)	p.	c.
Cazanave	Lithographes (Toulouse)	p.	c.
Cazanave	Livre (Toulouse)	p.	c.
Masson	Typographes (Tourcoing)	p.	c.
Thomas (H.).....	Livre (Tours)	p.	c.
Hamelin	Livre (Troyes)	p.	c.
Pesqué	Typographes (Valence)	p.	c.
Masson	Livre (Valenciennes)	p.	c.
Tillet	Typographes (Vannes)	p.	a.
Largentier	Livre (Versailles)	p.	c.
Cazeneuve	Typographes (Vichy)	p.	c.

FÉDÉRATION DES SYNDICATS MARITIMES

Délégué fédéral : RIVELLI

Castello	Marins, pêcheurs (Bastia)	p.	p.
Durand	Marins pêcheurs (Bordeaux)	p.	p.
Seigno	Agents service général à bord (Bordeaux)	p.	p.
Costard (L.)......	Marins pêcheurs (Brest)	p.	p.
Boulanger	Inscrits maritimes (Calais)	p.	p.
Marty	Agents service général à bord (Cette)...	p.	p.
Ceccaldi	Marins du commerce (Cette)	p.	p.
Ehlers	Marins pêcheurs (Dunkerque)	p.	p.
Brégent	Marins commerce et pêche réunis de La Rochelle	p.	p.
Pasquini	Inscrits maritimes (La Seyne)	p.	p.

DÉLÉGUÉS	ORGANISATIONS	1er VOTE Rapport moral	2e VOTE Augmentat^on de la Cotisation
Cupillard	Agents services général à bord (Le Havre)	p.	c.
Mattei	Marins commerce et pêcheurs (Marseille)	p.	p.
Pasquini	Agents service général à bord (Marseille) ....:...............	p.	p.
Rochet .:.......	Inscrits maritimes (Nantes)	p.	p.
Leduc	Marins pêcheurs (Rouen)	p.	a.
Batas	Inscrits maritimes (Saint-Malo)	p.	p.
Mouille	Marins du commerce (Saint-Nazaire)...	p.	p.

FÉDÉRATION DES MÉTAUX

Délégué fédéral : MERRHEIM

DÉLÉGUÉS	ORGANISATIONS	1er VOTE Rapport moral	2e VOTE Augmentation de la Cotisation
Fradet	Métallurgistes (Ambert)	p.	c.
Blanchard	Métallurgistes (Annonay)	p.	p.
Decostère	Métallurgistes (Armentières)	p.	p.
Delcourt	Métallurgistes (Aubrive)	p.	p.
Dott	Métallurgistes (Bar-le-Duc)	p.	p.
Hébert	Métallurgistes (Bar-sur-Aube)	p.	p.
Chevalme	Métallurgistes (Beaucourt)	p.	p.
Chevalme	Métallurgistes (Belfort)	p.	p.
Abrard	Mouleurs (Bordeaux)	p.	p.
Carpentier	Métallurgistes (Boulogne-sur-Mer) ...	p.	p.
Trouvé	Métallurgistes (Bourges)	n. v.	n. v.
Merrheim	Métallurgistes (Calais)	p.	p.
Blanchard	Métallurgistes (Castres)	p.	p.
Parizot	Métallurgistes (Châteauneuf-s-Loire)..	p.	p.
Audinet	Métallurgistes (Chatellerault)	p.	c.
Deville	Métallurgistes (Cherbourg)	p.	p.
Hébert	Métallurgistes et forges (Clairvaux) ..	p.	p.
Reber	Métaux (Colmar)	p.	p.
Neny	Métaux (Commentry)	p.	p.
Labe	Métaux (Cornimont)	p.	p.
Lambot	Métaux (Coueron)	p.	p.
Bonnot	Mécaniciens (Cours)	p.	p.
Chevalme	Métaux (Danjoutin)	p.	p.
Schwenk	Métaux (Dôle)	p.	p.
Dolker	Métaux (Dombasle)	p.	c.
Doise	Métaux (Dunkerque)	p.	p.
Leduc	Métaux (Elbeuf)	p.	p.
Delamare	Métaux (Evreux)	p.	p.
Piron	Métaux (Ferrières-la-Grande)........	p.	p.
Vasseur	Métaux (Frévent)	p.	a.
Delcourt	Métaux (Fumay)	p.	p.
Massoula	Métaux (Fumel)	p.	a.
Dolker	Métaux (Golbey-Epinal)	p.	c.

DÉLÉGUÉS	ORGANISATIONS	1er Vote Rapport moral	2e Vote Augmentat°n de la Cotisation
Chevalme	Métaux (Grandvillars)	p.	p.
Reber	Métaux (Guebwiller)	p.	p.
Chevalme	Métaux (Héricourt)	p.	p.
Vasseur	Métaux (Isbergues)	p.	a.
Piron	Métaux (Jeumont)	p.	p.
Dolker	Métaux (Jœuf)	p.	c.
Hébert	Métaux (Joinville)	p.	p.
Dupont	Métaux (Juvisy)	p.	p.
Bonnot	Constructions navales (La Ciotat)	n. v.	n. v.
Pauwels	Métaux (Lannoy)	p.	p.
Lenoir	Métaux (Le Cateau)	p.	p.
Lenoble	Métaux (Le Creusot)	n. v.	n. v.
Carré	Métaux (Le Mans)	p.	p.
Delcourt	Mouleurs (Les Mazures)	p.	p.
Dott	Précision et optique (Ligny-en-Barrois)	p.	p.
Talamas	Métaux (Livry-Gargan)	p.	p.
Devernay	Métaux (Lille)	p.	p.
Labe	Métaux (Lorient)	p.	p.
Bonnot	Métaux (Lyon)	p.	p.
Sorriaux	Métaux (Marquise)	p.	p.
Gignego	Métaux (Marseille)	p.	p.
Michel	Métaux (Meung-sur-Loire)	p.	p.
Génie	Métaux (Montataire)	p.	p.
Badet	Métaux (Montceau-les-Mines)	p.	p.
Ricard	Métaux (Mont-de-Marsan)	p.	p.
Michaud	Métaux (Montluçon)	p.	p.
Paget-Blanc	Métaux (Morbier)	p.	p.
Paget-Blanc	Métaux (Morez)	p.	p.
Dolker	Métaux (Moyeuvre)	p.	c.
Reber	Métaux (Mulhouse)	p.	p.
Peneau	Métaux (Nantes)	p.	p.
Dolker	Métaux (Neuves-Maisons)	p.	c.
Parizot	Métaux (Nevers)	p.	p.
Lavit	Métaux (Perpignan)	p.	p.
Hébert	Métaux (Plaines)	p.	p.
Chevalme	Métaux (Plancher-Bas)	p.	p.
Chevalme	Métaux (Plancher-les-Mines)	p.	p.
Pujos	Métaux (Rai-Aube)	p.	p.
Labe	Métaux (Remiremont)	p.	p.
Lambot	Métaux (Rennes)	p.	p.
Delcourt	Métaux (Revin)	p.	p.
D'Hont	Métaux (Roubaix)	p.	p.
Leduc	Métaux (Rouen)	p.	p.
Talamas	Métaux (Rueil)	p.	p.
Lorthioir	Métaux (Saint-Amand)	p.	p.
Galantus	Métaux (Saint-Claude)	p.	p.
Bardollet	Métaux (Sainte-Colombe)	p.	p.
Rouvet	Métaux (Saint-Juery)	p.	c.
Reber	Métaux (Saint-Louis)	p.	p.
Blancho	Métaux (Saint-Nazaire)	p.	p.
Jobelot	Métaux de la Seine	p.	p.

DÉLÉGUÉS	ORGANISATIONS	1er Vote Rapport moral	2e Vote Augmentat^{on} de la Cotisation
Delcourt	Métaux (Signy-le-Petit)	p.	p.
Reber	Métaux (Strasbourg)	p.	p.
Bonnot	Métaux (Tarare)	p.	p.
Reber	Métaux (Thann)	p.	p.
Pommier	Mouleurs (Thiers)	p.	p.
Lavit	Métaux (Toulouse)	p.	p.
Decostère	Métaux (Tourcoing)	p.	p.
Galantus	Métaux (Trevoux)	a.	p.
Lambot	Métaux (Trignac)	p.	p.
Dott	Métaux (Tronville-en-Barrois)	p.	p.
Hébert	Métaux (Troyes)	p.	p.
Bidegaray	Métaux (Tunis)	p.	p.
Chevalme	Métaux (Valdoie)	p.	p.
Bourgoin	Métaux (Vallée de la Blaise)	n. v.	n. v.
Parizot	Métaux (Vierzon)	p.	p.
Serre	Métaux (Vichy)	p.	p.
Pasqué	Métaux (Vieux-Condé)	p.	p.
Pommier	Couteliers (Vollore-Ville)	p.	p.
Reber	Métaux (Winzénheim)	p.	p.
Dolker	Métaux (Xertigny)	p.	c.

FÉDÉRATION DES FABRIQUES DE PAPIER
Délégué fédéral : VARDELLE

DÉLÉGUÉS	ORGANISATIONS	1er Vote	2e Vote
Vasseur	Papetiers (Blandecques)	p.	a.
Vardelle	Papetiers (Châteauneuf-la-Forêt)	p.	c.
Thomas	Papeterie (La Haye Descartes)	p.	p.
Vardelle	Papeterie (Limoges)	p.	c.
Ricard	Messageries et départs des journaux (Paris)	p.	p.
Vardelle	Employés des services du départ des journaux (Rouen)	p.	c.
Ricard	Papetiers et cartonneries de la Seine-et-Oise et la Seine	p.	p.
Vasseur	Papetiers (Wizernes)	p.	a.

FÉDÉRATION DE L'INDUSTRIE DE LA PHARMACIE-DROGUERIE
Délégué fédéral : BERTA

DÉLÉGUÉS	ORGANISATIONS	1er Vote	2e Vote
Delerue	Préparateurs en pharmacie (Bourges)	p.	p.
Bellœuvre	Préparateurs en pharmacie (Le Mans)	p.	p.
Vardelle	Préparateurs en pharmacie (Limoges)	n. v.	n. v.
Berta	Industrie de la pharmacie-droguerie (Lyon)	p.	p.
Mauriès	Trav. de la pharmacie (Paris)	p.	p.

FÉDÉRATION DES PORTS ET DOCKS

Délégué fédral : VIGNAUD

DÉLÉGUÉS	ORGANISATIONS	1er VOTE Rapport moral	2e VOTE Augmentation de la Cotisation
Vignaud	Dockers (Ajaccio)	p.	p.
Pezzini	Dockers (Bastia)	p.	p.
Laval	Arrimeurs, manœuvres (Bordeaux)	p.	p.
Gourmelon	Dockers (Brest)	p.	p.
Boulenger	Grutiers (Calais)	p.	p.
Vignaud	Ouvriers du port (Calais)	p.	p.
Louis (L.)	Synd. gén. de la batellerie (Douai)	p.	p.
Ooghe	Ouv. du Port (Dunkerque)	p.	p.
Flegeo	Ouv. quais et docks (La Rochelle-Pallice)	p.	p.
Ducassou	Ouvriers du Port (Le Boucau)	p.	p.
Vignaud	Charbonniers et dockers (Les Sables-d'Olonne)	p.	p.
Bailly	U. S. des transports (Lille)	p.	p.
Trévennec	Ouv. du Port (Lorient)	p.	p.
Mamessier	Marine fluviale (Lyon)	p.	p.
Mamessier	Manutention, ports et docks (Lyon)	p.	p.
Filliol	Conducteurs des grues (Marseille)	p.	p.
Filliol	Ports et docks (Marseille)	p.	p.
Flachez	Charbonniers des ports et docks (Marseille)	p.	p.
Robagliato	Portefaix, emballeurs (Marseille)	p.	p.
Lafont	Manutention des bois (Marseille)	p.	p.
Mattei	Charretiers (Marseille)	p.	p.
Vignaud	Charretiers (Mazamet)	p.	p.
Brasseur	Dockers (Nantes)	p.	p.
Pelletier	Déménageurs de la Seine (Paris)	p.	p.
Vignaud	Dockers (Propriano)	p.	p.
Dubois	Quais, docks, transports (Rochefort)	p.	p.
Lorthiois	Transports (Roubaix)	p.	p.
Batas	Charbonniers, dockers (St-Malo)	p.	p.
Boublin	Ouv. du Port (St-Nazaire)	p.	p.
Pacquet	Transport (Tourcoing)	p.	p.

FÉDÉRATION POSTALE (Agents des P. T. T.)

Délégué fédéral : COMBES

DÉLÉGUÉS	ORGANISATIONS	1er VOTE Rapport moral	2e VOTE Augmentation de la Cotisation
Caillon	Agents P. T. T. (Ain)	p.	p.
Galfard	Agents P. T. T. (Alpes-Maritimes)	p.	a.
Machaux	Agents P. T. T. (Ardennes)	p.	p.
Galfard	Agents P. T. T. (Ariège)	p.	p.
Galant	Agents P. T. T. (Bouches-du-Rhône)	p.	a.
Baylot	Agents P. T. T. (Calvados)	p.	p.

DÉLÉGUÉS	ORGANISATIONS	1er Vote Rapport moral	2e Vote Augmentatᵒⁿ de la Cotisation
Condat	Agents P. T. T. (Cantal)	p.	p.
Baylot	Agents P. T. T. (Cher)	p.	c.
Caillon	Agents P. T. T. (Constantine)	p.	p.
Baylot	Agents P. T. T. (Corrèze)	p.	p.
Combes	Agents P. T. T. (Corse)	p.	p.
Barthe	Agents P. T. T. (Côte-d'Or)	p.	c.
Caillon	Agents P. T. T. (Côtes-du-Nord)	p.	p.
Coste	Agents P. T. T. (Dordogne)	p.	p.
Monnier	Agents P. T. T. (Eure)	p.	p.
Bouquier	Agents P. T. T. (Gard)	p.	p.
Lamarque	Agents P. T. T. (Haute-Garonne)	p.	p.
Combes	Agents P. T. T. (Gers)	p.	p.
Gouget	Agents P. T. T. (Gironde)	p.	p.
Galfard	Agents P. T. T. (Hérault)	p.	p.
Caillon	Agents P. T. T. (Ille-et-Vilaine)	p.	p.
Barthe	Agents P. T. T. (Indre-et-Loir)	p.	c.
Vuillermier	Agents P. T. T. (Jura)	p.	p.
Gateaud	Agents P. T. T. (Loire)	p.	c.
Bourget	Agents P. T. T. (Haute-Loire)	p.	p.
Caillon	Agents P. T. T. (Loire-Inférieure)	p.	p.
Galfard	Agents P. T. T. (Loir-et-Cher)	p.	p.
Clermont	Agents P. T. T. (Maine-et-Loire)	p.	p.
Acquifoglio	Agents P. T. T. (Marne)	p.	p.
Jacotin	Agents P. T. T. (Haute-Marne)	p.	p.
Gouget	Agents P. T. T. (Mayenne)	p.	p.
Rossez	Agents P. T. T. (Nièvre)	p.	p.
Plouviet	Agents P. T. T. (Nord)	p.	p.
Devaux	Agents P. T. T. (Orne)	p.	c.
Petit (J.)	Agents P. T. T. (Pas-de-Calais)	p.	p.
Antonini	Agents P. T. T. (Puy-de-Dôme)	p.	c.
Baylot	Agents P. T. T. (Basses-Pyrénées)	p.	p.
Xeridat	Agents P. T. T. (Pyrénées-Orientales)	p.	p.
Gateaud (P.)	Agents P. T. T. (Rhône)	p.	p.
Bourget	Agents P. T. T. (Haute-Saône)	p.	p.
Petit (M.)	Agents P. T. T. (Saône-et-Loire)	p.	p.
Caillon	Agents P. T. T. (Sarthe)	p.	p.
Gateaud	Agents P. T. T. (Savoie)	p.	p.
Dupont (L.)	Agents P. T. T. (Seine)	p.	a.
Galfard	Agents P. T. T. (Seine-Inférieure)	p.	c.
Gavet	Agents P. T. T. (Seine-et-Oise)	p.	p.
Combes	Agents P. T. T. (Somme)	p.	p.
Condat	Agents P. T. T. (Tarn)	p.	p.
Galant	Agents P. T. T. (Var)	p.	c.
Galant	Agents P. T. T. (Vaucluse)	p.	c.
Davisseau	Agents P. T. T. (Vendée)	p.	p.
Condat	Agents P. T. T. (Vienne)	p.	p.
Galfard	Agents P. T. T. (Haute-Vienne)	p.	c.
Thalamas	Agents P. T. T. (Yonne)	p.	c.

FÉDÉRATION POSTALE (Employés des P. T. T.)

DÉLÉGUÉS	ORGANISATIONS	1er Vote Rapport moral	2e Vote Augmentat⁰ⁿ de la Cotisation
Digat	Empl. P. T. T. (Ain)	p.	c.
Digat	Empl. P. T. T. (Aisne)	p.	p.
Chapelier	Empl. P. T. T. (Alpes-Maritimes)	p.	p.
Machaux	Empl. P. T. T. (Ardennes)	p.	p.
Florentin	Empl. P. T. T. (Ariège)	p.	p.
Giacomini	Empl. P. T. T. (Aveyron)	p.	p.
Florentin	Empl. P. T. T. (Belfort)	p.	p.
Athenoux (J.)	Empl. P. T. T. (Bouches-du-Rhône)	p.	p.
Ramond	Empl. P. T. T. (Cantal)	p.	p.
Chapelier	Empl. P. T. T. (Corse)	p.	p.
Florentin	Empl. P. T. T. (Doubs)	p.	p.
Nègre	Empl. P. T. T. (Drôme)	p.	p.
Mounier	Empl. P. T. T. (Eure)	p.	p.
Lamarque	Empl. P. T. T. (Haute-Garonne)	p.	p.
Depigny	Empl. P. T. T. (Gironde)	p.	p.
Chéreau	Empl. P. T. T. (Ille-et-Vilaine)	p.	p.
Chapelier	Empl. P. T. T. (Indre-et-Loire)	p.	p.
Vuillermier	Empl. P. T. T. (Jura)	p.	p.
Digat	Empl. P. T. T. (Landes)	p.	p.
Digat	Empl. P. T. T. (Loire)	p.	p.
Soupizé	Empl. P. T. T. (Haute-Loire)	p.	p.
Zorninger	Empl. P. T. T. (Loir-et-Cher)	p.	p.
Giacomini	Empl. P. T. T. (Loiret)	p.	c.
Florentin	Empl. P. T. T. (Loire-Inférieure)	p.	p.
Nègre	Empl. P. T. T. (Maine-et-Loire)	p.	p.
Acquifoglio	Empl. P. T. T. (Marne)	p.	p.
Thiébaut	Empl. P. T. T. (Haute-Marne)	p.	p.
Dufresne	Empl. P. T. T. (Oise)	p.	p.
Petit (J.)	Empl. P. T. T. (Pas-de-Calais)	p.	p.
Florentin	Empl. P. T. T. (Puy-de-Dôme)	p.	c.
Léchine	Empl. P. T. T. (Basses-Pyrénées)	p.	p.
Combes	Empl. P. T. T. (Hautes-Pyrénées)	p.	p.
Xéridat	Empl. P. T. T. (Pyrénées-Orient.)	p.	p.
Digat	Empl. P. T. T. (Rhône)	p.	p.
Berthaud	Empl. P. T. T. (Saône-et-Loire)	p.	p.
Lasnier	Empl. P. T. T. (Seine)	p.	p.
Zorninger	Empl. P. T. T. (Seine-Inférieure)	p.	p.
Soupizé	Empl. P. T. T. (Seine-et-Oise)	p.	c.
Nègre	Empl. P. T. T. (Deux-Sèvres)	p.	p.
Soupizé	Empl. P. T. T. (Tunisie)	p.	p.
Chapelier	Empl. P. T. T. (Var)	p.	p.
Soupizé	Empl. P. T. T. (Vaucluse)	p.	c.
Davisseau	Empl. P. T. T. (Vendée)	p.	c.
Audinet	Empl. P. T. T. (Vienne)	p.	p.
Vardelle	Empl. P. T. T. (Haute-Vienne)	p.	p.
Ramond	Empl. P. T. T. (Yonne)	p.	p.

FÉDÉRATION POSTALE (Ouvriers des P. T. T.)

DÉLÉGUÉS	ORGANISATIONS	1er VOTE Rapport moral	2e VOTE Augmentat°n. de la Cotisation
Dutailly	Ouvriers P. T. T. (Alger)	p.	p.
Marchand	Ouvriers P. T. T. (Allier)	p.	p.
Bovis	Ouvriers P. T. T. (Alpes-Maritimes)	p.	p.
Machaux	Ouvriers P. T. T. (Ardennes)	p.	p.
Oustet	Ouvriers P. T. T. (Ariège)	p.	p.
Machaux	Ouvriers P. T. T. (Aube)	p.	p.
Terroux	Ouvriers P. T. T. (Aude)	p.	p.
Terroux	Ouvriers P. T. T. (Aveyron)	p.	p.
Florentin	Ouvriers P. T. T. (Belfort)	p.	p.
Bovis	Ouvriers P. T. T. (Bouches-d.-Rhône)	p.	p.
Drouin	Ouvriers P. T. T. (Calvados)	p.	p.
Marchand	Ouvriers P. T. T. (Cantal)	p.	p.
Tournadre	Ouvriers P. T. T. (Charente-Infér.)	p.	p.
Bonhomme	Ouvriers P. T. T. (Cher)	p.	p.
Bovis	Ouvriers P. T. T. (Corse)	p.	p.
Laveau	Ouvriers P. T. T. (Côte-d'Or)	p.	c.
David	Ouvriers P. T. T. (Côtes-du-Nord)	p.	p.
Laveau	Ouvriers P. T. T. (Doubs)	p.	p.
Drouin	Ouvriers P. T. T. (Eure)	p.	p.
Tournadre	Ouvriers P. T. T. (Eure-et-Loir)	p.	p.
David	Ouvriers P. T. T. (Finistère)	p.	p.
Terroux	Ouvriers P. T. T. (Gard)	p.	p.
Oustet	Ouvriers P. T. T. (Haute-Garonne)	p.	p.
Oustet	Ouvriers P. T. T. (Gers)	p.	p.
Nicolas	Ouvriers P. T. T. (Hérault)	p.	p.
David	Ouvriers P. T. T. (Ille-et-Vilaine)	p.	p.
Paret	Ouvriers P. T. T. (Isère)	p.	p.
Vuillermier	Ouvriers P. T. T. (Jura)	p.	p.
Barbin	Ouvriers P. T. T. (Landes)	p.	p.
Paret	Ouvriers P. T. T. (Loire)	p.	p.
Marchand	Ouvriers P. T. T. (Haute-Loire)	p.	p.
David	Ouvriers P. T. T. (Loire-Inférieure)	p.	p.
Bonhomme	Ouvriers P. T. T. (Loir-et-Cher)	p.	p.
Bonhomme	Ouvriers P. T. T. (Loiret)	p.	p.
David	Ouvriers P. T. T. (Maine-et-Loire)	p.	p.
Drouin	Ouvriers P. T. T. (Manche)	p.	p.
David	Ouvriers P. T. T. (Mayenne)	p.	p.
Florentin	Ouvriers P. T. T. (Meurthe-et-Mos.)	p.	p.
Machaux	Ouvriers P. T. T. (Meuse)	p.	p.
David	Ouvriers P. T. T. (Morbihan)	p.	p.
Wolfelsberger	Ouvriers P. T. T. (Moselle)	p.	p.
Bonhomme	Ouvriers P. T. T. (Nièvre)	p.	p.
Doutrelong	Ouvriers P. T. T. (Nord)	p.	p.
Dutailly	Ouvriers P. T. T. (Oise)	p.	p.
Dutailly	Ouvriers P. T. T. (Pas-de-Calais)	p.	p.
Marchand	Ouvriers P. T. T. (Puy-de-Dôme)	p.	p.
Terroux	Ouvriers P. T. T. (Pyrén.-Orient.)	p.	p.
Wolfelsberger	Ouvriers P. T. T. (Bas-Rhin)	p.	p.
Wolfelsberger	Ouvriers P. T. T. (Haut-Rhin)	p.	p.

DÉLÉGUÉS	ORGANISATIONS	1er VOTE Rapport moral	2e VOTE Augmentation de la Cotisation
Paret	Ouvriers P. T. T. (Rhône)	p.	p.
Laveau	Ouvriers P. T. T. (Saône-et-Loire) ..	p.	p.
David	Ouvriers P. T. T. (Sarthe)	p.	p.
Paret	Ouvriers P. T. T. (Savoie)	p.	p.
Paret	Ouvriers P. T. T. (Haute-Savoie)	p.	p.
Dutailly	Ouvriers P. T. T. (Seine)	p.	p.
Tournadre	Ouvriers P. T. T. (Seine-Inférieure) ..	p.	p.
Tournadre	Ouvriers P. T. T. (Deux-Sèvres)	p.	p.
Oustet	Ouvriers P. T. T. (Tarn)	p.	p.
Oustet	Ouvriers P. T. T. (Tarn-et-Garonne)..	p.	p.
David	Ouvriers P. T. T. (Vendée)	p.	p.
Audinet	Ouvriers P. T. T. (Vienne)	p.	p.
Florentin	Ouvriers P. T. T. (Vosges)	p.	p.
Laveau	Ouvriers P. T. T. (Yonne)	p.	p.

FÉDÉRATION DES SERVICES PUBLICS

Délégué fédéral : MICHAUD

DÉLÉGUÉS	ORGANISATIONS	1er VOTE Rapport moral	2e VOTE Augmentation de la Cotisation
Féraud (C.)......	Municipaux (Aix-en-Provence)	p.	c.
Féraud (C.)......	Employés du canal du Verdon (Aix-en-Provence)	p.	c.
Altairac	Municipaux (Alais)	n. v.	n. v.
Michaud	Municipaux (Alger)	p.	p.
Michaud	Municipaux (Angers)	p.	p.
Julien	Cantonniers (et chefs) (Arles)	p.	c.
Jalabert	Municipaux (Béziers)	p.	p.
Lauga (H.)......	Municipaux (Bordeaux)	p.	p.
Jaubert	Empl. et ouv. communaux (Brive) ..	p.	p.
Gavrois	Empl. et ouv. municipaux (Caudry) ..	p.	p.
Ségur	Employés communaux (Cette)	p.	p.
Fradet	Empl. octroi (Clermont-Ferrand)......	p.	c.
Aube (J.)........	Municipaux (Creil)	p.	p.
Deboucq	Pers. services publics (Denain)	p.	p.
Morel	Municipaux Dunkerque)	n. v.	n. v.
Lauxerois	Municipaux (Firminy)	p.	p.
Lairie	Municipaux (Fougères)	p.	p.
Jublain (P.).....	Municipaux (Givors)	p.	p.
Corce (F.).......	Municipaux (La Ciotat)	p.	c.
Dubus.	Municipaux (Lannoy)	n. v.	n. v.
Carré	Agents communaux (Le Mans)........	p.	p.
Devernay (E.)...	Municipaux (Lille)	p.	p.
Jublain (P.).....	Municipaux (Lyon)	p.	p.
Hoareau (H.)....	Municipaux (Marseille)	c.	c.
Julien	Cantonniers (Marseille)	p.	c.
Payen (M.)......	Municipaux (Montataire)	p.	p.
Parizot	Municipaux (Montluçon)	p.	p.
Eisenring	Municipaux (Mulhouse)	p.	c.

DÉLÉGUÉS	ORGANISATIONS	1er VOTE Rapport moral	2e VOTE Augmentat⁰ⁿ de la Cotisation
Rochet	Municipaux (Nantes)	p.	p.
Masquère	Communaux (Narbonne)	p.	a.
Gastaud	Municipaux (Nice)	p.	p.
Altairac	Municipaux (Nîmes)	n. v.	n. v.
Bonnefond	Communaux (Niort)	p.	p.
Morel	Municipaux et départementaux (Paris et Seine)	p.	c.
Morel	Pers. services publics (Reims)	p.	a.
Coupel (J.)	Municipaux (Rennes)	p.	p.
Lauxerois	Municipaux (Roanne)	p.	p.
Quennoy	Municipaux et départementaux (Roubaix)	p.	p.
Derouineau	Municipaux (Saint-Malo)	p.	p.
Vatin	Municipaux (St-Quentin)	p.	p.
Imbs	Services publics (Sarreguemine)	p.	p.
Imbs	Services publics (Strasbourg)	p.	p.
Cajarc	Services publics (Toulouse)	p.	p.
Josse.	Services publics (Tourcoing)	p.	p.
Ambrosini	Municipaux (Valence)	p.	p.
Bonnefond	Municipaux (Vierzon)	p.	p.
Vanaret	Pers. municipal (Villeurbanne)	p.	p.
Thibault	Agents communaux (Aube)	p.	p.
Rigollet	Agents municipaux et départementaux (Dordogne)	p.	c.
Lauga (H.)	Pers. ponts et chaussées (Gironde)	p.	p.
Burnouf	Municipaux (Manche)	p.	p.
Lemille	Empl. et ouv. communaux (Pas-de-Calais)	p.	p.
Badet	Municipaux (Saône-et-Loire)	p.	p.
Mathelin	Pers. Compagnie des eaux (Seine)	p.	p.
Baron	Trav. communaux (Seine-et-Oise)	p.	p.
Masquère	Secrétaires mairie, empl. de mairie et ouvr. communaux du Tarn	p.	c.
Gastaud	Trav. communaux (Var)	p.	c.
Bonnefond	Central des empl. et ouv. des services municipaux (Haute-Vienne)	p.	p.

FÉDÉRATION DES SERVICES DE SANTÉ

Délégué fédéral : MERMA

DÉLÉGUÉS	ORGANISATIONS	1er VOTE Rapport moral	2e VOTE Augmentat⁰ⁿ de la Cotisation
Féraud	Synd. Mixte Emp. Asile de Mont-Perrin (Aix-en-Provence)	p.	c.
Pamart	Service Santé (Alger)	p.	p.
Merma	Pers. Emp. Asile Départ. (Blois)	p.	p.
Filloles	Pers. Centre appareillage (Bordeaux)	p.	p.
Mourgues	Pers. Hospices (Bordeaux)	p.	p.
Filloles	Infirmiers asile d'aliénés (Cadillac)	p.	p.

DÉLÉGUÉS	ORGANISATIONS	1er Vote Rapport moral	2e Vote Augmentat⁰ⁿ de la Cotisation
Larpin	Pers. secondaire départ. d'aliénés du Rhône (Bron)	p.	p.
Trimat	Infirmiers (La Charité-sur-Loire)	p.	a.
Pinot	Pers. Services de Santé (Constantine).	p.	p.
Perrin	Pers. des deux sexes de l'Asile Lafond (La Rochelle).	p.	p.
Nicolet	Pers. Hospices civils (Lyon)	p.	a.
Ariviello	Mixte Empl. secondaires de l'Asile St-Pierre (Marseille)	p.	p.
Nicolas	Pers. civil centre appareillage (Montpellier)	p.	p.
Merma	Pers. infirmier asile (Font-d'Aurelle)..	p.	p.
Vardelle	Emp. deux sexes des services médicaux de l'asile de Naugeat (Limoges)	p.	c.
Pamart	Services de Santé (Oran)	p.	p.
Pinot	Pers. Hôpitaux, Hospices de l'Assistance publique (Paris)	p.	p.
Cassières	Employés de l'Asile (Pierrefeu)	p.	p.
Merma	Infirm. de l'Asile d'aliénés (Quimper)..	p.	p.
Chereau	Pers. civil du service de santé (Rennes).	p.	p.
Ancelin	Pers. civil du service de santé (Saint-Dizier)	p.	p.
Blanchet	Pers. non gradé des Hôpitaux, Hospices et Asiles nationaux (Saint-Maurice).	p.	p.
Lethorey	Pers. de la Maison de santé départementale (Sotteville-lès-Rouen)	p.	p.
Aschvenck	Personnel asile St-Ylie	p.	p.

FÉDÉRATION DU SOUS-SOL

Délégués fédéraux : Bartuel, Panissal, Baube, Bonnefoy, Bard

Vigñe (P.)	Mineurs (Alais)	p.	p.
Beaumevieille	Mineurs (Albi)	c.	c.
Rousseau	Ardoisiers (Allassac)	p.	p.
Rossy	Mineurs (Anzin)	p.	p.
Oustry (P.)	Mineurs (Aubin)	p.	p.
Pilard	Ardoisiers (Bel-Air-de-Combrée)	p.	p.
Ducros	Mineurs (Bessèges)	p.	p.
Loulier	Mineurs (Bézenet)	p.	c.
Lemart	Mineurs (Bouligny)	p.	p.
Bard	Mineurs (Brassac-les-Mines)	p.	p.
Baube	Ardoisiers (Mael-Carhaix)	p.	p.
Truel (L.)	Mineurs (Carmaux)	p.	p.
Havenne	Mineurs (Castellane-Léonie)	p.	p.
Deshorgues	Mineurs et charbonniers (Clermont-Ferrand)	p.	p.
Baube	Ardoisiers (Coesmes)	p.	p.
Loulier	Mineurs (Commentry)	p.	p.

Bard	Mineurs (Crusnes)	p.	c.
Mazard	Mineurs (Decazeville)	p.	p.
Truel	Ardoisiers (Dourgne)	p.	p.
Loulier	Mineurs (Doyet)	p.	c.
Humbert	Mineurs (Droitaumont-Jarny)	p.	c.
Roux (F.)	Mineurs (Epinac-les-Mines)	p.	p.
Panissal	Mineurs (Faymoreau)	p.	p.
Romeyer	Mineurs (Firminy)	p.	p.
Bonnefoy	Ardoisiers (Fumay)	p.	p.
Truel	Mineurs (Graissessac)	p.	p.
Pircot	Ardoisiers (Haybes)	p.	p.
Dernoncourt	Mineurs (Homécourt)	p.	p.
Pilard	Ardoisiers (Hôtellerie-de-Flée)	p.	p.
Jacquemin	Mineurs (Jœuf)	p.	c.
Lelong	Mineurs (La Chapelle-sous-Dun)	p.	p.
Panissal	Mineurs (La Combelle)	p.	p.
Pujos	Mineurs (La Ferrière-aux-Etangs)	p.	p.
Pilard	Ardoisiers (La Pouèze)	p.	p.
Romeyer	Mineurs (La Ricamarie)	p.	p.
Truel	Mineurs (Le Bousquet-D'Orb)	p.	p.
Richez	Mineurs (Lempdes)	p.	p.
Loulier	Mineurs (Les Ferrières)	p.	c.
Legay	Mineurs (Messeix)	p.	p.
Pilard	Ardoisiers (Misengrain)	p.	p.
Vigne (P.)	Mineurs (Molière-sur-Cèze)	p.	p.
Roux (F.)	Mineurs (Montceau-les-Mines)	p.	p.
Parizot	Mineurs (Montcombroux)	p.	p.
Loulier	Mineurs (Montvicq)	p.	c.
Loulier	Mineurs (Noyant)	p.	c.
Mailly	Mineurs (Pas-de-Calais)	p.	p.
Adam	Mines de pétrole (Perchelbronn)	p.	p.
Bonnefoy	Mineurs (Puits-Biver)	p.	p.
Baube	Ardoisiers (Renazé)	p.	p.
Villeval	Ardoisiers (Rimogne)	p.	p.
Ducros	Mineurs (Rochessadoule)	p.	p.
Lagelée	Mineurs (Ronchamp)	p.	p.
Pilard	Mineurs (Saint-Aubin-de-Luigne)	p.	p.
Romeyer	Mineurs (Saint-Chamond)	p.	p.
Loulier	Mineurs (Saint-Eloi, vieille-mine)	p.	c.
Wery	Mineurs (Saint-Eloi-les-Mines)	p.	p.
Dumond	Mineurs (Saint-Etienne)	p.	p.
Bartuel	Mineurs (Sainte-Florine)	p.	p.
Oustry (P.)	Mineurs (Saint-Geniez)	p.	p.
Boyer	Mineurs (Saint-Jean-de-Valeriscle)	p.	p.
Wannepin	Mineurs (Saint-Remy-sur-Orne)	p.	p.
Blottiau	Mineurs (Sahorre)	p.	p.
Pilard	Mineurs (Segré)	p.	p.
Quintin	Mineurs (Sin-le-Noble)	p.	p.
Rousseau	Ardoisiers (Travassac)	p.	p.
Pilard	Ardoisiers (Trélazé)	p.	p.
Leroy	Mineurs (Trets)	p.	p.
Bard	Mineurs (Tucquegnieux)	p.	p.
Humbert	Mineurs (Varangeville)	p.	c.

FÉDÉRATION DU SPECTACLE

Délégué fédéral : DUFIEUX

DÉLÉGUÉS	ORGANISATIONS	1er VOTE Rapport moral	2e VOTE Augmentat°ⁿ de la Cotisation
Pilard	Artistes musiciens (Angers)	p.	p.
Alibert	Artistes musiciens (Béziers)	p.	a.
Dufieux	Choristes professionnels (Bordeaux)	p.	c.
Dufieux	Machinistes (Bordeaux)	p.	c.
Leymergie	Artistes musiciens (Bordeaux)	p.	c.
Segur	Artistes musiciens (Cette)	p.	p.
Bellœuvre	Artistes musiciens (Le Mans)	p.	p.
Dufieux	Musiciens professionnels (Marseille)	p.	p.
Dacharry	Travailleurs forains (Paris)	p.	p.
Legris	Choristes (Paris)	p.	p.
Xéridat	Musiciens (Perpignan)	p.	p.
Dufieux	Musiciens professionnels (Rennes)	p.	c.
Lethorey	Artistes musiciens (Rouen)	p.	p.
Marty-Rollan	Choristes (Toulouse)	p.	p.
Gastaud	Artistes musiciens (Toulon)	p.	c.

FÉDÉRATION DES TABACS

Délégué fédéral : SIETTE

Imbs	Tabacs (Bischwiller)	p.	p.
Siette	Tabacs (Bordeaux)	p.	p.
Siette	Tabacs (Châteauroux)	a.	c.
Belli	Tabacs (Dijon)	p.	p.
Imbs	Tabacs (Lauterbourg)	p.	p.
Siette	Tabacs (Le Mans)	p.	p.
Dunot	Tabacs (Lille)	p.	p.
Dunot	Tabacs (Lyon)	c.	c.
Dunot	Tabacs (Marseille)	p.	p.
Siette	Tabacs (Morlaix)	p.	p.
Siette	Tabacs (Nancy)	c.	c.
Siette	Tabacs (Nantes)	p.	p.
Siette	Tabacs (Orléans)	p.	p.
Dunot	Tabacs (Reuilly)	p.	p.
Siette	Tabacs (Riom)	p.	p.
Imbs	Tabacs (Strasbourg)	p.	p.
Siette	Tabacs (Tonneins)	p.	p.
Siette	Tabacs (Toulouse)	p.	p.

FÉDÉRATION DU TEXTILE
Délégué fédéral : VANDEPUTTE

DÉLÉGUÉS	ORGANISATIONS	1er VOTE Rapport moral	2e VOTE Augmentaton de la Cotisation
Cnudde	Textile Angoulême)	p.	p.
Bauche	Textile (Armentières)	p.	c.
Decock	Textile (Bagnères-de-Bigorre)	p.	p.
Gsell (J.)	Textile (Benfeld)	p.	c.
Vandeputte	Textile (Bourg-les-Valence)	p.	p.
Boulanger (A.)	Tullistes (Calais)	p.	p.
Boulanger (A.)	Teinturiers-Apprêteurs (Calais)	p.	p.
Boulanger (A.)	Similaires en tulle (Calais)	p.	p.
Rouvet (P.)	Textile (Castres)	p.	p.
Caïti (F.)	Tullistes en dentelle (Caudry)	p.	p.
Vandeputte	Textile (Charmes	p.	p.
Renaud	Textile (Cholet)	p.	p.
Gsell (J.)	Textile (Colmar)	p.	c.
Vandeputte	Textile (Condé-sur-Noireau)	p.	p.
Eisenring	Textile (Erstein)	p.	c.
Decock	Textile (Fourmies)	p.	p.
Vasseur	Textile (Frévent)	n. v.	n. v.
Vandeputte	Textile (Glageon)	p.	p.
Gsell (J.)	Textile (Guebviller)	p.	c.
Peers (A.)	Textile (Hazebrouck)	p.	p.
Gsell (J.)	Textile (Hirsingue)	p.	c.
Gsell (J.)	Textile (Huningue)	p.	c.
Halluin (A.)	Textile (La Gorgue-Estaire)	p.	p.
Dubus	Textile (Lannoy)	n. v.	n. v.
Decock	Textile (Les Avenières)	p.	p.
Deschaseaux	Textile (Le Thillot)	p.	c.
Bauche	Textile (Lille)	p.	p.
Delvainquière	Cotonniers (Lillebonne)	p.	p.
Audoye	Union tissage (Lyon)	p.	c.
Baudinet	Tullistes (Lyon)	c.	c.
Touzan	Textile (Maromme)	p.	c.
Bauche	Textile (Mazamet)	p.	c.
Gsell (J.)	Textile (Mulhouse)	p.	c.
Gsell (J.)	Textile (Muttersholz)	p.	c.
Guiber	Textile (Oloron-Sainte-Marie)	p.	p.
Caïti (F.)	Textile (Ossey-les-Trois-Maisons)	p.	p.
Guiber	Passementerie (Paris)	p.	p.
Bourdon	Bonneterie (Paris)	p.	p.
Caïti (F.)	Textile (Romilly)	p.	p.
Passat	Ouv. en draps (Romorantin)	p.	a.
Eisenring	Textile (Rosheim)	p.	c.
Gsell (J.)	Textile (Rothau)	p.	c.
Desurmont	Textile (Roubaix)	p.	p.
Lorthioir	Textile (Saint-Amand-les-Eaux)	p.	p.
Gsell (J.)	Textile (Saint-Amarin-Thann)	p.	c.
Caïti (F.)	Textile (Saint-Dié)	p.	c.
Eisenring	Textile (Saint-Louis)	p.	c.
Gsell (J.)	Textile (Sainte-Marie-aux-Mines)	p.	c.

DÉLÉGUÉS	ORGANISATIONS	1er Vote Rapport moral	2e Vote Augmentat⁰ⁿ de la Cotisation
Demaret	Guimpiers (Saint-Quentin)...........	p.	a.
Regard	Textile (Saint-Rambert-en-Bugey) ...	p.	p.
Decostère	Textile (Tourcoing)	p.	p.
Caïti (F.)	Textile (Trougemont)	p.	p.
Ducouvent	Bonnetiers (Troyes).................	p.	p.
Decock	Textile (Vanosc)	p.	p.
Decock	Textile (Vire)	p.	p.
Huyghe	Textile (Watten)	p.	p.

FÉDÉRATION DU TONNEAU

Délégué fédéral : MARCHAND

Bourderon	Tonneliers (Belleville-sur-Saône).....	p.	p.
Bourderon	Bois merrains (Bordeaux)...........	p.	c.
Marchand	Tonneliers (Cette)...................	p.	p.
Bourderon	Tonneliers et employés de chais (Cognac	p.	p.
Cholet	Cavistes, tonneliers (Epernay)........	p.	p.
Marchand	Tonneliers et chais (Montpellier).....	p.	p.
Marchand	Tonneliers et similaires de la futaille et liquides en gros de la Seine......	p.	p.
Aquifoglio	Tonneliers, cavistes (Reims).........	p.	p.
Leduc	Tonneliers (Rouen).................	p.	a.
Cazeneuve	Tonneliers, foudriers (Toulouse)......	p.	p.
Bourderon	Tonneliers, garçons de chais (Troyes).."	p.	p.

FÉDÉRATION NATIONALE DES MOYENS DE TRANSPORT

Délégué fédéral : GUINCHARD

Guinchard	Contrôleurs de tramways (Aix-en-Provence)	p.	p.
Sellier	Tramways (Amiens).................	p.	c.
Lesouple	Tramways (Bourges)................	p.	p.
Leignel	Tramways (Brest)...................	p.	p.
Boulanger	Cars électriques (Calais)............	p.	p.
Guinchard	Tramways (Cette)...................	p.	p.
Villeval	Camionneurs (Charleville)...........	p.	p.
Fradet	Tramways (Clermont-Ferrand).......	p.	c.
Bardollet	Tramways électriques (Dijon)........	p.	p.
Damour	Tramways (Le Havre)..............	p.	p.
Lamarche	Chauffeurs et cochers (Lille)........	p.	p.
Guinchard	Tramways (Lorient)................	p.	p.
Monin	Tramways (Lyon)...................	p.	c.

DÉLÉGUÉS	ORGANISATIONS	1er Vote Rapport moral	2e Vote Augmentat° de la Cotisation
Reyre	Commissionnaires autorisés des ports et gares (Marseille)	p.	p.
Lauze	Tramways (Marseille)	p.	p.
Hode (E.)	Déménageurs (Marseille)	p.	c.
Cherchi	Tramways (Marseille)	p.	c.
Balague	Tramways (Montpellier)	p.	p.
Guinchard	Tramways (Nancy)	p.	p.
Guinchard	Chemins de fer (Nantes-Lège)	p.	p.
Millet	Contrôleurs tramways (Nantes)	p.	p.
Leignel	Tramways (Nantes)	p.	p.
Viguié	Tramways (Nîmes)	p.	c.
Guinchard·	Tramways électriques (Orléans)	p.	p.
Millet	Employés, contrôleurs des T. C. R. P. (Paris)	p.	p.
Raoul	Métropolitains (Paris)	p.	p.
Marie (M.)	Cochers, conducteurs d'autos de remise, grande remise et particuliers (Paris).	p.	p.
Jaccoud	Pers. sédentaire transports en commun de la région parisienne (Paris)	p.	p.
Lamarche	Camionnage, chauffeurs d'autos industriels (Paris)	p.	p.
Lamarche	Pompes funèbres générales de France (Paris)	p.	p.
Souveton	Chauffeurs postiers (Paris)	p.	p.
Vignon	Petite batellerie (Paris)	p.	p.
Varoud	Charretiers (Perpignan)	p.	p.
Audinet	Tramways de la Vienne (Poitiers)	p.	c.
Audinet	Tramways électriques (Poitiers)	p.	c.
Chéreau	Tramways électriques (Rennes)	p.	p.
Guinchard	Tramways (Roanne)	p.	p.
Molard	Tramways (Roubaix-Tourcoing)	p.	p.
Cazeneuve (F.)	Camionneurs (Toulouse)	p.	p.
Bidegaray	Tramways (Tunis)	p.	p.

FÉDÉRATION DES VERRIERS

Délégué fédéral : DELZANT

DÉLÉGUÉS	ORGANISATIONS	1er Vote Rapport moral	2e Vote Augmentat° de la Cotisation
Tantot	Verriers et similaires de la V. O. (Albi).	p.	p.
Delzant	Verriers en verre blanc (Anor)	p.	p.
Delzant	Verriers (Arques)	p.	p.
Monnier	Verriers (Bas-Meudon)	p.	p.
Delzant	Verriers verre noir (Bordeaux)	p.	p.
Dorizon	Verriers verre blanc (Bordeaux)	p.	c.
Rouvet	Verriers (Carmaux)	p.	a.
Delzant	Verriers réunis (Epinac-les-Mines)	p.	p.
Delzant	Verriers (Fourmies)	p.	p.
Vairelles	Verriers (Gironcourt)	p.	p.

DÉLÉGUÉS	ORGANISATIONS	1er VOTE Rapport moral	2e VOTE Augmentat⁰ⁿ de la Cotisation
Monnier	Verriers (Incheville)	p.	p.
Lesne	Verriers (Le Nouvion-en-Tiérache)	p.	p.
Delzant	Verriers (Martainneville)	p.	p.
Hode (E.)	Verriers (Marseille)	p.	c.
Laroche	Verriers (Megecoste)	p.	p.
Monnier	Verriers à vitres (Montluçon)	p.	p.
Delzant	Verriers (Nancy)	p.	p.
Monnier	Verriers (Nesle-Normandeuse)	p.	p.
Monnier	Boucheurs à l'émeri (Paris)	p.	p.
Laroche	Verriers (Puy-Guillaume)	p.	p.
Monnier	Verriers (Reims)	p.	p.
Monnier	Verriers (Retonval)	p.	p.
Laroche	Verriers (Rive-de-Gier, Les Vernes)	p.	p.
Laroche	Verriers en verre noir (Rive-de-Gier)	p.	p.
Monnier	Verriers (Romesnil)	p.	p.
Passat	Verriers (Rougemont)	p.	p.
Monnier	Verriers (Saint-Germer-de-Fly)	p.	p.
Laroche	Verriers (Souvigny)	p.	p.
Monnier	Verriers (Tourouvre)	p.	p.
Delzant	Verriers (Venissieux)	p.	p.
Laroche	Verriers (Vieille-Loye)	p.	p.
Monnier	Verriers (Vieux-Rouen-sous-Bresle)	p.	p.

UNIONS REPRÉSENTÉES
AU CONGRÈS CONFÉDÉRAL

DÉLÉGUÉS	DÉPARTEMENTS
Demaret (F.)	Aisne
Parizot (F.)	Allier
Villeval (L.)	Ardennes
Thibault (L.)	Aube-Yonne
Oustry (P.)	Aveyron
Gras	Bouches-du-Rhône
Rousseau	Corrèze
Pezzini	Corse
Belli	Côte-d'Or
Levallois (T.)	Eure
Le Bris (E.)	Finistère
Marty-Rollan	Haute-Garonne
Liochon	Gers
Lafaye	Gironde, Lot-et-Garonne
Nicolas (C.)	Hérault
Chéreau (E.)	Ille-et-Vilaine
Thomas	Indre-et-Loire
Galantus	Jura
Passat	Loir-et-Cher
Blancho (F.)	Loire-Inférieure
Michel (E.)	Loiret
Pilard	Maine-et-Loire
Cholet (L.)	Marne
Jacotin	Marne (Haute)
Humbert (L.)	Meurthe-et-Moselle
Olmido	Morbihan
Trimat	Nièvre
Huyghe	Nord
Pujos	Orne
Delbecque	Pas-de-Calais
Xéridat	Pyrénées-Orientales
Imbs (E.)	Rhin (Bas)
Vivier-Merle	Rhône
Thomas (L.)	Saône-et-Loire
Carré	Sarthe
Battini	Seine
Fouquin	Seine-et-Marne
Dupont (F.)	Seine-et-Oise
Leduc (L.)	Seine-Inférieure
Rouvet (P.)	Tarn
Davisseau	Vendée
Audinet (E.)	Vienne
Deschaseaux (L.)	Vosges

TABLE DES MATIERES

PREMIÈRE JOURNÉE. — *Séance du matin*........................... 5
La bienvenue aux délégués 6
L'ordre des travaux 7

PREMIÈRE JOURNÉE. — *Séance de l'après-midi*................... 12
L'action passée de la C. G. T............................ 14
A propos de la Verrerie Ouvrière 19
L'examen du Rapport moral 25
Discours de Jouhaux sur l'action internationale............ 27

DEUXIÈME JOURNÉE. — *Séance de l'après-midi*................ 38
La question de l'unité syndicale....................... 40
Le salut de l'Internationale syndicale.................. 52
Un débat sur l'unité 59

TROISIÈME JOURNÉE. — *Séance de l'après-midi*............... 70
Les statuts de la C. G. T................................ 72
Règlement intérieur 92
Pour l'unité syndicale 93
La défense des huit heures........................... 103

QUATRIÈME JOURNÉE. — *Séance du matin*..................... 106
La défense des monopoles d'Etat 106
Droit syndical des fonctionnaires 10
Placement et main-d'œuvre étrangère 11
Le sursalaire familial 1H
Le Conseil économique national 12
Les assurances sociales 13

QUATRIÈME JOURNÉE. — *Séance de l'après-midi*............... 14
Apprentissage et Chambres de métiers................. 14
Le coût de la vie et les salaires...................... 15
L'action internationale 16
Questions diverses 17
Le budget de la C. G. T................................ 17

Liste des membres des Commissions composées par le Congrès........ 19
Résultat des votes................................... 2
Unions représentées au Congrès confédéral 2

IMPRIMERIE "L'UNION TYPOGRAPHIQUE"

VILLENEUVE-SAINT-GEORGES (S.-ET-O.)